U0903584

高职高专市场营销专业规划教材

商务谈判与推销技术

主　编　周　琼　吴再芳

参　编　卢玉敏　汪俊仁　王朝晖

机 械 工 业 出 版 社

本书全面系统地阐述了商务谈判与推销的理论和应用技术，全书共十二章，主要内容包括：商务谈判概述、商务谈判的模式及原则、商务谈判的计划与组织、商务谈判的过程及其策略、商务谈判策略与技巧、推销概论、推销理论与模式、顾客的寻找与接近、推销洽谈、推销异议处理、推销成交、推销管理等。

本书的特点是系统、新颖、实用。本着理论够用、强化应用、培养技能的原则，系统阐述商务谈判和推销实践中的各类技术问题。以引导性案例、学习目标、正文及插入式窗口、本章小结、案例讨论和实训题等作为每章的栏目安排，方便教学使用。

本书可作为高等职业院校、高等专科学校、成人高等学校的营销、商务、经济及管理专业的师生使用，同时，也可供商务工作者学习参考。

图书在版编目（CIP）数据

商务谈判与推销技术/周琼，吴再芳主编. —北京：机械工业出版社，2005.6（2017.7重印）

高职高专市场营销专业规划教材

ISBN 978-7-111-16701-3

Ⅰ. 商…　Ⅱ.①周…②吴…　Ⅲ.①贸易谈判—高等学校：技术学校—教材②推销—高等学校：技术学校—教材　Ⅳ.①F-715.4② F713.3

中国版本图书馆CIP数据核字（2005）第056925号

机械工业出版社（北京市百万庄大街22号　邮政编码100037）

策划编辑：孔文梅　王世刚　责任校对：唐海燕

责任编辑：孔文梅　　　　责任印制：常天培　封面设计：鞠　杨

保定市中画美凯印刷有限公司印刷

2017年7月第1版第15次印刷

169mm×239mm · 24.25印张 · 429千字

标准书号：ISBN 978-7-111-16701-3

定价：44.90元

凡购本书，如有缺页、倒页、脱页，由本社发行部调换

电话服务

社服务中心：(010)88361066

销售一部：(010)68326294

销售二部：(010)88379649

读者购书热线：(010)88379203

网络服务

门户网：http://www.cmpbook.com

教材网：http://www.cmpedu.com

封面无防伪标均为盗版

序

自20世纪90年代中期至今，中国的高等职业教育取得了突飞猛进的发展，到目前为止，全国独立设置的高职类院校有700所左右，加上非独立设置的高职院校，全国共有高职类院校1000多所，预计到2005年招生规模将达到普通高等教育的同等水平。由于市场营销方面的人才的社会需求在近10年的时间里一直处于人才需求排行榜前三位，因此很多院校都设有市场营销专业。据不完全统计，80%以上的院校开设了市场营销专业，即全国有约800所高职院校设有市场营销专业。

随着营销专业高职教育教学的快速发展，其重要的组成部分之一——教材建设工作却显得大为落后于形势发展的需要。尽管国内各地有关院校与出版社合作已出版了一批高职类教材，也只是为了应急而解决了教材的有无问题，真正具有高职教育特色的教材极其匮乏，主要问题表现在：教材内容陈旧，时过境迁的国内案例和生硬地引用国外案例，教学对象的针对性不强，很少吸收国际上最新的相关理论及教学研究成果。可以用一句流行语来形容现有教材，“本科教材的压缩、大专教材的翻版、中专教材的提升”。

基于上述时代背景和要求，机械工业出版社和部分院校组织编写了高职高专市场营销专业教材。

本套教材的特色有以下几个方面：

（1）结构新：系列教材的体系结构反映了我国高职类市场营销专业课程结构设置的最新发展现状。

（2）作者实力强：本套丛书的作者全部是来自于我国有代表性的若干所高职院校的中青年一线骨干教师，他们长期坚持在高职教育教学的第一线岗位，高职教育教学的经验丰富、实践能力强、思维灵活。他们最能感受到现有教材的不足与不适应之处，也最清楚教材建设应改进的地方。

（3）特色突出，针对性强：丛书的编写围绕高职类市场营销专业的培养目标，即培养具有较强的营销执行能力的营销一线从业人员，突出了实操性、实务性环节和内容以及技能训练；纠正并调整了很多只适于普通高等教育而不适应于高职教育的内容；体现高职类一般院校的特点、特色，符合一般院校的实际教学要求，不盲目追求教材的系统性和完整性。

（4）内容与形式新颖：无论从内容上还是形式上都参照国际上有代表性的最新版的教材及体例，并结合国内的新鲜案例，使得本丛书易读易理解，增加生动性。

（5）实用性强：总的原则是理论够用、强化应用、培养技能。

（6）以学生为本：本套教材尽量体现以学生为本、以学生为中心的教育思想，不为教而编，要有利于培养学生自学能力和扩展、发展知识能力，为学生今后持续创造性学习打好基础。

当然，本套教材尽管主观上想以新思想、新体系、新面孔出现在读者面前，但由于是一种新的探索以及其他可能尚未认识到的因素，难免有这样那样的缺点甚至错误，敬请广大教师和学生以及其他读者不吝赐教，以便再版时修正和完善。

高职高专市场营销专业规划教材编委会

前　言

依据高职高专教育的培养宗旨和人才培养模式的基本特征，本着理论够用、强化应用、培养技能的原则，我们编写了这本《商务谈判与推销技术》。

本书广泛借鉴了国内外在谈判与推销领域中具有代表性的理论和案例，并结合现代商务活动的实际，系统阐述了商务谈判和推销业务中的理论和技术。本书采用国际流行的营销类教科书的编写体例，以引导性案例、学习目标、正文及插入式窗口、本章小结、案例讨论、实训题等作为每章的栏目安排，使教学内容既符合高职高专教育教学要求，又与学生的接受能力相适应。

本书是由深圳职业技术学院、广州南洋理工职业学院、广州民航职业技术学院、湖南第一师范学校等单位具有多年教学和工作实践经验的专家、学者共同编写的。本书分“谈判篇”和“推销篇”两部分，由周琼、吴再芳担任主编。各章的编写者为：吴再芳编写第一、二、三章，汪俊仁编写第四、五章，周琼编写第六、八、九、十二章；王朝晖编写第七章；卢玉敏编写第十、十一章。

本教材还有配套的电子课件，订购本教材 30 本以上的教师或学校可向出版社索取，联系电话：（010）88379757，E-mail：kwm@cmpbook.com，kongwenmei@sohu.com。

在本书的编写过程中，参阅了国内外众多专家、学者的有关论著，在此深表谢意！由于编者水平有限，书中难免有不妥或疏漏之处，敬请专家、读者批评指正。

编　者

目　录

谈　判　篇

第一章　商务谈判概述

□ **引导案例**

有一对老夫妻，两人看到一座在杂志广告中当作背景的老式时钟，式样十分优雅。妻子说："多漂亮啊，把它放在我们的客厅当中一定很不错吧？"丈夫回答："的确不错！我也正想找个类似的钟挂在家里，不知道多少钱？广告上没有标明价格。"研究之后，他们决定到古董店找找看，并且商定如果找到那座钟，最多出价500元。

经过三个月的搜寻后，他们终于在一家古董展会场的橱窗里看到那座钟。妻子兴奋地叫起来："没错，就是这座钟。"丈夫说："记住，我们决不能超出500元的预算。"他们走近那个展示摊位。妻子说道："时钟上的标价是800元，我们还是回家算了；我们说过只有500元的预算，记得吗？""我记得，"丈夫说："不过还是试一试吧，我们已经找了那么久，不如与他谈一下。"

夫妻私下商谈，由丈夫作为谈判者，争取以500元买下。随后，丈夫鼓起勇气，对那座钟的售货员说："我注意到你们有座钟要卖，定价就贴在钟座上，而且蒙了不少灰尘，显得的确很古老。"之后，又说："告诉你我的打算吧，我给你出个价，只出一次价买那座钟，就这么说定。你可能会吓一跳，你准备好了吗？"他停了一下以增加效果。"你听着——250元。"那座钟的售货员连眼也不眨一下，说道："卖了，那座钟是你的了。"

那个丈夫的第一反应是什么？得意洋洋？绝不是！我们都曾经碰到类似的情况。他的最初反应必然是：我真蠢！我该对那家伙出价150元才对！他的第二个反应则是："这座钟应该很重才对，怎么那么轻呢？我敢说里面一定有些零件不见了。"回家后，他把那座钟放在家里的客厅中，它看起来非常美丽，而且也似乎没什么毛病，但是他和太太却始终感到不安。那晚，他们半夜曾三度起来，为什么？因为他们没有听到时钟的声响。这种情形持续了好多天，他们的健康迅速恶化，开始感到紧张过度，甚至患上了高血压。为什么？只因为那个售货员不经交涉就以250块钱把钟卖给了他们。

一方完全满足另一方的要求，这不是谈判。夫妻二人的买钟之行，由于没有经历谈判过程而不令人满意。每一个要求满足的愿望、每一项寻求满足的需要，都是引发人们展开谈判过程的诱因。本章将从谈判的涵义开始，对商务谈判的构成要素、特点、作用及分类等进行论述。

学习目标▶▶

学完本章后，你应该能够：

1. 领会谈判和商务谈判的含义、构成要素。
2. 掌握商务谈判的特点和作用。
3. 理解商务谈判的分类。

第一节 谈判的基本概念

一、什么是谈判

谈判，由谈和判两个字组成，谈是指双方或多方之间的沟通和交流，判就是决定一件事情。只有在双方之间沟通和交流的基础之上，了解对方的需求和内容，才能够作出相应的决定。简而言之，谈判是指人们为了协调彼此之间的关系和满足各自的需要，通过协商而争取达到意见一致的行为和过程。

美国著名谈判家尼伦伯格认为谈判是“人们为了改变相互关系而交流意见，为了取得一致而进行磋商的一种行为”，是“影响各种人际关系，对参与各方产生持久利益的一种过程。”美国谈判专家威恩·巴罗认为“谈判是一种双方都致力于说服对方接受其要求时所运用的一种交换意见的技能，最终目的是要达到一项对双方都有利的协议”。

如与客户谈判，客户希望你再降价20%，否则，他将从别人那儿采购相应的货品。这时你是否继续降价，如何与客户谈条件？在谈判中你是否能够自如地控制整个局面？如果谈判陷入僵局，如何打破，用什么方法打破，你怎么处理？

在日常生活中，很多方面都需要谈判，例如学生时代，成绩不好，想想回家怎么向家长交代。工作后，如何从领导那儿得到更重要的任务，如何使自己的薪资待遇有更大的提升机会；如何与客户、竞争对手进行沟通。可以说，小到我们身边的一个小事，大到中国加入WTO，都是一个谈判的过程，谈判在生活中无处不在。

二、为什么要进行谈判

人类为什么要谈判呢？从本质上说，谈判的直接原因是因为参与谈判的各方有自己的需要，或自己所代表的某个组织有某种需要，而一方需要的满足又不可能无视他方的需要。因此，谈判双方参加谈判的主要目的，就不能仅仅以只追求自己的需要为出发点，而是应该通过交换观点进行磋商，共同寻找使双方都能接受的方案。比如，发展中国家与工业发达国家谈判建立一个合资企业，由发展中国家提供生产场地，发达国家提供先进技术。举办这样一个合资企业，发达国家方面的目的和需要可能是：利用技术上的优势，通过举办合资企业的形式，绕过直接贸易的障碍，开拓发展中国家广阔的市场或扩大原有市场份额，以期获得长期丰厚的利润。而发展中国家方面的目的和需要可能是：利用先进技术，提高本国生产水平，获得丰厚利润，进而积极争取出口，开拓国际市场。显然，一方的目的和需要可能会涉及和影响他方需要的满足，在谈判中几方是既统一又矛盾的。本例中其统一性表现为，如果双方都要达到各自的目的，就必须通过建立合资企业才能实现。其矛盾性表现为，发达国家方面提供技术的目的，是要开拓发展中国家的市场，获得高额利润；发展中国家的主要目的，是吸收外国先进技术，提高国内技术水平，积极发展出口，而不是单纯让出国内市场。总之，没有市场，拥有先进技术的发达国家就不感兴趣；同样，没有先进技术，发展中国家就难以接受。对发展中国家来讲，是以市场换技术，对发达国家来讲，则是以技术换市场。这是谈判双方既统一又矛盾的利益关系。双方就是带着这种既统一又矛盾的需要和目的来参加谈判的。通过谈判，寻找双方都能接受的方案，使矛盾在一定条件下达到统一。

三、与谈判相关的几个概念

（一）冲突

冲突又被称作对抗、争执，发生在两个或更多的既有不同利益又有共同利益的相互依赖的当事人之间。冲突可以削弱各方获取利益的能力。需要强调的是：

（1）冲突当事方是相互依赖的。即冲突的各方之间由于利益的原因存在着某种关系，这种关系将各方连接成利益相关的整体。

（2）冲突各方既有不同利益又有共同利益。这听起来似乎矛盾，然而，如果冲突各方只有不同利益而不具有共同利益，谈判就失去了根基而无法进行。事实上，任何冲突同时也酝酿着共同的利益，这才使谈判成为解决冲突的一个自然程序。

（3）冲突各方自然要为自己的利益而努力，同时阻止对方实现利益，结果将降低各方获利的能力，减少各方实际获取的利益。

人们对待冲突的态度是大相径庭的。当以两分法来考虑冲突对谈判所带来的影响时，可以从表 1-1 所示的几方面来讨论冲突与谈判之间的关系。

表 1-1　冲突与谈判之间的关系

谈判因素	谈判的正效应	谈判的负效应	谈判因素	谈判的正效应	谈判的负效应
利益	揭开	掩盖	紧张	乐观	升级
事件	澄清	混淆	满意	增加	下降
学习	促进	阻碍	获利	高	低
创新	激励	抑制	局面	控制	激化

从上表可以看出，冲突既可以带来有利于谈判的正效应，也可以带来不利于谈判的负效应。其实，冲突本身就是一种不利于和平与发展的因素，关键在于处于冲突中的各方如何控制、掌握矛盾与冲突，使其最大限度地向有利的方向转化。如果有利因素能够得到最大限度的发扬，不利因素得到最大限度的抑制，则冲突这件坏事就能朝着好的方向转化。

（二）需要

1. 需要层次论　人们的需要按照马斯洛需要层次理论可以划分为以下若干层次：①生理的需要；②安全的需要；③情感的需要；④获得尊重的需要；⑤自我实现的需要。一般来说，人们的需求有次序先后，首先要求满足生理和安全需要，其次才是满足其他需要，但不意味着一个层次的需要百分之百满足后，才可能产生下一层次的需要。人们的需求可以交叉出现，在同一时刻，大多数人的各种基本需求，都是部分得到满足，部分尚未得到满足。谈判人员不仅要重视己方需求，而且要注意到对方的需要，并努力使谈判顺利地通过需求的较低层次，到达较高层次的需求。只有在这种情况下，谈判才有成功的希望；否则，必然会使谈判在不和谐的气氛中草草收场。我们应该注意到，人的需要是多重的，人们渴望通过谈判来满足的需要也有可能是多方面的。我们的眼睛不能只盯住一点，把其余的都给忽视了。

谈判窗口 1-1　　老艺术家买旧琴

“文革”中，一位老艺术家被当作牛鬼蛇神赶出城市。一天，在偏僻乡村的集市上，他竟意外发现一把 17 世纪的名贵的意大利小提琴。地摊的卖主索价 10 元，老艺术家爽快地答应了。卖主心里却嘀咕：“卖了几年也没人要的旧琴，嗝也不打一下就卖了……”于是试着提高一倍价，老艺术家也答应了；不想由此却引起了一连串的提价。一直升到了在当时当地算得上是天文数字的 200 元……过了几天，老艺术家凑足了钱去拿琴。几天功夫，小提琴被漆成白色像夜壶似地挂在墙上——地摊主怎么也想不出那破玩艺儿哪儿值钱，不惜工本把琴漆了一遍。算是再添加上附加值吧——可是这样一来，小提琴却一文不值了。地摊主没有弄明白，老艺术家需要的是小提琴优美的音质，而非华丽的外表。

2. 需要理论在谈判中的运用　谈判的目的是满足谈判双方的需要。马斯洛的需要层次学说提示了一般情况下人类的需要情况。掌握“需要理论”能使我们找出与谈判双方都相联系的需要，而且这一理论还能进一步引导我们对驱动着对方的各种需要加以分析和重视，使我们懂得如何选择不同的方法去顺应、抵制或改变对方的动机。

在谈判这种充满竞争性因素的情况下，谁能更全面、更准确、更清楚地了解谈判对方的需要，谁就可能在竞争和谈判中获胜。下面的案例就是一个成功的例证。一个名不见经传的商人，凭借这一点击败了许多远比他强大得多、看上去占尽优势的竞争对手而获得了交易谈判的成功。

谈判窗口 1-2　　图德拉成功的石油交易秘诀

有个商人叫图德拉，20 世纪 60 年代中期，他只是一家玻璃制造公司的老板。但是，作为自学成才的石油工程师，他希望能做石油生意。一天，他从一个朋友那里得知阿根廷即将在市场上购买 2 000 万美元的丁烷气体，他就去那里看看是否能弄到这份合同。

当他这个玻璃制造商到达阿根廷时，在石油方面既无老关系，也无经验可言，只能仗着一股勇气硬闯。而当时他的竞争对手是非常强大的英国石油公司和壳牌石油公司。但是，在作了一番摸底以后，他发现了一件事：阿根廷牛肉供应过剩，正想不顾一切地卖牛肉。单凭知道这一事实，他就已获得了竞争的第一个优势。于是，他告诉阿根廷政府：如果你们向我买 2 000 万美元的丁烷气体，我一定向你们购买 2 000 万美元的牛肉。他以买牛肉为条件，争取到了阿根廷政府的合同。

图德拉随即飞往西班牙，那里有一家主要的造船厂因缺少订货而濒于关闭。它是西班牙政府所面临的一个政治上棘手而又特别敏感的问题。他告诉西班牙人：如果你们向我买 2 000 万美元的牛肉，我就在你们造船厂订购一艘造价 2 000 万美元的超级油轮。西班牙人不胜欣喜，通过他们的大使传话给阿根廷，要将图德拉的 2 000 万美元的牛肉直接运往西班牙。图德拉的最后一站是美国费城的太阳石油公司。他对他们说：如果你们租用我的西班牙建造的价值 2 000 万美元的超级油轮，我将向你们购买2 000 万美元的丁烷气体。太阳石油公司同意了。就这样，一个玻璃制造商成功地促成了2 000万美元的石油交易。他的竞争对手只能自叹不如。

（三）利益

如果说谈判是由于冲突而引发的，那么，冲突则是由于存在着利益得失的对抗，一方利益的获得是以对方或其他各方利益的牺牲为代价得以实现的，由此而产生了各方的矛盾、冲突与对抗。因此，对谈判的理解应当建立在对利益的理解之上。

利益得失是指通过谈判可以获取或失去的利益，以及可以引发或避免的成本。其具体解释为：

（1）各方通过谈判或者得到期望得到的利益，或者失去期望得到的利益。因此，谈判是对于各方具有利害关系的事件。

（2）世上没有不付出成本的选择，谈判桌上更是如此。谈判各方若想通过谈判获取各自的利益，就必须有所付出。付出成本的大小取决于谈判各方如何应对谈判，如何处理各自的利益得失。

（3）谈判者的利益既包括眼前利益，也包括长远利益和潜在愿望。谈判有时必须在眼前利益和长远利益之间作出抉择，即确定是牺牲眼前利益以满足长远利益，还是眼前利益为重而不顾长远利益。

谈判窗口 1-3　　　　　　分橙子

有一个妈妈把一个橙子给了邻居的两个孩子。这两个孩子便讨论如何分这个橙子。两个人吵来吵去，最终达成了一致意见，由一个孩子负责切橙子，而另一个孩子先选择要哪一边。结果，这两个孩子按照商定的办法各自取得了一半橙子，高高兴兴地拿回家去了。

第一个孩子把半个橙子拿到家，把皮剥掉扔进了垃圾桶，把果肉放到果汁机上打果汁喝。另一个孩子回到家把果肉挖掉扔进了垃圾桶，把橙子皮留下来磨碎了，混在面粉里烤蛋糕吃。

从上面的情形，我们可以看出，虽然两个孩子各自拿到了看似公平的一半，然而，他们各自得到的东西却未物尽其用。这说明，他们在事先并未作好沟通，并没有申明各自利益所在，导致双方盲目追求形式上和立场上的公平，结果，双方各自的利益并未在谈判中达到最大化。

我们试想，如果两个孩子充分交流各自所需，或许会有多个方案和情况出现。可能的一种情况，就是遵循上述情形，两个孩子想办法将皮和果肉分开，一个拿果肉去喝汁，另一个拿皮做蛋糕。

当然，也可能经过沟通后是另外的一种情况，恰恰有一个孩子既想要皮做蛋糕，又想喝橙子汁。这时，如何进一步创造价值就非常重要了。可能的结果是：想要整个橙子的孩子提议，可以将其他的问题拿出来一块谈。他说：“如果把这个橙子全给我，你上次欠我的棒棒糖就不用还了。”另一个孩子想了一想，很快就答应了。他刚刚从父母那儿要了两块钱，准备买糖还债。现在他可以不还债了，可以用这两块钱去打游戏，他才不在乎这酸溜溜的橙子呢。

四、商务谈判及其构成要素

（一）商务谈判的概念

谈判的种类很多，有外交谈判、政治谈判、军事谈判、经济谈判等等。什么是商务谈判呢？商务谈判是经济谈判的一种，是指不同利益群体之间，以经济利益为目的，就双方的商务往来关系而进行的谈判。一般包括货物买卖、工程承包、技术转让、融资等涉及群体或个人利益的经济事务的谈判。

为了有利于商务谈判的开展，需要从以下几个方面把握它的内涵：

（1）商务谈判的双方，是以构成商品交易的诸因素为谈判议题及内容的。商品交易是由商品的品种、质量、数量、包装、价格、结算、运输、保险、服务等诸多相关要素构成的复杂体系，这个体系中的各种要素都是商品交易中的条件，也即双方谈判的内容。

（2）商务谈判是交易双方为了达到互利互惠的目的而进行的洽谈与磋商。谈判的双方都要从对方那里得到自己所需要的东西，并且彼此都要有所“付出”。某一方的让步，也必须是以其基本的需求得到保证为前提。因此，商务谈判的结局一般都是双方各有所得，互利互惠，而绝不是相互敌对，施展阴谋诡计，相互欺诈行骗。

（3）商务谈判的双方在利益、人格、地位等方面都是独立、平等的。这种独立、平等是建立在企业法人基础之上的，因而具有谈判资格的人应是法人代表或其代理人。

（4）商务谈判是一种有其客观规律的活动。商务谈判随着商品经济的发展而不断发展，人们在长期的商品交易谈判活动中，积累了许多成功的经验和实例，并从中提炼出一套普遍适用的理论、方法和技巧，用以指导人们的谈判实践。商务谈判活动，又是一种人际关系的特殊表现，它不但要遵循各种经济规律，还要把握人际交往的各种行为规范。

（二）商务谈判的构成要素

商务谈判的要素是指构成商务谈判活动的必要因素，是谈判得以存在的基础，通常包括以下四个方面：

1. 谈判当事人　谈判离不开人的参与，且至少有甲、乙双方。谈判当事人是指参与谈判的、代表各自利益的各方人员。一方当事人可以是一个人，也可以是由若干人组成的谈判团体。谈判中能否占主动地位，能否取得成效，在很大程度上取决于谈判当事人的主观能动性和创造性，为此，各方均应认真挑选和组织谈判人员。

2. 谈判议题　谈判议题是指谈判要商议的具体问题，包括谈判的起因、内容与目的。谈判议题决定当事各方参与谈判的人员组成及其策略。谈判议题不是凭空拟定或单方面的意愿，而是与各方利益需求相关、为各方所共同关心，从而成为谈判内容的提案。谈判议题的最大特点在于当事人各方认识的一致性。如果没有这种一致性，就不可能成为谈判议题，谈判也就无从谈起。谈判议题按其涉及的内容分，有货物买卖、技术贸易、劳务、工程承包等；按其重要程度分，有重大议题、一般议题；按其纵向和横向结构分，有主要议题及其下的子议题、以主要议题为中心的多项并列议题、互相包容或互相影响的复合议题等。由于议题的多样性，谈判的复杂程度也就不同。

3. 谈判目的　谈判目的是指参与谈判的各方通过正式洽谈，促使对方采取某种行动或作出某种承诺达到成交。一般来说，成交的标志是商务合同的签订。应当指出，一个由两人或多人参加的洽谈，若没有谈判目的，只有谈判的主体和客体，那么这个谈判是不完整的，可以叫作双方有所接触，或叫作无目的的闲谈。因为这种闲谈不涉及各方的利害冲突，不会导致双方的竞争或尖锐的对立。同时，闲谈一般是在轻松愉快的气氛中进行的，双方不一定去斗智斗法。正式谈判则不同，表面也许会轻松愉快，但背后隐藏着激烈的竞争和利害冲突。

4. 谈判环境　所谓谈判环境，就是指举行谈判的场所和条件。它包括会议的地点、谈判室的布置等因素。因为这些因素可以直接影响谈判者的心境。谈判首先需要一个安静、舒适、整洁的场所，这样才能使谈判参加者集中精力解决问题。另外会场的室内装饰也很重要，在舒适明朗、色彩悦目的房间内举行谈判成功率都较高。房间内的某些装饰品如壁挂、雕塑等，往往可以起到意想不到的调节作用，使谈判者心情舒畅、态度明朗。会议的时间安排也很重要。事实证明，上午的办事效率最高，所以谈判应尽量安排在上午或参加人员精力最充沛的时间。会议安排要有间歇性，过于紧张的环境气氛对谈判有害无利。谈判环境也是谈判成功与否的一个重要因素，谈判者对它绝对不能有所忽视。

第二节　商务谈判的特点及作用

一、谈判的一般特点

（1）谈判是由双方及双方以上各方之间操作互动的过程。单方操作不论是主动的还是被动的都不能算是谈判，只能说是接受、援助、赠送等。

（2）各方之间为了达成协议，必须进行某种程度的合作，但同时为了满足自己一方最大的经济利益，又势必与其他各方处于利害冲突的对抗状态。

（3）谈判不应是相互为敌的，而是互惠互利的。假如不是互惠互利的，谈判就无从谈起了。但是，由于双方的需求有差异，对利益的认识、分析、评价标准也不一致。同时，谈判双方所拥有的实力、地位与谈判的技能也各不相同，并且谈判各方对内容均具有否决权，因而不可能达到双方利益的绝对均等。

谈判窗口 1-4　　法律知识换牛排

一家律师事务所座落在一家非常豪华的餐厅附近。律师事务所没有什么东西可以拿出来和人交换，他们没有小器具，没有球赛入场券，不能提供去夏威夷旅游的机会，什么也没有，除了一样东西——他们的法律专长。

如果律师事务所的执行经理此时能够像在法庭上那样精明，他可能会找到餐厅老板：“喂，我们来个交换怎么样。我们向你提供全部的法律业务服务，你们以价值 5 000 美元的食物作为交换。”这笔交易是不可抗拒的，双方都以优惠价获得了自己需要的东西。

餐厅老板应该很满意。他以价值 5 000 美元的牛排、饮料换得了价值 5 000美元的法律业务服务，而这些牛排、饮料的成本可能只有 1 500 美元。除此之外，随着律师们不断地出入自己的餐厅，他们还会带来新的顾客。从收入和促销两方面来看都是绝好的安排。

律师事务所也得到了同样的好处。他们提供的价值 5 000 美元的咨询服务，实际上可能只耗去他们价值 1 000 美元的时间，但却得到一家高级餐厅的热情招待；在那儿他们觉得自己仿佛变成了皇亲贵戚。

（4）谈判的结果是不可预知的。谈判的当事人双方即使拥有同样的谈判条件，但如果谈判技巧或谈判过程处理不同，那么，谈判结果可能会有很大的差异。因此，虽然在谈判以前我们可以大致了解谈判双方优势的大小，但对于谈判结果却是无法判定的。谈判的这一特征使得谈判的艺术性和技巧性在谈判中占据了重要的位置，以致使得谈判成为被少数人所拥有的特殊技能。

二、商务谈判的特点

商务谈判是谈判中的一种，它既具有谈判的一般特点，也具有有别于其他谈判的特点，主要表现在以下几个方面：

（一）交易对象的广泛性和不确定性

任何商品流通客观上都是没有地区和国家界限的，只要是商品，从逻辑上讲，可以出售给任何一个人。作为卖方，其商品销售范围具有广泛性，同理，作为买方，对所购商品的选择范围也十分广泛。因此，无论是卖还是买，其谈判交易的对手遍及全国甚至全世界。此外，为了使交易更加有利，也需要广泛接触交易对象。但是，交易者总是同具体的交易对象谈判成交，不可能同广泛的对象成交，而具体的交易对象在各种竞争存在的情况下是不确定的。这不仅是交易对象方面的要求和变化，而且也是自身方面的要求和变化所决定的。

（二）商务谈判是以获得经济利益为目的的

不同的谈判者参加谈判的目的是不同的，外交谈判涉及的是国家利益；政治谈判关心的是政党、团体的根本利益；军事谈判主要是关系敌对双方的安全利益。虽然这些谈判都不可避免地涉及经济利益，但常常是围绕着某一种基本利益进行的，其重点不一定是经济利益。而商务谈判则十分明确，谈判者以获取经济利益为基本目的，在满足经济利益的前提下才涉及其他非经济利益。虽然，在商务谈判过程中谈判者可以调动和运用各种因素，而各种非经济利益的因素，也会影响谈判的结果，但其最终目标仍是经济利益。与其他谈判相比，商务谈判更加重视谈判的经济效益。在商务谈判中，谈判者都比较注意谈判所涉及的产品或技术的成本、效率和效益。所以，人们通常以获取经济效益的好坏来评价一项商务谈判的成功与否。不讲求经济效益的商务谈判就失去了其价值和意义。

（三）商务谈判是以价值谈判为核心的

商务谈判涉及的因素很多，谈判者的需求和利益表现在众多方面，但价值几乎是所有商务谈判的核心内容。这是因为在商务谈判中价值的表现形式——价格最直接地反映了谈判双方的利益。谈判双方在其他利益上的得与失，在很多情况下或多或少都可以折算为一定的价格，并通过价格升降而得到体现。需要指出的是，在商务谈判中，我们一方面要以价格为中心，坚持自己的利益，另一方面又不能仅仅局限于价格，应该拓宽思路，设法从其客观存在的利益因素上争取应得的利益。因为，与其在价格上与对手争执不休，还不如在其客观存在的利益因素上使对方在不知不觉中让步。这是从事商务谈判的人需要注意的。

谈判窗口 1-5　　　　刘进转让专利技术

刘进是某一项专利技术的拥有者。他想把这项技术出让给恒大公司，但在转让价格上，双方差距很大，互相谈不拢。刘进了解到天宝公司不是不想要这项技术，而是吃不准这项专利技术能给企业带来多少效益，害怕吃亏，因此他们需要有一个对此项专利技术的市场效益进行考察的过程。

根据恒大公司的这种需要，刘进采取了为恒大公司着想的办法。他建议分两期付清转让费，先付 1 万元，这是恒大公司最初同意的开价，作为转让费的第一部分，然后在 1 年以后，核算该项专利所产生的效益，再按效益的 20% 给转让费。由于这个方法满足了对方通过市场认识这个专利价值的需要，恒大公司很快同意了这个方案，与刘进达成了技术转让协议。

（四）商务谈判注重合同条款的严密性与准确性

商务谈判的结果是由双方协商一致的协议或合同来体现的。合同条款实质上反映了各方的权利和义务，合同条款的严密性与准确性是保障谈判获得各种利益的重要前提。有些谈判者在商务谈判中花了很大气力，好不容易为自己获得了较有利的结果，对方为了得到合同，也迫不得已作了许多让步，这时谈判者似乎已经获得了这场谈判的胜利，但如果在拟订合同条款时掉以轻心，不注意合同条款的完整、严密、准确、合理、合法，就会被谈判对手在条款措词或表述技巧上引入陷阱，不仅会使到手的利益丧失殆尽，而且还可能为此付出惨重的代价，这种例子在商务谈判中屡见不鲜。因此，在商务谈判中，谈判者不仅要重视对方口头上的承诺，更要重视合同条款的准确和严密。

谈判窗口 1-6　　　　某化肥厂的教训

某化肥厂从日本引进一套化肥设备，合同中有这样一条：“××管线采用不锈钢材料”。没有具体指明管线应包括阀门、弯管、接头等。结果，在合同履行中，日方认为管线只指管子，我方则认为包括其他，但由于合同没写明，也无从交涉，只能吃哑巴亏。

（五）商务谈判具有“临界点”

所谓临界点，哲学上的概念表现为事物从量变到质变的飞跃点。商务谈判也有一个临界点，即谈判双方达成协议的最低要求，如果最低要求不能被满足，谈判目标也不能实现。比如，保本就是价格条款的临界点。低于这个临界点，谈判就难以进行。从谈判双方的目标期望中，我们可以断定，双方的目标之间是有相当的距离的，要不然，双方就不会走到一起来。实现己方的目标的途径就是通过对方妥协来满足。但如果有一方在价格或其他方面居高不下，或欲将对方置于死地，将会导致谈判的破裂，双方都将一无所获。

了解了商务谈判的这一特征，谈判人员为了实现己方的目标，就应站在对方的立场上，重视对方的利益的得失，考虑己方所提出的利益要求是否能被对方所接受，即己方的条件是否在对方的承受范围内。如果谈判人员能够把握好谈判的临界点，谈判的成功概率将会大大提高。

谈判窗口 1-7　　　　要求加薪的谈判

一位工会职员向厂方提出了一份书面申请，要求增加工人的工资。一周后，厂方约他谈判新的劳资合同。令他惊奇的是，一开始厂方就向他详细介绍销售和成本情况，经理还花了很长时间谈下一年度的财务前景。如此反常的开头，叫他措手不及。为了争取时间考虑对策，他便拿起桌上摆着的会议材料看了起来。最上面的一份是他的书面申请。一看之下才恍然大悟，原来是他的秘书在打字时出了差错：把要求增加工资 12% 打成了 21%（而他的期望值本是打算以增资 7% 来了结的）。难怪厂方要小题大做了。他心里有了底，一言不发地静观厂方的反应。果不其然，在作了有关工厂处境维艰的痛心发言后，厂方建议增加工资 12%。经过一番讨价还价，最后以增资 15% 达成协议，比原先的期望值多了 8 个百分点。看来，他原来的要求太低了。

从此例可以看出，谈判的临界点不能太低，也就是通常人们说的“喊价要高”，这样才能在谈判桌上赢得主动。

（六）国际商务谈判的特点

国际商务谈判除具有一般商务谈判的特点外，还具有国际经济活动的特点，表现在：

1. 政治性强　国际商务谈判既是一种商业交易谈判，也是一项国际交往活动，具有较强的政策性。由于谈判双方的商务关系是两国或两个地区之间整体经济关系的一部分，常常涉及两国之间的政治关系和外交关系，因此国际商务谈判必须贯彻执行国家的有关方针政策，特别是外交政策，认真执行对外经济贸易的一系列法律和规章制度。

2. 以国际商法为准则　由于国际商务谈判的结果会导致资产的跨国转移，必然要涉及国际贸易、国际结算、国际保险、国际运输等一系列问题，因此，在国际商务谈判中要以国际商法为准则，并以国际惯例为基础。所以，谈判人员要熟悉各种国际惯例，熟悉对方所在国的法律条款，熟悉国际经济组织的各种规定和国际法。这些问题是一般国内商务谈判所涉及不到的，要引起特别重视。

3. 要坚持平等互利的原则　在国际商务谈判中，要坚持平等互利的原则，既不强加于人，也不接受不平等条件。所谓平等互利，是指国家不分大小，不论贫富强弱，在相互关系中，应当一律平等。在相互贸易中，应根据双方的需要和要求，按照公平合理的价格，互通有无，使双方都有利可得，以促进彼此间的经济交流。

4. 谈判的难度大　由于国际商务谈判的谈判者代表了不同国家和地区的利益，有着不同的社会文化和经济政治背景，人们的价值观、思维方式、行为方式、语言及风俗习惯各不相同，从而使影响谈判的因素更加复杂，谈判的难度更大。

三、商务谈判的作用

（一）商务谈判有利于加强企业之间的经济联系

商务谈判大多是在企业与企业之间、企业与其他部门之间进行的。每个企业都要与其他部门或单位进行沟通与联系，才能完成生产经营活动。事实上，经济越发展，分工越细，专业化程度越高，企业间的联系与合作越紧密，就越是需要各种有效的沟通手段。但是，在市场经济条件下，企业是社会的经济细胞，是独立的商品生产者，具有独立的法人资格。企业之间的交往与联系，必须遵从市场经济的客观规律，在自愿互利的基础上实行等价交换、公平交易。因此，商务谈判理所当然地成为各种经济活动之间联系的媒介，成为企业之间经济联系的桥梁和纽带。

商务谈判是企业进行经济活动、加强与其他经济实体联系的主要媒介。企业通过谈判，实行资金、技术、设备、原材料和劳动力的最佳组合，协商解决交易活动中的一系列问题，处理合同纠纷，磋商解决企业生产经营过程中所有涉及两方以上的任何问题，所以说，商务谈判加强了企业的联系，促进了经济的发展。

（二）商务谈判有利于企业获取市场信息，为企业的正确决策创造条件

市场信息指反映市场需求发展、变化的消息、情报、资料等。随着我国市场经济的发展，市场日益扩大，买方市场逐步形成，各种竞争愈加激烈，企业离开市场信息就无法生存、发展。及时而准确的市场信息有利于企业生产和销售对路的产品，设计正确的市场销售因素组合，作出有效的经营决策。购销人员、谈判人员的报告是信息的重要来源之一。及时、准确的谈判报告具有针对性，对于解决企业面临的问题有很大作用。

（三）商务谈判有利于促进市场经济的繁荣与发展

商品经济存在的基础是社会分工、生产资料及产品属于不同的所有者，由此决定了人们之间的交往关系必须是平等互利的，人们之间的经济联系必

须是有偿、等价的。与此相适应，商务谈判便成为人们实现这种联系的重要形式，为谋求各方之间的联系与合作发挥着巨大的作用。商品经济愈是发达，商务谈判的应用愈是广泛，商务谈判的形式就愈是多样化、复杂化。商务谈判广泛运用于社会生产、流通的各个领域，又进一步促进了社会的繁荣和经济的发展，更好地实现了人们在平等互利基础上的联系，改善了相互间的关系，提高了交易的成功率。

今天，商务谈判已经成为市场经济中不可缺少的组成部分，成为开展各种商务活动的重要手段。我们应当清醒地意识到：现代信息社会已经到来，经济全球化时代已经到来，“世界就是一张偌大的谈判桌”。

（四）商务谈判有利于促进我国对外贸易的发展

当今的经济活动已经跨越了一国的范围，经济全球化已经成为大势所趋，国际之间的经济贸易活动日益频繁。世界是开放的世界，贸易是世界的贸易。

扩大对外贸易，可以更多地吸引外资，引进国外先进技术、设备，提高生产力，发展我国的市场经济，还可以提高我国的进出口能力，换取外汇，积聚资金，增强我国的经济实力。开展对外贸易，必须学会商务谈判。

目前，我国对外贸易发展速度还不够快，原因之一就是我们对国际商务谈判重视不够，缺乏一支精悍的、高水平的谈判人员队伍。许多谈判人员缺乏系统的、专门的训练，不仅不懂谈判中的心理科学、行为科学、社会科学，甚至连谈判应掌握的最起码的策略技艺也不熟悉，大都停留在经验式的摸索阶段。随着对外开放的不断扩大，国内企业大规模地向国际市场进军，众多企业直接同外商打交道，缺乏训练有素的谈判人员的问题更加突出。不仅如此，从目前国际贸易发展的态势看，国际商务谈判不仅需要懂专业的专门人才，更需要一专多能的复合型人才。以引进技术和设备的谈判为例：技术谈判与商务谈判不能很好地结合起来，懂技术的不懂外贸，懂外贸的不懂技术，致使一些与外商签订的合同条款不清、环节脱钩，使合同在执行中出现了一系列的问题，给企业和国家造成了不应有的损失。发展对外贸易，参与国际竞争，开拓国际市场，必须要学会国际商务谈判，了解和掌握国际商务活动的一般规律与准则，了解不同国家谈判者的谈判风格，了解各国的民俗、法律与习惯做法。只有这样，才能有效地运用谈判手段，在国际商务活动中运筹帷幄，掌握主动，赢得胜利。

第三节　商务谈判的类型

根据不同的标准，可以将商务谈判划分为各种不同的类型。

一、按谈判各方参加的人员数量分类

1. 一对一谈判　谈判各方参加谈判的人数均为一人，这种谈判即是一对一谈判。在进行一对一谈判时，对谈判者的要求是很高的。他必须精通所谈业务，具有独立作战的能力，熟悉谈判策略和技巧，并具有谈判的经验，还必须在谈判前做好充分的准备。只有这样，一对一谈判才有成功的把握。

2. 团体谈判　谈判各方参加的人数均为数人的谈判，叫做团体谈判。一般在比较重大的谈判中采用团体谈判的方式 。在团体中有一两名负责人作为谈判的总指挥，参加谈判的成员中既有参谈的主要人员，也有聘请的有关专家或顾问。在团体谈判中，每个成员都承担着一份任务，扮演着一个角色。在负责人的指挥下，全体人员各尽其职、相互配合、共同作战，既能相互支持，又能相互弥补。谈判的策略和技巧能够在团体谈判中充分地运用和发挥，有助于达到预定的目的，取得谈判的成功。

二、按谈判参与方的数量分类

1. 双边谈判　双边谈判是指两个不同利益主体参加的商务谈判。

2. 多边谈判　多边谈判是指三个或三个以上不同利益主体之间展开的商务谈判。

三、按谈判双方接触的方式分类

1. 面对面谈判　面对面谈判，就是谈判双方直接地、面对面地就谈判的内容通过语言进行沟通和交流的谈判方式，是最经常使用的谈判方式。双方当面洽谈，彼此都能够察言观色、了解对方意图、掌握心理及沟通情况，便于施展谈判技巧，促使谈判取得成功。

2. 电话谈判　随着电话这一通信工具的广泛采用和日益普及，运用电话沟通信息、洽谈商务、进行谈判的方式便产生了，并且被越来越多的人所认识和采用。使用电话进行谈判的主要优点是快速、方便、联系广泛。但由于谈判的双方相距较远，只能听到对方的声音，不能看见对方的表情、手势等，使这一谈判方式有一定局限性，如容易产生误解、有时谈判者精力难于集中等。

3. 函电谈判　在国际商务中，外贸业务函电是在日常业务中使用的一种具有特定格式和内容的公务文件，包括电报、电传、信函等。函电谈判是交易双方通过函电形式来发盘、还盘、接受，从而双方达成交易、签订协议的过程。函电谈判具有方便、及时、快速的特点，而且白纸黑字、准确无误，不会出现电话中的错听、误解等现象。函电谈判往往具有法律效力，在国际商务活动中，函电谈判一旦达成协议，买卖双方的交易行为就受其约束，双方都要承担法律责任。

四、按谈判的所在地分类

1. 客场谈判　客场谈判是指在谈判对手所在地进行的谈判。“客场”从某种意义讲，也可以说是“海外或国外”。当然，从广义的角度讲，在同一国家的不同城市，在同一个城市不同的办公地点，只要不在本方企业所在地或办公楼内谈判均可以视之为“客场”谈判。

2. 主场谈判　主场谈判是指在自己所在地进行的谈判。主场包括在自己所居住的国家、城市或办公所在地。总之，主场谈判不远离自己熟悉的工作生活环境，不远离谈判人为之服务的机构或单位，是在自己做主人的情况下进行的谈判。

3. 客、主场轮流谈判　客、主场轮流谈判，是指在一项商业交易中，谈判地点互易的谈判。可能开始在卖方，结束在买方，或者相反。

五、按谈判的方法分类

1. 纵向谈判　纵向谈判是指在确定谈判的主要问题后，对主要问题和条款逐一进行讨论和解决，某项条款不彻底解决，就不谈第二个。如：在一项产品交易谈判中，双方确定出价格、质量、运输、保险、索赔等几项主要内容后，首先就价格进行磋商。如果价格确定不下来，就不谈其他条款。只有价格谈妥之后，才依次讨论其他问题。

这种谈判方法的优点是：程序明确，有利于将复杂的问题简单化；避免多头牵制，议而不决的弊病；每次只谈一个问题，讨论周详，解决彻底。

这种谈判方法的不足之处在于：议程的确定过于刻板，不利于双方的沟通交流；当某一问题面临僵局时，不利于其他问题的解决。

2. 横向谈判　横向谈判是指在确定谈判所涉及的主要问题后，同时讨论预先确定的几个问题，在某一问题上出现矛盾或分歧时，就把这一问题放在后面，讨论其他问题，如此周而复始地讨论下去，直到所有问题都谈妥为止。例如：在资金借贷谈判中，谈判内容要涉及货币、金额、利息率、贷款期限、担保、还款以及宽限期等问题，如果双方在贷款期限上不能达成一致意见，就可以把这一问题放在后面，继续讨论担保、还款等问题。当其他问题解决之后，再回过头来讨论这个问题。

这种谈判方法的优点是灵活、机动，只要有利于问题解决，经过双方协商同意，讨论的条款可以随时调整。例如：贷款期限不能确定，可与利率、还款及宽限期一起讨论磋商，促进问题的解决。有时双方对讨论的主要问题要磋商2～3遍，第一遍只是对列出的问题提出大致的意见与要求，互相摸摸底，交换一下初步的看法，直到第二遍、第三遍才逐步进入到问题的细节和实质性内容。

其不足之处在于：加剧了双方的讨价还价，容易促使双方作对等的让步；容易使谈判人员纠缠细枝末节，而忽略了主要问题。

六、按谈判的内容分类

1. 货物买卖谈判　货物买卖谈判涉及两种形式，即货物贸易谈判和易货贸易谈判。货物买卖谈判主要是买卖双方就买卖货物本身的有关内容（如：货物的数量、质量，货物的转移方式和时间，货物买卖的价格条件和支付方式，货物交易中双方的权利、义务和责任等问题）进行的谈判。货物买卖谈判是商务谈判中数量最多的一种谈判，在企业的经济活动中占有很重要的地位。

2. 投融资谈判　投资谈判主要是创办企业方面的谈判，就中国企业而言主要涉及以下两个方面：一方面，举办海外企业的谈判，主要是指中国企业到境外开办企业的谈判；另一方面，举办外商投资企业的谈判，主要是指外商在中国境内举办中外合资企业、中外合作企业和外商独资企业的谈判。

投资谈判涉及的内容主要有投资者在投资活动中的权利、义务、责任和相互间的关系等。这类谈判对于现代企业来说是经常性的国际商务谈判，由于涉及面广、影响大、周期长而尤其显得举足轻重。以往谈判中，有的企业经验不足，为了达成协议一再让步，结果造成了损失，很难挽回；也有的企业一味采取强硬态度，寸步不让，使谈判旷日持久，迟迟达不成协议。这两种极端的做法都是不可取的。

融资谈判是指双方就如何提供进出口信贷，组织国际银团融资，在对方国发行债券、股票、提供资金担保等方面的谈判。这类谈判常常涉及到融资的条件、融资的成本、支付的方法、担保的范围以及发展中国家外汇管理问题等等。

3. 技术贸易谈判　技术贸易谈判是指技术的接受方（即买方）与技术的转让方（即卖方）就转让技术的形式、内容、质量规范、使用范围、价格条件、支付方式等问题双方应有的权利、义务等所进行的谈判。随着中国经济建设的发展和改革开放的深化，一方面需要从国外引进大量的先进技术，另一方面国内的技术也将越来越多地进入国际市场。因此，国际技术贸易谈判正在成为中国企业国际商务谈判的重要方面，应受到更多的重视。

4．合约纠纷谈判　主要是指损害和违约赔偿谈判。损害是指在商务活动中由于某方当事人的过失给另一方造成的名誉损失、人身伤亡损失和财产损失；违约是指在商务活动中并非由于不可抗力发生，合同的一方不履行或违反合同的行为。发生损害和违约，负有责任的一方应向另一方赔偿经济损失。在损害和违约赔偿谈判中，首先要根据事实和合同分清责任的归属，在此基础上，才能根据损害的程度和违约给对方造成经济损失的大小，协商经济赔偿的范围和金额以及某些善后工作的处理事宜。

5．工程承包谈判　工程承包，是指一个工程建筑企业（称为承包人），通过国际通行的投标或接受委托等方式，与兴办某项工程项目的另一个企业或个人（称为发包人或业主）签订合同或协议，以提供技术、劳务、设备、材料等，负责承担合同所规定的工程设计、建造和机械设备安装等任务，并按合同规定的价格和支付条款，向发包人收取费用及应得的利润。就上述工程承包有关事项进行的谈判叫工程承包谈判。

6．融资租赁业务谈判　所谓租赁业务，是指出租人（租赁公司）按照契约规定，将其从供货人（厂商）处购置的资本货物，在一定时期内租给承租人（用户）使用，承租人则按规定付给出租人一定的租金。在租赁期间，出租人对出租的设备拥有所有权；承租人享有使用权和受益权；租赁期满后，租赁设备退还出租人或按合同规定处理。

融资租赁业务，从其性质上来讲，它是典型的贸易与信贷、投资与筹资、融资与融物相结合的综合性交易，它既有别于传统的商品买卖，又不同于传统的企业筹资与信贷。就上述租赁业务有关事项进行的谈判叫租赁业务谈判。

七、按谈判双方的关系分类

1．竞争型谈判　大部分谈判都属于竞争型谈判。现代社会竞争越来越激烈，企业之间的竞争、同类产品之间的竞争、人才之间的竞争都已经达到白热化程度，如果不参与竞争或者竞争能力不强，就会被淘汰。因此，在日常生活中，人们面临着越来越多的竞争型谈判。竞争型谈判的技巧旨在削弱对方对谈判的信心。在竞争型谈判中，谈判者对谈判对手的最初方案作出明显的反应是极为重要的，即不管谈判者对对方提出的方案如何满意，都必须明确表示反对这一方案，声明它完全不合适，使谈判对手相信，他的方案是不合适的，难以让人接受。

2．合作型谈判　尽管谈判中有各种各样的矛盾和冲突，但谈判双方还是有合作诚意的，能一起为一个共同的目标协商解决彼此间的分歧。如果对方的报价有利于己方，当事人又希望同对方保持良好的业务关系或迅速结束谈判，不失时机地作出合作型反应是恰当的。合作型反应一般是赞许性的，承认和欣赏对方实事求是地对待谈判的态度，但仍然要强调进一步谈判的必要性，以免对方认为自己低估了局势从而转入防御性交锋。

谈判窗口 1-8 “健力宝”的促销法宝

广东健力宝集团有限公司初建时期，为使健力宝打开销路，进入国际市场，而与香港经销商达成了长期销售协议。当时，健力宝公司在市场上毫无影响力，经销商为何甘冒风险帮其开拓市场呢？原来这是长远利益所起的作用。健力宝公司为增强竞争力，在销售中采取了不计成本的办法。经销商感到有大利可图，同时又预见到健力宝销售的光明前景，因此毅然决定与之合作，并甘心情愿自己出钱为健力宝作广告宣传、树立信誉。事实证明，经销商是很有远见的。健力宝不仅顺利攻下了我国香港地区市场，还远销日本、东南亚和欧美各国，经销商从中获得了可观的收益。至今，双方仍保持着长期合作的友好关系。

3．双赢谈判 “双赢”谈判是把谈判当作一个合作的过程，能和对手像伙伴一样，共同去找到满足双方需要的方案，使费用更合理，风险更小。

“双赢”谈判强调的是：通过谈判，不仅要找到最好的方法去满足双方的需要，而且还要合理分配双方的责任和任务，如成本、风险和利润等，达到双赢的结果。一场成功的谈判，每一方都是胜利者。因此，从发展趋势来看，“双赢”谈判有着巨大的发展空间，日益为广大的谈判者所运用。

谈判窗口 1-9 哈利修游艇

哈利·史密斯有一艘游艇的引擎出了毛病，送到船厂去修，请他们找出故障原因。过了一个星期，船厂打来电话，说是引擎的轴有毛病，顶多再使用 20 小时就会断，需要换台新引擎。新引擎卖价 900 英镑，安装费 150 英镑。哈利觉得对偶尔一用的游艇花上 1 000 多英镑去修不划算。他告诉船厂，决定不修了，干脆卖掉它得了，按现在的船况也许能卖 800 英镑，打算下星期二去取船。星期一他便去了船厂，说是已经找到了买主，并对经理说，用卖游艇的钱可以买条帆船，省下修船的钱打算去旅游。经理见哈利决心卖船，他不想失去卖引擎的生意，便问哈利，要是给他换台引擎的话，他能出多少钱？哈利说，假如价钱不超过 350 英镑当然还是希望留下游艇的。不过换条帆船也不错的，可以省下维修费和汽油钱。船厂经理不想放过送上门的生意，便围绕 350 英镑这个数目开动了脑筋。他对哈利说，自己手上有台修复了的引擎——是一位顾客三年前留下来的，后来再也没有听到此人的消息了——可以以 400 英镑卖给哈利，安装费也只要 85 英镑，只是原来那台旧引擎得留下，他问哈利感不感兴趣。经过讨价还价，最后以 390 英镑成交，船厂出具保修单，安装费全免。经过谈判，船厂经理卖出了引擎，哈利修好了游艇，可谓皆大欢喜。

□ 本章小结

谈判在生活中无处不在，小到我们身边的一件小事，大到如中国的入世谈判，都是谈判双方或多方为达成某种目的而进行的一个过程。在谈判的过程中，冲突、需求和利益处处可见，构成了谈判的要素；商务谈判是谈判的一种，是指不同利益群体之间，以经济利益为目的，就双方的商务往来关系而进行的谈判，由谈判当事人、谈判议题、谈判目的和谈判环境等要素构成。它既具有谈判的一般特点，也具有有别于其他谈判的特点：交易对象的广泛性和不确定性、谈判目的的直接获利性、谈判内容以价值为核心、合同条款的严密性和准确性等。同时商务谈判在促进市场经济的繁荣与发展、加强企业之间的经济联系、获取市场信息、促进我国对外贸易发展等方面具有不可忽视的作用。商务谈判的种类很多，按谈判各方参加的人员数量分类可分为一对一谈判与团体谈判；按谈判参与方的数量分类可分为双边谈判与多边谈判；按谈判双方接触的方式可以分为面对面谈判、电话谈判和函电谈判；按谈判的所在地分类可分为客场谈判、主场谈判和客、主场轮流谈判；按谈判的方法分类可分为纵向谈判和横向谈判；按谈判的内容分类可分为货物买卖谈判、投融资谈判、技术贸易谈判、合约纠纷谈判、工程承包谈判、租赁业务谈判；从谈判双方的关系而言，谈判可分为竞争性谈判、合作性谈判以及双赢谈判。

□ 案例分析

案例 1-1

一个日本商人接到犹太商人的一大笔订单，由于订购数量很大，日本商人对订单的条件比较马虎。订单末尾写着："交货以前，如遇市场变化，可以由一方通知，解除合同。"日本人认为那是犹太人急于催货的表示，只要尽快交货是没有问题的。他们没有仔细推敲，就开始扩大生产，以便提前交货。实际上，这订单末尾所写的条件是犹太人的细心和精明所在，这个条件一加上，犹太人就万无一失了。事实恰好是这样。当日本人还来不及交货时，犹太人发现市场发生了与原来预期相反的变化，立刻通知日本商人解除合同。由于订单上明确地写着，日本人只好自认倒霉。

案例问题讨论：

1. 上述案例中日本商人只好自认倒霉的原因是什么？
2. 上述案例体现了商务谈判具有什么特点？

案例 1-2

许小姐想为她的男朋友买一套西装。她已经攒了大约 1 000 元，并且每月还继续攒 20 元。一天，她在广州天河城一下子被一件标价为 1 500 元的西服吸引住了。她认为这就是她想送给男朋友的生日礼物。但她买不起！该店老板说，你可以数星期后来买，但不能保证那时这套西装一定还在。许小姐很沮丧。随后，她偶然进入宏城一家服装店，见有一件与天河城的那套很相似的西服，每件标价 1 000 元。她想买，但仍惦记着天河城的那套 1 500 元的衣服。数星期后，天河城的那套西服仍未售出，还降价 20%，减为1 200元。但许小姐的钱仍然不够。她把情况向老板讲了。老板很乐意帮助她，再向她提供 10% 的现金折扣，现付 1 080 元。许小姐当即付款，怀着喜悦的心情离开了。

其实两店西服是完全相同的，都是从批发商那里以每套 900 元进的货。但天河城服装店获纯利 108 元，而宏城这家服装店标价虽低，却未能吸引许小姐。她为自己等待了数星期后获得减价的好处而感到愉快，还为与老板讨价还价后又得到 10% 的优惠而高兴。

案例问题讨论：

1. 一样的产品，许小姐却乐于接受高一些价格，天河某服装店在这次谈判中所采取的每一步骤，都是为了使许小姐得到满足。服装店采取了什么步骤，请从下列答案中作出选择：

① 使西装具有高价感。

② 使西装具有珍稀感。

③ 使她在讨价还价中有获胜感。

④ 使她在成交后有获益感。

2. 通过这个案例，你从中领悟到商务谈判的含义是什么？

案例 1-3

一项总额涉及500万美元的谈判使得谈判老手赵光裕陷入沉思。谈判一方为天津制药工业公司，另一方为美国A公司。资料表明此次合资办厂对双方都有巨大利益，问题是如何维护我国厂家的正当权益。

首先是谈判文本的谈判，A公司草拟了一份合同交给天津制药公司，要求作为谈判文本。赵光裕看过草拟的合同后，认为其中很多地方不是平等互利的，只对美方获得超额利润有利，而且有很多条款是和我国法律相冲突的。

赵光裕多次担任过涉外经济谈判的法律顾问，他深知一种态度在谈判中的分量。

赵光裕坐到桌前，又读了一遍他和助手写的合同审议意见书，然后郑重地写下了最后意见："我方应根据中国法律重拟合同，并电告美方：谈判需要以我方合同文本为基础，否则不必来津。"

会谈在天津友谊宾馆一号会议室举行。

"请问，"会谈一开始，美方代表杰克便提出了问题，"为什么要用你们的合同文本而不用我方的?"

赵光裕看了看并排放在桌上的两个文本，抬起头来说道："比较一下两个文本就可以看出来，贵公司的文本有些地方含混不清，而且很多地方与我国法律相冲突。这些问题在我方文本中是没有的。"

"请举个例子。"杰克紧追不放地说道。

赵光裕不慌不忙地说："签订合资合同，必须先明确当事人，也就是我们是在和谁合作。在贵公司的文本中，有时是A公司，有时又是S.E制药厂，这种做法模棱两可，究竟由谁来承担本合同的权利和义务呢?"

"还有，贵方要以工业产权进行投资，这是可以的。但依合资法第五条规定，它的价格要由各方评议确定。现在A公司的合同文本中却单方面规定了价格和计价方法，这也是不合适的。而且，如果以工业产权作为投资，那么这一过程中的技术指导、技术咨询和检查，都是投资方的固有责任，不能另外计价。"

赵光裕坦然地放下文本，又说："类似这样的问题，在贵方文本中有29条之多。所以我们认为，以贵方文本作为谈判的基础文件是不合适的。"

说完，赵光裕便看看杰克，等待着他的反应。杰克却低下头去看文本。过了片刻他才抬起头来，带着一丝微笑说道："因为没有参加前一段的双方接触加上对中国法律了解不够，所以草拟的合同的确不合适。那么，就以你们的合同文本作为谈判的基础吧。”

赵光裕微微一笑，原来如此，这不轻不重的第一回合是试探我们力量虚实吧。

接下来，双方主谈人就商业问题开始逐条交锋起来。

经过5天时间，双方结束了第一轮会谈。11月中旬，在铺着白色提花布的长桌两边，双方依次坐好，开始了实质性的第二轮谈判。

“关于投资构成问题，”杰克首先说道，“我方要以专利、专有技术和商标等工业产权作为合资企业的投资构成。这是合乎中国的合资法的。”

我方人员想了想，没有立即回答。如果对方以这些作为投资构成的一部分，那他们要少拿出一大笔钱来，而每年还要照样分红。

“我们的商标在国际上是有信誉的，”美方继续说道，“这有助于推销合资公司的产品。而且这个商标已在中国注册，必须受到保护，使用必须付费。”

一时间，我方代表全沉默了。如果这样，那我方损失就太大了。赵光裕凝思片刻，沉着地说道：“美方商标已经在中国依法注册，当然应当受到保护，非经谈妥代价，任何人无权使用。但是，这和本合同无关。双方经理已经商定，合资企业产品的45%由美方负责出口外销，55%由中方负责内销，内销产品不用美方商标。至于外销部分用什么商标，那是美方的事，反正产品是美方负责销售。如果美方为了自己销售方便，外销部分采用自己的商标，这怎么能要合资企业付费呢？”

赵光裕扫视了一下对方人员，继续说道：“关于专利问题，你们的大部分专利都已经过期了；至于专有技术的补偿，我们可以在技术合作合同中进行研究。”

杰克仔细地看看赵光裕，仿佛在研究他是怎样的一个人。最后，他点了点头，勉强露出了一丝微笑，说道：“还有一个问题。合同要求美方保证合资企业技术的先进性，这个美方无法保证。因为使企业达到国际标准的因素是多方面的，美方无法单方面控制。这个条款是不是可以订为：美方努力确保技术的先进性和达到国际标准。”

那么，赵光裕想，这就成了不可靠的弹性条款了；如果对方不提供先进技术，企业达不到标准，他们还会说责任在中方，是中方没有建设好。

“杰克先生的意见很有启发，”赵光裕说：“但技术的先进性还是要确保的。是不是可以分成两个问题：第一，美方应保证其提供的设计和技术的先进性。第二，对方尽最大努力来保证企业最后达到国际标准。”

杰克迟疑了一下：“可以的。”

赵光裕微微一笑，又一个回合结束了。不过他知道，这一切还只是初步交锋。这次谈判将会是漫长而艰苦的。

果然，第二年开春，杰克一人来津。在谈判桌上，他突然在一系列重大问题上推翻已达成的协议，全面后退，并提出了新的要求。谈判面临危机。

但是，赵光裕对此早有准备。他事先让助手与制药公司联系，根据推算，美方已经在合资企业中取得合理利润。据此他断定，只要我方坚守住原有协议，美方就会自动放弃新的要求。

因此，在此后数日的谈判中，他与对手逐条、逐句、逐字地辩论，争论非常激烈。经过持久的苦战，终于使协议基本保持了原状。而这时，赵光裕又从容地说道："关于销售净额一条应补充几个字。销售净额指的是扣除税款后的数额。"

杰克一听就叫起来："为什么要扣除税款？为什么你不早提出来？这样我们专有技术的提成要少得多。"

对于"销售净额"的定义问题，赵光裕事先请教了有关专家，因此他胸有成竹地说："销售净额的定义，在贵国就是如此，我只是使它更为明确罢了。而且这一条款是你们草拟的，我一直在等你们自己去纠正这一疏漏，所以拖到现在才提出来。"

"这个，我回去确认一下。"杰克狠狠地皱了皱眉头。

仅此一项，赵光裕就使制药公司在合同期内能够避免30多万元的不合理负担。

过了一年多，双方终于走完了漫长的谈判路程，在天津举行了隆重的签字仪式。

案例问题讨论：

试概括合资经营谈判需要注意的环节。

根据不同的商务谈判类型划分，论述案例中的谈判属于哪些类型。

□ 实训题

实训1-1　你认为什么是谈判？如果你想加薪水，你如何与老板或上司谈判，顺利地达到你的目的？

实训1-2　要求学生收集日常与社会联系中所遇到的有关的谈判实例，了解谈判的特点，并组织交流。

第二章　商务谈判的模式及原则

□ 引导案例

美国汽车业巨头克莱斯勒汽车公司拥有近70亿美元的资金，是美国第十大制造企业，但自进入20世纪70年代以后该公司却屡遭厄运，1978年亏损额达2.04亿美元。在此危难之际，艾柯卡出任总经理，并请求政府给予紧急经济援助，提供贷款担保。但这一请求引起了美国社会的轩然大波，国会和社会舆论几乎众口一词：克莱斯勒赶快倒闭吧。按照企业自由竞争原则，政府绝不应该给予经济援助。最使艾柯卡感到头痛的是国会为此而举行了听证会，艾柯卡将面临一场严峻考验。

在听证会上，艾柯卡说，“我这一辈子一直都是自由企业的拥护者，我是极不情愿来到这里的。但我们目前的处境是：除非我们能取得联邦政府的某种保证贷款，否则根本没办法去拯救克莱斯勒。”他接着说：“克莱斯勒的请求贷款案并非首开先例。事实上，你们的账上目前已有了4 090亿美元的保证贷款。请全力为克莱斯勒争取贷款吧，因为克莱斯勒乃是美国的第十大公司，它关系到几十万人的工作机会。”

艾柯卡随后指出日本汽车正乘虚而入，如果克莱斯勒倒闭了，国家在第一年里就得为所有失业人口支付27亿美元的保险金和福利金，而且日本汽车将在美国市场上占有更多份额。最后，他向国会议员们说：“各位眼前有个选择，你们愿意现在就付出27亿呢？还是将它的一半作为保证贷款，并且此笔保证贷款日后可全数收回呢？”艾柯卡以超公司利益的国家利益应对议员们的党派之争，使持反对意见的议员无言以对，贷款终获通过。

艾柯卡的谈判是理性谈判的典型案例，在谈判中将人与事分开，以保护国家利益为谈判双方都能接受的客观标准，实现了自己想要取得贷款的意愿。本章将从商务谈判的评判标准出发，对谈判的不同模式、商务谈判的原则、各国商务谈判的风格等进行论述。

学习目标 ▶▶

学完本章后，你应该能够：

1. 理解商务谈判的评判标准。
2. 了解商务谈判的不同模式。

3. 掌握商务谈判的原则。
4. 了解世界各国商务谈判的风格。

第一节 商务谈判的评判标准

人们总是抱着成功的希望和信心去参加谈判，追求谈判的成功是每个谈判者的心愿。那么什么样的谈判可以被认为是成功的呢？这与评判标准有关。不少人常常接触谈判，但对于“什么是成功的谈判”认识却不一定正确。很多谈判代表认为自己在谈判中获得利益越多，对方所获越少，谈判就越成功。其实这种看法不对，可能会因此失去已到手的利益，也可能使自己所得的利益远远小于本来可以获得的利益。

谈判不是一场比赛，不要求决出胜负，也不是一场战争，要将对方消灭或置于死地，相反，谈判是一项互惠的合作事业。从这个观点出发，可以把评价商务谈判是否成功的价值标准归纳为三个方面：实现目标、优化成本、建立人际关系。

一、实现目标

衡量谈判是否成功的第一个标准是实现目标，也就是说，谈判的结果应该是达到了预期目的。因为谈判是谈判双方为了达成某种共识而进行的活动，如签订一份合同，进行关贸谈判等，都是为了追求一种目的，谈判中有输有赢，而最好的结果是能够达到双赢，即达到双方都比较满意的程度。没有人愿意为一个不能达到目标的谈判去耗费时间和精力。

二、优化成本

衡量谈判是否成功的第二个标准是优化成本。通常一场谈判有三种成本：一是为达成协议所做的让步，也就是预期谈判收益与实际谈判收益的差距，这是谈判的基本成本；二是人们为谈判所耗费的各种资源，如投入的人力、物力和时间，这是谈判的直接成本；三是因参加该项谈判而占用了资源，失去了其他获利机会，损失了有望获得的其他价值，即谈判的机会成本。在三种成本中，由于人们常常特别注重谈判桌上的得失，所以往往较多地注重第一种成本，而忽视第二种成本，对第三种成本考虑得更少，这是需要予以注意的。

谈判窗口 2-1　　吴仪中美商务谈判的高效率

2004 年 4 月 21 日，有“铁娘子”之称的中国国务院副总理吴仪，第一次以中美商贸联委会中方主席的身份带团访美。与联委会美方主席——美国商务部部长埃文斯和贸易代表佐立克会晤后，双方宣告中美贸易史上规格最高的一次会谈圆满结束。

只通过四个半小时的谈判，就达成八项协议的签署，看起来中美双方都得到了自己想要的东西。这次谈判因为效率高而蜚声海内外。

三、建立人际关系

衡量谈判是否成功的第三个标准是增进或至少不损害双方的利益，从而建立良好的人际关系。谈判是人们之间的交流活动。就商务谈判而言，谈判的结果不只体现在最后价格的高低、市场份额的划分、资本与风险的分摊、利益的分配等数字上，还体现在人们之间的关系上。也就是说，我们还应注意到谈判是促进和加强双方友好合作关系的良好契机。精明的谈判者往往具有长远的眼光，着眼于未来，虽然这次会少得利益，但因双方的良好的关系而带来的远期收益足以弥补当前的损失。

从这点看，谈判跟竞技比赛存在很大的不同：第一，从目标上看，虽然都是满足双方各自的利益需要，但谈判中双方的利益是可以调和的，而竞技双方存在对立的利益需要。第二，从实现目标的手段和方法上看，谈判是双方充分理解彼此的利益要求，在肯定双方一致利益的基础前提下，通过双方共同的创造和努力，找出一个能使双方各有所获的方案来协调彼此之间利益上的矛盾。而竞技比赛中，双方为了达到各自的目标，要运用各种手段置对方于失败者的地位。第三，从最终结果上看，谈判的结果使双方的利益都得到满足，双方之间还建立了一种友好的人际关系，而竞技比赛的结果是双方利益上的对立。因为，一方胜利了，另一方必然成为失败者，失败者会下定决心击败对方以雪耻辱。所以，把谈判看成是一种友好的协商，就能够比较容易地达到目的，而把谈判看作是一场竞技比赛，目标就难以实现，即使勉强达成协议，也难保协议能够得到好的履行。

谈判窗口 2-2　　经理的感情用事

美国约翰逊公司的研究开发部经理，从一家有名的公司购买了一台分析仪器。数月后，一个价值 2.95 美元的零件坏了，可这家仪器公司却召集了几名他们最高明的工程师，来证明故障是约翰逊公司使用不当的后果，双方为此争执了两个半小时。仪器公司的工程师花了九牛二虎之力，才证明责任在约翰逊公司一方，他们胜利了。但此后的整整 20 年，约翰逊公司那位经理一直告诫他的人不要再买那家公司的产品，他说："我也知道这不合理，太感情用事，但我还是这样做。"可见，人际关系的破坏会带来难以估量的损失，谈判者必须高度重视。

根据以上三个标准，成功或理想的谈判应该是：在实现预期目标的过程中，谈判所获收益与所费成本的比值最大，谈判不仅使本方的需要得到满足，也使对方的需要得到满足，双方的友好合作关系得到进一步的发展和加强。正确地认识谈判的价值评价标准，不仅能使我们知道什么是成功的谈判，而且还能使我们知道，应该怎样去取得谈判的成功。

第二节　商务谈判的模式

谈判是为达成某种协议而进行的交往，也是一种竞技活动。虽然我们每天都在谈判，但不容易做得很好。其原因之一，就是人们往往自觉或不自觉地把自己限制在某一传统的谈判模式之中。因此，熟悉不同谈判模式，有助于我们把握谈判局势，使谈判取得成功。谈判模式总的来说可以分为两大类：阵地式谈判和理性谈判。

一、阵地式谈判

（一）阵地式谈判的概念及特点

阵地式谈判是指双方站在各自的立场，为自己讨价还价，最后作出一定的妥协，找到双方都能接受的折中方法。在阵地式谈判中双方的"领地"逐步被对方"蚕食"，双方很难达成一致意见。如图 2-1 所示。

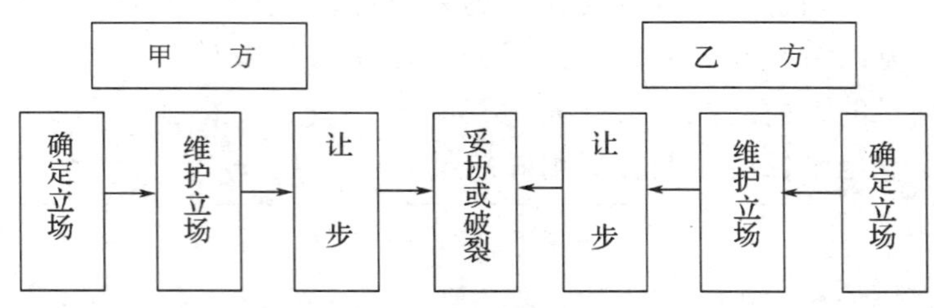

图 2-1　阵地式谈判

阵地式谈判是一种非理性的谈判模式，其特点体现在以下四个方面：

1．难以达到谈判目标　当谈判双方的注意力集中于维护立场时，他们极少有余力去关心原定的目标，致使原定目标难以达到。谈判双方都以为持极端立场并固执己见的一方会得到好处，但结果常常是得到同样强硬的回答，从而使双方筋疲力尽。

2. 会产生不明智的协议　由于人们更多地注意立场而忽视如何满足各方的基本要求，达成协议的可能性变得很小。达成的协议仅仅是各方在立场分歧上妥协的机械反应，而不是如何尽量满足各方的合理利益。其结果总是使各方感到不满意。

3. 谈判效率低　每方都极力设法达成任何有利于自己的协议，每方都在开始时先提出一个极端的立场，并固执地坚持不放。然后，为了促使谈判能继续下去，每方再做小小的让步。这种策略会阻挠协议的迅速达成。因为一方提出的立场越极端，其让步的幅度越小，于是双方就要花更多的时间和精力，去探求达成协议的可能性。最终，因为互相施加压力，互相不肯让步，不仅增加了谈判的时间和成本，而且也可能使谈判破裂。

4. 损害双方和谐长久的关系　在立场上的讨价还价会使谈判成为一场意志的较量。每个谈判者都宣称要做什么或不做什么。取得互相同意的解决办法就成为一场战斗，各方都凭意志的力量迫使对方改变立场。当一方发现自己屈服于对方坚强的意志，而自己的合法利益却未被顾及时，就会产生愤懑的情绪。因此，立场争执会使双方的关系紧张，有时甚至导致关系破裂。

谈判窗口 2-3　　顾客买盘子

一名顾客前来购买盘子，他向老板问道："这个铜盘子多少钱？"

精明的老板回答："你的眼光不错，75 块。"

顾客："别逗了，这儿还有块压伤呢，便宜点。"

老板："出个实价吧。"

顾客："我出 15 块钱，行就行，不行拉倒。"

老板："15 块，简直是开玩笑。"

顾客做出让步："那好，我出 20 块，75 块钱我绝对不买。"

老板说："小姐，你真够厉害，60 块钱马上拿走。"

顾客又开出了 25 块，老板则说进价也比 25 块高。顾客最后说，37.5 块，再高她就走人了，老板让顾客看看上面的图案，说这个盘子明年可能就是古董等等。

在这个谈判中，顾客出价从 15 块到 20 块、25 块，到 37.5 块，逐渐上扬，而老板出价从 75 块到 60 块，在讨价还价中逐渐下降，双方的阵地都被"蚕食"，这就是阵地型谈判的例子。

（二）阵地式谈判的类型

阵地式谈判有两种类型，一种叫做硬式谈判；另一种叫做软式谈判。

1. 硬式谈判模式　硬式谈判是指以意志力的较量为手段，坚守己方的强硬立场，并要求对方牺牲其利益来达到己方的目的的谈判模式。硬式谈判法的指导思想不是“双赢”，而是“不谈则已，要谈必胜”的强权哲学。一旦谈判双方采取硬式谈判法，往往会使谈判受制于各方所持的立场。谈判双方一面维护自己的立场，一面设法令对方作出让步，最后进行妥协并达成协议，但若妥协不成，则谈判随之破裂。这类谈判者在谈判桌上的通常表现是：

（1）情绪冲动，滥施压力。经常在适当的时候，利用冲动的情绪侵犯对手，从而引起对手愤怒、思维混乱，甚至顺从退让来达到自己的目的，视对方让步为软弱。

（2）谈判时咄咄逼人。在对方让步之前寸步不让，决不“以德报德”。相反，会毫不犹豫地提出他们明知对方不能接受的要求，经常使用过激语言。

（3）不理期限，坚韧忍耐。这类谈判者不受谈判期限的约束，利用对方的急迫心理，采取停滞和拖延战术，坚持以较长时间去获取所要的东西。在这段时间里，他们至多仅作些微小让步，使对手逐渐疲惫不堪。

（4）声称权力有限。采取硬式谈判法的原因往往是谈判代表权力有限。谈判前，最高权力中心仅授给谈判代表以有限的权力，使他们在一定的范围和目标内有限地发挥作用。超出这个范围，谈判代表不能作任何让步，必须反复多次向上级请示汇报。

硬式谈判有着明显的局限性：它将谈判对手视为敌人，目标是单纯满足自身需要，不惜手段对对方施加高压和威胁，因而难以达成谈判目标，不具有效率，并常常会破坏谈判双方的人际关系。一般情况下它只适用于一次性交往或是谈判双方实力相差悬殊的情况。

谈判者如果面对采用硬式谈判法的对手，要冷静地分析对方的战术，保护自己，要制定好己方的底线，若超越此界，决不可迁就妥协；要善于把矛盾的焦点引导到双方都有利的方案上去，不要正面反击。此外，还可以邀请第三者出面调节，由于第三者不直接涉及谈判中的利害关系，易于将人和问题分开，从而将谈判引向实质性利益方案的选择上去。

2. 软式谈判模式　软式谈判是指以妥协、让步为手段，希望避免冲突，为此甚至愿意牺牲己方利益来换取合作或协议的谈判模式。许多人都承认进行艰巨的硬式谈判要付出很大代价，特别是顾忌硬式谈判对参与方之间相互关系的损害，他们希望通过一种较为温和的谈判方式来避免。这类谈判者在谈判桌上的通常表现是：

（1）他们不把对方看成是敌手，而是当作朋友，注重双方关系，信守“和为贵”的原则。

（2）他们不强调获取胜利，而是强调达成协议的必要性，为取得协议甚至愿意接受损失。

（3）对人对事采取温和的态度，从不使用压力，反而屈服于压力。

（4）开诚布公，相信对手，以善良的愿望谈判，注重礼仪。

这类谈判者如果是卖主，一般不提出过高要求，通常在常规范围内提出中等偏高的价格标准，决不漫天要价。如果是买主，能争取到一点优惠就算一点，以争取长期合作。这种谈判模式强调建立与维护关系的重要性。家庭与朋友或长期贸易伙伴之间的谈判大部分采取这种形式。这种谈判过程能以高效率进行，至少会迅速产生结果。由于各方以慷慨大方与乐于合作的姿态谈判，达成协议的可能性很大，但是签订的协议并不一定是明智的协议。因为任何把关系放在主要地位的协议都有可能成为一个草率协议。

软式谈判法回避斗争，强调统一，以让步、牺牲为代价换取协议和合作。所以，软式谈判法并不是普遍使用的方法，只有在特殊情况下为了达到特殊的目的才被采用。例如，当远期合作利益高于近期局部利益时，有必要作出妥协让步以求得未来的更大利益。否则，离开长远的、总体的利益作为总目标，软式谈判法就失去了意义。在软式谈判法下，今天的“失”是为了明天的“得”，单纯地为合作而合作的谈判是不存在的。

谈判窗口 2-4　　　　长远的买卖

A 先生与 B 先生谈一笔黄豆的买卖。A 先生是买方，出价每吨 136 美元；B 先生是卖方，报价是每吨 150 美元。经过认真、坦率的谈判，互相妥协。A 先生表示愿出 140 美元买进，B 先生表示愿以 145 美元的价格卖出。最后，双方因上司授权限制，这是最低（最高）价格，说了爱莫能助之类的话后分手告别。3 天后，A 先生接到 B 先生的电话，说愿以每吨 140 美元的价格卖出，不知 3 天前 A 先生的报价是否有效？原来，B 先生公司资金周转出了些问题，急需现金。A 先生约 B 先生面谈，B 先生在介绍了情况后，A 先生说，伙计，经过慎重考虑，我愿以每吨 145 美元的价格买进。B 先生喜出望外，紧紧握住 A 先生的手连声道谢。

事后，有人问 A 先生为什么这样做？他说：“每吨差价 5 美元，总数 300 吨，差额 1 500 美元。实际上，上司授权我的买入价是 140～145 美元之间。当然，如果我以 140 美元的价格买进，上司会发给我一笔奖金，会拍我的肩膀称赞几句。这称赞和奖金对我今后的业务谈判无丝毫帮助。有

5美元权限的机会不是很多的，我抓住这个机会这样做了，B先生会真正认识我这个人。”果然，从此以后，B先生总是找A先生做生意。在有人对A先生展开竞争时，B先生也实言相告：“有人出价××美元，如你也接受这个价格，我就卖给你。”感情就是这样慢慢培养起来了。

硬式谈判与软式谈判的模式虽然截然相反，但其产生的后果都是非理性的，不能达到明智、合理的结果，不利于谈判效率的提高和良好人际关系的建立，因而并不是普遍适用的。硬式与软式谈判模式都是在立场上讨价还价而采取的不同策略，同属于传统型谈判法。

二、理性谈判

（一）理性谈判的含义

理性谈判是一套将人类独特的理性思维运用于谈判过程的模式，又可称为原则谈判法。它是美国哈佛大学在谈判方法研究中，发展出的一种能代替阵地式谈判的现代型谈判方法。理性谈判模式不是通过双方的讨价还价的过程来做最后决定，而是指导谈判双方尽可能寻求共同利益。当双方利益发生矛盾时，理性谈判强调坚持独立于双方意志之外的公正标准。它对于谈判标准来说是硬式的，对谈判的人来说是软式的。掌握这种方法，可以使谈判者不失体面地得到应得的利益，既能保持公正的态度，又能防止别人从中渔利。

（二）理性谈判的特点

1．坚持区分人与问题　即通常所说的“对事不对人”。理性谈判在谈判中把对人，即谈判对手的态度和所讨论问题的态度区分开来。谈判的主体是人，因此，谈判的进行必然要受到谈判者个人的感情、要求、价值观、性别等方面的影响，一方面，谈判过程中双方可能会产生相互满意的心理，从而建立起一种相互依赖、理解、尊重和友好的关系，使谈判进行得更顺利、更有效；另一方面，在谈判中也可能出现相反的情况，谈判双方意气用事，互相指责、抱怨，甚至语言尖酸刻薄，充满敌意。造成后一种情况的主要原因，就是谈判者不能很好地区分谈判中的人与谈判中的问题，混淆了人与事的相互关系，把对谈判中某些问题的不满意，发泄到谈判者个人的头上。

谈判中人与事混淆的另一原因是人们常从没有根据的推论中得出结论，并把这些作为对人的看法和态度。例如，谈判中常常有“你们的开价太高了，我们不能接受。”这虽是对对方要求的不满，但往往会被认为是对对方代表个人的指责、抱怨。这会导致对方个人感情上的变化，使对方为了保全个人面子，顽固坚持个人立场，从而影响谈判的进行。

另外，如果谈判中双方把彼此当作对手，也会造成人与事的混淆。在这样的情况下，谈判者说的每一句话，都容易被对方理解为冲着个人来的，双方都注意防卫并做出反应，全然忽视了对方的合理利益和公正要求，使得原本容易解决的问题反而变得复杂，达成一个明智而公正的协议会变得渺茫无望。

要在谈判中做到把人与问题分开，必须进行有效的人际沟通和建立信任感，具体做法是：

（1）尽量从对方的立场来考虑问题。在谈判中，当提出方案和建议时，要从对方的立场出发考虑提议的可能性，理解或谅解对方的观点、看法。当然理解并不等于同意，对别人思想、行动的理解会使自己全面正确地分析整个谈判形势，从而缩小冲突范围，缓和谈判气氛，有利于谈判顺利进行。

站在对方的角度看待问题，会较好地克服想当然的推断所造成的偏见，从而正确地分析理解双方对问题的看法。人们往往习惯于对谈判对手所说的话或提议加以最坏的推测，即使挑不出对方的提议对自己有什么危害，也总觉得他们是为自己利益提出的建议，恐怕于我方不利，不能轻易地同意了事。但如果尝试从对方的角度看问题，或是提出“假如我是对方，我会如何做”的设想，就会使你抛弃这些先入为主的偏见，看到事物的全部，也就能够客观、冷静地分析具体问题，那么，事情就好办多了。

有个例子恰当地说明了这一道理。在桌子上放着一个盛着半杯凉水的杯子，你既可以说，桌子上放着一个半空的杯子，你也可以说，桌子上有半满的一杯凉水。为什么同一事物却有不同的说法？这是因为看问题的角度不同，某一角度反映了一个事物的一个侧面，综合起来，才是事物的整体。所以站在对方立场上考虑一下问题，对双方都有好处。

（2）尽量阐述客观情况，避免责备对方。谈判中经常出现的情况是双方互相指责、抱怨，而不是互相谅解、合作。其原因就是混淆了人与事的区别。当对谈判中某些问题不满意时，就会归罪于某一方或某个人，因而出现了把问题搁在一边不管，却对对方或某人进行指责、攻击，甚至谩骂的局面。

在这种情况下，较好的方法是对对方的提议或见解给予某种肯定，同时，客观地指出双方的分歧所在。这种肯定与分歧的结合看起来并不协调，甚至矛盾，但是，正是这种不协调，才有助于问题的解决。心理学中有一种理论是认识不协调论，认为人们讨厌不协调，并愿意消除它。如果你在肯定对方的提议的同时，能指出他的提议与谈判中问题的不一致性造成了双方认识的不和谐，那么，他通常会放弃原先的主张，同你取得一致，以克服这种不和谐。

同时，在语言的表达上，也需要一定的策略和技巧。如果你讲述自己的看法而不是讲别人的言行与动机，能够收到更好的效果。如“我感到失望”，而不是“你背信弃义”；“请原谅，我没有理解你话的含义”，而不说“是你没说清楚你的意思”等等，这样既讲明了客观情况，又避免了因责备对方而引起的防卫性反应。

（3）让双方都参与提议与协商。谈判出现矛盾分歧，多数情况下是由于双方各自从自己的立场出发，拿出一个提议或方案让对方接受，这样，即使是对谈判有利的协议，对方也因怀疑拒不接纳，结果常常会导致僵局。但如果改变一下方式，就可以避免出现上述情况。这就是让双方都参与方案的起草、协商。一个能容纳双方主要内容、包含双方主要利益的建议会使双方都认为是自己的，如果他们切切实实感到自己是提议的主要参与者、制定者，那么达成协议就会变得比较容易。当各方对解决的办法逐一确认时，整个谈判过程会变得更加有秩序、有效率，因为对提议内容的每项批评改进与让步，都是双方谈判人员积极参与的结果。

（4）保全面子，不伤感情。谈判人员有时固执地坚持己见，并不是因为谈判桌子的建议无法接受，而只是因为他们在感情上过不去，即使是出于无奈而让步，也往往会耿耿于怀。因此，在谈判中顾及对方面子，不伤对方感情十分重要。在与对方谈判代表打交道时，不能由于对方是企业或公司的代言人，就忽略了对方个人的感情变化，忽略了对方对某些问题特别敏感的反应。当对方觉得你藐视他个人，损害了他的面子，自尊心受到伤害时，他就会变得像刺猬一样，充满敌意，防卫自己，攻击别人。这种状况是很不利于双方沟通交流的。

2. 着眼于利益，而不是立场　理性谈判的特点是把重点放在利益上，而不是放在立场上。利益是谈判者实质的需求、欲望、关切或忧虑，而立场则是谈判者利益在形式上的要求或依此而作出的某种决定。因此，促使谈判者作出决定的是利益，利益是隐藏在立场后面的深层次的动机。而人们在谈判中却经常喜欢各自坚守立场和阵地，忽略了真正的利益所在，从而使谈判的结果不能令人满意。

例如，有两个人在图书馆内发生争吵，一个要开窗户，一个要关窗户，争得不可开交。这时，图书管理员走过来，她先问其中一个人为何要开窗？“吸一些新鲜空气。”她又问另一个人，为何要关窗户？“不让纸吹乱了。”图书管理员考虑了一下，把旁边较远处的一扇窗户打开，既让空气流通，又不会吹乱纸。这个故事阐述了立场和利益的区别。窗户是开还是关属于立场问题，如果只争论立场势必导致僵局；相反，如果挖掘出立场后面的潜在利益，僵局就不难打开了。

立场是人们利益的表现形式，是非常具体的，而利益是隐蔽的，可能不太具体，立场和利益之间的关系，不是一对一那么简单，每种利益可能有多种满足的途径和方式。透过立场寻求利益，寻找一条既能符合己方利益，又能与对方根本利益相结合的途径，是取得谈判的顺利进展的科学方法。

谈判窗口 2-5　　戴维营协议

埃及与以色列于 1978 年签订的戴维营协议是一个着眼于利益的成功案例。以色列自 1967 年以来一直占领着部分西纳半岛。当埃以双方 1978 年坐下来谈判缔结和约时，他们的立场是完全对立的。以色列坚持占据西纳半岛某些地区；埃及则坚持西纳的每一寸土地都要重归埃及主权。结果，在领土问题上做妥协，埃及决不接受；回到 1967 年以前的情形，以色列又坚持反对。

然而，审视双方的利益而不是立场，却使谈判有了转机。以色列的利益是在安全上，他们不想让埃及的坦克布置在自己的边界上，随时可以发动进攻。而埃及的利益在主权上，西纳半岛自从法老王时代，就一直是埃及的一部分。自从被希腊人、罗马人、土耳其人、法国人和英国人占领了数世纪之后，埃及仅在近代才取得完整的主权，因此，绝不能再把任何部分让给另一个外国征服者了。

在美国支持下，埃及总统萨达特和以色列总理贝京在戴维营达成协议：西纳完全归还埃及，但大部分地区必须实现非军事化，以确保以色列的安全。埃及的国旗可以在西纳到处飘扬，坦克则不能接近以色列。

3. 在做决策之前先考虑各种可能的选择　这一点要解决的是如何在压力之下，找到最令人满意的解决办法。某些人认为只要对我方有利的方案就一定对他方不利，因此固守阵地，放弃就双方共同利益而设计方案。然而，在实际谈判中客观存在着多种备选方案，最后选出的方案应该是在确保己方利益的前提下最大限度地满足双方的需求。也就是说，在达成协议之前，应探讨双方受益的方案，强调共同利益以使谈判顺利进行。

谈判窗口 2-6　　囚犯的抉择

匈牙利社会学家汉基什·埃列梅尔的“囚犯的抉择”的内容如下：

两个人涉嫌抢劫银行而被拘捕。但是没有足够的物证定他们的罪，至少要有一个人承认才行。为了使其认罪，侦察员逐个叫来嫌疑犯并对每个人都说了下面的话：

(1) 如果你供认了抢劫银行，而你的同谋否认，那么，你将被释放，而他要被监禁 10 年；如果他招了，而你却否认，那么，他将获释，你要被监禁 10 年。

(2) 如果你们俩都招了，那么你们每人各监禁 5 年。

(3) 如果你们谁也不招认，那么你们将被判是无罪的，但是你们每个人都将根据其他较轻的案情各判监禁 1 年。

两个囚犯的明智选择应该是什么呢？为了争得更多的人身自由，他们必须相互联系，相互合作，从而取得对各方都有益的选择。

4．坚持以客观标准为基础　在各类谈判中，无论多么充分理解对方，多么巧妙地协调冲突，多么高度地评价彼此间的关系，谈判者都会面临利益冲突的严酷现实。即使本着“双方都不吃亏”的策略，也不能掩饰这种事实。例如，买者希望早收货迟付款，而供应者却希望迟交货早收款。当然，谈判者可以通过顽固坚持己方立场来取得对自己有利的结果，但这种方法会造成僵持和冲突的结果。

如何解决客观存在的利益分歧呢？理性谈判认为在双方利益互相对立时，不能依赖各方的主观意愿，而要像开篇案例中提到的那样，使用客观标准。这种客观标准在实际中表现为法律、法规、市场价值、国际惯例、专家意见、伦理道德等等。通过讨论这些标准，而不是讨论哪一方愿意或不愿意做，这样就把协议的基础建立在原则的基础上，因而更具有实效性和优越性。这样看起来任何一方都不必向对方让步，彼此都可以找到公正的解决办法。

谈判窗口 2-7　　海洋矿产勘探初期费之争

1976 年的国际海洋会议上，印度等代表第三世界国家提议，每一个深海勘探矿源公司每开发一个勘探区要缴初期费 6 000 万美元，美国则反对缴纳任何初期费。双方一度形成了谁也不松口的局面。后来，其中有代表找到了麻省理工学院研究的被逐渐公认有客观性的深海采矿的经济学模式，为谈判提供了客观的价值标准。这个模式显示：印度所建议的收取巨额初期费的做法会破坏采矿公司的正常营运；模式也表明，某些初期收费在经济上是可行的。在理性的公断面前，印度人和美国人都改变了自己的观点。客观标准为协议的达成扫清了障碍。

为了更有效地运用客观标准，应该注意以下几个方面：

(1) 尽量发掘可作为协议基础的客观标准。一般说来，这种标准往往不止一种。譬如：市场价、先例、科学的判断、专业的标准、效率、成本、法院的可能决定、道德标准、同等待遇、互惠原则等等。发掘越多，越有可能择取好的标准并帮助达成公平协议。

（2）客观标准一定要公正。客观标准应该独立于各方的主观意志之外，要切合实际并合乎法律。一个著名的例子是，在国际谈判中，有不少人坚持自身拥有民族自决的权力，却不承认对方也有同样的权力，结果，反倒败坏了民族自决这一原则的名声。

（3）让双方都共同努力来寻求客观标准。譬如购买房地产的谈判，你开始可以说："你想高价卖，我想低价买，让我们看看公平的价钱是多少？最适当的客观标准是什么？"如果是对方先阐明立场，定了价，你可以问："你是怎么得到这个数字的？你的理由是什么？"对方如果提出了标准，只要可行，你便可以按照他的标准提出你的看法，借以说服他，这通常是很有说服力的。

（4）始终保持冷静的理性态度。谈判的实际情况毕竟可能是复杂多变的，你的对手可能只从自己的利益出发提出某种标准，甚至进而将它发展为不可让步的原则立场。这时你要冷静。首先，客观标准本身有多元性，你不一定非采纳不可，别的更为公平的标准也可能存在，应该通过比较来共同决定取舍；其次，如果几个客观标准都必不可少，则可考虑妥协折中的方式以打破僵局。如我国许多单位的住房分配便综合了多种标准：工龄、职称、职务、学历……等等，然后将它们折算成可相加的分值。再次，如有必要，亦可邀请双方都认为公平的第三者，把所有标准交给他，由他进行仲裁。

（5）不屈从压力。贿赂、威胁、摆老资格、拒不让步等等都是压力。坚持客观标准就意味着决不屈从压力，无论对方如何千变万化，回答都一样：请说明理由，提出公认的客观标准。除非对方真的不让步，否则，只要还能谈下去，你就能取得优势，因为你坚持合理合法的客观标准，拒绝随意的让步。

谈判窗口 2-8　　关于地基标准的纠纷

约翰为建造房屋而与承包商签订了一份承造合同，价格确定，而且明确要求必须以钢筋水泥做基础。但是合同却没有明确规定基础该按多深为标准，承包商认为有 2 英尺足够了，而约翰则认为此类房子一般需要 5 英尺左右。可承包商有他的理由："当初是你自己同意采用较浅的基础的，而且我还记得，我也同意在屋顶也采用钢梁。"显然，在此情况下，约翰如果明智的话不会和对方进行折中的讨价还价，他想了想，说："可能当时我错了，2 英尺也许够，但我所要的是稳固的基础，它足以承受整个房子的重量。政府在这方面订有标准规范吗？在这个地区中的其他房子是采用多深的基础？这里的地震风险如何？你认为我们应该到何处去寻找解决问题的标准?”

就这样，约翰将谈判双方主观立场上的讨价还价，演变成寻求客观标准的努力，最终也取得了积极的结果。

（三）理性谈判的应用

理性谈判是一种极其有效的谈判方法，它改革了阵地式谈判模式的指导思想和谈判策略，被人们广泛认同并应用于各种谈判场合。表 2-1 中是对不同谈判模式的比较。理性谈判既可以用在只有一个问题的场合，也可以用在多个问题并存的场合；既可以用于双边谈判，也可以用于多边谈判，甚至还可以用于与劫持者的谈判。无论对方是经验丰富的老将，还是初出茅庐的新手，无论对方的态度强硬还是友善，这种方法都可以适用。因此，理性谈判应该成为商务谈判的主要模式。

表 2-1 不同谈判模式的比较

项　目	阵　地　式　谈　判		理　性　谈　判
	软式谈判	硬式谈判	
谈判对手	谈判的对方是朋友	谈判的对方是敌手	谈判的对方是问题的解决者
目　标	目标是达成协议	目标是取得胜利	目标是达到明智有效的结果
让　步	为搞好关系而作出让步	要求对方让步作为建立关系的条件	把人与问题分开
态　度	对人对事采取软的态度	对人对事采取硬的态度	对人采取软的态度，对事采取硬的态度
信　任	相信对方	不相信对方	信任与否与谈判无关
立　场	轻易改变自己的立场	坚持自己的立场	着眼于利益，而不是立场
方　法	提出建议	提出威胁	寻求利益
要　求	提出自己最低限度的要求	谎报自己最低限度的要求	没有最低限度
协　议	为了达成协议而接受损失	要有所获才肯达成协议	提出双方均得益的选择
方　案	找出一个对方能够接受的解决方案	找出一个自己愿意接受的解决方案	探讨多种方案，而后再作决策
原　则	坚持达成协议	坚持自己的立场	坚持使用客观标准
争　议	尽量避免意志之争	努力赢得意志之争	根据客观标准达成协议
压　力	屈服于压力	施加压力	服从原则，而不是压力

第三节　商务谈判的原则

一、商务谈判的一般原则

商务谈判的原则是指导千头万绪、错综复杂的谈判准则，它反映了社会经济关系运行的规律，具有普遍适用性。在商品交易谈判问题上，要求谈判者必须遵循下列几项基本原则：

（一）平等互利原则

平等互利原则的基本含义是：商品交易双方不论其经济实力强弱与否，在相互关系中都处于平等地位，实行等价交换原则；双方都应根据实际需要和客观可能，“有给有取”，利益均沾，使双方都能获益。这是从正常的经济往来的行为准则来分析谈判应遵循的平等互利原则的，即使是在带有强烈对抗色彩的对外贸易中也应如此。

谈判窗口 2-9　　一场不公平的谈判

某国曾经与墨西哥就天然气的买卖进行谈判。但该国人以强国自居，无视墨西哥谈判代表团的感受，单方面拟订合同，并在合同文本中，将墨西哥的需求置之度外。结果，墨西哥代表团感到受到侮辱而中断了谈判。不公平的谈判的结果必然是双方利益的损失。

（二）相容原则

相容就是谦让、容忍、豁达。相容是与谈判者的素养和相互平等、独立的地位相关的，没有较好的素养，以及平等、独立的地位，相容就无从谈起。一般说来，谈判中的自信心与相容度存在着正比关系，自信心强的人，相容度就大。相容原则要求谈判者在谈判中心胸宽广，遇到难题时，主动让步，以退为进；当形势发生转机时，再主动进攻，避开冲突，以对方易于接受的方式，达到目的。当然，相容原则并非无原则地妥协、忍让，而是要将谈判的原则性和灵活性有机地结合起来，以便更好地实现谈判的目的。

谈判窗口 2-10　“水晶杯”和“细瓷”比翼齐飞

西方许多国家的餐桌上，都习惯同时摆上英国“水晶杯”公司的水晶玻璃高脚杯和另一家“细瓷”公司的细瓷餐具。这两种都是高档的名牌餐具，然而却出自两家公司。按照“同行如仇敌”的传统观念，二者应当是水火不相容的。而这两家公司通过谈判，却达成了联合推销、互取所需的协议。“水晶杯”公司利用“细瓷”多年来在日本市场的信誉，通过联合推销，将其产品打入了日本市场；而“细瓷”公司利用“水晶杯”产品在美国市场上优势，打开了它在美国的市场。通过联合推销，出现了两家公司比翼齐飞的局面，都大幅度地提高了销售额，实现了双方共同受益、皆大欢喜的目标。

（三）守法原则

守法是指在商务谈判及其合同签订的过程中，应遵守国家的法律、政策、条令；在对外贸易谈判中，还应当遵守国际法则和对方国家有关法规。遵守法律，也是人类社会的最基本准则。任何商品交易活动，在谈判的内容、方法、技巧等方面只有符合有关法律、法规的要求才能促进经济的发展和社会的安定。任何与法律、法令相抵触的商务谈判，不管交易的双方主观意愿如何，都是损害国家和社会利益的。随着市场经济和对外开放的进一步发展，国内国际的贸易活动将会在越来越广的范围内受到法律的约束，离开法规，任何交易将寸步难行。

（四）守信原则

决定商务谈判进度及其结果的首要问题，是要建立谈判双方彼此间相互尊重、相互信赖的关系。因此，守信是参加商务谈判的一项重要原则。所谓守信，即是言必行，行必果。它要求谈判者遵守谈判中的承诺，不出尔反尔、言而无信。当然，谈判者在谈判过程中切记不要轻易许诺，这是守信的重要前提。只有守信，才能取得对方的信任，才能建立一种诚挚和谐的谈判气氛，进而促使交易的成功。

谈判窗口 2-11　　琼斯借款

琼斯为了使自己具备良好的信用，在他还是通信员时，就先从银行里借出不派什么用场的 50 美元。

琼斯这样解释自己的行为：“我借这笔钱没有别的目的，只不过想借此树立卓著的信用。我决不动用此项借款，等催款单一到，就立即送还。以后我借款数额逐步增加，终于有一次增加到 2 000 美元。当我决定自己发行商业新闻时，需要 1 万美元借款。于是我到经常借款的银行出纳部和他们商议这个计划。他们愿意借给我 1 万美元，不过叫我去和经理商量。由于银行总裁对我的赏识，借款终于成功了。”

银行总裁是怎么想的？他说：“我很高兴把钱借给琼斯。他这个人如何我不大清楚，但是我知识他常从这里把钱借去，还钱时从来没有误过期。”琼斯借钱是好借好还，再借就不难了。

（五）灵活性原则

灵活性原则即在谈判中要灵活运用多种谈判技巧以使谈判获得成功。谈判的过程是一个不断思考、协调的过程，在守信的原则下，还需灵活掌握各种谈判技巧；预测出对方内心的想法与计策，使自己在谈判中始终占据有利位置。要时刻注意在不放弃重大原则的前提下，通过灵活的谈判技巧实现总体目标。特别是要根据不同的谈判对象，不同的市场竞争情况，不同的谈判意图，采用不同的谈判技巧。

> 谈判窗口 2-12　　变一次付酬为分期付酬
>
> 20 世纪 40 年代，美国电影明星珍·拉塞尔与制片商霍尔·休斯签订了一项价值 100 万美元的、为期 1 年的雇佣合同。1 年期满，恰逢休斯资金周转发生困难，如果立即提现，将损失很大一笔利息。休斯与拉塞尔谈判，要求推迟付酬期限。起初，拉塞尔坚决不同意，坚持要按合同规定办。其实，双方这样僵持着，对谁也没好处。后来，灵活的拉塞尔向休斯传递了可以变通的信息。双方开始协商。经过一段时间的商讨，创造性地提出了一个使双方满意的解决方案，双方同意将付酬合同修改为分期付款，每年付 5 万美元，分 20 年付清。对休斯来说，可解决资金的周转困难；对拉塞尔来说，付酬总数 100 万美元没有变化，每年收入 5 万美元，所得税适用税率降低，20 年付税总额减少，实际收益提高了。而且演员职业不稳定，有 20 年的基本收入保证，是拉塞尔梦寐以求的事。

二、商务谈判的其他原则

（一）留有余地

如果对方提出某项要求，即使你能够全部满足，也不必马上和盘托出，而是先答应其部分要求，留有余地，以备讨价还价之用。如你要 30 元卖出你的货物，那你就要价 35 元；你想用 10 元买一件物品的话，那你就开价 7 元。这种“留一手”的原则似乎与开诚布公的原则背道而驰，但实际上两者的目标是一致的，都是为了达成协议，只是实现目的的途径不同而已。

（二）多听少讲

“多听少讲”是谈判者所应具备的一种修养，“多听少讲”不但可以发掘事实真相，还可以探索对手动机之所在。

一般说来，提出问题也是透露信息，然后看对手的反应，据此，可以修改自己的意图和方式，以便更适合对方的需要，或向对手的弱点进攻。每一个谈判者都要向对方透露己方的情况和基本立场。善于选择介绍情况时机的谈判者一般仅是透露必要情况，以引起对手的兴趣和询问，而他将仔细地倾听回答和询问。这样，可以先于对手发现问题的关键所在，确定解决问题的时机和方法，判断出对手可能的让步范围，提出对手能接受的要求，将双方的利害冲突降低到最小程度。总而言之，倾听是谈判中的一项重要原则。倾听要掌握下述一些要领：

（1）倾听时要专注。充耳不闻的事情极为常见，一般人听话与思索的速度比讲话的速度快四倍，因而很多人在听话时往往想别的事情。由于这是一种客观的存在，所以，谈判者就必须要着意对此加以克服，养成注意倾听的习惯。

（2）要搞清语言中的真正含义。有的时候，语言的表面意思与它的真实意图是有差距的，“醉翁之意不在酒”、“项庄舞剑，意在沛公”的事情时有发生。

（3）不应凭一个人的表象来判断对方能否说出值得一听的话语来。

（4）当对方说出不顺耳的话时，切不可中断你的倾听。中断倾听就无法掌握对方的真正意图，而且不能解决任何问题，甚至对方可能正是想以此来激怒你。

（5）对于难以理解的话，切不可疏忽大意或不懂装懂。因为这些话很可能是对方的有意之作，以便在模糊之中得逞。所以，遇到这种情况后，一定要把问题搞情楚。

（6）在倾听对方讲话时，就要思索如何回答对方，但不应因思考而影响倾听对方的讲话，这种能力谈判者必须具备。回答若不具有针对性，就会使自己处于不利的地位。

（三）不使自己处于讨价还价的境地

谈判者要尽量不使自己处于讨价还价的境地，如不是不得已，就不要过早触及价格。

按一般的逻辑推理，拥有讨价还价的权限，能使销售量增多。但调查的结果并非如此，这类公司所获得的利益最少，人均销售额在行业中也是最低的。盈利最高、人均销售额最高的公司是那些坚持在价格上不给他们的谈判者留有余地的公司。

调查结果还表明，谈判者在价格上有打折扣的权限，会自找麻烦。因为有些买主，总想按低价买进商品，他们就去寻找那些在交易中有很大权限的人，并且竭力挤榨他们，迫使其在价格上做出让步。这些谈判者反过来又向他们的公司经理施加压力，抱怨公司定得价格太高，如果价格定得低些，他们会推销得更多。

所以，谈判者要尽量不使自己处于讨价还价的境地中。如果不必在价格上讨价还价就能达到预期目标的话，那你就应该直截了当地提出条件，坚持不改变，而且一定让对方以为不屑于讨论价格问题，它只不过是次要方面，而不是主要内容。要先讨论利益、价值、好处，后推出价格，只有在迫不得已的情况下才与对方讨价还价。

（四）要保持与对方愿望的联系

谈判者提出的要求有一个限度，如果这个限度定得太高，将会陷入僵局，对方将离席而去；假设限度定得过低，又将承担不必要的亏损。正确的做法是：提出高要求，但不要与对方的希望脱节。你的要求和对方的愿望之间的距离越远，那你不得不暗示的东西就越多，你就要花更大的精力吸引住对方，直到双方都了解了对方的期望。只有保持与对方愿望的联系，你才能提出合理的条件并吸引对方进一步商谈。

谈判窗口 2-13　　　　游客与商贩

新的救生衣一般价格为 50 美元，一个商贩在他的私人货摊上卖一件新救生衣的售价是 38 美元。一个游客把价格压到 28 美元，商贩断然拒绝了。事后不久，商贩无意中听到有人告诉他妻子，想买一件救生衣，记得早些时候，曾在哪买了一件新的，只花了 25 美元。这个游客问商贩的妻子，她是否记得那个货摊在什么地方。当这个游客将要离开时，似乎忽然注意到这个货摊上的救生衣。他很有礼貌地问商贩，能否以 25 美元把救生衣卖给他。他说他要为买一条 40 米长的赛艇付款，妻子和孩子们几乎要饿肚子了，如此等等。说完后，他们都笑了起来。商贩唠唠叨叨地抱怨着，说这样卖，简直是要把他的衬衣都剥走了。无奈还是以 25 美元的价钱把救生衣卖给了那位游客。第一个游客失败了，因为他在价格上与商贩的期望脱离了联系；第二个游客在商贩所能听见的范围内，故意地但并不明显地暗示了他所希望支付的价格。当他准备离开时，引起了商贩的思索，他将要失去一个所盼望的主顾。于是，在有礼貌的玩笑中，他们完成了这笔交易。

（五）要致力于解决问题，不一味抱怨

在谈判中，人与事、立场与利益经常混杂在一起，纠纷与冲突此起彼伏，很随意的一件事情都可能引发彼此的抱怨。如果就抱怨而抱怨，便会将谈判引向歧途，可能与主题越离越远，对要解决的问题所起的破坏作用也越大。解决抱怨的本质办法，不是以怨抱怨，以势压人，而是要排除产生抱怨的根源，全力以赴去解决问题。因此，谈判者必须铭记：谈判是为了解决问题，陷入抱怨于事无补。

第四节　世界各国商务谈判的风格

由于世界各国之间政治制度、经济状况、文化背景、风俗习惯以及价值观念等存在明显的差异，这些差异反映到商务谈判活动中则形成了不同的谈判风格。在日益国际化的商务活动背景下，谈判人员要想在对外商务谈判中不辱使命，稳操胜券，必须了解世界各地商人不同的谈判风格，尤其要熟悉与我国经贸联系密切的几个主要国家的谈判风格。

一、美国商人的谈判风格

美国是世界上经济、技术最发达的国家之一，也是我国的主要贸易伙伴。美国商人的谈判风格如下：

（一）自信、坦率

美国人对自己的国家和民族具有强烈的自尊感与荣誉感，并且在贸易活动中充分地体现出来。他们在谈判中，自信心很强，认为本国的产品品质优越，技术先进；认为自己是某一领域的专家，谈判水平比对手要高，等等。另外，美国人的自信还表现在他们坚持公平合理的原则上。他们认为两方进行交易，双方都要有利可图，因而往往会提出一个自认为十分公平的“合理”方案。他们喜欢在双方接触的初始阶段就阐明自己的立场、观点，推出自己的方案，以争取主动；在双方的洽商中充满自信，语言明确肯定，计算也科学准确。如果双方出现分歧，他们只会怀疑对方的分析、计算，甚至批评、抱怨或指责对方。美国人喜欢别人按他们的意愿行事，喜欢以自我为中心。因此，有时东方人会认为他们咄咄逼人、傲慢、自大或粗鲁。

美国人性格坦率。他们的喜怒哀乐大多通过他们的言行举止表现出来。在谈判中，他们精力充沛，热情洋溢，不论在陈述己方观点，还是表明对对方的立场态度上，都比较直截了当。如果对方提出的建议他们不能接受，他们就会毫不隐讳地直言相告。美国人常对中国人在谈判中的迂回曲折、微妙暗示感到莫名其妙。

美国西屋电气公司加拿大分公司同中国某汽轮机厂访问团会晤，双方谈妥向中方销售几台大型汽轮机，接下来应该是签订合同，但中方两次要求在北京紧急磋商，西屋公司不得不一次又一次地重申最初的谈判动机，而中方则一次又一次地要求双方按最初达成的精神办事，兜来兜去，最后西屋公司才弄明白，中方无非是要确定一个最理想的购买价。这项协议，一直到西屋公司的代表第二次回国后才通过电传签订了。美国人不理解，中国人一开始为什么不说明价格问题。

（二）务实、重利

美国人非常务实、重利，一般不漫天要价，也不喜欢别人漫天要价。他们认为，做买卖要双方都获利，不管哪一方提出的方案都要公平合理。美国人做生意时考虑更多的是实际利益，而不是生意人之间的私人交情。所以亚洲国家和拉美国家的人都有这种感觉：美国人谈生意就是直接谈生意，而不注重在洽谈中培养双方的友谊感。美国人重视谈判的效率，对“一揽子”交易兴趣十足。他们作为卖者希望买者按着他们的要求做出一揽子条件；作为买者也要求卖者提出一揽子条件。所谓一揽子条件，是指谈判的内容不仅包括产品本身，而且还包括销售该商品的一系列办法。

（三）守法律、重合同

美国是一个高度法制化的国家。美国人特别看重合同，讨论合同条款十分细致，而且特别重视合同违约的赔偿条款，以便在执行合同过程中能顺利地解决各种问题。美国人的这种法律意识与中国人的传统观念反差较大，一位美国专家曾就这一问题指出：中国人重视协议的“精神”，而美国人重视协议本身的条文。

二、日本商人的谈判风格

日本是世界上著名的经济大国，外向型经济是其经济发展的国策。日本商人的谈判风格与日本文化密切相关。他们性格慎重，一丝不苟，办事计划性特别强，事前准备工作充分，注重考虑交易的长远影响，而不过分争眼前利益，善于开拓新的交易市场。

日本人的谈判风格具有典型的东方特色，其特色是：

（一）讲究礼仪

日本是一个礼仪之邦，在商务活动中，十分讲究礼节。日本商人交往时十分注意服饰、言谈、姿态及举止风度的端庄和谦逊。日商非常重视对方的身份、地位、年龄以及性别。他们不但要求谈判的对方在身份地位上要与之相适应，而且大多数情况下还要求对方的年龄和性别要与之相适应。他们在讨价还价时笑容可掬，以表现其文化修养。实际上，日商报价很高，一般是在成交价格基础上加 20%～30%，甚至有时高达 50%，而还价时杀价则较狠，有时甚至会令你目瞪口呆。针对日本商人的这一特点，我方应尊重日方礼仪，同时在报价及商谈事宜时要留有较大的余地，以免陷入被动局面。

（二）说话婉转

日商在商谈中一般避免正面回答问题，并极力回避直接的否定语，同时也很少直截了当地同意对方的观点。他们在大多数情况下则使用诸如："是那样吧"、"可能是那样"、"我想是那样"、"大概如你所说"等暧昧词句来同意你的看法，但并非一定表示同意。因此，中国人与日本人交谈时要尊重对方的礼貌和习惯，讲话要婉转，尽量避免要求他们作否定的回答，这样既可减少误会，又可增进友谊。

谈判窗口 2-14　　说话婉转的日本人

纽约大学有意设立一座日本经济研究中心，设立基金预定为三百万美元，其中的一百五十万美元打算向日本募捐。他们派了一位代表前来日本游说首相和财界领袖，结果获得积极而热诚的反应。"我们认为设立这座中心极具意义，不但可以消除贸易摩擦，促进美、日两国的相互了解，对于日本式经营体系的研究更是极其必要，我们绝对会努力协助它的实现。"这是日本人给这位美国代表的一致答复。

其实这并非是日本人的承诺，但美国人认为这是日方给予他们的"保证"。因此当美国方面开始募集预定目标的一百五十万美元时，问题立刻出现，因为日方连一毛钱也不肯捐出来。愤怒的美国代表马上拜访日本驻美大使，强烈指责日方的出尔反尔："日方说要加强美、日之间的交流，共同致力消除双方的贸易摩擦，全是一派胡言。他们嘴里说得冠冕堂皇，其实却是一毛不拔，满脑子考虑的是如何赚取他国的外汇。若是不愿意，大可一开始便坦然拒绝，无须假惺惺地故做姿态！"美国人不明白，说话婉转是日本人的特点。

（三）注重交际

在商务谈判中，日商有相当一部分精力和时间是花在人际关系上，他们不赞成也不习惯直接的、纯粹的商务活动。所以有人认为，参加与日本人的交易谈判就像参加文化交流活动，如果有人想开门见山直接进入商务问题而不愿展开人际交往，那就会处处碰壁，欲速则不达。

日本人搞人际关系可谓专家，要提防日本人的吃吃喝喝和小恩小惠。他们善于利用不同层次的人物出场与对方不同层次的人员进行交际，从而探听情报、分析形势、研究对策、施加影响及争取支持。日本人送礼一般都能做到使对方接受而且满意，以此赢得好感与支持，同时也解除了戒备。所以，在与日本人谈判时，无论在什么场合，最好坚持两个人以上一起行动，相互照应，上下级应保持密切的联系，不让其钻空子。

（四）重视信息

日本商人认为，准确的信息能趋利避害，扩大业务。日本商人大多受过收集信息的专门训练，每个驻外人员和临时出国人员都承担着收集信息的任务。日本商人每天上班后，首先要阅读总部发来的各项指示和各种资料，了解总部的要求和意图；接着便详细查阅当地的报纸、杂志、书籍，从中寻找有价值的情报和线索；然后与当地公司、企业和有关单位联系。针对日本商人这一特点，我方商务人员应一方面积极主动地向日本商人介绍我方生产经营以及经济发展前景等情况，以增进日方对我国经济、企业状况的了解；另一方面也要慎重，即介绍情况要适度，否则无法在国际贸易中争取主动。

谈判窗口 2-15　　善于捕捉信息的日本人

据一份资料记载：20 世纪 60 年代，考虑到当时我国所处的国际环境，著名的大庆油田作为我国的战略工业建设项目，从规模、技术范围、产量……甚至到地名都是严格保密的。但 1966 年某画报刊登了一组大庆照片，其中有一张是"铁人"王进喜站在一段铁栏杆旁边。日本情报人员根据王进喜的服饰，立即推断出大庆是在我国冬季气温零下 35℃的齐齐哈尔附近，又根据那段铁栏杆，推测出这是反应塔的扶栏，其炼油能力为年产 360 万吨左右。因此立即着手准备向我国出卖石油设备的谈判，掌握了主动。

三、德国人的谈判风格

德国是世界著名的工业大国。1990 年东德与西德合并为统一的德国。虽然统一前由于意识形态的差别，东德人和西德人在价值观念、思维方式等方面存在着许多差别，但从整个民族的特点来看，德国人刚强、自信、谨慎、保守、刻板、严谨，富有计划性、办事雷厉风行，工作注重效率、追求完美，纪律观念强，有军旅作风。诚实和正直是德国人最欣赏的品质。德国人身上所具有的这种日耳曼民族的性格特征会在谈判桌上得到充分的展现。

德国人的谈判风格主要有以下几个特点：

（一）准备工作充分完善

德国人严谨保守的特点使他们在谈判前就往往准备得十分周到。他们会想方设法掌握大量翔实的第一手材料，不仅要调查研究对方要购买或销售的产品，还要仔细研究对方的公司，以确定其能否成为可靠的商业伙伴。只有在对谈判的议题、日程、标的物品质、价格以及对方公司的经营、资信情况和谈判中可能出现的问题及应对策略作了详尽研究、周密安排之后，他们才会坐在谈判桌前。这样，他们立足于坚实的基础上，处于十分有利的境地。德国人对谈判对方的资信非常重视，因此，如果与德国人做生意，一定要在谈判前做好充分准备，以便回答关于你的公司和你的建议的详细问题。

（二）非常讲究效率

德国人的思维富于系统性和逻辑性，工作态度认真负责，办事非常讲究效率，信奉的座右铭是“马上解决”。他们认为那些“研究研究”、“考虑考虑”、“过段时间再说”等拖拖拉拉的行为，对一个商人来说简直是耻辱。他们觉得判断一个谈判者是否有能力，只需看其办公桌上的文件是否快速有效地处理了。如果文件堆积如山，多是“待讨论”、“待研究”这样一拖再拖的事情，那就大可断定该工作人员是不称职的。因此，德国人在谈判桌上会表现得果断、不拖泥带水，他们喜欢直接表明所希望达成的交易，准确确定交易方式，详细列出谈判议题，提出内容详尽的报价表，清楚、坚决地陈述问题。他们善于明确表达思想，准备的方案清晰易懂。如果双方讨论列出问题清单，德国人一定会要求在问题的排序上应体现诸问题的内在逻辑关系，否则就认为逻辑不清和不便讨论。他们认为每场讨论应明确议题，如果讨论了一上午却不涉及主要议题，他们必会抱怨意思不清楚、组织无效率。因此，在与德国人谈判时，追求严密的组织、充分的准备、清晰的论述、鲜明的主题，可以提高谈判效率。

（三）自信和执著，坚持己见

德国人对本国产品极有信心，在谈判中常会以本国的产品为衡量标准。他们对企业的技术标准要求相当严格，对于出售或购买的产品质量要求很高，因此要让他们相信你公司的产品能达到交易规定的高标准，他们才会与你做生意。德国人的自信与执著还表现在他们不太热衷于在谈判中采取让步方式。他们考虑问题周到、系统，办事古板沉稳，按部就班，缺乏灵活性和妥协性。他们总是强调自己方案的可行性，一丝不苟，千方百计迫使对方让步，常常在签订合同之前的最后时刻还在争取使对方让步。

鉴于日耳曼民族这种倔强的个性特点，应尽量避免采取针锋相对的讨论方法，而要“以柔克刚”、“以理服人”。大多数德国人还是很重理性的。

（四）崇尚契约，严守信用

德国人素有“契约之民”的雅称，他们崇尚契约，严守信用，权利与义务的意识很强。在商务谈判中，他们坚持己见，权利与义务划分得清清楚楚；对合同的每一条款，他们都非常细心，对所有细节认真推敲，要求合同中每个字每句话都准确无误，然后才同意签约。德国人对交货期限要求严格，一般会坚持严厉的违约惩罚性条款，因为德国企业的生产经营计划有周密的安排，提前或推迟交货将可能影响一系列活动。外国客商要成功地同德国人打交道，就得同意严格遵守交货日期，而且还要同意严格的索赔条款。德国人受宗教、法律等因素影响，比较注意严格遵守各种社会规范和纪律。在商务往来中，他们尊重合同，一旦签约，就会努力按合同条款一丝不苟地去执行，不论发生什么问题都不会轻易毁约，而且签约后对于交货期、付款期等的更改要求一般都不予理会。他们注重发展长久的贸易伙伴关系，求稳心理强，不喜欢做一锤子买卖。

四、英国人的谈判风格

英国是最早的工业化国家，早在17世纪，它的贸易就遍及世界各地。英国人的民族性格是传统、内向、谨慎，尽管从事贸易的历史较早、范围广泛，但是其贸易洽谈特点却不同于其他欧洲国家。英国人的谈判风格主要有以下几个特点：

（一）高傲矜持

英国人不轻易与对方建立个人关系。即使是本国人，他们个人之间的交往也比较谨慎，很难一见如故。他们不轻易相信别人，依靠别人。这种保守传统的个性，在某种程度上反映了英国人的优越感。但是你一旦与英国人建立了友谊，他们会十分珍惜，长期信任你，在做生意时关系也会十分融洽。所以，我们可以得出一个结论：如果你没有与英国人长期打交道的历史，没有赢得他们的信任，没有最优秀的中间人作介绍，你就别想要与他们做大买卖。

在对外交往中，英国人比较注重对方的身份、经历、业绩，而不是像美国人那样更看重对手在谈判中的表现。所以，在必要的情况下，与英国人谈判，派身份、地位较高的人，有一定的积极作用。

（二）平静谨慎

英国人善于简明扼要地阐述立场，陈述观点，在谈判中，表现更多的是沉默、平静、自信、谨慎，而不是激动、冒险和夸夸其谈。他们对于物质利益的追求，不如日本人表现得那么强烈，不如美国人表现得那样直接。他们宁愿做风险小、利润也少的买卖，不喜欢冒大风险、赚大利润的买卖。在1989年，英方与中方曾拟合作一个大项目，当一切都谈妥之后，由于形势有了变化，英方担心中方政策有变，毅然放弃了这个合作项目，这就是英国人的特点。

（三）忌谈政治，宜谈天气

英国是由英格兰、威尔士、苏格兰、北爱尔兰组成，四个民族在感情上有许多微妙之处。我们提到的“英格兰”，一般是指整个联合王国，但在正式场合使用就显得不妥，因为这样会不自觉地漠视了其他三个民族。所以，在正式场合不宜把英国人叫作英格兰人，涉及女王时要说“女王”或正规地说“大不列颠及北爱尔兰联合王国女王”，而不应说“英格兰女王”。在和英国人交谈时，话题尽量不要涉及到爱尔兰的前途、共和制与君主制的优劣、乔治三世以及大英帝国的崩溃原因等政治色彩较浓的问题，比较安全的话题是天气、旅游、英国的继承制度等。

五、法国人的谈判风格

法国是一个工业发达的老牌资本主义国家。在近代史上，法国在社会科学、文学、科技等方面有着卓越的成就。法国人具有浓厚的国家意识和强烈的民族文化自豪感。他们性格开朗、热情，对事物比较敏感，为人友善，工作态度认真，十分勤劳，善于享受。法国商人具有戴高乐式的依靠自身意志谋取自己利益的高超谈判本领，其谈判风格主要有以下几个特点：

（一）坚持用法语谈判

法国人为自己的语言而自豪，认为法语是世界上最高贵、最优美的语言。因此，在进行商务谈判时，他们往往习惯于要求对方同意以法语为谈判语言，即使他们英语讲得很好，也很少让步，除非他们身处国外或在生意上对对方有所求。有专家指出，如果一个法国人在谈判中对你使用英语，那可能就是你争取到的最大让步。所以，要与法国人长期做生意，最好学些法语，或在谈判时选择一名好的法语翻译，他们会因此很高兴，并对你产生好感。

（二）富有情趣和人情味

法国人很有人情味，非常珍惜人际关系。有人说，在法国“人际关系是用信赖的链条牢牢地互相联结的”。法国人很重视交易过程中的人际关系。一般说，在尚未结为朋友之前，他们是不会轻易与人做大宗生意的，而一旦建立起友好关系，他们又会乐于遵循互惠互利、平等共事的原则。因此，与法国人做生意，必须善于和他们建立起友好关系。这不是十分容易的，需要做出长时间的努力。在社会交往中，家庭宴会常被视为最隆重的款待。但是，无论是家庭宴会还是午餐招待，法国人都将之看作人际交往、发展友谊的时刻，而不认为是交易的延伸。因为，如果法国人发现对方设宴招待，意图是想利用交际来促使商业交易更为顺利的话，他们会很不高兴，甚至断然拒绝。

（三）注重原则问题，忽视细节问题

与法国人洽谈生意时，不应只顾谈生意上的事务与细节，否则很容易被法国对手视为“此人太枯燥无味，没情趣”。要注意：法国人大多性格开朗、十分健谈，他们喜欢在谈判过程中谈些新闻趣事，以创造一种宽松的气氛。据说，在法国，就连杂货店的女老板都能轻松自如、滔滔不绝地谈论政治、

文化和艺术。所以，在谈判中除非到了最后决定拍板阶段可以一本正经地只谈生意之外，其他时间可以多谈一些关于社会新闻和文化艺术等方面的话题来活跃谈话，制造出富有情调的氛围。另外要引起注意的是：法国人在谈判中讲究幽默与和谐，但他们不愿过多提及个人和家庭问题，这是与他们谈话时应尽量避免的话题。

（四）法国人偏爱横向谈判

法国人喜欢先为谈判协议勾画出一个大致的轮廓，然后先达成原则协议，最后再详细确定协议中的各项内容。法国人像德国人那样在签订协议之前会认真、仔细地审核所有具体细节。有些法国人的做法是：签署的是交易的大概内容，如果协议执行起来对他们不利，他们会要求修改或重新签订。

法国人谈判思路灵活，手法多样，为促成交易，常会借助行政、外交、名人或有关的第三人介入谈判。这种承认并欢迎外力的心理和做法可以为我所用。比如，有些交易中会遇到进出口许可证问题，往往需要政府出面才能解决问题。当交易项目涉及政府的某些外交政策时，其政治色彩就很浓厚，为达成交易，政府可以从税收、信贷等方面予支持，从而改善交易条件，提高谈判的成功率。

（五）法国人重视生活质量，讲究生活时尚

法国人严格区分工作时间与休息时间，这与日本人相比有极大的反差。在法国8月是度假的季节，全国上下、各行各业的职员都休假，这时候你想做生意是徒劳的。如果在7月份谈的生意，8月份也不会有结果。与他们做生意就需学会忍耐。

此外，法国人习惯在各种社交场合，而不是在家宴请朋友。法国人对商品的质量要求十分严格、条件比较苛刻，同时也十分重视商品的美感，要求包装精美。法国人从来就认为法国是精美商品的世界潮流领导者，巴黎的时装与香水就是典型代表，因此，他们穿、戴上都极为讲究。在他们看来，衣着可以代表一个人的修养与身份，所以谈判时稳重考究的着装会带来好的效果。

六、阿拉伯人的谈判风格

阿拉伯人的谈判风格主要有以下几个特点：

（一）好客、没时间观念

来自中东地区的谈判人员，具有沙漠民族的传统风格，其主要特点是：好客、没时间观念，在他们眼里名誉最为重要，来访者必须首先赢得他们的信任。

（二）特别重视谈判的开端

阿拉伯人往往会在交际阶段（即广义上的制造气氛和寒暄阶段）花费很多时间。长时间、广泛、友好的接触增进了彼此的敬意，提高了双方成交的可能性。于是，似乎是在一般的社交场合，一笔生意竟然做成了。

（三）拖延时间和打断谈判

和中东地区的人做生意，首先要防止对方拖延时间和打断谈判。谈判大厅的门总是开着的，甚至当谈判进入到最后的关键时刻，突然有第三者进来找他们讨论与谈判无关的问题时，他们也仍要按阿拉伯的传统热情招待。缺乏经验的人很可能为丧失成交的宝贵机会而感到懊恼，人们应该适应这种情况，习惯漫长谈判的做法，同时也应学会在洽谈的时候把讨论重新引入正轨，创造新的成交机会。

（四）缩短讨价还价和交涉阶段，尽快达成协议

与中东地区的人谈判，必须把重点放在制造谈判气氛和试探阶段的工作上。传统阿拉伯式谈判的最大长处，是可以大大缩短讨价还价和交涉阶段，尽快达成协议。但是，由于石油革命，他们的传统文化习惯受到了挑战，因为日益增多的阿拉伯人到美国接受教育，他们已开始学习美国人的讨价还价的谈判方法了。

□ 本章小结

评价商务谈判是否成功的价值标准归纳为三个方面：实现目标、优化成本、建立人际关系。谈判的模式有两大类：阵地式谈判和理性谈判。阵地式谈判有两种类型，一种叫做硬式谈判；另一种叫做软式谈判。理性谈判的特点主要表现在以下几个方面：①把人与问题分开；②着眼于利益，而不是立场；③做决策以前先考虑各种可能性；④坚持以客观标准为基础。谈判是一项很复杂的工作，在商务谈判问题上，要求谈判者必须遵循下列几项基本原则：平等互利原则、相容原则、守法原则、守信原则、灵活性原则，同时，还要遵守其他原则：留有余地，少讲多听，不使自己处于讨价还价的境地，要保持与对方愿望的联系，要致力于解决问题，不一味抱怨。谈判风格是指谈判者在反复、多次的谈判中所表现出来的一贯作风和品格。不同国家、不同民族、不同地区的人，由于受不同价值观念、文化传统、风俗习惯的影响，有着不同的谈判方式和谈判风格。随着我国的对外开放，人们面对的已经不仅是国内商人，还包括来自世界各地的商业伙伴。因此，注意了解不同谈判对手的谈判风格，是谈判工作的迫切需要。

□ 案例分析

案例 2-1

某友好国家工业贸易代表团来华谈判，该国大使先找到有关领导要求促成贸易合作。有关领导指示，在可能的前提下，尽量与对方达成协议。对方要求向中国出口矿山设备，要价高，质量不及先进国家水平。中方代表很为难，如果答应，中方损失太大，如果当场拒绝，又怕影响两国关系。最后中方代表想出了办法，要求对方拿出一台矿山设备到我国北方严寒地区进行一定时间试验。如能在零下 40 摄氏度中正常工作，我方可以留购，对方答应回去研究。两个月后，对方答复说，他们国家最低气温才零下 7.20 摄氏度，要适应我国零下 40 摄氏度的工作条件，技术上有困难。于是，对方放弃了向我国出口矿山设备的要求。

案例问题讨论：

1. 中方代表采用什么方法拒绝对方要求？
2. 请分析这种拒绝方法的作用何在？
3. 这场谈判中体现出哪些谈判的基本原则？

案例 2-2

我国山东省某食品进出口公司有意跟新加坡华裔客商 A 先生谈一笔大蒜生意，将我国大蒜卖给 A 先生。在第一轮谈判中，我公司报盘每吨 720 美元，而 A 先生只肯出 705 美元。经过谈判，双方均未作出让步，只得休会。几天后，双方决定举行第二轮谈判，当时，大蒜收获季节即将开始，我方既要抓紧收购工作，同时又要考虑如何售出。而 A 先生考虑要赶在大蒜收获的季节买到新鲜大蒜，不能错过大蒜收获季节，因为过了收获期，大蒜越来越少，价格也会上涨，双方从各自利益出发，又回到谈判桌前。

我公司权衡利弊后，愿以 705 美元成交，一下子让价 15 美元。尽管这个价格比名牌上海嘉定蒜便宜，但符合国际市场行情，因为，当时美元与人民币的汇价日趋上浮，如及时结汇，也等于提了价。可是 A 先生却在每吨 705 美元的基础上加价 5 美元，即以每吨 710 美元成交，等合同签字生效后，我方代表问 A 先生为什么加价购买。A 先生回答说：“新加坡华人多，本公司的老主顾都是北方人，对大蒜的食味要求是越辣越好，嘉定蒜牌子虽响，但辣味不如山东蒜浓。我们脱手照样卖个好价钱，虽然这批货每吨加价 5 美元，总共少赚1万美元，但贵公司对此会永生难忘，我们双方以后还要长期交往，一旦有求于你们，想必贵方一定是会乐意相助的。”

后来发生的事情验证了A先生的精明之举。

本来这批大蒜定在青岛口岸发货，可青岛港只在每月初有一轮航班驶往新加坡。如果能赶在其他公司前将这批大蒜上市，便可卖个好价钱，这就必须及早装船。可是，当A先生买得这批大蒜时已错过月初的船期，要等一个月再发货会给A先生造成很大损失。A先生将自己的处境和盘托出，请我方将发货口岸由青岛改为上海，因为上海近期有到新加坡的轮船，我方马上答应了A先生的请求。用火车把这批大蒜运到了上海，赶上了驶往新加坡的轮船航班，圆满地完成了这笔交易。

案例问题讨论：

1. 上述谈判属于哪种谈判模式？请分析其特点。

2. 交易协议签订后，A先生遇到在青岛赶不上船期的困难，向中方提出求助，要求将这批大蒜改运上海发货。我方马上答应，并圆满地解决了这个问题。试分析其原因。

3. 试分析在谈判过程中，双方遵循了商务谈判的哪些原则？促成谈判成功的直接原因是什么？

案例2-3

《哈佛谈判技巧》一书讲述了这样一个真实案例：杰克的汽车意外地被一部大卡车整个撞毁了，幸亏他的汽车保过全险，可是确切的赔偿金额却要由保险公司的调查员鉴定后加以确定，于是双方有下面的对话：

调查员：我们研究过你的案件，我们决定采用保险单的条款。这表示你可以得到3 300元的赔偿。

汤姆：你们是怎么算出这个数字的？

调查员：我们是依据这部汽车的现有价值。

汤姆：我了解，可是你们是按照什么标准算出这个数目？你知道我现在要花多少钱才能买到同样的车子吗？

调查员：你想要多少钱？

汤姆：我想得到按照保单应该得到的钱，我找到一部类似的二手车，价钱是3 350元，加上营业和货物税之后，大概是4 000元。

调查员：4 000元太多了吧！

汤姆：我所要求的不是某个数目，而是公平的赔偿。你不认为我得到足够的赔偿来换一部车是公平的吗？

调查员：好，我们赔你3 500元，这是我们可以付出的最高价。公司的政策是如此规定的。

汤姆：你们公司是怎么算出这个数字的？

调查员：你要知道3 500元是你可以得到的最高数，你如果不想要，我就爱莫能助了。

汤姆：3 500元可能是公道的，但是我不敢确定。如果你受公司政策的约束，我当然知道你的立场。可是除非你能客观地说出我能得到这个数目的理由，我想我还是最好诉诸法律之途，我们为什么不研究一下这件事，然后再谈？星期三上午11点我们可以见面谈谈吗？

调查员：好的。我今天在报上看到一部七八年的菲亚特汽车，出价是3 400元。

汤姆：噢！上面有没有提到行车里数？

调查员：49 000公里。为什么你问这件事？

汤姆：因为我的车只跑了25 000公里，你认为我的车子可以多值多少钱？

调查员：让我想想……150元。

汤姆：假设3 400元是合理的话，那么就是3 550元了。广告上面提到收音机没有？

调查员：没有。

汤姆：你认为一部收音机值多少钱？

调查员：125元。

汤姆：冷气呢？……两个半小时之后，汤姆拿到了4 012元的支票。

案例问题讨论：

1. 上述谈判属于哪种谈判模式？
2. 汤姆是如何选择客观标准的？

案例2-4

某日本商社邀请你们到东京商谈订购机床事宜。当你抵达羽田机场时，该商社社长率手下的公关部部长已在迎候你们。在送你们前往饭店的途中，该社长交代其部长为你们安排回程机票的订位事宜，并热情要求你们将机票

交给该科长，一切由他代为办理。在这种情况下你该怎么办?

(1) 多谢社长的一番盛情，将机票交出，并将回程的各项细节交代给公关部长，请他代为办理。

(2) 多谢社长的一番盛情，告诉对方机票没有划定回程座位，而且你才刚刚抵达东京，还有很多的时间可利用，因此不急于考虑回程机票的订位事宜。

案例 2-5

某美国公司向深圳出口了一套电视机生产设备，经过安装后，调试的结果一直不理想，一晃到了圣诞节，美国专家都要回家过新年。这样一来，生产设备均要停止工作，玻璃的熔炉也要保温维护。美方人员过节是法定的，而中方生产停顿是有经济代价的，两者无法协调。

美方人员走后，中方专家自己研究技术问题，着手解决问题。经过一周的日夜奋战将问题最大的成型机调试好了，可以生产出合格玻壳了。三周后当美方人员过完节回到中方工厂，看见工厂仓库的玻壳，十分惊讶。当中方告诉自己已调通设备后，美方人员转而大怒，认为："中方人员不应动设备，应该对此负责任。"并对中方对外签约的贸易公司提出严正交涉："以后对工厂的生产设备将不承担责任，若影响其回收货款还要索赔。"

案例问题讨论：

1. 如何看待美方人员的意见？如何看待中方人员自己调试设备的行为?
2. 中方公司代表面对美方的立场应如何回答?
3. 为什么在履约过程中会出现问题?应如何防止此类问题的出现?

□ 实训题

实训 2-1　组织访问企业的业务经理，了解商务谈判活动的内容，各种商务谈判模式的优缺点，列出采访大纲，做好笔录。

实训 2-2　根据你周围发生的同学间的纠纷，运用理性谈判中区分利益与立场、人与问题的原则要求，设计一份解决方案，并实施这一方案。

第三章　商务谈判的计划与组织

□ 引导案例

LIQU公司是广西桂林的一家生产快速消费品的中型股份制企业，年生产能力达30万吨，销售量25万吨，销售额5多个亿，利润5 000万元。其主要产品销往广西地区。目前该公司在广西地区的市场份额达到70%，另30%的市场份额由广西南宁的WANL公司（20%）和国内其他几家大型公司共同瓜分。近几年随市场竞争的日趋激烈，竞争对手特别是国内几家大型公司在广西地区内的销售投入越来越大，使LIQU公司感受到极大的竞争压力。另外随企业的发展，公司也感到产能不足，想另外投资增加公司的产能，为此有人提出收购或控股WANL公司。经初步接触了解到WANL公司也有被收购的意向。

为此，LIQU公司领导对收购WANL公司谈判方案进行了初步的策划：

（1）谈判目标：控股WANL公司。

（2）资料的收集与准备：为了进行谈判，公司派出了经营管理评估、财务评估、法律评估等3个专家小组到WANL公司进行了正式谈判前的前期接触，并搜集了大量资料。

（3）双方谈判的主要争议点：本次谈判中，双方最主要的几项谈判争议点出现在：购并的方式是全资收购还是控股收购（控股的比例）；对公司原有债权债务的处理；对WANL公司现有品牌的处理方式；对公司现有管理层的变更与安置；收购价格；收购款的支付方式；收购以后的交接事宜等等。在谈判前期还可能在收购评估公司、收购评估费用、收购谈判议程等方面出现争议。

（4）对双方谈判地位的判断：经过调研了解到WANL公司也是一家有30万吨产能的中外合资企业，现在年销售量为5万吨左右，多年来由于销售形势不好，经济效益较差，其主要投资者（外商）有意向进行股权转让，据悉国内某大型公司曾与之进行过几次接触。WANL公司的设备状况良好，但由于经济效益较差，后续资金不足，想依靠自己的力量与LIQU公司在市场上有所起色，难度很大。由于在市场竞争中，与LIQU公司始终是主要对手，WANL公司的主要管理层对LIQU公司的敌意较大，可能产生的情绪性反应比较强烈，也是必须考虑的因素之一。因此，在本次谈判中，WANL公司虽有一定的意向，但可能动力不足，处于防守地位，某大公司的介入，也会使该公司的立场趋强硬；而 LIQU 公司处于主动地位。

（5）对 WANL 公司可能持的初始立场及最后底线的分析：WANL 公司在谈判的各争议点所持的底线主要有：在控股比例上，可能会至少要求本公司收购 50％的股权；在债务上可能会要求全额承担所有债务；在收购价格上其实底价可能在 3 元/股左右（每股净资产为 2.35 元。初步开盘价为 4.2 元）。

（6）本次收购的战略、战术方案：根据有关情况在策略上主要考虑以下几个问题：一是谈判议程的谈判，主要确定先谈判什么，后谈判什么；分几个场次进行谈判；在什么地方谈，每场谈判的级别怎样。二是谈判前有关信息披露的时间、程度；是否需要采取某种信息烟雾。三是谈判中 LIQU 公司的底线怎样确定，谈判中怎样报盘比较好。四是谈判的让步策略怎样等等。

企业并购谈判往往涉及的领域广，购并资金投入量大，处理方式灵活，是商务谈判中比较复杂的谈判。这些谈判不是一次就能谈成，它是一种谈判组合，而且其专业性也比较强，不同领域的谈判需要不同方面的专家主持，有时还需要聘请有关的专业公司参与谈判。在这些谈判过程中，最为关键的三个要点是：①谈判的目标确定要具体、明确，最好还要有分阶段、分项目的目标；②信息的搜集是谈判成功的一个重要因素，比如企业的资产状况等需要聘请专业公司的专家到对方企业进行详细审计，准确评估，以降低购并风险；③谈判前的分析，这是策略制定的前提与关键。这种分析，既要将有关事项分析清楚，还要对谈判中所涉及的每个人都要深入评价。既要对谈判对手（包括影响者）的性格、爱好、个人价值取向进行评估，又要将购买活动对各方的利益影响分析透彻。这样才能做到有的放矢，制定出恰到好处的谈判策略。本章将从谈判组织的角度，对谈判目标、谈判计划的制定、谈判人员的组成、职责、素质要求及管理等进行论述。

学习目标 ▶▶

学完本章后，你应该能够：

1. 掌握商务谈判目标的建立。
2. 掌握谈判计划的制定过程。
3. 了解谈判人员的组成及主要职责，谈判人员的素质要求及谈判队伍的管理。
4. 掌握模拟谈判的方法。

□ 学习内容

第一节　商务谈判的目标

谈判的目标是指预定通过谈判所达到的结果或标准。任何一种谈判都应当以既定目标的实现为导向。谈判人员在进行一系列与谈判有关的决策时，其首要的工作就是确定谈判的目标。

谈判目标的内容依谈判类别、谈判各方的需求不同而不同。如果谈判是为了推销产品，那么就以产品的销售量、交货日期作为谈判追求的目标；如果谈判是为了获得资金，那么谈判目标就是可能获得的资金数额。还有一些谈判，是以价格的高低、双方关系的改善、争议矛盾的解决程度作为谈判目标。

> 谈判窗口 3-1　　　　资金供求谈判
>
> A 企业因生产需要急需资金 50 万元，派出财务经理与开户银行进行谈判。谈判一开始，财务经理报价 80 万元，这个数字比他实际需要的 50 万元整整多了 30 万元。但是，银行方没有同意。银行方信贷科长根据了解的信息，如偿还能力、经济效益高低和利率变化等情况（也许他明知道对方实际上只需要 50 万元），为了掌握更多的谈判主动权，他有意压低对方的报价，只同意提供 30 万元。如此这般，几经交锋，双方列举各种理由予以论证，最后，谈判的结果既不是 80 万元，也不是 30 万元，而恰好是 50 万元。

一、商务谈判目标的层次

商务谈判目标是一种目标体系，谈判者可把自己所追求的各种目标分为三个层次：最优期望目标、可接受目标和最低限度目标。

（一）最优期望目标

在谈判桌上，最优期望目标是指对谈判者最有利的理想目标，它除满足某方实际需求利益之外，还有一个“额外的增加值”。然而在实际的谈判活动中，谈判某方的最优期望目标一般是单方面的可望而不可及的理想点，很少有实现的可能性。因为谈判是各方利益互相兼顾和重新分配的过程，没有哪个谈判者会心甘情愿地拱手把全部利益让渡给他人。同样，任何一个谈判者也不可能指望在每个场合的谈判中独占鳌头。这种最优期望目标，又被谈判行家称为“乐于达成的目标”，老练的谈判者在必要时可以放弃这一目标。

当然，这丝毫也不意味着最优期望目标在谈判桌上没有积极作用，最优期望目标往往是谈判进程开始时的话题。如果一个诚实的谈判者一开始就全盘推出他实际设想达到的目标，由于谈判人员的心态和谈判双方的不同利益需求，他往往不能达到理想的谈判目标。美国著名的谈判专家卡洛斯向两千多名谈判人员进行的实际调查表明，一个良好的谈判者必须坚持“喊价要狠”的准则。在讨价还价的谈判过程中，倘若卖主喊价较高，则往往能以较高价格成交；倘若买主出价较低，则往往也能以较低的价格成交。所以在谈判桌上，卖方喊价高或买方还价低的时候，都会带来对自己有利的谈判结果。

（二）可接受目标

可接受目标是谈判人员根据各种主客观因素，考察种种具体情况，经过科学论证、预测和核算之后所确定的谈判目标。在上述资金供求谈判案例中，资金供方由于各种原因（如己方筹资能力、对方偿还能力和信用状况），只能提供一部分资金（30 万元或 40 万元、50 万元），不能满足需方的全部需求，这种情况在谈判桌上是经常发生的。因此，谈判者在谈判之前的准备阶段谋划谈判目标时应当事先估计到这种情况的发生，并相应制定应变的谈判措施和谈判计划。对于参与谈判的代表来说，必须采取现实的态度，树立只要能得到部分资金就是成功的谈判的思想观念。

可接受的目标能够满足谈判一方的部分需求，实现部分利益的目的。在列举的资金供求谈判中一方要求取得 50 万元资金，就是可接受的实际谈判目标。这种可接受的目标是秘而不宣的内部机密，一般只在谈判过程的某种微妙阶段提出、挑明。可接受目标关系到谈判一方最基本、最实际的利益，如果企业不能得到 50 万元资金，企业将不能更新机器设备，或面临停工待料的严峻局面。正因为如此，可接受的谈判目标对于谈判人员具有强烈的驱动力，它的实现，意味着谈判的胜利。在谈判桌上，为了达到各自的可接受目标，双方都会施展自己的技巧，运用各种策略，但策略总是为既定的可接受目标服务的，尽管谈判过程中情况复杂多变，不确定的因素很多，但无论如何不能违背和脱离谈判双方的可接受目标。

（三）最低限度目标

最低限度目标是人们从事谈判活动必须达到的目标。对于一般的谈判者来说，这类必须达成的目标毫无讨价还价的余地，宁愿谈判破裂也不肯放弃这个最低限度的目标。在谈判桌上，最低目标与最优期望目标之间有着必然的内在联系，在谈判过程中，表面上似乎一开始要价就很高，往往提出己方的最优目标。实际上这是一种谈判策略，目的是为了保护最低目标或可接受目标，这样做的实际效果是往往超出谈判者的最低限度的需求，然后通过谈判双方反复地讨价还价，最终可能在最低目标和最优目标之间选择一个中间值，即可接受目标。

在谈判桌上，一味追求高标准的最优期望目标，放弃己方的最低限度目标，这种谈判决策往往带来僵化死板的谈判气氛，这种做法不利于谈判一方的正常活动，如当某公司对自己产品销售的谈判期望值要求过高，对产品的销量与售价期望过于乐观，并用这种过高的期望值来安排本厂的生产计划，尽管这样做会暂时起到一定的作用，一旦在谈判中预定的过高期望值没有达到时，势必会影响企业生产活动的顺利进行，挫伤职员的劳动积极性。相反，如果在谈判之前，这个公司制定切合实际的谈判计划，以达到最低限度的谈判目标为起点，对于该企业来说，即使谈判只是实现了公司最低限度的要求，也能产生较高的群体吸引力和感召力。另一方面，谈判者放弃最低限度目标也不利于谈判的进程。谈判当事人的期望值过高，容易滋长产生盲目乐观的情绪，往往对谈判过程中出现的复杂局面和突发事件缺乏足够的思想准备和应变措施，对谈判过程中突如其来的变化茫然不知所措。最低限度目标是谈判者根据自身主观和客观多种因素、合理的最低利益而明确划定的限制值，它不是临阵拍脑袋拟定的，必须经过多方论证。最低限度目标的确定，不仅可以为谈判者创造良好的应变心理环境和思想准备，还为谈判双方提供了可供选择的突破方案与成功契机。

二、如何确定谈判目标

（一）分清重要目标和次要目标

谈判之前一定要把目标写下来，并根据优先等级来做相应的排序。目标要分清轻重缓急，哪个是最重要的目标，哪个是次要目标，把最优期望目标、可接受目标和最低限度目标一一排列。另外，谈判时，应该留有余地。实践表明，如果一个人的最终目标定得越高，最终结果就会越好。有人做过一个实验，给两组人相同的条件，把其中一组的目标订得高一些，另外一组目标定得低一些，实验表明，目标定得高的那一组最终结果比较好。

（二）分清哪些可以让步，哪些不能让步

列出目标的优先顺序之后，还要分清哪些是可以让步，哪些是不能让步的，必须明确，同时要用简明扼要的语言来描述。因为谈判是一个复杂的过程，如果写得很长、很多就需要花很多的时间去理解，比较麻烦，也容易出错，可能会在不应该让步的地方，做了相应的让步，而该让的地方却没有让步，使谈判陷入僵局。

（三）设定谈判对手的需求

明确什么是自己想要的、能让步的之后，接下来要明确谈判对手需要的

内容。例如，如果给街上的乞丐一张演出芭蕾舞的门票，他是不会要的。他最需要的是什么？解决温饱之物。他需要一碗粥、一床棉被，解决温饱之后他才可能考虑其他的需要。所以在确定谈判目标的时候，一定要分清双方需要的内容，把它罗列出来。谈判中有很多问题都会出现，包括价格、数量、质量、交货期、付款、折扣、培训、售后服务等等。在谈判前，先列出自己谈判的目标，并按优先级分出来，再列一个竞争对手的目标，考虑对方可能关心的内容，把它一一地列出来。设定目标时，作为卖方，最关注的首先是价格、收款时间，然后是质量档次和交易数量。客户买东西时，最关注的可能是价格，也可能是售后服务、产品质量。不同的客户、不同谈判对手所列出的谈判目标是有差别的，但不管怎么样，谈判对手所列出的目标与自己所列出的目标一定是有差距的。这就需要通过双方的交流和谈判，使各自的目标趋于一致。作为卖方希望买方能够按照自己的目标来做，买方肯定也希望卖方按照他的要求来做，怎样才能达成共识呢？这需要双方沟通和交流，在沟通和交流之前，一定要确定、设定谈判的目标。

在谈判决策活动中，不论是在谈判前的准备工作中或者谈判实施过程中，围绕着谈判目标的最终确认，必须注意这样几个问题：

（1）应当遵循实用性、合理性和合法性的要求来确定谈判的各个层次。所谓实用性就是谈判双方要根据自身的实力与条件来制定切实可行的谈判目标，离开了这一点，任何谈判的协议最终都无法付诸实施。如一个企业通过谈判获得了一项先进的技术装备，但由于该单位职工的文化素质、经营管理水平和技术人员缺乏等问题，该项技术装备的效能无法发挥出来。所谓合理性包括谈判目标的时间合理性与空间合理性。谈判目标对于不同的谈判对象、不同的时间与不同的空间领域，具有不同的适用程度，在一定时间与空间范围内是合理的可行的谈判目标，而在另一个时间、另一个空间中就具有不合理性了。

所谓合法性是指谈判目标的制定必须符合一定的法律准则与道德规范。如在商务谈判中为了达到自身单方面的利益目标，有的采取对当事人行贿受贿的方式诱使对方顺从，有的人损害集体利益而肥了自己私人的腰包，有的利用对方产品积压、销售不畅而强迫对方让步妥协，还有的提供伪劣产品、过时技术和虚假信息，对谈判对手进行坑蒙敲诈，所有的这些都是谈判桌上不合法的行为举止。

（2）分清谈判目标的不同内涵，区别掌握，灵活应对。谈判目标一类是限定目标，如在价格方面，谈判者根据本厂的成本消耗、利润水平、供销情况和市场信息所确定的价格限度，从买方来说高于这个价格便不会购进，从卖方来说低于这个价格限度便不愿出售；另一类是弹性目标，即规定一个可以自由浮动的幅度界域，最高争取达到多少，最低不能少于什么基数。这种弹性目标具有机动变化的余地，可由谈判者灵活掌握。当对方的谈判条件有所变化时，如提供原材料规格高低、付款时间的提前或拖后等，谈判的弹性目标也会随着变动。

谈判的弹性目标必须经过细致分析与再三斟酌。在谈判桌上，假使我们把谈判目标放在毫无弹性的情况下，成功的机会就可能变得微小；与此相反，如果说谈判目标富有弹性，谈判者就能随机应变，获胜的可能性就较大。因此，对于谈判目标要事先商定好弹性目标的上限、中限和下限。以常见的贸易谈判为例，对于买方来说，理想的目标界限即为弹性目标的下限，强制性目标界限为弹性目标的上限。而对于卖方来说，理想的最优期望目标即为弹性目标的上限，最低限度的谈判目标即为弹性目标的下限，可接受的谈判目标即为弹性目标的中限。一旦谈判目标面临重大的修改，己方要经过全面讨论商定，没有授权的谈判者要向有关单位及领导人请示，即便是具有决定权的谈判者也应与其他参加谈判的有关人员协商沟通，大家取得一致意见后再加以变更。

谈判目标的“底线”要严格保密。除了参加谈判的己方有关人员外，绝对不能透露给其他人士。有些国家的谈判人员在一些重要的谈判场合，不惜花费重金聘请“商业间谍”刺探对方的底牌，摸清对手的底细，以做到知己知彼。我们有些谈判者却对此重视不够，有的事先没有深入研究，心中无数；有的随意将自己的谈判“底牌”透露出去，造成不应有的损失。

预定谈判目标和在谈判桌上实际提出的利益要求是否一致，这要根据不同的具体情况加以确定。不同的谈判人员有不同的谈判经验，有多种多样的谈判技法和谈判手段。日本著名企业家松下幸之助在企业的谈判实践中，按照成本再加10%左右的利润后确定向谈判对手的报价，一般要价后不再轻易让价，他直截了当地向对手说明己方和对方一样，也要获得一定量的利润，请谈判对手谅解。这样做使谈判对手觉得己方是诚实可信的，谈判常常因此而达成协议。

第二节 商务谈判方案及其执行计划

谈判是一项非常复杂的工作，它受到谈判者的主观因素和客观环境等各种可控与不可控因素的影响。要在错综复杂的局势变化中左右谈判的发展，使自己处于有利地位，谈判人员就要打有准备之仗，事先周密地搜集整理各种情报，精心筹拟谈判方案与计划，力求严谨、周密、明确、具体。

一、商务谈判方案和执行计划的联系和区别

商务谈判方案是企业最高决策层或上级领导就某项谈判的内容所拟定的谈判主体目标、准则、具体要求和规定。商务谈判执行计划则是谈判小组为实施谈判方案所规定的内容而制定的具体执行措施。两者的区别体现在以下三个方面：

(1) 制定者不同。谈判方案是由单位或公司领导拟定的，而谈判执行计划是由谈判小组制定的。

(2) 制定时间不同。先有谈判方案，后有执行计划，谈判方案对谈判计划起指导作用。

(3) 内容不同。谈判方案主要反映的是上级领导或高层的意图，而谈判执行计划则是谈判小组为实现这一意图而准备采取的具体措施。

二、商务谈判方案的制定

根据商务谈判的规模、重要程度不同，商务谈判方案的内容、形式可有所差别。内容可多可少，可以是书面形式，也可以是口头交代，但其要求都是一样的，都要求尽量做到简明扼要，同时要有一定的灵活性，以便谈判人员既能照章执行又能随机应变。拟定商务谈判方案应包括以下几方面内容：

1. 确定谈判的主体目标　即明确主要交易条件的可接受范围，同时要考虑到可能发生的各种风险因素，列明各项主要交易条件中，己方可接受的最低限度。

2. 规定谈判期限　由于市场价格、供求关系随时处在变化之中，另一方面，谈判的时间越长，其人力、物力和财力的耗费也就越大，所以必须对谈判期限作出规定。

3. 明确规定谈判人员的分工及其职责　坚持各负其责，这样可以最大限度地减少成员之间的争执和摩擦，更利于发挥谈判小组的集体智慧。

4. 规定联络通信方式及汇报制度　谈判过程中常常出现意料不到的情况，当这些情况的处理超出谈判小组负责人的权限时，就需要向上级请示；有时需要向总部索取资料、通报谈判进展，这些都需要在谈判方案中列明联络方式、联络人员和时间。

三、谈判执行计划的制定

商务谈判执行计划是谈判小组为实施商务谈判方案而准备采取的一系列

具体措施，亦称工作计划。商务谈判执行计划的制定包括调查分析、安排议事日程、规定谈判地点、制定与实施谈判策略等四个方面的内容。

（一）调查分析

英国著名的哲学家弗朗西斯·培根在《谈判论》中，曾有过这样一段论述："与人谋事，则须知其习性，以引导之；明其目的，以劝诱之；谙其弱点，以威吓之；察其优势，以钳制之。与奸滑之人谋事，惟一刻不忘其所图，方能知其所言；说话宜少，且须出其最不当意之际。于一切艰难的谈判中，不可存一蹴而就之想，惟徐而图之，以待瓜熟蒂落。"

这段话精辟地阐述了一个道理：在谈判中，只有深入细致地做好准备工作，谈判才能取得成功。调查研究的对象和范围包括自身实力、谈判对手及整个谈判环境的各种状况。资料情报的搜集越是全面、准确和可信，对谈判计划的制定越有利。

1. 要了解自己　调查研究最主要的就是要"知己知彼"，既要正确估计自身的实力、调整谈判人员的精神状态，又要对谈判对手进行研究。只有在客观评估自身实力和了解对手的基础上，才能在谈判中抓住时机获得成功。谈判的长期准备必须从自我评价开始，这包括各项准备的检查和各方面实力的评估。

谈判窗口 3-2　　比三个商人还要精明的谈判者

美国有位谈判专家想在家中建个游泳池，建筑设计的要求非常简单：长 30 英尺，宽 15 英尺，有温水过滤设备，并且要在 6 月 1 日前做好。谈判家对游泳池的造价及建筑质量方面是个外行，但这难不倒他。在极短的时间内，他不仅使自己从外行变成了内行，而且还找到了质量好、价钱便宜的建造者。

谈判专家先在报纸上登了个想要建造游泳池的广告，具体写明了建造要求，结果有 A、B、C 三位承包商来投标，他们都拿给他承包的标单，里面有各项工程的费用及总费用。谈判专家仔细地看了这三张标单，发现所提供的温水设备、过滤网、抽水设备、设计和付钱条件都不一样，总费用也有差距。

接下来的事情是约这三位承包商来他家里商谈，第一个约好早上 9 点钟，第二个约定 9 点 15 分，第三个则约在 9 点 30 分。第二天，三位承包商如约而来，他们都没有得到主人的立即接见，只得坐在客厅里彼此交谈着等候。

10 点种的时候，主人出来请第一个承包商 A 先生进到书房去商谈。A

先生一进门就宣称他的游泳池一向是造得最好的，能达到很高的设计标准和建造要求，顺便还告诉主人B先生通常使用陈旧的过滤网，而C先生曾经丢下许多未完的工程，并且他现在正处于破产的边缘。接着又换了B先生进行，从他那里又了解到其他人所提供的水管都是塑胶管，他所提供的才是真正的铜管。C先生告诉主人的是，其他人所使用的过滤网都是品质低劣的，并且往往不能彻底做完，拿到钱之后就不管了，而他则是绝对做到保质保量。

谈判专家通过静静的倾听和旁敲侧击的提问，基本上弄清楚了游泳池的建筑设计要求及三位承包商的基本情况，发现C先生的价格最低，而B先生的建筑设计质量最好。最后他选中了B先生来建造游泳池，而只给C先生提供的价钱。经过一番讨价还价之后，谈判终于达成一致。

竞争者都想尽自己最大的努力来争取这项工程，然而鹬蚌相争，真正得利的还是渔翁！

2．要充分熟悉对方

（1）谈判对方的主体资格。谈判的主体资格，就是指能够进行谈判，享有谈判的权利和履行谈判的义务的能力。谈判主体资格不合格，将直接导致谈判无法进行，或使已经完成的谈判变为无效。作为谈判主体应具有法人资格，作为法人应具备四个条件，即依法设立；有自己独立的财产和经费；有自己的名称、组织机构和固定的营业场所；能独立承担民事责任。对法人的审查，可以通过其提供的有关的文件，如法人资格方面的证件、资信方面的证件，以确认其真伪。作为具有代表资格或签约资格的谈判者，在洽谈签约之前，应要求对方出示其法定代表资格的文件，如授权书、委托书等证明材料，以证明其确实是合法的代表。

（2）谈判对方的单位现状及个人情况。对方单位的现状是非常重要的信息，它往往是决定己方谈判策略的重要基础之一。在商务谈判前要了解对手的注册资本、资产负债表、收支状况、销售状况和资金情况等，弄清对手在以往经营活动中的表现，包括公司的经营历史、经营作风、产品的市场声誉、与金融机购的关系以及与其他公司或企业之间的交易关系等等。通过对这些情况的了解和分析，谈判者可以明白与对方相比自己有哪些优势或劣势，从而充分掌握事实证据、辩论要点、合理建议等谈判的证据。

另外，谈判对方的个人信息也是很重要的信息。通过对谈判者的价值观、人生观、性格特征、情感类型、智力水平、能力水平、做事风格等的详细观察和了解，谈判者可以排除影响谈判能力的精神特征与弱点，克服使己方陷入被动的假设，树立起取得谈判成功的信念。

（3）谈判对方的权限。在谈判正式开始前，了解对方参加谈判人员的权限非常重要。对方谈判人员的规格程度如何，与对此次谈判的重视程度密切相关。一般而言，具有决策权和拍板权的谈判人员比一般工作人员的权限要大。如果对方参加谈判的人员规格较低，就要特别注意和了解以下情况：对方参加谈判的人员在多大程度上能独立地作出决定，对方参加谈判人员有没有让步的权利，有没有中止谈判的权利，等等。在谈判中要切记一个原则：在任何时候，任何情况下，不要同一个没有任何决定权的人谈判。

谈判窗口 3-3　　由卖阿司匹林到卖钓鱼船

下班的时候，商场经理问一个营业员接待了几位客户。当得知这个营业员一天只接待了一位客户时，经理生气，因为其他营业员都接待了好几位客户，而他只接待了一位客户。之后，经理继续问，你的这位客户的营业额是多少？营业员说卖了 58 000 美金。经理觉得奇怪，询问这位营业员究竟是怎么回事。这个营业员说客户买了一辆汽车，又买了一艘游艇，还买了不少其他东西，一共花了 58 000 美金。刚开始这位客户是来买阿司匹林的，他说他的太太头疼，需要安静地休息。营业员在卖给客户药的同时与客户聊天，得知客户一直很喜欢钓鱼，营业员就不失时机地给他推荐了鱼竿。接下来营业员问客户，喜欢在哪儿钓鱼？客户说他附近的河流、池塘鱼太少，他喜欢到大概开车需要 3 个多小时的海边去钓鱼。营业员又问客户是喜欢在浅海还是在深海钓鱼。客户说他希望在深海钓鱼。营业员又问客户怎么去深海钓鱼，之后建议客户买艘钓鱼船，并向他推荐了商场里卖的钓鱼船。客户买了船后，营业员又问客户，去海边需 3 个小时的路程船怎么运过去，他现在的车是否能够把船拉过去。客户后来一想，他现在的车拉不了这艘船，需要一辆大车，聪明的营业员又不失时机地给客户推荐了一辆大卡车，建议客户用这辆大卡车把刚买的钓鱼船拉过去。就这样，客户前前后后在这个营业员手里买了 58 000 美金的东西。当然，这个营业员也得了经理的赏识。从这个例子可以看出，营业员实际上已经拥有了一个成功的谈判者的核心技能之一，凭借对客户的详细了解，他唤起了客户的购买潜能。

3．了解谈判环境　商务谈判是在一定的法律制度和特定的政治、经济、文化影响下的社会环境中进行的。这些社会环境会直接或间接地影响到谈判。因此，在谈判正式开始前，应认真分析这些环境资料，制定出谈判目标、方针和策略。

（1）政治状况资料。与谈判有关的政治状况资料主要包括以下内容：

1）国家对企业的管理和干预程度，企业的自主权大小情况。

2）政府间关系对谈判的影响如何，在谈判项目履行期间政局是否稳定等。

3）政府的政策对某一产业或项目是支持还是限制，其政策倾向如何等。

（2）法律环境资料。与谈判有关的法律因素有以下两方面：

1）法律制度，法律体系及内容，是否有法可依。

2）当权者是否干预执法，执法程度如何。

（3）宗教信仰资料。与谈判有关的宗教信仰因素主要有以下几个方面：

1）该国家或地区占主要地位的宗教信仰情况及其具体法律或规定。

2）宗教信仰对人们的思想行为、价值观念的影响程度。

3）宗教信仰对社会交际与个人行为、节假日工作时间的影响，这会影响到具体的谈判计划及谈判议程的安排。

（4）社会习俗资料。关于社会习俗，谈判者主要要了解以下几方面：

1）符合对方当地标准的衣着式样、称呼方式。

2）工作与娱乐休息如何安排，是否可以在休息时间谈业务。

3）送礼的方式及礼品内容，当地有何禁忌和值得注意的事情。

（5）商业习惯资料。与谈判有关的商业习惯因素有：

1）文字协议的约束力如何。

2）谈判人员在谈判中的权力怎样。

3）在业务工作中是否存在商业间谍活动。

4）是否存在商业贿赂现象。

5）合同本文是用一国语言还是用两国语言表示（涉外谈判涉及到两国语言问题）。

（6）财政金融状况资料，主要有：外债情况，外汇储备，货币兑换及汇率风险，税法的有关规定。

（二）安排议事日程

谈判议事日程是对谈判内容所做的程序编排，它包括两方面的主要内容：一是谈判议题，即双方就哪些问题进行讨论；二是议程时间安排，即议题的先后次序与讨论的时间。

1．议题的确定　确定议题的第一步，应根据谈判目标，将与之有关问题都罗列出来，尽可能不要遗漏。第二步，根据对本方利益是有利还是不利这一准则，将所列出的问题进行分类。第三步，尽可能将对本方有利的问题列入谈判的议题，而将对本方不利的问题排除在谈判的议题之外。这样做的目的，是使谈判的议题安排有利于己方。

2. 时间安排 时间安排的原则是：先易后难，将对己方有利、己方想要得到而对方又有可能作出让步的议题排在前面讨论；而将对己方不利，或己方要作出让步的议题放在后面讨论。对前面一种议题安排尽可能多的时间，而对后一种议题则给予较少的时间。这样做实际上是以对方的让步作为谈判继续和我方让步的前提与条件。

（三）规定谈判地点

谈判地点是影响最终结果的一个不可忽视的因素。选择谈判地点时通常要考虑：即将展开的谈判中力量的对比，可选择地点的多少，双方关系等因素。谈判按地点可分为主场谈判、客场谈判和中立地谈判。

一般来说，谈判双方都愿意在本方所在地进行谈判。一方面，本方谈判者对环境熟悉，本方谈判人员具有心理优势，另一方面，利用室内布置、座位安排乃至食宿招待安排等机会，创造某种机会和气势，给对方施加压力和影响。但主场谈判也有弊端，客方为了摆脱不利形势，可以借口资料不全或以远离工作之地等中止谈判。

谈判窗口 3-4 主场的优势

日本人很想购买澳大利亚的煤和铁，因为澳大利亚的煤铁资源丰富，且质量好。而澳大利亚凭借自己的优势本来可以任意选择买主。在他们的谈判中，显然澳大利亚处于有利的地位。日本人利用优厚条件把澳大利亚的谈判者请到了日本。而一到日本，双方的谈判地位就发生了微妙的变化。澳大利亚人过惯了富裕的生活，尽管日本人竭尽全力地热心照顾，他们在到达日本之后不久，就还是希望享受游泳池、海滨浴场或在妻子儿女身边。而这就使他们在谈判中急躁冒进，粗枝大叶。他们恨不能立刻达成协议好赶快回到家乡去。日本人占尽地利之优势，不慌不忙地讨价还价，于是日本人只花了很少的招待费，却在谈判桌上占了大便宜。

在某种意义上，客场谈判也有一定的好处。第一是谈判人员可以不受承担安排其他事务的干扰而能够专心于谈判事务，第二是对方无法借口自己无权决定而故意拖延时间。在客场谈判最需要注意的问题是必须保持头脑冷静，与对方保持一定的距离。过分地接受款待、娱乐活动会使谈判人员失去斗志。

如果谈判之前预料到谈判双方态度非常对立，或者谈判双方陷入僵局，选择主场或客场，特别是某一方的办公楼或办公室，都可能会引起另一方的不满和愤怒，这时选择中立地谈判是明智的。中立地点有助于创造冷静气氛，缓和双方关系，便于消除误会。中立地谈判一般在商务谈判中用得不多，多用于国与国之间的外交谈判中。

谈判窗口 3-5 和谈之城

瑞士是一个中立国，其重要城市日内瓦不仅是个旅游胜地，而且是很多国际组织的总部所在地，在国际谈判中，日内瓦经常被选为谈判的理想场所，因而有“和谈之城”的美誉。例如 1991 年海湾战争爆发前，为避免战争，美国国务卿贝克与伊拉克外长阿齐兹于 1991 年 1 月 9 日在日内瓦举行会谈：1987 年，里根与戈尔巴戈乔夫在日内瓦签署了中导协议；1998 年，伊拉克外长和伊朗外长在日内瓦举行了会谈，讨论结束两伊战争问题，等等。这类例子，举不胜举。日内瓦凭借其独特的地位，常常成为国际谈判中立地点的理想之选。

（四）制定和实施谈判策略

制定商务谈判的策略，就是要选择能够达到和实现本方谈判目标的基本途径和方法。谈判不是一场简单过程的讨价还价，实际上是双方在实力、能力、技巧等方面的较量。因此，制定商务谈判策略前应考虑如下影响因素：

（1）对方的谈判目的和主谈者的性格特点。

（2）对方和己方的优势所在。

（3）交易本身的重要性。

（4）谈判的时间限度。

（5）是否有建立持久、友好关系的必要性。

通过对谈判双方实力及其以上影响因素的细致而认真的研究分析，谈判者可以确定己方的谈判地位，即处于优势、劣势或者均势，并针对不同的谈判主题或对手，设计出不同的策略。比如，在某一特定条件下，可以采取拖延、长期施加压力的战略；而在另一特定条件下，可以采取速战速决的闪电战略。实施策略本身也需要制定出周密的计划，在计划中应具体规定谈判的各个阶段的每项内容，在何时由谁负责或实施，以及在多大的权限范围内实施等等。在实际谈判过程中的每个阶段上，都需要对最初的预期目标重新估计，例如，市场情况是否发生了变化？对方是否提出了意想不到的条件？我方是否需要修改原来的估计和策略？等等。

第三节 谈判队伍的组成及管理

商务谈判是一项目的性、计划性很强的经济活动，谈判人员代表某一企业或集团，为其经济利益而团结合作，从某种角度讲，商务谈判就是人才的对抗，是谈判人员的各种能力的较量，因而，需要有一个强有力的谈判组织为成功作保证。

一、谈判队伍的人员构成

商务谈判队伍的人员构成包括组织构成、业务构成、性格构成三方面内容。

（一）组织构成

商务谈判人员的组织构成谈判由负责人、主谈人和陪谈人员构成。谈判负责人是交易一方在谈判桌前的领导者，负责本方实现谈判目标的任务。主谈人（也叫首席谈判代表）是谈判桌上主要发言人，其职责是将谈判目标和谈判策略在谈判桌上加以实施。主谈人与谈判负责人可以是同一个人，也可以不是同一人。当二者不是同一人时，二者要相互配合，主谈人不能越俎代庖，但又要能拾遗补缺，要达到与谈判负责人珠联璧合的效果。陪谈人员包括各类职能专家和记录人员。他们的职责主要是辅助主谈人，提供信息或参考意见，进行本专业部分的谈判；记录谈判的主要情节，协助主谈人完成谈判任务。

（二）业务构成

商务谈判人员的业务构成是指各类职能专家的数量及所占比例，它一般包括工商管理专家、工程技术专家、法律专家、金融专家等。

（1）工商管理专家在经济谈判中一般是主谈人，负责组织搜集经济信息，进行可行性分析；负责合同中有关数量、价格、交货期限、风险等的谈判。他们还需和其他专家一道对谈判方案进行经济、技术论证，联系其他陪谈人员，搞好协作配合。

（2）工程技术专家主要负责合同中有关生产工艺、设备的技术性能和安装以及产品质量控制及验收办法等技术性条款的谈判，他们应熟悉本单位、本行业的专业技术水平并能决定技术问题。

（3）法律专家主要负责合同的合法性，根据谈判结果草拟合同文本，并解释合同文本及各项条款。法律专家不仅要熟悉法律顾问事务，还要精通各种经济立法和国际商法。

（4）金融专家主要负责信用保证、支付方式、证券及资金担保等条款的谈判工作。

如果是涉外经济谈判，还需要翻译人员。翻译人员不仅要精通外文，还要熟悉与谈判内容有关的技术、管理知识，以便能准确地表达原意。以上四类谈判人员在业务上虽有明确分工，但谈判活动是一个有机整体，各阶段、各环节是相互联系的，因此，所有谈判人员必须围绕谈判目标团结一致、通力协作。

（三）性格构成

一个较为合理而完整的谈判团中，谈判人员的性格是互补协调的。谈判中，谈判人员的性格可分为下列三组：

1. 独立型与顺应型　前者遇事冷静、处事果断，责任心与进取心强，善于洞察对方心理，乐于从事发挥个性的工作。后者则相反，他们表现性格温和柔顺、独立性差，为人随和大度，善于从事正常的、按部就班的工作。

2. 活跃型与沉稳型　前者性格外露、精力旺盛、思维敏捷、情感丰富、情绪易于波动，适于从事流动性大、交际性广的工作。后者性格内向、性情孤傲、不善交际、有耐心、做事沉着稳健，适于从事少交往的独立工作。

3. 急躁型与精细型　前者性格急躁、待人热情、慷慨大方、不拘小节，易激动，缺乏耐心，适合从事简单的、可以快速完成的工作。后者沉着冷静、做事有条不紊，能细心分析，冷静处理，适合从事精密细致的工作。

从以上性格分析可知，不同性格的人，都有适合其性格的工作。我们将独立型、活跃型、急躁型统称为外向型，将顺应型、沉稳型、精细型统称为内向型。外向型性格的人可以安排为主谈，或分派了解情况或搜集谈判信息等。对于内向型性格的人可安排为陪谈，从事信息分析或其他内务性工作等。

二、谈判人员的素质要求

> 谈判窗口 3-6
>
> 无锡油泵嘴厂从德国 SUS 公司引进设备，中方人员赴德考察并进行第一轮谈判，确定引进 3 台卷簧机、2 台测试仪器、1 台双端面磨床，当时总价格为 221 万原西德马克。回国后经专家论证，以 221 万西德马克的代价购买上述六台设备贵了一些，然而价格已经敲定不宜更改，惟一的补救方式是争取在 221 万的价位上增加设备。第二轮谈判在无锡举行，由无锡油泵油嘴厂新任厂长薛兴祖出任主谈。在充分调查了解谈判对手情况的基础上，他利用各种谈判技巧，据理力争，经过两天的激烈较量，在维持原价格的基础上，又为中方争得价值数万西德马克的配套设备、免费的技术资料及五年内在德国每年 30 万西德马克的产品返销权等等。SUS 公司的董事长肯特先生在离别时对薛兴祖说："薛先生，你赢了，如果你愿意，我一定要聘任你这么精明的厂长到本公司当经理。"

在任何谈判中，人的作用都是第一位的，营销商务谈判也不例外。在同等条件下，不同的人出面谈判所得到的结果可能大不相同。两个人从同一个菜摊上买回同样一种蔬菜，同样的质量却很有可能是不同的价钱，原因在于两个人讨价还价的能力不同。谈判人员是谈判方案的具体执行者，也是企业形象的代表者，选择具备优秀素质的谈判人员，是谈判成功的前提条件。优秀素质的谈判人员必须具备以下条件：

（一）良好的品德和优良的工作作风

正直无私、忠于职守、遵纪守法、克己奉公是谈判人员首先必须具备的条件。谈判双方在谈判中获得的利益，在很大程度上取决于谈判者的谈判行为。面对谈判中的种种压力与诱惑，能否把握自己，牢记使命，忠于自己所代表的一方是至关重要的。如果谈判者利欲熏心，损公肥私，出卖自己一方，得到的谈判结果势必非常不利于自己这一方，这种谈判必然是失败的谈判。

谈判活动是谈判双方为获取最大利益而进行的激烈交锋，谈判人员只有具备强烈的事业心、蓬勃的进取精神和高度的责任感，才有可能不畏压力，在谈判中充分运用个人智慧，不计较个人荣誉得失，为自己所代表的一方的利益进行一分一毫的争取。但是，认真负责并不等于僵化呆板，对利益获得的考虑不能只拘泥于一点一滴，而应纵观全局，从总体上考虑得失，因此工作应有一定的灵活性和弹性。要根据事态的发展随机应变，以退为进，个别地方作出让步而在其他地方找回损失，不仅可以维护总体利益，而且有助于推进谈判的进行。

谈判窗口 3-7　　吴仪的反驳

我国国家领导人吴仪女士曾经参与了一次与外商的谈判。一开始，外方就咄咄逼人，其中一个人借当时轰动的“李文的泄密案”，开口就说：“你们中国人经常干偷窃的事，我们是在与骗子谈判。”吴仪女士当场反驳道：“而我们却在与强盗谈判，你们的国家曾经在中国掠夺过多少东西……”外方当即哑口无言。这个外方代表原先想给中方一个下马威，使己方在心理上占有优势，结果却先失一筹。这样，这个外方代表在接下来的谈判中明显不在状态。可见双方是打了一场心理战，因为谁要是在心理上占有优势，谁就会更自信，同时也会使对方产生消极的情绪。

（二）具有“T”型知识结构

所谓“T”型知识结构，是指知识面要宽、专业知识要深。作为现代谈判人员，知识面越宽，应变能力就越强；专业知识越深，就越能适应谈判的需求。首先，从纵向而言，要熟知谈判中所涉及的商品专业知识，包括其性能、品质、生产方法、包装、成本计算等等。其次，从横向而言，还要了解相关的经济学理论，并能运用这些原理分析国内乃至世界经济的历史、现状及近、远期发展趋势；要了解市场学、保险、运输业务、贸易地理知识、账务经营管理知识、经济合同法律知识等。作为对外经济谈判人员，外语、国际汇兑、国际商法、各国的关税制度及非关税方面的规定，以及我国的对外经贸法规、报关、检验等知识等也是必须掌握的。不具备“T”型知识结构的谈判人员，往往会在谈判过程中出现某种盲目性，难以应付复杂的谈判局面，甚至可能造成重大经济损失。

谈判窗口 3-8　　兴旺饭店的遭遇

成都市兴旺饭店（以下称甲方）与某港商（以下称乙方）订了合资经营三星级旅游饭店（以下称合资企业）的合同。投资金额为 800 万美元，注册资本为 200 万美元，双方各出资 100 万美元。谈判中乙方使出花招，自己分文不出，只同意以其名义向国外银行贷款700万美元，其中100万美元作为其在合资企业中的出资，其余 600 万美元转贷给合资企业，使用条件是甲方和其上级主管部门要为此笔 700 万美元贷款提供担保。由于甲方谈判者急于成立合资企业，又缺乏有关法律知识，盲目同意了乙方的要求，结果落入其圈套。甲方和其上级主管部门共同为乙方提供了总额 700 万美元的不可撤销的担保函，并签发了空白提款单。乙方凭借担保函和提款单从国外银行提出了 500 万美元，除了认缴出资的 100 万美元以外，其余 450 万美元均被其分数次汇往美国等地，而后逃离香港，不知去向。待贷款还本付息到期时，因借款人已不知去向，贷款银行即向贷款担保人——甲方及其主管部门追索。由于不懂法律知识，甲方给国家造成了严重的经济损失和极为不良的政治影响。

（三）逻辑思维能力和表达能力强

成功的谈判人员必须具有很强的逻辑思维能力和敏锐的洞察能力。谈判人员的思路应该开阔敏捷，善于进行逻辑推理，判断力强，决策果断；在谈判中时刻从大局出发，抓住主要矛盾，不纠缠于细枝末节；同时，在风云变幻的谈判场上，又不忽视细微的蛛丝马迹，能掌握谈判对手的动向，抓住稍纵即逝的机会，勇敢果断地决策，以免贻误时机。

表达能力包括语言和文字两个方面，简洁、准确的表达能力是谈判人员的基本功。谈判高手往往说话准确、技巧性与说服力强、表达方式富有艺术感染力，并且熟悉专业用语、合同用语和外语。谈判高手与素不相识且目的迥异的对手坐在一起，可以通过恰如其分的表达打破沉默、扭转僵局；情理交融的说理常常可以起到力挽狂澜、转危为安的奇效；巧妙的拒绝，就像航船避开暗礁，可以避免出现难堪的窘境；理直气壮的反驳可以由被动转为主动，由劣势转为优势，由下风转为上风。

谈判人员还要具备较强的文字能力，包括对书面文件的理解能力，以及独立起草协议、合同的能力。一般来说，谈判中起草出来的协议、合同草案总是对起草的一方有利。文字功夫的奥妙之处就在于使协议、合同表面上看来公平合理，可是一旦出现问题，解释起来就全然不是那么回事了。因此，谈判人员应当努力提高这方面的能力，及时、准确地理解对方的书面文件并找出其中对本方不利的隐患；尽量争取由己方来起草协议，至少也应当由双方共同起草，字斟句酌地加以推敲。

（四）善于界定目标范围，而且能够灵活变通

在商务谈判中，谈判人员除了要坚持原则外，也应有较强的变通能力。这正如一个高明的船长航行于急流险滩之中时，不仅时刻铭记自己要达到的目标，而且能灵活地处理面临的各种航行难题。一个真正具有原则性的谈判者，往往也同时具有灵活性素质，他能够清楚地分析在什么时候该坚持原则，什么时候该加以变通，并在实际运用中使两者互为补充、相得益彰。

一个高明的谈判者所具有的灵活性，其内涵颇为丰富，如思维方法上的灵活性，决策选择上的灵活性，满足对方需要的灵活性等。思维上的灵活性表现在从不同的角度去思考问题。中国古代有一则寓言，叫做“瞎子摸象”，充分说明了不同的观察角度对思维结果的决定性影响。谈判中根本性问题是“吃亏”或“占便宜”。一个谈判高手，总能看到吃亏中的便宜，也能够承担占便宜后的代价。如某英国外商，自费派专家来华指导合营企业的生产，看来很大方，但要求合营企业的产品以本地价的1/3的低价由外商包销，来获得大部分利润。这显然是吃小亏占大便宜。因此，谈判者面对“吃亏”和“占便宜”，要能全面地衡量，灵活地判断，力争促成对双方有利协议的达成。

明智的谈判者懂得双方利益的多重性，以及多重利益的互补性。当谈判过程因不能满足对方的需要而濒临破裂时，他总能做到“堤外损失堤内补，这次损失下次补”。例如，当价格不能一致时，双方可以在付款时间、交货地点、附加费用、专用贷款等方面做出让步或请求让步。当这一次吃亏时，可以从长远利益考虑，把吃亏的金额当做“感情投资”的费用，为以后着想。例如，某日本公司在和东欧国家进行贸易谈判时，面临着西欧国家的激烈竞争。日本公司要达成协议，必须在价格上做很大的让步，单从某个具体谈判过程来看，这样的让步似乎不太合算。但是，从长远来看，通过此次贸易，日本公司得以挺进东欧市场，这又是非常有利的。成功的谈判者善于界定目标范围，并且能够灵活地变通，能在“山重水复疑无路”时，使谈判“柳暗花明又一村”。

（五）善于分析谈判对手的心理

在谈判中，谈判者的个人性格也是决定谈判进程和结果的十分关键的因素，个性可能会为谈判带来意想不到的变化。谈判者要了解谈判对手的个性，以及人的个性和在谈判中的习惯表现之间的可能联系。现实中常见的是，许多谈判者在遇到由于个性造成的某些问题时，无法把握谈判的发展，也无法解释谈判为何出现这样或那样的结果。

根据谈判者在谈判中的强硬程度和合作程度的表现，可将个性分为五种模式：竞争型、合作型、折中型、回避型和迎合型。这五种类型将强硬程度和合作程度相结合，由高向低排列，竞争型的强硬程度最高、合作程度最低，而迎合型的合作程度最高、强硬程度最低。如果对这五种性格类型相关的谈判模式做一个总结，我们可以为每一种类型勾画一个大致的轮廓：

（1）竞争型的人习惯使用高压手段，如时间限制、最后通牒和制裁方式等。他们极少关心别人的利益，常常迫使对方接受他们的要求和条件。

（2）对于合作型的人来说，合作是他们谈判行为中的一个主要特征。他们一般对对方的利益表示关心，对双方的分歧表示理解，寻求谈判中双方共同的获益，这些特点也揭示他们之所以能够与谈判伙伴分享信息，信任对方，并且在谈判中当对方需要帮助的时候能够提供必要的援助的原因。

（3）折中型的人的代表特征是寻求中庸，他们在某些事情上与对方合作，而在另一些事情上拒绝与对方合作。他们对待帮助、信息和相互信任的态度如同对待商品一样，是一种交换关系，因此折中型人的想法常常是“你给我了一些我所需要的，我才会给你一些你所需要的”。

（4）回避型的人从来不愿意与他人合作，他们也很少公开表达赞同或反对的意见。他们的习惯方式是被动抵抗，例如，找借口、变话题、把事情推给其他人，说此事他管不了。

（5）迎合型的人是竞争型人的反照，他们习惯迎合别人的希望和要求，和谐是他们的座右铭。为此，他们在谈判中避免伤害对方的感情，避免损害双方的关系，尽一切努力保持和平的谈判气氛，在谈判中他们一般表现得非常合作，十分在意对方的想法和要求。

三、谈判队伍的组织管理

一场成功的谈判不仅仅归功于谈判人员具有良好的个人素质和谈判人员的团结与合作，而且要归功于谈判班子按照系统原理追求整体优化效应，其内部管理体制做到在既定目标引导下的协调一致。谈判组织的规模大小、谈判小组的领导人选定以及谈判人员的激励是谈判队伍管理的中心内容。

（一）组织规模

谈判的组织规模一般指谈判小组组成人数的多少。对组织规模无统一的标准，人员多，可以集思广益，可以给对手造成心理压力，但却增加首席谈判代表的管理难度，也增加了谈判成本；人员少，便于协调和控制，但谈判小组成员负担要增加或职能有空缺。因此，谈判人员的选派要根据项目的实际需要和谈判性质决定。实践证明，直接上场的人员不宜过多。从一般的管理幅度原则出发，一个管理者能有效领导的人数为 3～5 人。在这种情况下，意见最容易取得一致，也容易控制谈判进程，从而发挥小组成员的集体力量。

在一些重要的国际经济谈判中，由于需要的知识和资料都比较广阔，规格较高，参加人数也可较多，谈判队伍可能达到 20 人左右。在这种情况下，可以进行合理分工，一般由 4 人左右任正式谈判代表，与对方展开磋商，其余人组成咨询顾问小组，在谈判桌外向其提供建议和服务。如果谈判的内容不需要有人提供专业知识，那么派两人参加比较好，当一人主谈时，另一人可以观察对方，考虑对策，使主谈人在心理上无后顾之忧，专心致力于谈判工作。

（二）谈判小组的领导人

选择谈判小组的领导人是一个至关重要的问题。首先，作为谈判小组的领导人，他（她）必须有领导才能，这是最重要的衡量标准。领导能力对谈判的成败具有至关重要的作用。其次，一个谈判小组的领导人应尽可能全面掌握谈判所涉及的各方面的知识，这样才能使他对所谈问题提出自己的独到见解，并能有效地领导和协调组内各专家的关系和行动。

具体来说，谈判小组的领导人的职责包括：

（1）挑选谈判小组的成员。

（2）拟定谈判组织内部的纪律条例和保密条例等责任制度，规定各个成员的权利义务。

（3）制定一个周密的谈判计划，组织模拟谈判。

（4）总管谈判进程，并对谈判中的具体问题做出决策，如，我方让步的时间和幅度；哪些条款可以作为交换条件；何时召开小组回顾会议；休会的安排等。

（5）做好谈判的汇报工作。

（6）负责振奋大家的精神，激励斗志，使大家在任何情况下都能以高昂的士气参加谈判。

（三）谈判人员的激励和监督

商务谈判是一项高度紧张的脑力劳动和体力劳动，在某种程度上也是谈判双方斗智斗勇斗体力的活动。因此，给予谈判人员适当的激励和监督，既是对他们工作成效的评价与认可，又是谈判成功的必要保障。

激励一般可分为物质激励和精神激励两方面。物质激励包括工资、奖金和足够的津贴，照顾好谈判人员的家庭困难，解除后顾之忧，使其全心全意投入到谈判工作。对谈判人员物质上的鼓励和生活上的照顾固然重要，但内在的激励和精神鼓励更加重要。领导对谈判人员的成绩给予表扬和鼓励，会使谈判人员受到极大的鼓舞。

谈判窗口 3-9　　无意泄密惹的祸

事情发生在美国一家生产家用厨房用品的工厂和他的采购商之间，合同即将签订，一切都仿佛可以顺利进行了。然而有一天工厂接到了对方负责人打来的电话。“真是很遗憾，事情发生了变化，我的老板改变了主意，他要和另一家工厂签订合同，如果你们不能把价钱降低 10%，就此而毁掉我们双方所付出的努力，真是有些不近情理。”

工厂慌了手脚，经营状况不佳正使他们面临破产的危险，再失去这个客户就像濒于死亡的人又失去了他的救命稻草。工厂的主管无可避免地陷入了圈套。他问对方能否暂缓与另一家工厂的谈判，给他们以时间进行讨论。采购负责人很仗义地应充下来，工厂讨论的结果是采购负责人的要求得到满足，价格被压低 10%，要知道这个压价对工厂着实是个不小的数目。那么，采购方是如何把这笔金额从工厂卷走的呢？那是在签订合同的一个月前，工厂的推销员在一次与采购商负责人的交谈中无意地给工厂泄了底。他对精明的采购人说他们工厂正承受着巨大的压力，销售状况不佳已使他们面临破产。对于他的诚实，作为回报，采购负责人并没有对他们寄予同情，而是趁机压榨了一笔，因为他已经知道工厂在价格问题上无力坚持了。

为了达到既定的谈判目的，防止泄露机密、私下交易等负面行为，有必要对谈判成员进行有效的监督。常见的监督方法有：定期集会；定期工作报告；在谈判现场进行直接监督；通信监督；实行年报和销售公报制度等。

第四节　模拟谈判

模拟谈判是指正式谈判开始以前，谈判小组人员对本场谈判进行的预演或彩排。一般做法是将谈判小组成员一分为二，或在谈判小组外，再建一个实力相当的谈判小组；由一方实施本方的谈判方案，另一方以对手的立场、观点和谈判风格为依据，进行实战操练和预演。美国著名律师劳埃德·保罗·斯特莱克在他的《辩护的艺术》一书谈过这一方法的好处。他说："我常常扮作证人，让助手对我反复盘问，要他尽可能驳倒我，这是极好的练习，就在这种排演中，我常常会发现自己准备得还不够理想。于是我们就来研讨出现的失误及其原因。然后，我和助手相互换个角色，由我去盘问他。就这样，新的主意逐渐形成。"

德国商人非常重视谈判前的彩排。不论德国的大企业，还是小企业，也不论是大型复杂的谈判，还是小型简单的谈判，德国商人总是以一种不可辩驳的权威面目出现，常常能牢牢地控制着谈判桌上的主动权，其中的关键在很大程度上就要归功于他们对模拟谈判的重视。对于德国商人而言，事先演练是谈判的一个必经程序，他们对谈判可能出现的任何细节都要做周密的准备，对对方可能要提出的任何难题，都要事先做出安排，拟定应对方案，不打无准备之仗。自然，以后的谈判就很容易被纳入德国商人事先设计好的轨道，为谈判的胜利奠定基础。

一、模拟谈判的作用

模拟谈判的作用主要表现在：

(1) 检验谈判执行计划是否周密可行。在模拟谈判中，通过相互扮演角色会暴露本方的弱点和一些可能被忽视的问题，以便找到出现失误的环节及原因，及时修改和完善谈判执行计划，使谈判的准备工作更具有针对性和有效性。

(2) 提高谈判人员的谈判技巧。模拟谈判能使谈判人员获得一次临场的操练与实践，达到锻炼队伍、提高本方协同作战能力的目的。谈判人员在相互扮演中，找到充当真实角色的感觉，有利于提高谈判人员的应变能力，为临场发挥做好心理准备。

总之，模拟谈判是一种无须担心失败的尝试。通过模拟谈判可以启发和开阔人们的视野，有可能将预演中的弱点变为真实谈判的强点。通过总结不但可以完善本方的谈判方案，还可以在无敌意心态的条件下，站在对方的角度进行思考，从而丰富本方在消除双方分歧方面的建设性思路，有助于寻找到解决双方难题的途径。

二、模拟谈判的主要任务

模拟谈判的主要任务：

（1）检验本方谈判的各项准备工作是否到位，谈判各项安排是否妥当，谈判的计划方案是否合理。

（2）寻找本方被忽略的环节，发现本方的优势和劣势，从而提出如何加强和发挥优势、弥补或掩盖劣势的策略。

（3）准备各种应变对策。在模拟谈判中，须对各种可能发生的变化进行预测，并在此基础上制定各种相应的对策。

（4）在以上工作的基础上，制定出谈判小组合作的最佳组合及其策略等。

另外，模拟谈判还有一些具体的问题也需要确定。例如，确定暗号，商务谈判是协同作战，需要参与谈判的成员之间密切的配合，随时进行必要的信息交流。但是，在谈判中，有些话很难当着谈判对手的面直接用话语的方式进行交流，因此，谈判成员之间有必要事先商定一些暗号，既达到相互提示的目的，又不让谈判对手知道。

三、模拟谈判的方法

模拟谈判的方法主要有：全景模拟法、讨论会模拟法、列表模拟法等。

（一）全景模拟法

这是指在想象谈判全过程前提下，企业有关人员扮成不同的角色所进行的实战性的排练。这是最复杂、耗资最大但也往往是最有成效的模拟谈判方法。这种方法一般适用于大型的、复杂的、关系到企业重大利益的谈判。在采用全景模拟谈判法时，应注意以下两点：

1．关注谈判全过程　谈判人员按照假设的谈判顺序展开充分的想像，不只是想像事情发生的结果，更重要的是事物发展的全过程，想象在谈判中双方可能发生的一切情形。并依照想象的情况和条件，演习双方交锋时可能出现的一切局面，如谈判的气氛、对方可能提出的问题、己方的答复、双方的策略、技巧等问题。合理的想象有助于谈判的准备更充分、更准确。对谈判全过程进行充分想象，这是全景模拟法的基础。

2．尽可能地扮演谈判中所有会出现的人物　这有两层含义：一方面是指对谈判中可能会出现的人物都有所考虑，要指派合适的人员对这些人物的行为和作用加以模仿；另一方面是指主谈人员（或其他准备在谈判中起重要作用的人员）应扮演一下谈判中的每一个角色，包括自己、己方的顾问、对手和他的顾问。这种对人物行为、决策、思考方法的模仿，能使我方对谈判中可能会遇到的问题有所预见；同时，进行换位思考，有助于己方制定更加完善的策略。正如美国著名企业家维克多·金姆所说的那样：“任何成功的谈判，从一开始就必须站在对方的立场和角度上来看。”通过对不同人物的扮演，可以帮助谈判者选择自己所充当的谈判角色，一旦发现自己不合适扮演某个在谈判方案中规定的角色时，可及时加以更换，以避免因角色的不适应而引起的谈判风险。

（二）讨论会模拟法

这种方法类似于“头脑风暴法”。它分为二步：第一，企业组织参加谈判的人员和一些其他相关人员召开讨论会，请他们根据自己的经验，对企业在本次谈判中谋求的利益、对方的基本目标、对方可能采取的策略、己方的对策等问题畅所欲言。不管这些观点、见解如何标新立异，都不要加以指责，有关人员只是忠实地记录，再把会议情况上报领导，作为决策的参考。第二，则是请人针对谈判中种种可能发生的情况、对方可能提出问题等提出疑问，由谈判组成员一一加以解答。

讨论会模拟法特别欢迎反对意见。这些意见有助于己方重新审核拟定的谈判方案，从多种角度和多重标准来评价方案的科学性和可行性，不断完善准备的内容，提高成功的概率。国外的模拟谈判对反对意见倍加重视。然而，这个问题在我国企业中长期没有得到应有的重视。讨论会往往变成“一言堂”，领导往往难以容忍反对意见。这种讨论不是为了使谈判方案更加完善，而是成了表示赞成的一种仪式。这就大大地违背了讨论会模拟法的初衷。

（三）列表模拟法

这是最简单的模拟方法，一般适用于小型的、常规性的谈判。具体操作过程是：通过对应表格的形式，在表格的一方列出己方经济、科技、人员、策略等方面的优缺点和对方的目标及策略。另一方则相应的罗列出己方针对这些问题在谈判中所应采取的措施。这种模拟方法最大缺陷于在于它实际上还是谈判人员的一种主观产物，它只是尽可能搜寻问题并列出对策，至于这些问题是否真的会在谈判中发生，这些对策是否能起到预期的作用，由于没有通过实践的检验，谈判人员还需要用其他的方法和手段加以验证。

四、模拟谈判时应注意的问题

模拟谈判的效果如何，直接关系到企业在谈判中的实际表现。而要想使模拟谈判真正发挥作用，就必须注意以下问题。

（一）科学地作出假设

模拟谈判实际就是提出各种假设情况，然后针对这些假设，制定出一系列对策，采取一定措施的过程。因而，假设是模拟谈判的前提，又是模拟谈判的基础，它的作用是根本性的。

按照假设在谈判中包含的内容，可以分为三类：

1. 对客观环境的假设　对客观环境的假设，所包含的内容最多，范围最大，它涉及人们日常生活中的环境、空间和时间。主要目的是为了估计主客观环境与本次谈判的联系和影响的程度。

2. 对自身的假设　对自身的假设，包括对自身心理素质准备状况的评估，对自身谈判能力的预测，对企业经济实力的考评和对谈判策略的评价等多项内容。对自身的假设，可以使我方人员正确认识自己在谈判中的地位和作用，发现差距，弥补不足，在实战中就可以扬长避短，发挥优势。

3. 对对手的假设　对对手的假设，主要是预计对方的谈判水平，对手可能会采用的策略，以及面对我方的策略对手如何反应等关键性问题。

为了确保假设的科学性，首先，应该由具有丰富谈判经验的人提出假设，相对而言，这些人的假设准确度较高，在实际谈判中发生的概率大；其次，假设的情况必须以事实为基础，切忌纯粹凭想象的主观臆造，所依据的事实越多、越全面，假设的精度也越高；最后，我们应该认识到，最高明的谈判者也无法假设到谈判中会出现的所有情况，而且这种假设归根结底只是一种推测。有的谈判老手善于抓住对手的假设，出其不意地变换套路，实现己方的预期目标。因而，需要变换思维方式，灵活应对。

谈判窗口 3-10　　预料他人的假设

美国的海关已经有数百年的历史，要蓄谋逃避海关管理条例，又不犯法，简直比登天还难。但有个进口商却得逞了。他的办法就是仔细研究海关的各项规章条例，预料海关人员可能作出的某些假设。

进口法国女式皮手套得缴纳高额进口税，因此，这种手套在美国的售价格外昂贵。我们所说的那个进口商跑到法国，买下了一万副最昂贵的皮手套。随后，他仔细地把每副手套都一分为二，将其中一万只左手套发运到了美国。

那位进口商一直不去提取这批货物。他让货物留在海关，直到过了提货期限。凡遇这种情况，海关得将此作为无主货物拍卖处理。于是，这一万只舶来的左手套全都被拿出来拍卖了。由于一整批左手套毫无价值，这桩生意的投标人只有一个，就是那位进口商的代理人。他只出了一笔微不足道的钱就把它们全部买了下来。

这时，海关当局意识到了其中不无蹊跷。他们晓谕下属，务必严加注意，可能有一批右手套舶到。他们不能让那个进口商的计谋得逞。然而，那位进口商已经预料到了这一着。他还料到，海关人员会假设这些右手套将一次整捆运来。所以，他把那些右手套分装成五千盒，每盒装两只右手套。他指望，海关官员可能会假设，一盒装两只手套，那就是左右手各一只。

这个宝押中了。第二批货物通过了海关，那位进口商只缴了五千副手套的关税，再加上在第一批货拍卖时付的那一小笔钱。就这样，他把一万副手套都弄到美国来了。

海关当局的教训在于：年复一年接受下来的各种印象，形成了他们自己的判断，也滋长了偏见。因此，谈判者必须不断地检验自己的假设，不懈地追求对事实的客观理解。

（二）对参加模拟谈判的人员应有所选择

参加模拟谈判的人员，应该是具有专门知识、经验和看法的人，而不是只有职务、地位或只会随声附和、举手赞成的老好人。一般而言，模拟谈判需要下列三种人员：

1. 知识型人员　这种知识是指理论与实践相对完美结合的知识。这种人员能够运用所掌握的知识触类旁通、举一反三，把握模拟谈判的方方面面。同时，他们能从科学性的角度去研究谈判中的问题。

2. 预见型人员　这种人员对于模拟谈判是很重要的。他们能够根据事物的变化发展规律，加上自己的业务经验，准确地推断出事物发展的方向，对谈判中出现的问题相当敏感，往往能对谈判的进程提出独到的见解。

3. 求实型人员　这种人员有着强烈的脚踏实地的工作作风，考虑问题客观、周密，不以主观印象代替客观事实，一切以事实为出发点。对模拟谈判中的各种假设条件都小心求证，力求准确。

（三）参加模拟谈判的人员应该有较强的角色扮演能力

模拟谈判要求我方人员根据不同的情况扮演场上不同的人物，并从所扮演的人物心理出发，尽可能地模仿出他在某一特定场合下的所思所想，所作所为。

心理学研究表明，谈判者作为生活在特定的社会与文化环境中的人，由于周围环境对他的复杂影响和其自身从历史的经验和过去的认识感受中获得的教训，导致了他必然对周围环境作出独特的反应，并形成自己的个性。而一旦要扮演另外一个社会角色时，往往会发生内心的冲突。根据这一情况，一方面企业在安排模拟谈判角色时，要根据我方人员的性格特征有针对地让其扮演类似的对方人员；另一方面，则要求我方人员具有善于克服在扮演特定谈判角色（特别是这一角色与自己差距很大）时所产生的心理障碍，要善于揣摩对方的行为模式，尽量地从对方的角度来思考问题，做出决定。

（四）模拟谈判结束后要及时进行总结

模拟谈判的目的是为了总结经验，发现问题，弥补不足，完善方案。所以，在模拟谈判告一段落后，必须及时、认真地回顾在谈判中我方人员的表现，如对对手策略的反应机敏程度、自身班子协调配合程度等一系列问题，以便为真正的谈判奠定良好的基础。

□ 本章小结

商务谈判目标有最优期望目标、可接受目标和最低限度目标三个层次，在谈判前，谈判者应依据谈判类别、谈判各方的需求等因素来设定谈判目标。商务谈判执行计划是谈判小组为实施商务谈判方案而准备采取的一系列具体措施，包括调查分析、安排议事日程、规定谈判地点、制定与实施谈判策略四个方面的内容。商务谈判就是人才的较量，它需要有一个强有力的谈判组织为成功作保证。商务谈判队伍人员构成包括组织构成、业务构成、性格构成三方面内容，谈判组织的规模大小，谈判小组的领导人选定以及谈判人员的激励是谈判队伍管理的中心内容。为确保谈判成功，要开展模拟谈判，对本场谈判进行预演或彩排，做到“知己知彼，百战不殆”，真正地控制整个谈判局面。

□ 案例讨论

案例 3-1

荷伯·科恩是美国谈判学界中的权威人士，他在他的很多著作中，常常用他早期的一次谈判经历来告诫人们；熟知谈判的规律是何等的重要。这个案例叙述的是荷伯·科恩为其医生朋友与房地产商谈判的事例。

医生居住的大楼所在地被一位房地产商看中并准备建造摩天大楼，大楼中除医生一家没有搬迁外，其他居民早与房地产商达成某种协议搬离大楼。医生一家与房东租赁合同还有两年，加上医生不愿意搬迁，因而就有了医生与房地产商就搬迁事宜进行谈判的过程。当然，谈判的议题显然是围绕着搬迁费用的多少和搬迁的时间，我们可以忽略搬迁时间，因为搬迁的时间取决于搬迁的费用（其中还包括租赁合同违约金）。

医生因为很忙而无暇顾及谈判一事，就将此事交给他的邻居、当时是律师的荷伯·科恩。荷伯·科恩也非常愿意帮助这位医生朋友，而且决心要将这件事情办得漂亮些。

荷伯·科恩的思路非常清楚：此次谈判既要维护当事人（医生）的权益，又要找出一项双方都愿意接受的解决方法。具体地说，就是要找到一个双方都能接受的搬迁费。

话说房地产商将此项谈判交给了他的秘书杰克，这是一位年轻的小伙子。在接到任务的第二天，杰克就给荷伯电话，并问荷伯，他的当事人要多少钱才肯搬迁？荷伯说他的当事人好像不愿意搬迁，因为租约期还有两年。杰克也知道租约期还有两年的事情。看到荷伯那坚决的态度，无奈杰克只能自己先开价。虽然杰克的开价从2.5万美元一直上升到5万美元（其中包含有弥补房租差价和搬迁费），但荷伯对他说的始终就是这样两句话：“不搬”或“差远着呢”。

杰克的开价已经大大超过了当事人（医生）的心理价位，但为什么荷伯仍不还价呢？

其实，荷伯在接到谈判任务后对谈判所要的资料作了调查和分析。他首先制定了谈判策略——欲擒故纵，因为当事人有十分有利的条件来实施这一策略。另外，也是最重要的一点，即他估算出房地产商买下那幢大楼的价钱、大楼旷闲的代价以及到当事人租赁期满为止要为之抵押托管支付的所有费用，共25万美元。也就是说，荷伯估算出的价格是他此次谈判的一个大砝码，荷伯希望能为他的当事人拿到25万美元中的50%，并认为这并不太过分，因为假如当事人不愿搬迁的话，两年后，那个房地产商就要付出25万美元，想想也是比较合理的。

果然，在杰克不断加码的过程中，荷伯以12.5万美元的价格使这场谈判划上了句号。他们约好日期在工地见面：杰克给荷伯支票，当事人立即搬迁。

那天，荷伯兴致勃勃地来到工地。当他从杰克手中接过支票的那刻，只听杰克用恶狠狠的语言对他讲了这么一句话：“如果你再多要一美分的话，我就叫你一分钱也得不到！”这话是什么意思？起先荷伯还不明白，但等他看到工地上的工程车已经举起它的“大鼻子”正对着当事人的那幢大楼时，他什么都明白了：原来那房地产商想将那幢楼撞击成危房，如果是危房的话，按照当地的法规，所有居民都得无条件搬迁，这样的话，他的当事人就什么也得不到了！虽然房地产商有可能要为之付出代价，但是这已经不是荷伯和他的当事人所要考虑的问题。

案例问题讨论：

1. 上述案例中，就搬迁费问题，谈到双方各自的最佳期望目标、最低限度目标和可接受目标分别是多少？

2. 为进行这场谈判，荷伯为评估谈判对手做了哪些准备工作？

3. 你认为这场谈判是否成功？为什么？

案例 3-2

上海ACE箱包公司是由香港国际贸易公司、上海文体教育用品公司和清浦县凤溪乡共同出资250万元创办的，产品远销欧美亚10多个国家和地区。在对外买卖洽谈中，总经理朱国权遇到了许多困难和磨难，但他始终保持自信而谦诚、精明而友好的姿态，坚信平等互利方可携手并进，否则便无合作的基础。一次，朱国权与日本客商谈判了三天，难堪的僵持，烦人的沉默，双方是在比赛意志和体力，这时，日本客商主动邀请朱国权到上海大厦就餐，想以此缓解一下紧张的空气，借此迫使对方就范。动筷子了，日本客商说了一番客套话之后，便进入正题："总经理，我们商量一下，从明天起，我每天请你吃中饭，你每只箱包价格减掉一分好吗?"朱国权当时没有回答，他明白，在这种场合该怎样显示中国乡镇企业家的风度和气质。每只箱包减去1分美金，75万只箱包是7 500美金，折合人民币就是近7万元。沉思了片刻，朱国权放下筷子，站了起来微笑地回答："好啊！从明天起，我也每天请你吃晚饭，你增加1分好吗?"落落大方、不卑不亢的有力回答，使日本客商无言以对，无可奈何地摇了摇头。

案例问题讨论：

1．你认为上述谈判体现了日本人的何种谈判风格?

2．从中方代表朱国权的言行中体现出了谈判人员的哪些素质?

案例 3-3

山东A公司向日本B公司出口自产汽油添加剂3 000吨。这是试订单，也是A公司第一次出口。日方认为中方产品价格有竞争力，品质也不差，只是添加剂是易燃易爆的液体，存储运输较危险，按运输危险等级系一级危险品，为了考察青岛港的储运情况，日方一行5人到A公司来谈判，A公司的领导、商务主谈以及储运人员共6人参加了谈判。中方产品价格、质量的问题不大，双方很快就达成了共识，但就运输问题讨论了很长时间。从工厂到码头间的运输，再到码头储罐；从运输船的船型到输油管的材料、工具，讨论得很仔细，甚至环境污染的细节也讨论到了。最后日方认为从安全的角度出发，由其派船为宜，不过要求中方为其装船创造好岸上条件。此外，还要求价格再优惠。对此，中方主谈为了省事，又急于做成第一笔出口生意，不假思索即表示："可以考虑"。中方领导在一旁听后，马上纠正："不行"。日方主谈随即问道："贵方反悔了？""不是反悔，而是讨论。"于是日方主谈反过来与中方领导讨论运输条件，中方领导认为：创造装船条件可以，但降价有困难。日方认为：自己尽的义务大，中方应予以奖励。结果讨论延续了一个小时，中方主谈在旁静静听着，略显些许尴尬。

案例问题讨论：

1．A公司和B公司进行的是何种谈判？

2．如何评价中方的主谈的表现？

3．如何评价中方领导的表现？

案例3-4

曼梯公司是一家生产成套办公设备的中型企业。事情纠葛主要涉及两个人物：负责技术设计的副总经理弗雷德·琼斯和负责销售的副总经理李·帕克。

曼梯公司已将一种叫做"500型"的新设备投入市场。"500型"由琼斯的部门研制开发，该部门还负责检验和质量管理。帕克的工作是把"500型"同曼梯公司生产的其他产品一起推销出去，并负责该设备出售后的维修工作。

当琼斯同意"500型"可以上市时，他规定该设备的速度不得超过每小时1 300个单位。琼斯的技术班子还在继续努力，以使"500型"的输出能力再增一倍。然而，琼斯发现，一些客户在使用"500型"时大大超过了这种机器的额定工作能力。在这种负荷下，有些机器发生了故障。于是，他就向帕克提出了责问。

帕克手下的推销员没有为这种超速运转提供担保，也没有向用户强调"500型"的运转速度不得超过每小时1 300个单位。帕克认为，要在竞争中赢得优势，就必须充分发掘这种新机器的潜力。这不仅仅是为了推销"500型"，有"500型"作"开路先锋"，他就能更好地推销曼梯公司的所有产品。帕克还认为，何况机器的故障报修率还远远没有达到不可容忍的程度呢。帕克愿意为此承担责任。

但琼斯从现实考虑，意识到一旦产品普遍发生故障，就会对公司的声誉造成极坏的影响；还会搞坏琼斯的名声，当然有损于他的事业。

曼梯公司的总经理意味深长地对琼斯说："我希望两位自行解决问题。"

这就是说，只要有可能，就通过谈判来解决这个问题。根据安排，两个部门的负责人要在一个星期后举行会谈。

琼斯拿定主意，要最充分地利用这一个星期。他首先进行自我反省，回顾自己同销售部门的关系。琼斯知道，他们的关系时有龃龉，而且，他对此负有一部分责任。琼斯认为，销售部门固然是公司的一个不可缺少的组成部分，但他又觉得自己要比他们高出一筹。搞出“500 型”这样的杰作，需要煞费苦心的研究和巧夺天工的设计，对此，销售部门知道些什么？精密的产品一到销售人员手里就免不了乱套。

琼斯认真考虑了这些情况，并不掩饰自己的感情——如他的自尊和雄心。在这个行业中，他已经颇具名声，他不愿让推销部门为了完成销售指标而败坏他的名声。要说起来，这个动机并非值得赞美，然而事情确实如此。

琼斯用足够的时间对自我和自身的内在情感作了反省，接着，他又关注到自己的谈判对手——帕克。帕克是个正派人。他精力充沛，性格外向，很讨人喜欢。不管怎么说，他是个精明的销售经理，而且雄心勃勃、胸怀大志。

琼斯还要做进一步的准备。他指导自己的副手哈利·沃森去做一次调查研究。沃森受命，尽力查清近年来曼梯公司在某些特定领域的销售情况：哪些人是最大的主顾，与客户关系如何，客户报修率的增减等等。

琼斯想，不管整个局势的现实究竟如何，不管达成什么协议，都决不能只对哪一个部门有利。必须使总经理相信，只有达成一项兼顾本公司短期和长期增长的协议，才是最好的解决办法。别的做法既不会使琼斯增色，也不会使帕克光彩。然而，琼斯必须扭转局势。因为，现状——包括销售人员允许客户以更高运转速度使用设备——对帕克有利，而对琼斯不利。所以，他必须扭转现状。

在沃森完成了调查研究之后，琼斯就把本部门的骨干召集起来，一起研究沃森搞来的那些资料。他们对这个问题进行“即兴讨论”，虽说有些建议隔靴搔痒，不着边际，但琼斯已渐渐构想出一个计划。他写出计划草稿，然后同沃森碰头密商。他让沃森试作帕克的代言人，提出他认为帕克可能会做出的反驳。经过此番扎实的准备，琼斯就开始筹划对策了。他在考虑左右谈判的种种假设。

案例问题讨论：

1. 该公司内两个部门的矛盾是怎样产生的？

2. 琼斯做了哪些谈判的准备工作？通过这些准备工作，你如何评价琼斯的谈判素养？

3．琼斯与帕克均有个人利益，也有部门利益，这些利益是什么？琼斯确定的谈判原则是否正确？

□ **实训题**

实训 3-1　留心一件生活中可以进行谈判的事情，制定一份谈判计划并加以实施。

实训 3-2　组织一场模拟谈判。将全班同学分成 4 至 6 人的小组，选择某项商品交易进行模拟谈判。各小组制定谈判方案和计划，建立谈判目标，明确谈判人员的职责。

第四章　商务谈判的过程及其策略

□ **引导案例**

沈阳电缆厂厂长赴芬兰洽淡生意，外商把他领到一条全自动生产线旁，向他介绍该生产线的自动控制台，仪表控制工作温度上下线由机械手操作，显然这条生产线很先进。该厂长心里也较为满意。但他半天不动声色，外商首先沉不住气了，主动报价要 296 万美元。这时，厂长才慢条斯理地说："报价太高，按惯例，旧设备是新设备价格的 20%。"外商说："这套设备虽然使用过，但只有 1 000 多个小时，算成本我们至少花了 800 万美元。"

"买用过的旧设备，就是图便宜，希望贵公司能予理解。"厂长不卑不亢地说。次日，外商表态："为了表示我们的诚意，可把价格降低 4%。"厂长不以为然地说："我们目前还是发展中国家，市场潜力很大。如果设备报价适当，双方成交，那么贵公司还能省下一大笔广告费呢。"

外商听后连忙说："徐先生一片诚意，我们可以把费用降低 13.7%。厂长平静地说："尽管价格还不算低，但为了今后的合作，我们买了。不过备件和我方人员的培训费用，必须由贵公司支付。"

至此，双方达成协议。该厂长在谈判中并不急于表达购买意向，表面上平静如水，实际上外松内紧，步步含杀机，令对方一退再退，最终以较低的价格购买到了生产线。如果在商务谈判中，你也能掌握和运用相应的策略和技巧，那么成功就离你不远了。

学习目标 ▶▶

学完本章后，你应该能够：

1. 掌握商务谈判的主要过程。
2. 掌握不同阶段的基本策略。
3. 学会如何运用不同策略去进行谈判。

第一节　谈判开局阶段及其策略

商务谈判的过程一般可分为开局阶段、实质性磋商阶段、达成协议等三个阶段。由于各阶段特点不同、目的不同，因而各有其谈判策略。

谈判开局阶段是指谈判双方从见面到进入具体实质性谈判之前的那段时间

和经过，主要包括把握开场、交换意见和陈述各自观点和立场（即开场陈述）三个内容。

一、把握开场

（一）布置好谈判现场环境

1. 现场环境布置的基本要求　一般说来，谈判现场布置应注意以下几个问题：谈判室内外环境要宽敞、优雅、舒适，使人心情舒畅；备有电话、传真机等通信工具；备有必要的记录工具、饮料、水果等；谈判室附近应有多种休息场所，以便谈判人员私下接触交流，联络感情，增进共识。未经双方同意，不要配录音设备，经验证明，其副作用大，使人难以畅所欲言。

2. 谈判座位的安排　大量研究表明，在谈判中要想获得对方的合作或取得某种效果，座位的安排大有讲究。采用什么形式安排座位，要根据谈判双方的人数规模而定。

如果参加谈判的人数较少，例如双人谈判，一般采用长方形的谈判桌。双方人员面对面而坐，给人以正规、严肃之感；如果是双方参与人数较多的谈判，如多边谈判或团体谈判，则通常采用长方形或椭圆形的谈判桌，双方的负责人应该居中坐在平等而相对的位子上，其他谈判人员一般分列于两旁就座。需要指出的是，其他成员不能随便入座。一般来说，离负责人越近，就表明职位越高或权力越大。谈判准备方可事先在座位上摆放写有姓名的小牌子，以免入座时出现混乱。

在双边团体谈判中，有时也采用圆桌，给人以平等、和谐、轻松的感觉，彼此交谈方便。圆桌通常较大，可分段安排，各方负责人应该坐在圆桌相对的位置上。翻译人员及其他成员坐在各自的负责人的两旁，也可坐于负责人的身后。这种安排体现了正式与平等。

3. 食宿安排　东道主一方对来访人员的食宿安排应周到细致，方便舒适，但不一定要豪华、摆阔气，按照国内或当地的标准即可。适当组织客人参观、游览当地的人文、历史景观和参加文体活动是十分有益的。它有利于调节客人的旅行生活，增进彼此的了解与沟通，为谈判顺利进行打下基础。

（二）精心设计自我形象

俗话说："人靠衣裳马靠鞍"。衣着打扮对谈判者塑造自己在对方心目中的第一印象非常重要。衣服本身就是一种符号体系。这个符号体系能传达出着装者的文化修养、风度气质和社会地位等信息。美国有位谈判专家曾作过一个有趣的试验。他本人以不同的衣着打扮出现在同一地点，静待旁人的反应。当他身着西服以绅士模样出现时，向他问路或问时间的人，大多彬彬有礼，而且基本上也都是绅士阶层的人；当他打扮成无业游民时，接近他的多半是流浪汉，或是吸烟者来找其借火的。之所以会出现这种现象，是“人以群分”的结果。显然，这个“群”是由衣着传递的信息来区分的。

既然第一印象如此重要，那么，谈判者怎样通过衣着打扮来塑造自己在对方心目中的第一印象呢？首先，以谈判的正式程度来选择服饰。如果是正式谈判，一定要穿得“正式”些；如果是非正式谈判，则可“非正式”些。其次，最好以自己一贯的风格安排着装。每次谈判时保持着装风格的一致，会给对方以稳定的形象，有助于外界对自己形成统一的看法。如毛泽东的中山装、斯大林的烟斗、阿拉法特的阿拉伯头巾和军服等，这样有利于开展活动，取得成功。

（三）努力营造开场气氛

在商务谈判中，要努力营造出活跃、顺畅、融洽的谈判气氛，而非紧张的、严肃的、冷淡的谈判气氛。一般来说，谈判的关键时机是双方开始接触的短暂瞬间，此时各自留给对方的第一印象与感觉，将决定整个谈判气氛的基调。谈判者应注意把握这一关键时机，力争创造良好的谈判气氛。谈判开场，双方见面握手要把握分寸，既热情又不卑不亢。

开场时双方所谈的最好是中性的话题，即非业务性的、轻松愉快的话题，如体育比赛、文艺演出、社会趣闻、历史掌故和游览过的地方、接触过的人等。还可以是某些私人问题，表示对他人的关心，如“您好！我非常愉快，这个周末我钓鱼去了，我很喜欢钓鱼。您周末是怎么度过的？”所选择的中性话题应有一定的目的性，能引起对方关注，调动起对方的兴趣点，使双方拥有共同语言，甚至有相见恨晚的感觉，这样谈判会在一种轻松、顺利的环境下进行。

双方由寒喧而转入议题的过程称为破题。破题的时间根据谈判的性质和谈判的时间长短而定。一般来说，破题期控制在谈判总时间的5%以内较为合适。例如，如果将进行一个小时的谈判，三五分钟就够了；如果谈判将持续几天，双方则可以在进入议题之前先吃顿饭或是娱乐一段时间。

二、交换意见

在实质性谈判开始之前，双方要交换一下意见，就谈判目标、议程安排和人员等方面达成共识。

1. 确立谈判目标　它是双方谈判的驱动力。这里的目标只是大体的、方向性的，如探索双方目标共同点之所在，寻找共同获利的可能性等。

2. 安排谈判议程　双方共同订立议程表，包括需要讨论的议题、双方共同遵守的规程、分阶段的谈判进度安排和每次谈判的大约时间等。

3. 熟悉谈判人员　它是指谈判小组的组成情况，以及每个谈判人员的地位与职能。

对于上述这些问题，既可以在会场上进行交换，也可以在谈判前直接沟通；既可以口头表达，也可以书面沟通。对于双方达成共识的方面，一般最好以书面形式将双方所认可的内容准确记录下来备用。

三、开场陈述

破题后，双方就此次谈判交换意见，意味着谈判的正式开始。所谓开场陈述，即双方分别阐明己方对有关问题的看法和基本原则。开场陈述的重点不是具体的，而是原则性的，简明扼要把己方几个议题的主见摆出来。陈述的内容通常包括：己方追求的目标；谈判的进度和计划；谈判人员的情况；己方对议题的理解，包括己方认为这次会谈应涉及到的问题；己方的利益所在；己方可以采取哪些方法和措施为双方共同利益而努力等。

在陈述己方的观点和立场时，应以诚挚和轻松的方式表达出来，而不能采取居高临下、强加于人的态度。并且要做到：要求合理，不要过分；原则性问题，一定要明确，非原则性问题，则可留有余地。开场陈述应使用简短明确、感情色彩较浓厚的语言，如：

"咱们先把会谈程序定下来好吗?"

"我们打算和你商量一下今后会谈的议题，你看行吗?"

当一方认为有必要打断对方的话题时，可以使用以下的语言：

"请原谅我打断了你的谈话，我们是否现在就按照议程开始商谈?"

"我认为，这次会谈的目标是达成原则性协议。你也这样认为吧?"等等，使谈判按预定的议程进行。

为了更好地达到己方目的，谈判人员还应注意以下几点：

(1) 发言时，内容要简明扼要，把握重点，恰如其分地表示自己的感情倾向。要注意言词和态度，避免说话不慎或者态度不好而引起对方的反感，甚至产生敌意。

(2) 发言之后，应留一定时间让对方发言。要注意倾听对方的意见和立场，找出双方的共同点和差别，以进一步调整、确定己方的策略。

(3) 发言的时间要短，一般一两分钟即可。时间过长，人的注意力分散，必然会影响到谈判的效果。

(4) 要正确地估计自己的能力，不要被对方的身份地位、无理或粗野的态度吓倒，也不要惧怕数字、先例、原则或规定。要保持怀疑的态度，勇敢挑战。

(5) 谨慎地作出假设。要假设对方不知道己方的弱点，再小心试探这种假设的对错，不可自己暴露弱点。要审慎地假设你不了解对方的要求，然后再耐心地探索事实真相，千万不可根据自己未经证实的估计进入深入洽谈。

在开局阶段，只要对方的建议是合理可行的，就应该尽量同意。从心理学的意义上说，赞同对方的观点要比反对对方的观点更好一些。己方也要尽量争取得到对方的肯定，哪怕是轻轻地点头，或其他表示同意的态度。因为对方的首肯意味着双方在最初谈判阶段意见相合，从而打开成功谈判的大门。

四、开局的策略

谈判者要充分利用开局的这段时间，把握好开局的各个环节，积极采取各种技巧和手段制造良好气氛，强化“谋求一致”的开局目标。

1. 控制开局过程的策略　谈判双方有时会因为彼此的目标相距甚远而在开局就产生了一些麻烦。为了避免这种情况，一般来说，双方应先就会谈的目标、计划进度和参加的人员等达成一致的意见。这是控制开局过程的基本策略，适用于各种谈判。

如果谈判双方刚刚进入洽谈室，对方就以极大的热情，喋喋不休地谈论某一具体问题，这时，谈判者要记住：必须要在双方对洽谈的目标和达到目标的途径有了比较一致的意见后，才能进行双方的洽谈。例如，对方一开始就讲：“我们很关心价格问题，现在我们想……”“好，我也很关心这个问题，不过咱们先把会谈程序和目标统一一下，这样谈起来效率更高。”这就绕开了刚刚开始就遇到的险滩。有时候对方出于各种目的在谈判一开始就直奔主题，你可以毫不犹豫地打断他的话：“请原谅！我们是否按议程开始商谈？我想这次会谈的目标是达成原则性协议，您说对吧？”这样双方能够比较迅速地建立起协同合作的意向，认识到有谋求共同利益的基础。

2. 留有余地策略　留有余地实际上是“留一手”的做法，它要求谈判人员对所要陈述的内容留有一定的余地，以备今后讨价还价之用。它与开诚相见并不矛盾，其共同目标都是为了达成一项双方都可接受的协议，只是实现的途径不同而已。应注意的是，留有余地策略的运用应根据具体情况而定，一般在不完全了解对方的情况下或开诚布公失效之际采用。

3. 开局陈述的策略　开局陈述应言简意赅、诚挚友好，以使双方相互信任并容易把握要点。在陈述时机的把握上应视具体情况而定，一般有两种策略：一是抓住时机抢先发言，争取主动并为以后谈判框定方向，这样可占先入为主之利。在宣传己方观点和论据时可进行必要的暗示或影射，从而在心理上取得优势。二是保持沉默，迫使对方先发言以给对方造成心理压力，使之失去冷静，在慌乱中暴露隐藏的真实情况。在实践中如果双方都保持沉默就会形成冷场，这时东道主应主动发言打破僵局。

第二节 谈判实质性阶段及其策略

谈判的实质性阶段是指谈判双方对所提的交易条件进行广泛磋商的阶段。这个阶段通过对交易条件的报价和讨价还价，从分歧、对立到让步与协调一致，从而决定谈判的速决、拖延或是破裂。因此，这一阶段把握得如何，对能否达到预期目的，取得谈判的成功，起着决定性的作用。

一、报价

商务谈判中的“报价”，不仅是指价格方面的要价，而且也泛指谈判一方向对方提出的所有要求，在产品交易谈判中还包括产品的质量、数量、包装、装运、支付、保险、商检、索赔、仲裁等；在工程项目的谈判中，还包括承包条件、工期、材料、质量等。其他如企业兼并谈判、合作合资谈判、咨询顾问谈判等，尽管其谈判内容各不相同，但谈判双方都会向对方提出各种要求，这种要求即为报价，它是谈判的中心议题。

（一）报价的原则

商务谈判中，由于谈判双方的地位和利益不同，卖方总希望成交价越高越好，而买方则希望价格越低越好。因此，无论谈判的哪一方，他的报价只有在被对方接受的情况下，交易才可能达成。这就是说，价格水平的高低并不能由哪一方自行决定，它要受到竞争和供求以及谈判对方状况等多方面因素所制约。因此谈判者在报价时，不仅要考虑按此报价所能获得的利益，还要考虑报价能否被接受。因此，从理论上说，报价决策的基本原则就是：谈判者通过反复比较和权衡，设法找出报价所得利益与该报价被接受的概率之间的最佳结合点。

（二）确定报价起点

谈判者在基本掌握了市场行情，并进行分析预测之后，可参照近期的成交价格，结合己方的谈判目标，拟定出价格的波动幅度，确定一个大致的报价范围，这样就不至于因报价过高使谈判陷入僵局或因报价过低损害了己方的利益。

无论报价起点是高是低，其表达都必须十分肯定、干脆。为了不使对方感到报价不实，最好不在报价时使用“大概”、“大约”、“估计”一类含糊的词语。另外，如果买方以第三方的出价低为由压价时，你应明确告诉他“一分钱，一分货”，并对第三方的较低报价毫不介意。只有这样，才可以在价格问题上取得主动。

（三）进行价格解释

价格解释是指开价方就其商品及其报价的价值基础、市场供需状况、附加因素等所作的说明。其内容通常包括货物价格的解释、技术服务费的解释、价格条件的解释等。通过价格解释，出价方可以表明所报价格的真实性和合理性，接受方也可以据此了解报价的基础。

在进行价格解释时，必须遵守一定的原则，即不问不答，有问必答，避虚就实，能言不书。不问不答是指对方没有提出问题不要主动回答，以免言多有失。有问必答是指对对方提出的所有有关问题都要一一作出回答，并且要流畅、痛快，不能吞吞吐吐，欲言又止，以免引起对方的怀疑。避虚就实是指对我方报价中比较实在的部分应多讲一些，对于水分含量较大的部分，应该少讲一些，甚至不讲。能言不书是指能用口头表达和解释的，就不要用文字，以保证一定的灵活性。

（四）进行价格评论

价格评论就是在谈判中，一方对报价方价格解释中的不明之点、不妥之处所作的批评性或咨询性反应，其主要内容包括对货物价格的评论、技术服务的评论等。价格评论通过对报价方的价格解释加以研究，寻找并针对其漏洞或不合理点进行抨击，以便在讨价还价前，预先扫清谈判中的某些障碍。评论对方的价格解释既有试探的作用，又可以使己方的洞察力和判断力显露出来。

（五）报价的策略

报价阶段的谈判策略主要体现在三个方面：谁先报价、怎样报价和如何对待对方的报价。

1. 谁先报价　按照国际惯例，一般由卖方或是谈判的发起人先报价。先报价有利有弊。有利之处在于：先报价对谈判的影响较大，它实际上等于为谈判划定了一个基准线；此外，报价如果出乎对方的预料和设想，往往会打乱对方的原有部署，甚至动摇对方原来的期望值。不利之处在于：对方听了我方的报价后，可以不动声色地对自己原有的想法进行调整，有可能使我方丧失条件更为优越的交易机会。另外，先报价会给对方树立一个攻击的目标，在后续的磋商过程中，对方有可能会集中力量对价格进行攻击，使先报价的一方处于不利的境地。

先报价有利有弊，什么情况下争取先报价好呢？通过分析比较谈判双方的谈判实力，可以采取不同的策略。如果预期谈判将会出现你争我斗、各不相让的局面，则“先下手为强”，先报价比较好。通过先报价来规定谈判过程的起点，从一开始就占据主动。如果我方的谈判实力强于对方，或是在对方对本次交易的市场行情不太熟悉的情况下，先报价的好处就更大，因为这样可以为谈判划定一个基准线，对我方无疑利大于弊。如果谈判对方是老客户，同我方有较长时期的业务往来，在这种情况下，谁先报价对双方来说都区别不大。

2. 怎样报价 报价的基本策略是己方报价要“狠”。作为卖方，报价策略是“喊价要高”；作为买方，报价策略是“出价要低”。曾在国际外交舞台上呼风唤雨的美国前国务卿基辛格就说过“在谈判桌上的效率全看人如何夸大他的需要”，这话虽然说得有点极端，但也反映出谈判高手在谈判实践中广泛运用报价“狮子大开口”的策略。

> 谈判窗口 4-1 “铁娘子”撒切尔
>
> 1982 年 12 月，在欧共体的一次首脑会议上，撒切尔夫人表示，英国在欧共体中负担的费用支出过多，却没得到应有的利益。因此，她强烈要求将英国每年的费用负担减少 10 亿英镑。这个要求令在座的各国首脑甚为吃惊。他们为此“还价”为英国每年削减 2.5 亿英镑后，就不愿再作让步。撒切尔夫人仍坚持自己的“报价”，双方陷入僵持状态。尽管她的真实目标并不是每年削减 10 亿英镑，但她告诉下议院，原则上按照她提出的方案进行，暗示并无选择的余地，同时也是在警告其他各国。此举遭到法国媒体的批评。撒切尔夫人依旧立场坚定，顶住压力，凭着坚强的意志，终于迫使对方首先作出了让步。最后，欧共体其他各国同意英国每年削减 8 亿英镑的费用负担。这样，撒切尔的真实目标得到了实现。

为什么要实施这种策略呢？其主要原因表现在以下三方面：

(1) 由于不能完全了解对方的实际情况，己方预期的价格比对方愿意付出的代价要低，如不出高价，则受损的是自己。

(2) 己方开高价，可有更多的谈判空间与让步余地，能避免使谈判陷入僵局。

(3) 采用高报价策略，一开始就能削弱对方的信心，能乘机摸清对方的实力和立场。

当然，己方报价要“狠”，并不是说，提的要求越高越好。高报价必须合乎情理，不能漫天要价。一旦要价超出了一定范围，谈判有可能因此告吹，而且你的信誉也会随之受损。

此外，报价还可以采取心理策略，制造买方心理上的价格便宜感。一是利用较小的单位报价，例如：大米每吨 1 500 元报成每公斤 1.5 元，茶叶每公斤 100 元报成每两 10 元。使人产生便宜的感觉，易于接受。二是采用心理价格，如给某商品标价为 99 元，而不标 100 元，或者标价为 49.9 元，而不标 50 元。1 元钱或者 1 角钱之差，可给人“大大便宜”的感觉。心理策略在国内外都已被广泛采用。

3. 如何对待对方的报价 在对方报价的过程中，我方应认真听取并尽力完整、准确、清楚地把握对方的报价内容。在对方报价结束后，对某些不清楚的地方可以要求对方作价格解释。同时，应将我方对对方报价的理解进行归纳总结，并加以复述，以确认自己的理解准确无误。

在对方完成价格解释之后，对对方的报价，我方一般不要马上表示接受。如果马上接受，会使对方觉得自己的目标定得太低，吃了大亏，从而充满挫折感，甚至有可能撤回报价，退出谈判，或重新报价。因此，我方应采取如下行动：继续要求对方降低报价，或是比对方的报价略低一些提出自己的报价。一般来讲，前者比较有利。因为这是对报价一方的反击，如果成功，可以争取到对方的让步，而我方既没有暴露自己的报价内容，更没有作出任何相应的让步。

二、讨价

讨价是指对报价方的价格解释进行评价后，认为其报价离自己的期望目标太远，而要求报价方重新报价或改善报价的行为。讨价通常分为三个阶段：全面讨价——针对性讨价——再次全面讨价。

1. 全面讨价　即对构成总体价格和条件的各个方面要求重新报价。它常常用于评论之后的第一次报价，或者较复杂的交易的第一次报价。正式磋商阶段开始，我（买）方一般从总体的角度去压价，笼统地提要求，而不泄露己方掌握的准确材料。例如："请就我方刚才提出的意见报出贵方的改善价格"；"我方的评论意见说到此，待贵方作出新的报价后再说"。这两种说法均是全面讨价的方式。

2. 针对性讨价　即对方第一次改善价格之后，己方对分项价格和具体的报价内容要求重新报价。针对性讨价一般从报价中水分的项目着手，讨价次数要根据价格解释的情况和报价方价格改善的状况来定。只要报价方没有明显的让步，则说明其可能留有很大的余地，还应多次讨价。

3. 再次全面讨价　经过针对性的讨价阶段后，进入再一次的全面讨价，使价格接近双方可接受的范围。最后的总体讨价往往也不是一次性定价，还有反复的可能。

当谈判进入讨价阶段时，谈判者需要运用讨价的策略技巧，去启发、诱导卖方降价。这方面的技巧或手法很多，例如，可以运用投石问路的技巧，试探卖方的降价幅度。比如，你说："如果我们与贵方签订一年的买卖合同，你们可以给我们多少价格优惠?""如果我们自己提货，贵方每吨降价多少?"也可以进行同类比较，所谓"货比三家不吃亏"，迫使对方降价。另外，还可以进行趋势分析，指出市场竞争越来越激烈，有可能出现供过于求的局面，从心理上促使卖方降价。

对于买方，要讨几次价合适，没有永远不变的确定答案，要根据具体情况而定。有时卖方可能在作了一二次价格改善之后，就会打住，说："这是我最后的价格，不能再降了，已与进货价差不多了，仅仅挣一个跑腿钱而已。"此时，如果没有实质性改善，讨价方就应继续抓住报价中的实质性内容或关键的谬误不放，不要为卖方的"表演"所动，继续实施讨价策略。

三、还价

还价是指报价方应评价方的讨价作出重新报价后，向评价方要求给出回价的行为。还价一方面表现了报价方对实现谈判目标的期望，同时也表现了评价方对谈判的诚意程度。

（一）还价的方式

在经济谈判中，还价方式从性质上说，可分为两种：一是按比价还价，即以相同的贸易业务价格为依据，参照比较，给予还价；二是按分析的成本还价，即计算出各项成本，并加上一定的利润，最后构成商品的价格。这两种还价又可具体分为以下三个方法：①逐项还价，即对所谈标的物的每一具体项目进行还价。②分类还价，根据价格分析时划出的价格差距档次，分别还价。③总体还价，即不分细项，仅还一个总价。采取哪种还价方式应视具体情况而定，但总的来说，应该根据先易后难的原则，容易达成一致的在先，分歧大、难于达成一致的在后。

（二）还价的标准

一般来说，怎样还价是根据己方的期望值来定的。己方一般遵循的还价计算方法是：己方还价＝己方期望值×2－对方报价。如果通过这种方法得出的结果与己方的上线目标接近，则说明对方报价基本上在己方预测的合理范围之内，可以以略优于上线目标的值来还价。如结果明显高于己方的上线目标，表明对方的报价要求太高，则不能参照己方的上线目标还价，而应以此计算还价。如结果明显低于己方的上线目标，则可能是己方对对方的要求估计得太高了，此时不能以此计算值为准还价，而应以上线目标为准还价，以期获得一个比自己原有期望值更好的结果。

在谈判实践中，绝大多数情况下，还价都可适用"己方期望值×2－对方报价"的原则，谈判的结果通常也是以对方报价和己方还价的中间值成交的。

谈判窗口 4-2　　　　走"中间"路线

1982 年，美国和墨西哥政府针对一项 820 亿美元的国际贷款进行谈判，墨西哥打算延长偿还期限。最后，达成了一项极富创意的协议：墨西哥政府以石油代替现金支付。另外，美国要求墨西哥再多出一亿美元，名义上是充当谈判费用，实际上就是支付利息。墨西哥总统为此大发雷霆，并表示不付一分钱。一方要求一亿美元，一方不打算付一分钱，讨价还价的范围已然确定，根据均分的原则，最后双方以 5 000 万美元达成协议。

（三）还价的策略

首先，在还价之前必须充分了解对方报价的全部内容，准确了解对方提出条件的真实意图。要做到这一点，还价之前要设法摸清对方报价中的条件哪些是关键的，主要的；哪些是附加的、次要的；哪些是虚设的或诱惑性的。要注意倾听对方的解释和说明，不可主观地猜度对方的动机和意图，以免造成误会。

其次，准确、恰当地还价应掌握在双方谈判的协议区内，即谈判双方互为低线和期望值之间的范围内。超过此界线，谈判便难以成功。

第三，如果对方的报价与己方的价格条件相差太大时，不必草率地提出自己的还价，而应首先拒绝对方的报价。此外，还可以用以下几种方法处理报价与还价之间的巨大差距：以己方报价取代对方不实际的报价；对对方报价的附加条件进行限制。例如，在购销合同谈判中，买方可以以卖方提出的高价格为基础谈判，但必须规定提高货物的质量，或是改善交款条件；必要时可以中断谈判，让对方在重新谈判时另行报价。

（四）还价时应该注意的问题

在谈判中，常常出现出价 200 万美元的，最后以 100 万美元成交的事例。这里的核心问题是掌握准对方的客观价格在什么位置。有的谈判者为了在谈判中有讨价还价的余地，将实际成本夸大几倍的做法在谈判桌上也是屡见不鲜的。因此，还价的一方应该既不追求压价幅度，也不怕压价太小或太大，而应该依客观价格而行。在讨价还价过程中，一定要注意以下几个问题：

（1）不要对与谈判毫无关系的事情进行争执。因为你是来谈生意做买卖的，不是来争执的。

（2）不能流露出急于求成的心理。欲速则不达，一旦被对方察觉，对方就会利用你这个弱点，想出种种对策，使你处于不利的地位。

（3）在谈判中一旦出现僵局，双方都应有诚意调整自己的目标，作出必要的妥协和让步，向着成交的目标努力。

四、让步

经济谈判中，出现僵局是在所难免的。僵局的解决只有两种办法：一是谈判破裂，谈判双方分道扬镳，二是其中至少一方作出让步。如果谈判双方不想谈判就此结束，他们就只能选择让步。从某种意义上讲，让步几乎是谈判双方为达成协议而必须承担的义务。

（一）选择让步模式

在商务谈判中，到底应该如何让步，让多少，是一个非常复杂的问题。美国谈判大师嘉洛斯提出八种让步模式，并分析了每种让步模式的利弊，见表4-1，可供谈判者选择让步模式时参考。

表 4-1　让步模式（以让步总幅度 60 为例）

让 步 模 式	第一期让步	第二期让步	第三期让步	第四期让步
1	0	0	0	60
2	15	15	15	15
3	8	13	17	22
4	22	17	13	8
5	26	20	12	2
6	59	0	0	1
7	50	10	−1	1
8	60	0	0	0

第一种让步模式：0/0/0/60

这是一种比较冒险的模式。己方在前三段时间内态度坚决，丝毫不让步，令对方一直认为己方的希望很小，甚至决定退出谈判。而这时若己方又以巨大的让步（60）把对方拉回谈判桌，则对方可能会因此而感到振奋，逼迫己方继续让步，而这时己方已没有了让步的余地，可见，这种模式成功的概率不大。

第二种让步模式：15/15/15/15

这是一种等额（或平均）让步的模式。这种模式极易刺激对手产生更大的期望。当他发现经过努力可以获取前三次等额让步时，他的信心更强了。当己方作出第四期让步后，对方仍相信己方还可能作出让步，于是，在对方强逼之下，己方坚守阵地，双方极有可能陷入僵局。

第三种让步模式：8/13/17/22

这种让步模式会把对方的胃口越吊越大，刺激其得寸进尺，当对方的愿望在第四期让步后受到阻碍时，彼此又不愿妥协，最终结局可能是谈判破裂。

第四步让步模式：22/17/13/8

这种让步模式显示己方立场越来越坚定，让步余地越来越少，这会降低对方的期待值，使对方产生适可而止的想法。

第五种让步模式：26/20/12/2

这种模式表现出强烈的不再妥协的意愿。己方后期让步幅度比前期锐减且立场坚定，可以让对方明白己方让步是很难并且是很有限的。

第六种让步模式：59/0/0/1

这种让步模式幅度变化很大，风险也很大。己方开始就是大幅度地让步，使对方希望剧增，而接下来的丝毫不让步又让对方无法接受，对方也许会明白，己方的让步余地已到尽头，如再紧逼，双方就可能陷入僵局。

第七种让步模式：50/10/－1/1

在这种让步模式中，开始让步幅度很大，随后的第二期让步又幅度很小，不过第三期出现反弹，这一定会出乎对方的意料，但第四期又给对手一点补偿，对方因此而感到些许惊喜。经过第三期的反弹，对手可能会觉得己方让步已到尽头了。

第八种让步模式：60/0/0/0

这种模式与第一种模式正好相反，易使对方先大喜过望，继而大失所望。在己方再三坚持下，谈判有陷入僵局甚至破裂的危险。

以上八种让步模式在谈判实践中都有运用成功的先例。至于选用什么样的让步模式，要因时因事因人而异，不可千篇一律。这八种让步模式只是作为一种指导思想，它不一定与实际情况完全吻合。如果自己心中没底，且不想冒太大的风险，最好就以第四、五种模式的思想作为指导制定自己的让步方案。

（二）建立能退让的范围

不少谈判者在谈判时习惯事先制定出一个固定的退让目标：比如说3%或5%。但有经验的谈判者则是以一个比较灵活的范围来制定目标区：比如说3%～5%。一个是事先固定一个点，一个是协商后固定到一个点，两种情况相比，思维方式和本质上是不同的。经验证明，后者比前者有更大的谈判空间，取得的效果也更好。

1．制定出你退让幅度的上限和下限　在你对对方的期望值了解清楚之前，最好先定出一个范围，明确你的上限和下限，这个范围幅度不能太大。你可把5%作为你可退让的最大限度，则让利空间为0～5%。而范围的最下限很难准确定出，因为你无法知道要作出多大的退让才能满足对方的要求。因此你必须要有下一步调整价格的准备。

2．根据预测对方的期望值和己方的竞争力重定上限和下限　卖方拟定的范围的上限0，这是他最期待的，但常常是不现实的。如果卖方在谈判时上限过高的话，对手可能从谈判桌边走开，不再和他谈下去。此时，卖方应考虑重定上限，就是把起点定在高于0的一个更现实的点上，如可估算出对手可能最低要7%的折扣，如果卖方很有竞争力，那可以5%～6%为上限，如果买方比卖方强硬的话，卖方估计8%的折扣买方还不太满意，就可以定在9%～11%，这应该是现实的上限点。

3. 在缩小了的范围内进行谈判作出越来越小的让步，直到达成协议　当你敲定了退让范围的最高点和最低点，就可以去进行谈判了。例如，你处于一个竞争力很强的位置，而预测对方希望的降价率又不会高于15%，那么你用于谈判中退让的范围就从原来的0～20%缩小到一个更现实的范围，如6%～13%。此时你可以逐点往上增加，比如从6%的让利到8%，向对方表明不可能有更大的让步了。当然，你也不能1%、1%地让，这样会引起对方反感。

（三）让步的策略

在作出让步时，既要经过缜密思考，步子稳妥，又要恰到好处。总的原则是既让己方没有大的损失，又使对方得到一定好处，以便为制定对自己有利的合同条款奠定基础。让步的基本策略有：

（1）不要做太大、太轻易的让步。在谈判中任何一方轻易作出较大的让步，都会为对方所轻视，对方会认为你的让步是理所当然的，而不是他们争取的结果。这样就达不到让步的效果。在次要的问题上可以根据具体情况首先作出让步，以诱使对方在重要问题上作出让步。

（2）己方作出让步后，应等待对方作出相应的让步。如果对方并未作任何让步，那么可以断定他缺乏诚意，己方不再作出任何让步。没有得到对方的交换条件，永远不要轻易让步。

（3）控制好让步的幅度和次数。每次的让步要留有余地，不能很快地将弹性花光，而协议仍然不能达成。要记住自己让步的次数，尽量做到步步为营。

（4）灵活掌握让步的内容。在实际的买卖过程中，能够提供的让步内容很多，谈判者应该学会在多种选择中灵活运用。

卖方的让步通常有：

1）减少最终产品或原材料的供给价格，削减某些项目的价格。

2）为买主提供仓储、运输服务。

3）采取各种优惠的付款方式，如分期付款或延期付款等。

4）在一定期限内，提前制定送货计划，并及时通知买方。

5）改善产品质量，提高或增加产品质量的控制技术。

6）在特定期限内，保证价格稳定。

7）向买方提供有关的培训服务。

买方的让步内容通常有：

1）对卖方提供资金支持，具体方法包括：迅速支付货款提供信贷及进行某特定项目的合资经营等。

2）在卖方需要时，可以提供技术援助。

3）增加订货数量。

4）按照原材料在总成本中的相对比重确定价格升降幅度。

5）双方共同作广告宣传。

（5）积极迫使对方让步。在谈判磋商中，迫使对方让步是达到最终谈判目的的重要策略，主要有以下几种：

1）利用竞争。制造和利用竞争是谈判中迫使对方让步的最有效的武器和策略。当一方存在竞争对手时，其谈判的实力就大为减弱。具体做法是，谈判前多考察几家厂商，同时邀请他们前来谈判，并在谈判过程中适当透露一些有关竞争对手的情况，在与一家厂商达成协议前，不要过早结束与其他厂商的联系，以保持竞争局面。

2）软硬兼施。当对方在某一问题上应让步或可以让步而又坚持不让步时，谈判便难以继续下去。在这种情况下，谈判人员就可利用“软硬兼施”的策略。即谈判成员中，一人扮演黑脸，持强硬态度，一人扮演红脸，持温和态度，交替充当主角。在谈判时，需要把握时机和分寸，软硬兼施，配合默契，就有可能迫使对方作出让步。

3）最后通牒。在谈判双方争执不下时，为了迫使对方让步，我方可以向对方发出“最后通牒”，即如果对方在这个期限内不接受我方的交易条件，我方就宣布谈判破裂而退出谈判。最后通牒在多数情况下是一个非常有效的策略。特别是在谈判的最后关头，双方经过长时间激烈的讨论和磋商，在许多内容上已经达成了一致或接近一致的意见，只是在最后的某一两个问题上相持不下，如果这时给谈判规定了最后期限，对方就必须在作出让步和放弃整个交易之间进行选择。为了避免因小失大，往往会接受我方的提议，作出一定的让步，使谈判协议能顺利达成。

谈判窗口 4-3　　迫使对方让步的蚕食策略

迫使对方让步的方式很多，其中比较理想的一种是蚕食策略，意思是就像蚕吃桑叶一样一点一点地从对方那里获得利益，有人也把它形象地比喻为切薄“意大利香肠”。你想得到整根的意大利香肠，而你的对手抓得很牢，这时你一定不要去抢，而是恳求他给你切薄薄的一片，第二天、第三天如法炮制，这样一片一片，最终整个香肠都是你的了。下面是买卖双方的一段对话，从中我们可以更好地体会出此种策略的作用。

买方：您这种机器要价 750 元一台，我们刚才看到同样的机器标价为 680 元，您对此有什么话说吗？

卖方：如果您诚心想买的话，680 元可以成交。

买方：如果我是批量购买，一次买 35 台，难道您也要一视同仁吗？

卖方：不会的，我们每台给予 60 元的折扣。

买方：我们现在资金紧张，是不是可以先买 20 台，3 个月后再买 15 台？

（卖主犹豫了一会儿，因为只买 20 台，折扣是不会这么高的，但他想到最近几个星期不太理想的销售状况，还是答应了。）

买方：那么您的意思是以 620 元的价格卖给我们 20 台机器？

（卖主点了点头）

买方：干嘛要 620 元呢？凑个整儿，600 元一台，计算起来也省事，干脆利落，我们马上成交。

（卖主想反驳，但“成交”二字对他颇有吸引力，他还是答应了。）

买主的蚕食策略生效了，他把价格从 750 元一直压到 600 元，压低了 20%。

第三节　谈判结束阶段及其策略

对于谈判者来说，如何把握结束谈判的时机，正确运用相关技巧，做好谈判的收尾工作，同样是决定谈判成败的关键。

一、谈判结束阶段的主要标志

一般来说，谈判进入结束阶段，往往有以下两个明显标志。

1. 达到谈判的基本目标　经过实质性的磋商阶段，交易双方都从原来出发的立场作出了让步，此时，谈判人员较多地谈到实质性问题，甚至亮出了此次谈判的“底牌”。如果双方都确定在主要问题上已基本达到了目标，谈判成功就有了十分重要的基础，就可以说促成交易的时机已经到来。

2. 出现了交易信号　在谈判的早期阶段，交易各方可能会大量使用假象、夸张和其他策略手段。但谈判进入到将要结束的阶段时，谈判者将会发出某种信号，显示自己的真实主张。当对方收到这样的信号时，他就会明白，在这些主张的基础上有可能达成交易。各个谈判者实际使用的信号形式是不同的。谈判人员通常使用的成交信号有以下几种：

（1）谈判者用最少的言辞阐明自己的立场。谈话中可能表达出一定的承诺意愿，但不包含讹诈的含义。

（2）谈判者所提的建议是完整的、明确的，并暗示如果他的意见不被接受，只好中断谈判，别无出路。

（3）谈判者在阐述自己的立场、观点时，表情不卑不亢，态度严肃认真，两眼紧紧盯住对方，语调及神态表现出最后决定和期待的态度。

（4）谈判者在回答对方的问题时，尽可能简单，常常只回答一个“是”或“否”，很少谈论论据，表明确实没有折中的余地。

二、最终出价

一般在谈判的结束阶段，谈判双方都要作最后一次报价，即最终出价。最终出价不应在争吵中提出，而应在具有建设性的讨论中提出，并且要进行合情合理的陈述。谈判者在作出最终出价时，要注意把握如下方面：

1. 最后出价，不急表态　在谈判进入收尾阶段，谈判者一定要正确地评估谈判迈向协议的形势，在各种达成协议的条件都具备的时候，才作出最终出价。如果过早地亮出最后一张“底牌”，容易使对方产生得陇望蜀的欲望，对方就可能换个话题，希望得到更多的东西。因此，最好能够在对方作出最后报价之后再亮出自己的最终出价。如果出现双方僵持不下的局面，则应该在最后期限前作最终出价。这一点，往往是对谈判者耐力的考验，越是在关键时刻，越要沉住气，不要急于表态。

2. 最后让步，小于前次　谈判者可以以上次的出价作为最后出价，明确地告诉对方“这是我方的最后出价”；也可以再作些让步作为最后出价，这要视谈判的具体情况而定，没有约定俗成的惯例。但值得注意的是，如果不得不再作些让步的话，最后这次让步的幅度一般要小于前次让步的幅度，使对方感到不再有进一步让步的可能。

3. 最后一次，也有条件　即使在作最后让步时，也不要忘记附加条件。这里的“附加条件”应包含两层意思：一是以要求对方作出某种让步为条件；二是以需经我方决策层批准为条件。这样既为是否兑现让步留下余地，也是为了争得对方的积极回应。

三、最后的回顾

在谈判者认为最后即将达成交易的会谈之前，有必要进行最后一次回顾。主要是为了以下目的：

（1）明确还有哪些问题没有得到解决，以及最后处理这些问题的方式、策略。

（2）明确所有交易条件的谈判结果是否已经达到己方期望的目标。

(3) 最后的让步项目和幅度。

(4) 着手安排交易记录事宜。

这种回顾的时间与形式取决于谈判的规模。有时，它可能安排在一天谈判结束后的20分钟休息时间里进行；有时，它可能要安排一个正式的会议，并由本单位的某个领导主持。这样的会议往往被安排在己方与对方作最后一次谈判前进行。然而，不管这种回顾的形式怎样，这个阶段正是谈判者必须作出最后决定的时刻，并且面临着是否达成交易的最后抉择。因此，在进行最后的回顾时，对那些对方要求而未予解决的问题，应该重新考虑，看看己方是否应该宁可失去这笔交易而不作让步。

四、谈判的收尾工作

一项商务谈判活动不管进行多久、多少次，最后总有一个结束的阶段，其结果不外乎有两种可能：破裂或成交。

(一) 谈判破裂的收尾

谈判破裂意味着谈判的失败，是谈判双方所不愿发生的事情。但是，谈判破裂又是经常出现的正常现象，其根本原因往往是交易双方的交易条件差距较大，难以通过协商达成一致。当谈判出现这种情况时，谈判人员应注意采用适当的方法正确处理。

1. 正确对待谈判破裂　谈判双方达不成一致协议，往往意味着一方对另一方提议的最后拒绝或是双方的相互拒绝。谈判中的最后拒绝必然会在对方心理上造成失望与不快，因而要将由此而造成的失望与不快控制在最小限度内，尽量使对方在和谐的气氛中接受拒绝，所谓“生意不成仁义在”，双方应含笑握手离开。

2. 把握最后可能出现的转机　当对方宣布最后立场后，谈判人员要作出语言友好、态度诚恳的反应，并争取最后的转机。如在分析对方立场后，可以作以下陈述：“贵方目前的态度可以理解，回去后，若有新的建议，我们很乐意再进行讨论。”“请贵方三思，如果贵方还有机动灵活的可能，我们将愿陪贵方继续商讨。”这样，对于那种以“结束谈判”要挟对方让步的人网开一面，有时也会使谈判出现“柳暗花明又一村”的局面。

(二) 谈判成交的收尾

谈判取得了成果，双方达成了交易，谈判者应该善始善终，做好谈判记录的整理和协议的签订工作。

1. 谈判记录及整理　每一次洽谈之后，都应该就达成共识的议题拟定一份简短的报告或纪要，并向双方公布，得到双方认可。这样可以确保该共识以后不被违反。在长期而复杂，甚至需要若干次会谈的大型谈判中，每当一个问题谈妥之后，都需要通读双方的记录，查对一致，避免存在任何含混不清的地方。

在最后阶段，双方要检查、整理记录，双方共同确认记录正确无误，会谈纪要的内容便是起草书面协议（或合同）的主要依据。

2. 签订书面协议（或合同） 交易达成后，一般都要签订书面协议（或合同），协议经双方签字后就成为约束双方的法律性文件，双方都必须遵守和执行。签订协议必须注意以下问题：

（1）协议的文字要简洁，概念要明确，内容要具体。涉及专业术语时，双方应共同确认其定义，避免引起分歧。必要的项目切勿遗漏，应全部罗列写清，并将可能发生的变化情况考虑周全。

（2）正式签字前，应该对协议的内容进行细致的审核，以免文本中出现与双方达成的共识有不一致的地方。在审核中如发现问题，要妥善解决，决不可退让和迁就，使自己蒙受不必要的损失。

（3）当谈判双方达成一份符合法律规范的书面协议后，双方当事人或其授权的代表要在书面协议上签名，使其成为一份有效的法律文件。在商务谈判中，一般应由企业的法人代表来签字，但也可能由主谈人、部门经理、公司最高层领导或被授权的人来签。就我国而言，签名一定要签署全名，并且最好能注明其身份和职务。重大的谈判协议签订以后，还应该将协议经过公证部门的公证。

（4）重大的谈判协议签订以后，绝不可以高枕无忧，必须密切注意对方的经营状况，看有无影响协议执行的因素发生，并继续不断地研究协议，发现漏洞，及时采取对策。

可见，协议的签订并不是结束，而是一个新的起点，只有协议执行完毕，才可以说“结束”这两个字。任何一方违反协议的规定，都必须承担法律责任。

五、谈判总结

谈判结束后，谈判者应对谈判进行一下回顾与总结。它不仅是练兵的机会，也是今后谈判的借鉴，从中取得的经验和教训，有利于指导今后的工作。谈判者可从回答下面的问题着手：

（1）我对本次谈判的结果是否满意？谈判的目的是否已经达到？

（2）本次谈判准备得是否充分？这种准备对谈判的影响如何？

（3）谁让步更多？为什么？

（4）哪些策略和行动对本次谈判帮助最大？

（5）哪些行动妨碍了本次谈判？

（6）我在本次谈判中是否信任对方？影响这种感情的最大因素是什么？

（7）谈判时间利用得怎么样？是否可以利用得更好？

（8）双方互相倾听的认真程度如何？谁说得更多一些？

（9）谈判之初我是否很好地理解了对方最关切的问题？谈判之后对方是否理解了我们最关切的问题？

（10）我在本次谈判中学到了什么？下次将如何改进？

六、谈判结束阶段的策略

在谈判的结束阶段，谈判目标主要有两方面，一是力求尽快达成协议，二是尽量保证已经取得的利益，在可能的情况下争取最后的利益收获。为达到这些目标，可以采取以下谈判策略。

1. 提供选择　为了尽快达成协议，谈判者要提供两种或两种以上的不同选择，引导对方选择成交方案。这种策略通过把成交的主动权交给对方，来促使对方消除疑虑，作出结束谈判的决定。具体的做法是在不损失己方基本利益的前提下，提供单一条款的不同选择，或是多项条款的不同选择，也可以是一个与原有方案大同小异的，而且又容易被对方接受的选择方案。

2. 分段决定　为了避免谈判在定局时产生比较大的矛盾和阻力，可以把谈判的结束工作分段进行，即把需要决定的较大规模的买卖或重要的条件分成几部分，让对方分段决定。特别是在大型和高级谈判中，应将重大原则问题和细节问题区别开来，让高级人员洽谈基本原则，中、低级人员则洽谈辅助事项；容易解决的问题先谈，有重大争议的问题最后解决，以巩固谈判成果，加快谈判进程。

3. 利益诱导　谈判的一方可以通过许诺，给对方以某种利益来催促对方结束谈判。如提供价格折扣、分期付款、附加赠品、提前送货、免费试用等特定的优惠，以诱使对方尽快作出最后决定。采用这种策略，一要注意强调这种利益的许诺幅度不宜过大，而且是与最后定局紧密联系的，即以对方同意定局为条件；二是可以寻找适当的机会，要求对方管理部门的高级人员出面谈判，可能更容易达到目的。

4. 分担差额　在谈判的最后时刻，如果双方通常对一些重要条件仍有分歧，为了加速交易的达成，谈判双方都可以通过采用“分担差额”的策略来解决最后的难题。“分担差额”并不一定是双方各自承担一半，也可以是2/3给自己，而1/3给对方。如果是己方首先提出这种解决办法的话，那么要确保尽快结束谈判带来的好处足以弥补己方在此条件上作出的让步。

5. 结果比较　在谈判结束阶段，一方可以为对方分析签约与不签约的利害得失，并强调现在的时机是有利的。例如，卖方可以向买方分析商品将要涨价的市场背景，如果拖延时间，迟迟不能成交，这将会给买方或双方造成损失。要注意语言得当，不要让对方产生受威胁感。

6. 截止期限　谈判对于双方来说，通常都有一个截止期限的问题。这个截止期限往往是克服最后障碍、达成协议的好时机。当然，这个截止期限对谈判双方的约束力和所能产生的影响是有差异的。对于截止期限，无所谓的一方一般都不急于定局，有时还会利用这一时间因素增加谈判筹码，给对方施加某种压力。而对于超过截止期限未能签订协议将遭受损失的一方来说，要求对方确定交易的迫切性就比较强，往往会主动地在截止期限到来前提出成交的暗示。在这种情况下，应注意不要给对方造成急于求成的印象，以免给对方以可乘之机，而应巧妙地运用各种手段和技巧，顺其自然地提出成交的要求。

□ 本章小结

谈判的过程一般可分为开局阶段、实质性阶段、谈判结束阶段。由于各阶段特点不同、目的不同，因而各有其谈判策略。开局阶段主要包括把握开场、交换意见和开场陈述三个内容，策略上主要是制造良好气氛，强化“谋求一致”的开局目标。谈判的实质性阶段是指谈判双方对所提的交易条件进行广泛磋商的阶段，包括报价、讨价、还价和让步等过程，策略上要掌握好谁先报价、如何报价和对对方报价的回应，进行合理的讨价还价，并掌握好让步的幅度和次数，灵活掌握让步的模式，积极迫使对方让步。谈判结束阶段的主要标志是达到了谈判的基本目标和出现了交易信号，谈判者要把握好最后出价，做好谈判的最后回顾和谈判的收尾工作。在此阶段可以运用的策略有：提供选择、分段决定、利益诱导、分担差额、结果比较、截止期限等。

□ 案例讨论

案例 4-1

你承包了一项工程，并将工程中一部分转包给 M 建筑公司，你与委托方签订的承包合同中约定：每延迟一天完工，你将被罚 10 万元。

当工程顺利地进行到 4/5 的时候，M 建筑公司突然因故未能如期将承包的器材运到，致使工期被拖缓。

案例问题讨论：

1. 在这种情况下，如果对 M 建筑公司提出警告，追究他们延误工期的赔款责任，这样做的效果好吗？为什么？

2. 你认为怎么做才是解决问题的最好方法？

案例 4-2

你是复印机专卖店的推销员。你正向某企业采购经理推销你的复印机。经理告诉你，很想购买你的复印机，但预算不够，他提出只要你能降价他马上作出决定。此时，你该怎么办？

案例问题讨论：

根据上述情形，请你提出解决方案。

案例 4-3

下面是两位不同公司的采购员与一家生产皮茄克的服装厂经理的对话，阅读后讨论后面的问题。

(1) 甲采购员：多少钱一件？

经理：500 元一件。

甲采购员：400 元行不行？

经理：不行，我们这是最低售价了，再也不能少了。

甲采购员：咱们商量商量，总不能要什么价就什么价，一点也不能降吧。

经理：(因冬季马上到来，正是皮茄克的销售旺季）不能让价，没什么好商量的。

(甲采购员见话已说到这个地步，没什么希望了，扭头就走了)

(2) 乙采购员：多少钱一件？

经理：500 元一件。

乙采购员：我们会多要你的，采购一批，最低可多少钱一件？

经理：我们只批发，不零卖。今年全市批发价都是 500 元一件。

乙采购员：(不急于还价，而是不慌不忙地一边仔细检查产品，一边慢条斯理地念叨）你们皮茄克的式样有些过时了，而且颜色也单调。今年皮茄克的流行色是棕色与天蓝色的，而你们只有黑色的。(他突然看到有一个口袋有裂缝）你看，你们这衣服的皮子质量也不好，怎么能卖这么高的价钱呢？

经理：(沉不住气了，并对自己产品的质量产生了怀疑）你要真想买，而且要得多的话，价钱可商量，你给个价吧！

乙采购员：这样吧，我们也不能让你吃亏，我们购 50 件，400 元一件，怎么样？

经理：价钱太低，而且你们买的也不多。

乙采购员：那好吧，我们再多买点，买100件，每件再多30元，行了吧？

经理：好，我看你也是个痛快人，就依你的意见办吧！

案例问题讨论：

1. 甲采购员与经理的谈判为什么失败？原因是什么？
2. 乙采购员为什么会取得谈判成功？他采用的是什么方法或策略？

□ 实训题

实训 4-1　如果你代表一家电脑制造商去参加广交会，你如何进行电脑报价的价格解释？如果你是采购方，你将如何针对报价进行价格评论？

实训 4-2　请利用购物之机到不明码标价的商场进行以下实践：

1. 询价、报价与还价。
2. 以探测货主的最低价格为目的，有意识地使用谈判策略进行讨价还价。

第五章　商务谈判策略与技巧

□ 引导案例

很久以前，某个乡村里住着一位很聪明的人，他以善于解决各种难题而远近闻名。有一天，一个忧心忡忡的女人找到他，哭着说："我公婆要求和我们同住，我和丈夫以及两个小孩所住的小茅屋里却没有多余的空间，又不能让公婆露天而宿，所以只好请他们勉强住进那本已十分拥挤的小茅屋。可是实在太过拥挤了！我该怎么办呢?"

聪明人摸着胡子沉思了一会儿，然后问她："你家有没有母牛?"她回答说："倒是有一头。"聪明人说："把这只母牛牵到你的小茅屋里一个礼拜，然后，再来找我。"这个女人半信半疑地听从了他的吩咐。

一个礼拜后，这个妇女又来见这个聪明人："事情越来越糟了。"她哭着说："我的处境比以前还要惨。每当这只母牛稍微转动一下，屋里的六个人就得跟着移动位置，简直没法睡觉。"聪明人沉思了一会儿又问她："你家有没有鸡呢?"她回答说："倒是有一群。"聪明人接着说："把你养的鸡也带到你的小茅屋里住一个礼拜，然后再来找我。"这个妇人比上回更迟疑了，不过她还是听了这个聪明人的吩咐。

一个礼拜后，她歇斯底里地回来对聪明人说："我的小茅屋根本就住不下去了，鸡飞牛跳，两个老的咳嗽个不停，两个小的在汤里发现了鸡毛，我和那口子也打起架来，这一切都是因为你的馊主意！"

这个聪明人仍旧摸着胡子，想了一会儿说："你回家后把那只母牛牵出屋外，一个礼拜后再来找我。"

一个礼拜后，她又回来找他，这个聪明人问她说："你这回觉得怎么样呢?"她回答说："说起来实在奇怪，自从把牛牵出屋外后，我觉得稍微好过点了。"

这个聪明人再度摸着胡子，想了一会儿说："关于你的困境，我终于想到一个解决的办法了：把你养的鸡，也赶出屋外。"

这个妇女赶出这些鸡后，就和她的丈夫、两个小孩以及她的公婆非常安乐地生活在一起了。

在这个年代久远的故事里，妇人想赶出公婆而又不损坏自己的名声，而聪明者则巧施压力破解了妇人的难题，如释重负后的妇人根本没有达到自己的目的，但却情愿接受了原本不乐意面对的现实。策略对头，再难的问题也能迎刃而解。

学习目标 ▶▶

学完本章后，你应该能够：

1. 了解商务谈判的策略。
2. 掌握商务谈判中的沟通技巧和语言技巧。
3. 学会如何在实际谈判中运用技巧，避免陷入技巧的误区。

第一节 商务谈判策略

商务谈判策略，是指在商务谈判活动中，谈判者为了达到某个预定的目标，根据形势的发展变化所采取的计策和谋略。谈判策略不同于谈判程序，程序是双方事先共同协商规定的，双方都要遵守服从，而策略则是单方面采取的行动或方法，具有主观性；策略也不同于谈判目标，目标是一种理想条件，实现目标的程度是谈判进展程度的标志，而策略则是为实现目标而采取的措施，具有实践性；策略与技巧也不同，策略是指导谈判全过程的一种行动方针和斗争方法，而技巧则是为实施策略而在某个阶段或场合下的具体谈判方式方法，策略指导技巧，技巧为实施策略服务。

谈判策略种类繁多，作用各异，这里将其归纳为以下几个方面加以介绍，即劣势条件下的谈判策略、优势条件下的谈判策略和均势条件下的谈判策略。

一、劣势条件下的谈判策略

在商务谈判活动中，实力处于劣势的一方，往往采用疲惫策略、权力有限策略、先斩后奏策略、吹毛求疵策略和以退为进策略等。

（一）疲惫策略

谈判中处于劣势的一方受实力所限，不要急于实现目标，而要善于等待时机。疲惫策略，主要是通过多个回合的疲劳战，来干扰对方的注意力，瓦解其意志，从而寻找漏洞，抓住有利时机达成协议。

在商务谈判中，实力较强一方的谈判者常常咄咄逼人，锋芒毕露，表现出居高临下，先声夺人的姿态。对于这种谈判者，疲惫策略是一个十分有效的策略。等趾高气扬的谈判对手逐渐地消磨锐气，同时使己方从不利和被动的局面中扭转过来，到了对手精疲力竭之时，己方则可乘此良机，反守为攻，摆出观点，力促对方作出让步。

商务谈判需要谈判者精力集中，思维敏捷。疲劳策略为了拖延谈判时间，往往把对方的娱乐机会安排得满满的，看来似为隆重礼遇，实际上是为了拖垮对方。有时还采用车轮战术加以配合，即谈判一方采用不断更换人员的办法，迫使对方进行重复谈判，从而使对方忙于应付，筋疲力尽。这种策略从伦理观点看似乎不道德，但却是古今中外有之。重要的是需要知道这种策略，并提防别人使用。

谈判窗口 5-1　　日本人的车轮战术

日本一家公司同美国的一家公司正进行一场贸易谈判。

谈判一开始，美方代表便眉飞色舞、滔滔不绝地向日商介绍情况，而日方代表则一言不发，埋头记录。

美方代表讲完后，征求日方代表的意见。日方代表恍若大梦初醒一般，说道："我们完全不明白，请允许我们回去研究一下。"

第一轮谈判就这样结束了。

几星期后，日本公司换了另一个代表团。谈判桌上，日本新的代表团申明自己不了解情况。美方代表没有办法，只好再次给他们介绍了一遍。谁知，讲完后日本代表的态度仍然还是那句话："我们完全不明白，请允许我们回去研究一下。"于是，第二轮会谈又告休会。

过了几个星期，日方再派代表团，在谈判桌上故伎重演。惟一不同的是，这次，他们告诉美方代表一旦有讨论结果立即通知美方。

六个月过去了，美方没有接到通知，认为日方缺乏诚意。就在此事几乎不了了之之际，日方突然派了一个由董事长亲率的代表团飞抵美国开始谈判，抛出最后方案，要求美方尽快表态，使美方措手不及，最后达成了明显有利于日方的协议。

（二）权力有限策略

权力有限策略，是指谈判人员面临对方的苛刻条件时，他将申明没有被授予接受这种条件的权力，以便使对方放弃所坚持的条件。这种策略常是实力较弱一方的谈判人员抵抗到最后时刻而使出的一张"王牌"。

实力较弱的一方的谈判者常常带着许多限制去进行谈判，使自己比大权独揽的谈判者处于更有利的地位。因为，谈判人员的权力受到了限制，可以促使其立场更加坚定，可以优雅地向对方说"不，这不是我个人的问题，我不能在超越权力范围的事情上让步。"一个未经授权的卖主，不可能答应赊账、降价；同理，一个买主如果无权灵活接受卖方条件，则也是个极难商议的对手。这样，既维护了己方利益，又给对方留了面子，为谈判留下了余地。

当然，权力有限策略不能滥用，过多使用这一策略或者选择时机欠妥，会使对方对你的身份地位产生怀疑，甚至认为你不具有谈判主要议题的决策权，从而失去与你谈判的兴趣和诚意。

（三）先斩后奏的策略

谈判中先斩后奏的做法可解释为“先成交，后谈判”，即实力较弱的一方往往通过一些巧妙的办法使交易已经成为事实，然后在谈判中迫使对方让步。其实质是让对方先付出代价，并以这些代价为要挟，扭转自己的弱势局面。

这种采用“先斩后奏”既成事实的做法在谈判中时常遇到。卖方运用这种手段向对方施加压力的办法包括：在销售旺季，将质量有问题的商品延期送到买方，使买方没有时间要求更换或退货，使买方进退两难；收取甲级品的货款，却送出乙等级的商品；或对买方说：“你的预付款已用于交付定金，你必须再预付一笔款项，否则，你订的货将无法如期交付。”

买方经常采用的手段包括下述几种：先将买进的原料进行表面处理，造成既无法退货又无能力清偿这笔债务的压力；以低于应付款的汇票或支票作为清偿债务的全部；先向法院起诉，然后再设法庭外调解，先侵犯对方权益，然后再商谈补救措施。

以上做法如果没有正当理由，可视为缺乏商业道德，不宜采用。但必须懂得运用和反运用的知识，以便在他人运用之时，采取正确的对策。例如，在签订合同时，有关此类内容要具体明确，条文要细，写明对违反者的严重处罚；在付款或付货的问题上，应保持应有的谨慎，免得给自己造成不应有的压力；也可用对手使用的方法给其施加压力，“用其人之道还治其人之身”，然后再与对手进行谈判。

（四）吹毛求疵策略

吹毛求疵策略，是指处于谈判劣势的一方，在谈判中处于有利一方炫耀自己的实力，大谈特谈其优势时，采取回避态度，或者避开这些实力，而寻找对方的弱点，伺机打击对方。吹毛求疵策略是通过再三挑剔，提出一大堆问题和要求来运用的。当然有的问题是实的，有的则是虚张声势。之所以这样做，主要是降低对方的期望值，找到讨价还价的理由，达到以攻为守的目的。

面对对手的吹毛求疵战略，谈判的另外一方应该耐心解释，开门见山地和对方商谈条件，对于对方虚张声势的问题和节外生枝，应不予理睬或巧妙揭露，千万不能轻易让步。

（五）以退为进策略

商务谈判中处于劣势的一方，衡量了自己的长期利益和短期利益、局部利益和整体利益之后，可以采取以退为进的策略，形式上满足对方的需要，实际上则保护了自己的基本利益，乃至扩充自己的长远利益。

这个策略从表面上看，谈判一方退让、妥协或委曲求全，但实际上退却是为了以后更好地进攻，或实现更大的目标。因此，以退为进策略的着眼点有两个方面，一是要保证自己的基本利益不受损害，二是要为将来的发展创造必要的环境和条件。这种策略如果运用得当，效果十分理想。采用这一策略时，要认真考虑后果，既要考虑退一步后对自己是否有利，同时也要考虑对方的反应如何，没有十分把握，不要轻易使用这一策略。

谈判窗口 5-2　　以退为进

在比利时某画廊，美国画商看中了印度带来的三幅画，标价是二十五万美元，美国画商不愿出这个价，双方谈判陷入僵局，印度人被惹火了，拿起了一幅画烧掉了。美国人看到画被烧了，感到十分可惜，问印度人的两幅画卖多少，回答还是二十五万美元，美国人又拒绝了。印度人横下一条心，又烧掉了一幅，美国人着急了，乞求他千万别再烧最后一幅了。当美国人再问价时，印度人竟然报价六十万美元，而美国人迫于无奈，只好拍板成交。

二、优势条件下的谈判策略

在商务谈判活动中，实力处于优势的一方，往往采用不开先例、先苦后甜、声东击西、价格陷阱、规定时限等策略。

（一）不开先例策略

不开先例策略，通常是指占有优势的卖方坚持自己提出的交易条件，尤其是价格条件，而不愿让步的一种强硬策略。当买方所提的要求使卖方不能接受时，卖方谈判者向买方解释说：如果答应了买主这一次的要求，对卖方来说，就等于开了一个交易先例，这样就会使卖方今后在遇到类似的其他客户发生交易行为时，也至少必须提供同样的优惠，而这是卖方客观上承担不起的。当谈判中出现以下情况时，卖方可以选择运用“不开先例”的策略：

（1）谈判内容属保密性交易活动时。如高级生产技术的转让，特殊商品的出口等。

（2）交易商品属于垄断经营时。

（3）市场有利于卖方，而买主急于达成交易时。

（4）当买主提出交易条件难以接受时，这一策略性回答也是退出谈判最有礼貌的托词。

卖主在运用“不开先例”的谈判策略时，对所提的交易条件应反复衡量斟酌，说明不开先例的事实与理由，使买方觉得可信。

（二）先苦后甜策略

先苦后甜策略，是一种先用苛刻的虚假条件使对方产生疑虑、压抑、无望等心态，以大幅度降低其期望值，然后在实际谈判中逐步给予优惠或让步，使对方满意地签订合同，我方从中获取较大利益的策略。

在具体运用“先苦后甜”的策略时，谈判组的成员可以恰当分工。例如，可以让第一个人扮演“鹰派”角色先出场，提出较为苛刻的要求和条件，并表现出立场坚定、毫不妥协的态度。随着谈判活动的深入，“鹰派”自然会出现与对方相持不下的局面。这时，谈判组的“鸽派”角色便可登场了。他和颜悦色，举止谦恭，通情达理，提出如果对方答应一些条件，他愿意在谈判中调解周旋。其实，所提出的那些条件和要求，正是他要达到的目标，在“鹰派”和“鸽派”这番先苦后甜策略的掩护下，目标就容易达到了。

先苦后甜策略的运用中要讲究限度。向对方提出的要求不能过于苛刻，甚至漫无边际，不能与通行的惯例和做法相差太远。否则，对方会觉得缺乏诚意而退出谈判。

（三）声东击西策略

“声东击西”是指善于打仗的人，为了更有效地打击敌人，造成一种从东面进攻的假象，借以迷惑对方，然后乘其不备，攻击其西面。在谈判中，此种策略得到了广泛运用。谈判者为了达到某种目的和需要，故意地将洽谈的议题引导到某些并非重要的问题上去，以引起对方的错觉。

声东击西策略的实质是一种障眼法，用来转移对方视线，隐蔽我方的真实意图。例如，买方实质关心的是价格问题，又明知卖方资金周转有困难，就采用“声东击西”的方法，将付款条件提出来反复谈判，表示愿意考虑在资金问题上向对方提供帮助，来达到“击西”的目的，使对方在价格上做出较大的让步。

这一策略在谈判中有多种运用形式。例如，谈判者说东道西，分散对方的注意力，从中达到延缓对方行动、诱导对方判断失误的目的；或者谈判者诱使对方在对我方无关紧要的问题上进行纠缠，使我方能抽出时间对重要问题做调查研究、制订对策，等等。这一策略当然不仅是优势一方采用的，但握有主动权的一方使用时往往更为得心应手。

（四）价格陷阱策略

价格陷阱策略，是卖方利用商品价格的频繁变动和人们心理的不安所设的圈套，把谈判对方的注意力吸引到价格这个问题上来，从而使买方忽略在其他条款上争取优惠，从而丢失了比单纯的价格优惠更重要的东西，从而影响其实际利益。

谈判窗口 5-3　　　　小心价格陷阱

在某市的春季房地产交易会上，某楼盘的销售代表向三百多位参观者明确地表示：本楼盘的质量经建设部门鉴定为一级，由于地价上涨和钢材上涨等因素，成本已接近销售价格。但是，考虑到照顾本市居民的利益，我们决定，凡在本交易会期间签订购房合同的，每套房产优惠 3 万元，在此会后订房者，不再有优惠。于是，该楼盘在春季交易会的成交额达到了创记录的水平。

这些“优惠的价格”、“保值”等内容，看起来是真心实意照顾了买方的利益，实际上常常是吸引买方上钩的诱饵。这是因为，双方签订的合同中只对房产的销售价格做了规定承诺，对与买房者利益息息相关的有关质量保证、物业管理等则完全没有文字记载和法律保证，将来一旦发生纠纷，买房者便难以得到法律支持。

这种策略之所以能够行之有效，是因为价格在交易中的重要性使许多人产生了以价格为中心的心理定势。另外，迫于时间压力和问题的复杂性，人们可能并未通盘考虑交易的利弊得失，从而忽略了其他方面的利益。因此，谈判人员在作为买方代表时，不要轻信卖方的宣传，要在冷静全面地考虑所有交易条件之后再采取行动；作为卖方代表时，采用此策略要慎重，以免被认为没有诚信，买卖不成反损坏了自己企业的形象。

（五）规定时限策略

规定时限的谈判策略，是指谈判实力较强的一方向对方提出的达成协议的时间限期，超过这一期限，提出者将退出谈判，以此给对方施加压力，使其无可拖延地作出决断，以求尽快解决问题。事实上，多数商务谈判，特别是那种双方争执不下的谈判基本上都是到谈判的最后期限或者临近这个期限才出现突破的。最后期限带有明显的威胁性，要注意不要趾高气扬，以势压人，要坚持以客观标准说服对方，使对方心悦诚服。

三、均势条件下的谈判策略

在商务谈判活动中，也可能出现谈判双方势均力致的状态。均势条件下常用的谈判策略主要有攻心为上策略、开诚布公策略、化解压力策略、僵局策略和休会策略等。

（一）攻心为上策略

攻心为上策略是指谈判者从心理和情感的角度瓦解对方，消除分歧，从而达成协议。此策略一方面要求主动融洽双方关系，一方面要抓住要害，以理服人。具体做法有：私人接触、首脑会晤、避免争论、攻其要害等。

私人接触是指通过与谈判对手的个人接触，采用各种形式增进了解、建立友谊，从侧面促进谈判顺利进行的策略。私人接触的形式很多，比如电话联系、拜访、娱乐、宴请等。通过周到的接待，或是恰当的礼物，使对方有被尊重的感觉。必要时还可以请高级领导出面接待，联络感情，分析对方将从此次交易中得到的利益，使其感到我方的诚意和热情。

谈判窗口 5-4　　攻心为上

江苏仪征化纤公司总经理任传俊在与原联邦德国吉马公司进行索赔谈判中遇到很大阻力。中方提出索赔额为 1 100 万马克，对方只认可 300 万马克，双方差距甚远，形成僵局。这时中方提出邀请德方游览扬州。在大明寺，任传俊总经理满怀感情地介绍说："这里纪念的是一位为了信仰，六渡扶桑，双目失明的鉴真和尚。今天，中日两国人民都没有忘记他。你们不是常常奇怪日本人对华投资为什么比较容易吗？那其中很重要的原因就是日本人了解中国人的心理，知道中国人重感情、重友谊。"德方代表听后深为感动。回到谈判桌后，不再坚持己见，双方愉快地达成了协议。

这次谈判取得成功的关键在于任总经理的话强调了东西方文化中共有的重感情、重友谊的传统，这在对方心理上引起了共鸣，从而为双方达成谅解创造了有利的心理条件。

首脑会晤是一种在谈判主场之外，双方采取小圈子会谈以解决棘手问题的做法。通常由双方主谈人加一名助手或翻译进行的小范围会谈。这种策略有其较强的心理效果：突出了问题的敏感性，增加了主谈人的责任感，气氛更轻松，便于双方灵活交换条件，尤其是不成熟的、尚处探索中的条件。许多重大的决策，往往不在全体谈判会议上形成，而是在这种"首脑会晤"的谈判中形成，大会只是公布这种决策或协议的场所而已。

谈判双方为了获得各自的利益，必然会发生分歧。在分歧出现后，要尽量避免做无谓的争论。因为争论不仅与事无补，还可能使对方产生防卫心理，加大沟通的难度。因此，较好的策略是：冷静地倾听对方的意见，不要急于反驳和辩护；对于不同的观点和意见，要表示出尊重和重视，婉转地提出探索性建议，而不是直接地予以否定；通过强调双方的共同利益来达到顺利解决问题的目的。

攻其要害是针对谈判者特别关注利益得失的心理，抓住对方的利益所在，使其认识到如果谈判破裂，对方就有遭受损失的可能，从而迫使其改变主张。

谈判窗口 5-5　　　　　　切中要害

美国某航空公司要在某地建立一座巨大的航空站，要求当地一家电力公司按优惠价供电。这家电力公司认为航空公司有求于己，己方占有主动地位，故意推说公共服务委员会不批准，拒绝合作。在这种情况下，航空公司主动中止谈判，扬言自己建厂发电比依靠电力公司供电更合算，并表示已经开始筹划选址事宜。电力公司得知这一消息后，担心失去赚钱的机会，立刻改变了态度，还托公共服务委员会前去说情，表示愿意以优惠的价格给航空公司供电。在这笔大宗交易中，处于不利地位的航空公司巧于打草惊蛇，形成对对手的精神压力，迫使对手退出主动地位，不费吹灰之力，得到了很大利益。

中国温州的打火机大量出口到欧盟国家，由于中国的制造成本低，可以把打火机造价控制在 2 欧元以内，并且外表美观，质量过硬，从而在欧盟市场上非常畅销。欧盟的打火机生产商为了自己的利益，就市场份额与价格与中国厂商进行谈判，但由于涉及到各自的利益，分歧相当大。于是欧盟厂商联合起来，促使欧盟通过了一项立法，该法规是针对 WTO 成员国的。其中有一条规定，打火机产品不能是玩具形状，并且必须使参加测试的 85% 以上的儿童不能打火成功，完成打火动作后应能自动恢复原位等。由于中国刚刚加入 WTO，因而这项法规对中国的产品也具有约束力。但在当时，中方并不能在短时间内生产出这样的产品，而欧盟生产商却拥有这样的技术，且已经申请了专利。这样欧盟方面在谈判中就依据此项法规，使中国厂商让步，却避免了与中方的正面冲突。

（二）开诚布公策略

开诚布公策略也称开放策略，它是指谈判人员在谈判过程中，持诚恳坦率的态度向对方吐露己方的真实观点，客观地介绍己方情况，真诚地提出己方基本要求的策略。这一策略近年来受到谈判专家的日渐重视，它能够促使双方进行合作，使双方能够在坦诚、友好的氛围中达成协议。

谈判窗口 5-6　　　　　开诚布公赢得订单

在广交会上，一位美国商人欲采购糖果。由于是第一次参加广交会，各种糖果样品琳琅满目，且都集中在一个展区，使这位商人一时难以决定与哪家供货商洽谈购买。当他正徘徊不定时，深圳天天糖果公司的谈判人员看穿了他的心思，于是上前开诚布公地问道："看得出来您对糖果感兴趣，如果不介意的话，请到我公司的展台看一看谈一谈。"客户欣然前往。

看完糖果样品和价格后，客户兴趣很大，并有成交的想法。该糖果公司的人员却建议他："您不妨到其他糖果贸易公司比较比较，这对您是有利的。说实话，我公司糖果质量比较好，但价格稍微贵些，俗话说，货比三家不吃亏。"于是这位商人也真的去了其他几家经销糖果的贸易公司观察和比较，但最后还是回到了天天糖果公司的谈判桌上，毫不犹豫地凭样品签订了一单糖果合同。

由此可见，勉强谈判对手做决定，无异是加重他的心理负担，这种情况下作出的决定亦未必有利，倒不如开诚布公地向对方摆明利害，坦诚地为对方着想，从而建立真诚长久的合作关系。

这就要求在采取开诚布公策略之前，谈判人员首先应从不同侧面对对方的资信情况和作风进行了解和调查，然后再据此决定策略的采用与否以及如何使用等。如果对方是自私自利、不讲信义之辈，采取此策略反而会被他们所利用和钻空子。另外，策略终归是策略，不管何种程度的开放，绝不可像"竹筒倒豆子"一样倾倒无遗，毫无保留。要善于根据对手的实际表现和进展情况，适当地调整"开放"幅度。

（三）化解压力策略

在商务谈判中，势均力敌的谈判各方为达到各自利益目的，他们往往采取各种手段向对方施加压力，迫使对方让步与妥协。因此，对这些压力，谈判者应有所认识，有所防备，以便更有效地抵御这些压力，更好地维护自己的利益。谈判中常见的施加压力的手段及其抵御策略主要有以下几种：

1.来自威胁的压力及抵御策略　威胁是谈判过程中施加压力的一种手段，只有当被威胁者认定威胁的确存在并将给自身利益带来重大影响时，威胁才产生效果。但在实际谈判过程中，使用威胁手段达到让对方让步的目的的情况并不多见。如一方向另一方提出具有威胁性的要求，"你们如果不能保证在第四季度全部交货，我们将拒绝接受你的货物，一切损失全由你方承担。"这不仅不能让对方接受，反而会激怒对方，损害双方的关系。威胁往往会引来对方的反威胁，使谈判形成僵局的可能性大大增加，所以在谈判中一般不要以威胁的手段向对方施加压力。

如果对手使用威胁手段施加压力时，可以用以下方法来对付他：故意不予理睬，当作没发生这回事，将它当作一种玩笑或毫不相干的废话；认为是对方感情冲动的表现；让对手感到威胁伤害不了你，他的威胁将令他蒙受比你更大的损失。必要时你可以指出威胁可能产生的后果，从而使对方施加的压力毫无用武之地。

2．来自“附加条件”的压力及抵御策略　谈判一开始，对手可能向你提出过多的苛刻的“附加条件”向你施加压力，以此来动摇你的信心，降低你的期望值。例如甲公司与乙公司谈判，准备购买乙公司的设备。这时，乙公司代表说：“你必须从我这儿购买设备的附件和其他零配件，否则，我们则不能提供这套设备的维修服务。”又如卖方在谈判中，只有三项要求，但却故意附加另外两项要求，使买方误以为其要求有五项。

面对对方提出“附加条件”，己方可以采取的抵御方法是应研究对手是否是一种虚张声势的做法，是不是有意向己方施加压力，要分清虚实，不为假象迷惑。然后开诚布公地指出对方这些条件的不合理之处，化解由此带来的困惑。

3．来自强硬措施的压力及抵御策略　有的谈判者坚持强硬的毫不妥协的立场，声称“这个不能改，那个不能变”，竭力维持自己的既有立场和利益，迫使对方屈服。事实证明持有此种态度的谈判者，很少能与对方达成有创造性的协议。在某些情况下，他们的强硬立场可能会占上风，但从长远来看，这是一种短视行为，是不可取的。

抵御强硬措施的办法就是要灵活。强硬派的显著特征就是紧抓住某一点不放。如果你能用比较灵活的方法，来说服对方改变或放弃强硬立场，就会取得一定效果。有时可以用巧妙的问话来抵御他，如“你可以解释你为什么一定要坚持这套设备的成交价是 20 万元吗?”，“我想，我已明白你的意图是什么，你想听听我的意见吗?”另外，运用幽默或开玩笑的方法来缓和一下紧张激烈的谈判气氛也是个好办法。

4．来自“出其不意”的压力及抵御策略　这种策略表现为：手段、观点或方法的突然改变。这种情况往往给对手一个措手不及，使其阵法大乱，不知怎么办才好。比如一方突然改变谈判立场；突然退席或取消谈判；突然撤换谈判代表；对已谈妥的事项或条件突然不认账；态度突然变得强硬、傲慢等等。

抵御的办法是保持冷静，以争取时间思考对策，探索对方的真实意图。千万不可轻举妄动，否则，谈判难以顺利进行。

（四）僵局策略

谈判中的僵局是指在谈判过程中双方因暂时不可调和的矛盾而形成的对峙。在谈判双方的磋商过程中，如果双方开出的条件不一样，又都表示不愿让步，这时，谈判便陷入僵局。在谈判中，陷入僵局是常有的事，谈判者不必为此而焦虑。有经验的谈判者懂得主动制造僵局来向对方施加压力，而面对既成的僵局，也能认真分析双方分歧的真相，并相应地制定出有效的策略，审时度势，打破僵局。

1．制造僵局　精明的谈判者敢于利用僵局，他知道僵局并不意味着谈判的完结，只是想利用僵局来向对方施加压力，目的是最终达成协议。所以，在制造僵局之前就设计好消除僵局的退路，留有余地，或是僵局之后能让第三者插手搭桥，在争取己方最大利益的前提下恢复谈判。所谓“不打不成交”，僵局出现之后，往往能给谈判带来新的转机。

2. 打破僵局的策略　要真正地利用僵局，关键在于掌握规律，懂得如何解除僵局，将谈判推上一个新台阶。打破僵局的策略以下 5 种：

（1）调和并满足各方的真正需要。当谈判陷入僵局，首先应重新审视自己对各方需要的了解，并努力寻求能满足各方需要的方案,以冲破僵局,达成协议。

谈判窗口 5-7　　焦点——各方的真正需要

英国某矿产公司设在非洲某国的子公司雇佣了很多黑人女工，她们来自各个不同的部落。按照该国工会组织的要求，黑人女工的产假为四个月，并且在此期间照发工资的 75%。这样一来，对公司造成很大不利，公司难以接受，于是，在谈判中，双方互不相让，陷入僵局。该子公司经过私下调查发现了工会和黑人女工的真正需要在于如何解决婴儿的抚养和照顾问题。于是，该子公司提出了一个能满足劳资双方真正需要的方案——建立一个免费的抚婴中心。这个方案一提出，就被工会所接受，结局皆大欢喜。

（2）制造竞争。所谓“制造竞争”，就是当谈判陷入僵局，双方僵持不下时，让对方知晓，己方除了与对方达成协议外，还有其他途径或手段来完成双方谈判目的。从而迫使对方改变条件，结束僵局。此策略在实践中得到了广泛应用。

谈判窗口 5-8　　老板的最后一张“王牌”

有一位老板，登报出售自己的食品公司。很多上门求购的人因其报价过高而告吹。该老板经过认真思索，心生一计，他请每一位上门问价的人都写下他的所要求的购买条件及理由，以作为其他人选购的参考。后来，有一位买主，非常有诚意，但总是“议而不决”，这位老板感到再拖下去对自己很不利，便向对方表示“希望你尽快做出决定，因为目前还有许多人在等着购买我的公司。经过全面考虑，我决定把我的公司交给最有经营能力的人，毕竟经营了多年，我对它也有感情，因此，我才挑选了你，希望你不要一拖再拖，浪费时间了。”

“那么，其他人提出的条件是什么呢?”当对方提出来这个问题时，老板便取出了那些书面参考资料。对方一看，竟然有那么多竞争者“等在后面”，陡然感觉到了压力，于是便决定成交。

（3）寻找中间人进行调解。调解是指通过一个公正中立的第三者介入谈判过程，处理双方争议，协助矛盾各方自愿达成为各自所接受的解决方案的策略。应该注意的是，调解者必须是被谈判各方都接受，对矛盾处理不拥有决策处置权力的，公正中立的第三方。

在日常生活中，当两个人产生隔阂或矛盾，通过第三者调解，通常会得到缓解。在商务谈判领域中，中间人调解方式也被大量运用。由于他们的存在，大批的买卖才得以成交。因此，学会利用中间人开展业务，解决谈判双方的分歧，促成彼此达成一致意见，也是十分重要的策略，值得学习与掌握。

谈判窗口 5-9　　电话直通白宫

有一次，基辛格在埃及总统萨达特的办公室，见到萨达特正被请求苏联协助清除因战争沉船而导致苏伊士运河航道淤积的事情所困扰，苏联或许愿意帮忙，但也没有办法立即行动。基辛格一看机不可失，向萨达特说："我们能效劳吗？"萨达特听后大感意外，"你们愿意吗？"基辛格立刻拿起电话直接和白宫的尼客松总统联络。几天后，美国的清污船队浩浩荡荡开进苏伊士运河。

这项行动扭转了埃及对美国的看法，认为美国能在埃以问题中扮演中立的角色，于是才有后来的戴维营埃以谈判的历史性成就。

（4）调整谈判人员。当谈判的双方已产生对立情绪，并不可调和时，可考虑更换谈判人员，特别是主谈判人员，使谈判继续进行下去。当然，也不能忽视不同文化背景下人们不同的价值观念的影响。

谈判窗口 5-10　　日本人眼中的谈判女性

据某资料介绍，美国一家公司与日本一家公司进行一次比较重要的贸易谈判，美国派出了认为最精明的谈判小组，大都是 30 岁左右的年轻人，还有一名女性，但到日本后却遇到冷遇，不仅总公司经理不肯出面，就连分部的负责人也不肯接待。在日本人看来，年轻人，尤其是女性，不适宜主持如此重要的会谈。结果，美方迫不得已撤换了这几个谈判人员，日方方肯出面会谈。

（5）"怒"破僵局。从打破僵局的方法上，一般主张用缓和的软手段。但是，在某些情况下，比如己方理由较为充分，对方又确实不想使谈判彻底破裂时，可运用一些强硬手段，使用尖锐的言辞表达己方的立场，指出对方做法的不妥之处，给对方以震动，有时也会收到效果。

谈判窗口 5-11　赫鲁晓夫与拿破仑“怒”破僵局

传说赫鲁晓夫当年在联合国开会时，用皮鞋敲桌子。当时人们无不为他的暴怒所震惊。一些人继而联想到，他可能会……会把世界炸毁，如果他愿意的话。但后来有人放大了赫鲁晓夫用鞋敲桌子的照片，令人惊讶的是赫鲁晓夫的双脚上都有鞋子。真实与否，无法查证。不过赫鲁晓夫借发怒很好地表明了他的立场与决心，在某种程度上达到了自己的目的，引起了对手的反应。

无独有偶，拿破仑在意大利打胜仗后，曾要求奥国公使同他签订和约，奥国公使犹豫了几个星期，迟迟没有决定。最后拿破仑大发雷霆，把花瓶摔到地上，使得奥国公使同意了与他签订和约。

（五）休会策略

休会是谈判人员经常使用的基本策略，它是指谈判进行到一定阶段或遇到某种障碍时，谈判一方或双方提出中断谈判、暂时休会的一种策略，这能使谈判人员有机会重新思考和调整对策，恢复精力，促进谈判的顺利进行。休会策略运用得当，能起到控制谈判进程、缓和谈判气氛、融洽双方关系的作用。休会策略的运用一般有以下几种情况：

1. 在会谈某一阶段接近尾声时　此时的休会，可使双方借休息之机，分析讨论这一阶段的情况，预测下一阶段谈判的发展，提出新的对策。

2. 谈判出现低潮时　谈判人员如果出现疲劳，精力难以集中，显然不利于谈判。可适当休息和娱乐，缓和气氛之后再继续谈判。

3. 在会谈出现僵局时　由于谈判各方的分歧加大，出现僵持不下的局面时，可采用休会的策略，这能使双方有机会冷静下来，客观分析问题，而不致于一味沉浸于紧张的气氛中，不利于问题的有效解决。

4. 在谈判出现疑难问题时　如出现难以解决的新情况，休会后各自进行协商，提出处理办法是一种很好的避免谈判障碍的方法。

下面援引一例运用这种策略的实录。

买方：我们已经谈了三个星期了，还没有一点眉目，不知道还要谈多久？我们感觉，这次会谈十分困难，你让我们何时回去？

卖方：是的，我们也觉得花的时间太长了。我们也不希望再拖下去，我们大家都还有许多工作，但关键的问题是你们未能接受我们的建议。

买方：为什么一定要接受你们的建议？而你们一点也不考虑我们的建议。(这时买方开始有些急躁)

卖方：请不要这么说，我们正是充分考虑了你们的建议才提出了我们的建议。(对方急，自己不能急，以免形成对立）今天谈的时间太长了，大家都够累的，我提议休息一会好不好？大家活动一下。(卖方见对方情绪难以平静，提议休息以放松一下）

(休息之后）

卖方：活动一下身子，总算轻松多了，发热的脑子也得到了冷却。我们会谈的速度，也可能更快些。用我们中国的俗语说就是：磨刀不误砍柴工嘛。

买方：谢谢！我刚才有些不冷静，对不起！(买方情绪开始平静）

卖方：没什么，这是很正常的。我们也知道，你们也很困难，你们的心情我理解，只要我们很好地配合，相信一定会达成协议。

买方：谢谢！

卖方：这样好不好，我们把双方的建议都摆出来，一项一项核对，一致的，就过去，不一致的，就充分协商，取得一致。

买方：好的。你的建议很好。

(核对之后）

买方：看来，不一致的地方只有价格一项，希望就此谈吧。

卖方：不比较，总觉得分歧很大。(经过比较，才看到除价格外）所有条款早就达成一致，只是表述的方式方法问题。现在就让我们集中精力讨论价格条件。(通过总结谈判结果，消除了沮丧情绪）

买方：我们的不同之点是，我们认为在 FOB 条件上，平舱和理舱都要写入，而你们只写平舱。我看仅差极少的一点。列入就行了。

卖方：是的，写入与不写入，对我们并无不同，因为货物本身的性质已决定，但这是一个原则性问题。我们卖的散装玉米，舱底交货，只需平舱，不需理舱。如在合同条件中把理舱也列入，港务当局就要加收理舱费，尽管散装玉米不需理舱，这等于降低了商品的价格。

买方：这样看来，你们是坚持不写入理舱字样了。

卖方：因为不符合散装物的装船原则，所以是不合情理的，请你们理解。

买方：好吧，就不列入了，就谈价格本身吧。

卖方：好，在确定价格前，是否先把贴水定下来？

买方：也可以。不过我不理解，为什么你计算出来的数字会比我们的多 5 美元？

卖方：这你知道，我们又不是第一次成交，过去计算的公式也是现在的公式，如果你能按公式计算，会得出同样的结果。

买方：我们是按照原来的公式算的。

卖方：那就奇怪了，让我们一起仔细分析一下公式的原则成分。

（细分之后）

买方：运费一项大有问题。第一，运费上涨了 30%，你仍按原来的运费显然就是不对的；第二，我们是 2 个月的期限，你以 3 个月为基础也有问题。

卖方：运费上涨，这是事实，我们已经计算进去。以 3 个月为基础是有根据的，因为粮食由美国到日本，比中国到日本相差一个月。这一点，以往都是这公式计算的，你也是承认的。

买方：这样算，好处都由你们占去了，我们还有什么理由优先购买中国货?!

卖方：不能这么说，我们双方都有些好处，而且你们的好处比我们多，这一点，你十分清楚。

买方：我不清楚，我们的好处还有多少？（这时双方又出现僵局局面）

卖方：这样好不好，这个问题先放一放。现在很晚了，我请大家一起去吃饭。明天去东陵，散散心。（用休会游玩的方式融洽气氛，为双方留出考虑问题的时间和余地）

买方：不行啊。业务第一，没有达成协议，没心思玩。

卖方：会休息的人才会工作，你第一次到北京，总要看看一些古老的去处。怎么样？你若放心不下业务，就改个时间好了。

买方：你说得对。我希望做一个会工作的人，谢谢你的安排。不过，我在北京的时间无法往后推，已经订了回程票了。

卖方：没关系。你在此多住几天，我更高兴。

买方：我也是这样想啊！想多看些地方。但家里等着我回去，我不能多耽搁。（气氛大大缓和了）

…………

显然，谈判结果使卖方满意了。

在实际运用休会策略时，谈判人员要注意以下问题：首先，无论主动休会，还是被动休会，实行休会都须协商。一般由一方提出并经过对方同意，不能未经对方同意就擅自离开谈判桌，那样做会影响关系，甚至导致谈判破裂。其次，要讲清休会的时间。休会时间的长短要视双方冲突的程度、人员精力疲惫状况，以及一方要了解有关问题所需时间来确定。第三，提出体会和讨论休会时，避免再提出新的问题或谈及对方非常敏感的问题，以便缓和气氛，使谈判顺利进行。

四、商务谈判的其他策略

商务谈判的策略很多，除了上面介绍的以外，还有下面的一些常用策略。

（一）主动出击策略

一般地说，在谈判活动中应该经常采取主动的措施，按照自己的计划和步骤进行谈判。如果自己一方不争取主动，就容易被对方牵制、调动，而一旦纳入了对方的步调，自己一方往往就会变得束手无策。经验表明，无论是经济谈判还是政治谈判，以首先提出自己的谈判方案为基础展开讨论，结果往往得出接近该方案的结论。所以，在充分准备的基础上应该先发制人，先声夺人，直截了当地道出自己的方案。相反，如果总是想先看看对方的立场，表现得踌躇不前，左顾右盼，就会不知不觉地被对方牵着鼻子走。所以谈判领域内都十分重视这种争取和控制主动权的策略，即主动出击策略。

在谈判桌上，谁掌握的信息多，了解的情况准确，谁就有了主动权。因此，谈判人员应运用各种方式搜集对手信息，摸清对手情况。例如，对方有一批货急于出手，但又怕己方趁机压价，故而装作漫不经心、无所谓的样子，这时己方可主动表示说有数家厂商可供货，如不愿出手，我们另寻找卖主。这时，对方很可能因怕失去机会而显露真情。

当然，主动出击要选择适当时机。时机不成熟出击，往往会无功而返，甚至会遭受重大损失，因此，做好准备，兵贵神速至关重要。

（二）出其不意策略

兵法中有“出其不意，攻其不备”的谋略，在军事领域和人类战争实践中，“出其不意”经常得以成功运用。“出其不意”在谈判中的作用表现在攻对手于不备，置对手于被动地位，使对手猝不及防，或无回旋余地，从而使己方处于主动地位，并进而获得尽可能大的利益。关于出其不意，有个极其出名的比喻，有个人要给一头狗熊喂药粉，他极为仔细地配好药，保证各种成分和比例都极为正确。他把药粉卷入一个大纸筒，可是正当他要把药末吹到狗熊的吼咙里去时，狗熊却先打了个喷嚏！

谈判窗口 5-12　　还可以谈

中美知识产权第四轮北京谈判时，中方一开始就由每个方面的专业代表做了长达 45 分钟的发言，不许美国人插话，并口气强硬地撤回以前谈判中的一切承诺。这种态度令美国方面目瞪口呆，不知所措。当谈判陷入僵局后，中方又表达了“还可以谈”的意思。这种态度的反复变化，出乎美国人的意料，产生了实际效果。首先，表明了中国对知识产权是着力保护的，但也要考虑中国国情，这一点美国后来实际是认可了；其次，如果美国单方面决定关税报复，那么谈判破裂责任不在中方。中方赢得了谈判的主动权。

当然，在商务谈判中，一方采取“出其不意”策略，有时会造成不信任气氛，或促使对手破釜沉舟，最后有可能两败俱伤。因此，该策略要依据具体情况而定。尤其是一些不讲商业道德的做法一定要避免，不能因一次谈判的小利而失掉长远的商业信誉。

（三）欲擒故纵的策略

欲擒故纵原是我国古代兵书《三十六计》之中的第十六计。书曰：“逼则反兵，走则减势。紧随勿迫，累其气力，消其斗志，散而后擒，兵不血刃。”意思是说：逼得敌人无路可走，它就会反扑，让它逃跑则可以减削敌人的气势。追击时，跟踪敌人不要过于逼迫它，以消耗它的体力、瓦解它的斗志，待敌人士气沮丧，溃不成军，再捕捉它，就可以避免流血。

欲擒故纵不仅广泛地运用于军事领域，而且也广泛地运用于谈判领域。在欲擒故纵的谋略中，“擒”和“纵”是两个关键的字，在二者的关系中“擒”是目的，“纵”是手段，“纵”的目的是为了“擒”而不是放纵、放任。将这些道理运用到谈判活动中，就是要在谈判双方为了争夺利益而发生意见冲突的时候，我方故意避开谈判对手的锋芒，做出示弱退让，放弃利益的样子，使对方丧失警惕，而后我方再趁机夺取利益。

谈判窗口 5-13　　欲擒故纵赢得控股权

A 公司出于某种目的有意要收购 B 公司的股权，并从中捞取利益。这个风声后来传到 B 公司的耳朵里，于是 B 公司积极部署，努力反击。经过一两次有组织的报复行动之后，A 公司似乎被吓倒了，于是宣布撤销收购股权的意图。而事实上这只是他们的表面行为，私底下仍然积极地进行幕后工作，通过暗地里的交易继续收购股权。由于对方认为 A 公司已宣布撤销了收购意图，所以放松了警惕。经过一段时间之后，他们才突然发现 A 公司已经获得了股权的控制地位，只好甘心受控，悔之已晚。

欲擒故纵的策略为 A 公司带来了可观的利益。

（四）反客为主策略

反客为主本是三十六计之一计，原意是指主人不会待客，反受客人招待，其中包含着变被动为主动，变不利局面为有利局的谋略思想。将反客为主的谋略思想运用于谈判实践，就是指判中原来处于被动地位的一方，由被动地位变为主动地位。

谈判窗口 5-14　　反客为主的工程师

美国密德兰地区一家银行有一位非常难缠的客户，他是一位搞技术的工程师。这位客户在经济景气的时候，曾经有一段辉煌灿烂的时光，但后来由于经济萧条，他经营的公司遇到了困难。由于过去他所经营的顾问公司一直和银行保持着良好的关系，因此，银行也一直认为他所经营的公司是一家相当健全的企业公司，只是不愿意给予他的公司以太多的贷款。可是，那位工程师希望能找到机会东山再起，千方百计地同银行方面谈判，希望银行能贷款给他，但始终不能如愿以偿。

工程师为自己在同银行的谈判中始终处于被动的地位深感尴尬和不满。经过一段时间以后，他终于想到了另外一种方式来削弱对方的谈判实力和谈判立场，即让会计部门整理好几处银行有小错误的账目，向银行提抗议。结果工程师的这一招果然灵验，银行对于客户的这种抗议，显然有些措手不及。银行方面立刻打电话向客户道歉。在此基础上，工程师又以银行方面办事能力太差，手续办得太慢，致使他的公司向外国购买一项产品的计划被拖延，蒙受很大经济损失为幌子，深为不满，大发雷霆。除此之外，因为银行职员的一时疏忽，使得一笔原来应该存入那位工程师私人账户的款项，阴差阳错地存入了另一家公司的账户。为了这件事，那位工程师又小题大作，借题发挥。继而他把银行以往所犯的种种“罪行”全部罗列出来，要银行方面作出解释并提出具体的解决办法。

在犯了那么多错误之后，银行经理在同工程师的进一步谈判之前心中已做了最坏的打算，准备接受一切严厉的批评和惩罚。两个星期以后，工程师认为“进攻”的时机已经成熟了。他给银行经理打去电话。出人预料的是，在电话谈判中，工程师对于过去所发生的事竟然绝口不提，反而以轻松的语气问道：“对于两年以上的私人贷款应该怎样算法?”那位经理在事前一直预想银行方面会遭受激烈的攻击，但听到工程师的口气并不严重，便松了一口气，将贷款利息的算法一五一十地说了出来。“这样的贷款是不是一般市面上最有利的方式?”工程师进一步问道。“当然!”银行经理赶快回答：“据我所知，这是目前最有利的一种贷款方式。”他的语气十分惶恐不安，生怕再次得罪了这位难缠的客户。这位工程师说希望与银行恢复和发展业务往来，并要求银行经理让他获得一笔私人贷款。双方进一步谈判的结果，银行经理完全满足了这位难缠的客户的要求。

以工程师同银行经理的这场谈判我们看到，工程师为了摆脱困境，在谈判中取得主动和支配地位，通过整理和罗致银行的“罪状”，大加发挥，向银行实施心理战术，削弱了银行方面的谈判实力，变被动为主动，从而最后取得了谈判的胜利。

在实际运用反客为主的策略时，要注意抓住以下几个要点：首先，要在充分了解谈判对手的基础上，发现对方的薄弱环节，找出对方的缺点和不足，才能向对方实施猛烈进攻。其次，在对对方实施攻击的基础上，要控制和掌握住整个谈判的主动权，从被动变为主动。第三，要相准时机，当谈判局势发展到完全对己方有利时，才向对方提出自己的谈判要求，迫使对方答应和接受。

（五）后发制人的策略

“后发制人”是对手采取主动而自己没有优势或优势不大的情况下采取的一种“自卫”策略。其最大优势是能做到“有的放矢”，在谈判中，如果你没有占上风的优势时就必须做好“后发制人”的心理准备。

要运用好此策略，最好的方法就是要做到“三多三少”，即多听少说，多提问少回答，多建议少表态。只有这样，你才能分析对手的意图和目的，判断自己的看法正确与否，让对手感到你很“重视”他，从而有利于消除分歧，拉近彼此距离。

（六）操纵对手的策略

操纵一个人，有两种方法：一是以“威力”，令对方感到有压力；二是“诱”利，让对方感到有希望。后者往往会更受对方欢迎。

谈判中如何操纵对手？可以从以下几方面着手：

1. 让对手注意并佩服你　要做到这一点，特别是要对手佩服你，并不是件容易事，你的表现如何，与你个人的智力水平、能力、口才、应变力、意志和毅力等有密切关系，如果对手不注意你的表现，不关注你的意见、提议、方案，他能佩服你吗？因此，事前必须做好充分准备才行。

2. 把握时机　在恰当的时候提出自己的建议。比如“你看我们对这个问题已经讨论了很长时间了，但还无法达成一致见解，我建议先把它放到一边谈论其他的问题，你的意见如何？”

3. 诚恳地表达自己的立场，而且最大限度地考虑对方的利益。比如：“我们是希望能解决问题，达成双方都可接受的协议，所以我们认为如果你们能考虑我们提出的这个建议的话，我们也应该照顾到你们提出的其他问题。”

当然，我们不能把谈判中的操纵对手，误以为是摆布对手，而是要让对手更多地倾听你的意见，考虑你的意见，从而争取到对你有利的谈判局面。

第二节　商务谈判的沟通技巧

一、把握对方的心理与情感

沟通是谈判双方为解决谈判中的问题，达到各自目标所具有的一种心理需求。沟通是一种心理现象，沟通的目的在于“缩短距离”，要想取得谈判成功，首先要把握谈判对手的心理与情感。

（一）谈判中心理沟通的内容

从沟通的内容看，心理沟通包括意见沟通和情感沟通。

1. 意见沟通　意见沟通是指两个谈判主体之间相互将自己对谈判过程中发生事情的认识、见解、主张、看法等，通过一定方式传达给对方的过程。在谈判中进行意见沟通是非常有必要的，它有助于协调谈判双方的关系，使双方都能开诚布公地发表自己的意见，增进彼此间了解，实现各自的利益和目标。相反，如果谈判双方的意见不一致，甚至出现矛盾和抵触，则整个谈判过程就会受到阻力，取得成功的艰难可想而知了。

意见沟通需要一个过程，这个过程是从意见不一致转化为一致的过程，它包括四个环节和两个矛盾的转化，即从意见不通到意见沟通，从意见沟通到意见分歧；从意见分歧到意见冲突；从意见冲突再到意见妥协与和解。而从意见不通到意见分歧是一个矛盾的转化过程，从意见冲突再到意见妥协和解，这又是一个矛盾的转化过程。经过双方的共同努力，消除分歧，达成协议，满足需要，实现各自目标。谈判双方在发表自己的意见和阐述自己的观点时应注意以下问题：

（1）自己的意见价值和重要性如何。

（2）对方对自己的意见的反应情况怎样。

（3）双方的意见和观点是否相符。

（4）采取什么方法表达自己的意见最好。

2. 情感沟通　情感是谈判者对谈判对手能否满足自己需要的态度体验，谈判者的情感始终处于对其意识的支配地位，也常常以内隐的形式出现。谈判者情绪情感的好坏对谈判能否取得成功至关重要。因此，在谈判中必须重视与对方的情感沟通。在进行情感沟通时，应注意考虑以下问题：

（1）要细心体察谈判对手的情感，在对手情绪好时，莫错过良机；在对手情绪不好时，要主动沟通，做好转化工作。

（2）要尊重对方，顾及对方颜面。侮辱对方人格是对人的最大的不尊重的表现，在谈判中，切勿把对方在实质利益上的对立演变成“个人恩怨”，使矛盾激化，谈判破裂。

（3）满足对方友谊的需要。彼此通过谈判能找到一个长期真诚合作的伙伴，建立起真挚的友谊，这可说是谈判的一种所得，对双方也是有利的。

（4）进行一定的“情感投资”。情感投资的大小，多少要视对手的具体情况而定，如果能从对手那里获得较大的利益，则多投；如果获得的少，则少投。它是一种“投入小产出大”的经营策略，不妨试一试。

> 谈判窗口 5-15　　情感投资获回报
>
> 一位陌生的顾客到花旗银行去换一张崭新的钞票做礼金。银行职员换好后把它放到一个精美的纸盒里交给他，并且加上了自己的一张名片，上面写道：“谢谢你想到了我们银行”。那个顾客不久就来到这里开了一个户头，并在以后 9 个月中存入了 25 万美元。花旗银行成功地运用“情感投资”赢得了这位顾客的心。

（二）谈判中心理沟通的技巧

1. 投其所好　所谓投其所好，指的是争取一些手段，故意去迎合对方的喜好，使对方在心理与情感上都获得一定满足。当双方有了共同的感情基础，谈判比较容易顺利进行，取得积极成果也是水到渠成之事。

> 谈判窗口号 5-16　　船长的高招
>
> 一艘在大海中航行的船不幸发生了故障，大副通知乘客赶快跳水逃生，乘客们都不肯跳。船长亲自出马，他们都跳下去了。大副忙问船长用了什么高招，船长说他只是用了一些心理学上的方法。他告诉英国人说跳水是一项有益于健康的运动；告诉法国人说这只是一种时髦的游戏；告诉德国人说这是命令；告诉日本人说这是一场演习；告诉美国人说公司已经给他们上了保险……船上的乘客听了后就都跳下去了。
>
> 这只是一个笑话，这位高明的船长运用的说服方法其实就是投其所好的方法。

2. 戴高帽子　利用人们的虚荣心，用戴高帽子的方式去博得对方的欢心，取得对方的好感，往往也是谈判取得成功的一种手段。比如“你的话说得太好了。”“我很欣赏你的讲话。”“对你的观点我是认同的。”但要注意分寸，不能过分得让对手得意忘形，只让他感觉到你对他的尊重和欣赏就可以了。

二、满足双方的需要与利益

在谈判中，最深层次的问题就是要妥善处理好双方的关系，即物质利益关系。利益是根本所在，也是谈判者应追求的最终目的。因此，加强双方利益的交流与沟通，对尽快达成协议，缩短谈判周期至关重要。

（一）表明重视对方的利益

在谈判中，向对方表明重视对方利益，能引起对方感情上共鸣，继而能推动谈判顺利进行。当双方拥有共同利益时，表达出的东西更具说服力。例如你若代表居民和附近施工的建筑公司就卡车在附近减速缓行一事谈判时，可以这样说“在我看来，你的建筑公司的基本利益在于以低成本尽快完成工程，并且保证安全和质量，我这样理解对吗？”“还有没有其他我没有提到的？”“如果你的卡车撞到了孩子，对我们双方都不好！”通过表明对对方利益的关心，引起共鸣，使谈判顺利进行。

（二）共同讨论利益

双方坐在一起共同讨论彼此间的利益关系，然后进行实质磋商，完成谈判。为了使双方对各自利益了然于胸，应把不同的利益进行分类，并做好记录，也可以列表进行比较。这样做有利于理清思路，适时评估与调整有关新的利益，确定最佳的利益分配方案。

第三节　商务谈判的语言技巧

语言是人类所特有的用来交流思想、表达感情的工具，也是谈判中最基本、最实用的谈判媒体。春秋时期的军事家孙武在其所著《孙子兵法》中指出“不战而屈人之兵，善之善者也。”三国时期的诸葛亮舌战群儒，联吴抗曹，名垂青史，靠的就是口才与韬略。

同样一件事，同样的要求，用不同的方式表达出来，效果是不同的。不恰当的语言可能会滋生误会，造成困惑、尴尬甚至激怒对方；而恰当的语言往往可以消除误会，增进了解与沟通，强化谈话效果。因此谈判者应重视语言的运用和实践，不断提高自己的谈判语言能力。

一、谈判中有声语言的运用技巧

商务谈判中，有声语言主要用于陈述问题、提问和回答问题等方面。能否巧妙而有效地运用有声语言进行交流沟通，关系到整个谈判的进程和结果。

> 谈判窗口 5-17　　　　“破”问有方
>
> 在一次记者招待会上，一位美国记者问基辛格两个保密数字：“我们有多少潜艇导弹配置有分导式多弹头？有多少‘民兵’导弹在配置分导式多弹头？基辛格回答说：“我不确切知道正在配置分导式多弹头的‘民兵’导弹有多少，至于潜艇，我的苦处是，数目我是知道的，但我不知道是不是保密的。”记者连忙说：“不是保密的。”基辛格反问道：“不是保密的吗？那你说是多少呢？”对方听了只好一笑了之。基辛格机智地运用回避反问方式达到了使提问者自我否定的目的，避免了泄露军事秘密。

（一）陈述的技巧

1．入题的技巧　入题的内容应能引起对手的兴趣，使对手能以轻松愉快的心情乐意与你展开交流。

（1）“开门见山法”。如围绕正题介绍己方的有关情况，先一般后具体，即先泛泛地从大面上谈起，逐渐进入重点问题；或先具体后一般，即先谈细节，再定协议原则。由于有的谈判涉及的事情多，问题复杂，往往需要进行多轮次的谈判，通常采用此方法入题。

（2）“触景生情”法。这种方法是通过中性话题来入题。通常可将有关气候和季节的话题，有关新闻娱乐话题或热门话题作为入门话题，还可以介绍己方的生产、技术、经营、财务状况等入题。在用法上多使用一些赞誉、鼓励、欣赏、善意的惊讶、关心、寒暄和谦虚等方面的话辞，为谈判创造条件。

2．阐述技巧　阐述是陈述的重要组成部分，是重心所在，能否阐得明，述得清，关键在于语言技巧。阐述的语言应该是中性的、客观的、礼貌的，而且要简洁明了，紧扣主题，主次分明，层次清楚。阐述中的每一句话，每一件事，每列举的一个数字乃至每一个承诺，都代表着己方的观点，都必须一丝不苟地对待，要经得起调查和推敲，一切不可把道听途说，没有事实根据，主观臆测的材料作为根据。

3．结束技巧　结束语在陈述中起着压轴语的作用，在谈判中占据特殊地位。出色的结束语既可让对方深思又可引导对方陈述问题的态度与方向。用什么样的结束语，应视具体情况而定。既有刻板的、公式化的结束语，也有友好、热情、诙谐、促进性的结束语，不好一概而论。

4．倾听技巧　美国谈判学家卡洛斯曾经说过：“如果你想给对方一个你丝毫无损的让步，这很容易做到，你只要注意倾听他说话就成了。倾听是你能做到的一个最省钱的让步。”尼尔伦伯格在他的《谈判的艺术》一书中明确指出，倾听是发现对方需要的重要手段。虽然他们论述的角度不同，但有一点是共通的，即倾听在谈判过程中起着非常重要的作用。

在谈判中，要想获得良好的倾听效果，应从以下几点着手：

（1）倾听要做到专心、主动，不能分散精力、让思想“开小差”，也不能只听不“评”，不辨真伪。

（2）在倾听时不要抢话和急于反驳，这样不仅会打乱别人的思路，还会耽误自己倾听。

（3）在倾听过程中，谈判者不要过分相信自己的理解力和记忆力，要对所获得的重要信息适当地做记录。

（4）在倾听时要及时作出反馈性的表示，如欠身、点头、摇头、摆手、微笑或重复一些较为重要的句子，或提出几个能够启发对方思路的问题，从而使对方产生被重视感，有利于谈判气氛融洽。

（5）当一方发言较多时，应适度地给自己创造倾听的机会，尽量多给对方一些说话机会。通常在简明地表达自己的意见以后，加上一句“我很想听听贵方的意见”或“请问您的意见如何？”从而把发言机会让给对方。

谈判窗口 5-18　　耐心倾听换来的“回报”

一天，一位客户突然专程赶到迪特公司，声称他接到一份通知，是催还迪特公司 15 美元欠款的，这使他十分恼火，因为他从来不欠该公司的款，而且还是这么少的钱。同时，他还生气地告诉经理，发誓再也不买这家公司的东西了。迪特经理耐心听完这位客户的诉说后，非但没责怪他，反而感谢他专程来这里提意见，承认错误可能在公司方面，并按惯例请他吃饭。结果该客户不仅消了气，还在这个公司签了一大笔订单。回去后他重新检查了自己的账目，发现有一张放错了位置，这一张正是欠迪特公司 15 美元的账单。于是他马上给迪特公司寄了一张支票，并附上一封道歉信。

5. 说服技巧　说服是一种极难掌握的技巧。因为当你试图说服他人之际，你将遭遇到种种有形或无形的抵触，除非你能有效化解这些抵触，否则你将无法达到说服的效果。说服技巧包括下列三个步骤：

（1）先感情投资以增进人际关系。这与口渴之前要找水的道理是一样的，否则对方对你的第一反应可能是：“这家伙是谁？居然想打我的主意？”

（2）分析你的提议可能会造成的影响。如对方一旦接受，将会有什么样的利弊得失？

（3）尽快办妥接纳提议的手续。如初步协议书，这样你可当场取得他的承诺，并免除在细节方面大费周折。

6. 寒暄技巧　寒暄虽然与谈判议题没有直接关系，但在谈判过程中及谈判结束后，都免不了要寒暄。谈判双方通过见面，打招呼，说一些客套话，可获取对方一些有用的信息，如性格、爱好、办事作风、谈判经验等有关背景材料，为进一步谈判奠定基础。

（二）提问的技巧

提问是为了摸清对方的真实需要，掌握对方的心理状态，表达自己观点意见，进而通过谈判解决问题的重要手段。通常提问要处理好三个问题：问什么，如何问，怎样问。如果无论你问什么问题，对方都能搪之以“不知道”，“不清楚”，“大概如此”等这一类的简单问题，就应该考虑自己提问的方式与技巧问题了。

1. 问什么　问什么问题，取决于提问者的目的。一般来讲，谈判人员通过提问，要获取下面三方面的信息。第一，获得自己所需的信息；第二，提供给对方某种信息；第三，引起对方注意，诱导对方思考。

2. 何时问　把握提问的时机，不要随意提问，只有这样才能充分发挥提问的作用。在提问的时间上，应注意以下问题：

（1）不要轻易打断对方的话，应当等对方表述完毕后再提问，否则就是不尊重对方的表现。

（2）要根据谈判的不同阶段，及时抓住时机，适时提问，如什么时候让对方明确表态，什么时候让对方让步，什么时候该扩大成果等等。

（3）要注意分清提问的场合。

3. 怎样问　同样一件事情，由于提问的方式不同，有时可能会取得截然不同的效果。下面的例子可以充分说明这一点。

谈判窗口 5-19　　　　抽烟的学问

一名教士在做礼拜时，觉得烟瘾难熬，便问主教："我祈祷时可以抽烟吗？"结果，这一请求遭到了主教断然的拒绝。而另外一名同样是烟瘾十足的教士则用另一种方式问主教："我吸烟时可以祈祷吗？"主教竟莞尔一笑，欣然同意。

这一事例告诉我们，提问的策略与表达方式是多么重要，在谈判中，提问的技巧对于提问的效果有着直接的影响。

（1）明确提出问题。当一方希望迅速得到另一方明确的答复时，通常采用这种提问方法。

如"你希望下星期一还是星期二讨论有关合同签字的安排问题？"

"关于这批货我方很满意，要是多买一点，可以按八五折吗？"

"请您告诉我，您至少要销掉多少？"

这种提问，直截了当，简明扼要，使问题一目了然，便于问答，有利于提高工作效率。

（2）委婉地提出问题。当某些问题比较敏感或有所避讳时，需要采用委婉的方式，给对方留有余地。

谈判窗口 5-20　　　　一盒复印纸

甲方与乙方正在谈一批复印机的交易，甲方（买方）提出："每台价格再下降 30 美元，否则我们不会考虑。"面对甲方咄咄逼人的气势，乙方知道正面迎击不会有什么结果，于是采用了一种委婉的说法："这样大幅度地降价，我实在无权决定了，这样吧，价格上我们再让一下，我再给你们每台复印机上配一盒复印纸，你们看怎么样？”乙方采取的这种方式比较委婉，在拒绝甲方的同时，又给对方心理和物质上以适当补偿，满足了对方的需求。

（3）诱导性提出问题。谈判者不直接讲出自己的观点，而是通过提问，巧妙地诱导对方说出自己想要的答案。如“我们请教了××先生，对贵公司的这种产品有了较多的了解，请您考虑是否把价格再降低一些？”对方对此问题按照发问者设计好的内容作答，毫无选择的余地。

（4）拒绝性提出问题。当一方提出的过分要求会使另一方遭受极大损失，或一方由于对行情不了解或对所谈专业范围知识不足而提出过分要求时，另一方可争取这种拒绝性提问方式。需要注意的是，无论对手因为什么而提出了过分要求，都要十分注意自己的语气，不要用任何带有教训、嘲弄或挖苦的口气去刺激对方。

（三）回答的技巧

回答问题与提问紧密相连，在商务谈判中要想创造良好的气氛，有巧问还要有巧答。绝不是问什么就答什么，也绝不是怎样问就怎样答，而是力图改变自己被动局面，力求答得好，答得妙。

谈判窗口 5-21　　　　总理的回答

我国总理周恩来是国际上公认的谈判家，20 世纪 50 年代，年轻的新中国在国际上受到西方许多敌对国的仇视和攻击。在一次外交场合上一位不怀好意的外国记者问他：“总理先生，我发现中国人走路时都是低着头，而我们国家的人走路时都是昂着头，请问这是什么原因？”——“原因很简单，人向高处走时都是低着头，而在走下坡路时，就会昂着头。”

1. 从正面直接回答　采取这种方式回答需要注意的是回答要适度，该说的说，不该说的不说，也不可过于坦白，全盘托出，让对方一下子就摸清底牌。

2. 不彻底的回答　即对对方提出的某一问题，只回答某一方面或某几方面，或不从正面回答，似答非答。如对方询问你方某产品的情况，如你方本来产品价格很高，直接回答可能招致被动，可以这样说：“如果您先了解了这种产品的功能，相信您会对它感兴趣。”这样可避免因回答价格过高而把对方吓跑。

谈判窗口 5-22　　　　言犹未尽

甲乙双方就大米进出口进行谈判。甲方为大米严重过剩的国家，双方在价格上久久相持不下。后来在新一回合中，乙方提出增加进口量，正好可以解决甲方大米过剩问题。但是如果立即答复对方，对方就可能乘胜追击，在付款方式、交货期限、风险承担等方面作进一步要求，甲方有可能陷入被动。所以，甲方人员这样答复："关于贵方增加进口的要求，由于事先未跟我方打招呼，所以我方没法对这一要求作肯定答复。由于临时增加大米出口，我方回去后还要重新征集以凑齐贵方需求量，能否凑齐，还未可知，所以请允许我们回去再研究一下，尽量争取。价格方面的问题，也请贵方考虑考虑。"这番回答，既避免了快速回答可能带来的不利，同时又阐述了在筹集新的需求量上的困难，降低了对方在价格问题上的期待，不失为一个圆满的答复。

3. 提出附加条件地回答　如果在谈判中你暂时不清楚对方的意图但又必须回答时可以在回答时加上一些假设条件，而且让这个条件尽量地不现实，难以实现。如"假如你所言是事实的话，同时还假定销售绝对没有问题，并且原材料价格不变，那么，我方可以……当然即使是这样，也还要看其他情况会不会产生意外影响。"

4. 不回答　如果对谈判对方提问的回答超出谈判者权力范围，或是对方的问题很难回答，这时可以不回答。如果要回答，则要注意回答的技巧，以免自己处于被动。

谈判窗口 5-23　　沉默的力量

1945 年 7 月，苏、美、英三大国首脑在波茨坦举行会谈。会谈休息时，美国总统杜鲁门对斯大林说："美国研制出一种威力非常大的炸弹。"暗示美国已有原子弹。此时，邱吉尔两眼死盯着斯大林的面孔，观察反应。斯大林好像有点聋，没听清楚。其实，斯大林不仅听清了这句话，而且听出了这句话的弦外之音。但在这时候，任何方式的语言，都不如沉默应对的效果。这样一来，倒使得英美两国首脑不知所措了。

5. 以问作答　即面对提问，并不直接回答对方提出的问题，而是以反问的方式给以应对，对方可通过思考而得到答案。

谈判窗口 5-24　　反问的技巧

俄国十月社会主义革命胜利后，革命领导人之一加里宁在一次集会中向农民讲解工农联盟的重要意义，但有些农民不理解，有人问加里宁："什么对苏维埃政权来说更珍贵？是工人，还是农民？"对于这个问题，如果从正面来直接回答，是很难说清楚的，这时，加里宁以反问方式答道："那么对一个人来说，什么更珍贵？是右腿，还是左腿？"加里宁的回答赢得了农民代表雷鸣般的掌声。

二、谈判中无声语言的具体运用技巧

商务谈判是人与人之间的对抗，为了促使谈判成功，在注重有声语言的同时，还必须重视无声语言的运用效果。可以说，在整个谈判过程中，有声语言辅之以无声语言，无声语言服务于有声语言。

（一）人体语言

1．眼睛 "眼睛是心灵的窗户"。人的眼睛一向被公认为是表现人的内心情感最直接、最丰富的器官，通过眼视的方向、方位不同，产生不同的眼神，传递和表达不同的信息。

2．握手 初次相见彼此都会伸出手，握手的力量、姿势、时间长短，能够表达出握手人的不同态度和思想感情。握手在最初接触时，对人们将来关系的发展有着非常特殊而重要的意义。

3．手势 手势是人们在交谈中用得较多的一种行为语言。在商务谈判中，常见的手势有：

（1）伸出并敞开双掌，给人以言行一致、诚恳的感觉。

（2）谈话时掌心向上的手势，表示谦虚、诚恳，不带有任何威胁性；掌心向下的手势，表示控制、压抑，带有强制性。

（3）单独伸出手指，点指对方，表示教训对方，谈判中应尽量避免。

（4）双手相握或不断玩弄手指，会使对方感到你缺乏信心或拘谨。

（5）搓手，常表示人们对某事情结局的急切期待心理。

（6）双臂交叉放于胸前，暗示一种防御和敌意态度。

4．姿态 在商务谈判中，谈判者通过身体的各种动作、各种姿势，可以起到表情达意的作用。

（二）物体语言

物体语言是指通过摆弄、佩戴、选用某种物体来传达某种信息，呈现不同的姿势，反映不同的内容与含义。实际上也是通过人的姿势表示信息。

谈判窗口 5-25 物体语言的内容与含义

① 手中玩笔，表示漫不经心，对所谈的问题无兴趣或不在乎。

② 慢慢打开笔计本，表示关注对方讲话；快速打开，则说明发现了重要问题。

③ 摘下眼镜，可能反映出精神疲劳或对争论的老问题厌倦。

④ 轻轻拿起桌上的帽子，暗示要结束这轮谈判。

⑤ 不停地吸烟，表示伤脑筋，深吸一口烟后，可能是准备反击。

⑥ 双手将桌子上的谈判资料一推，眼睛朝下，或扭头往别处看，口中吐一口气，微微晃动脑袋，表示不满。

⑦ 男士拿着打火机，作全神贯注的样子观看火苗，女士则拿出随身带的化妆小镜，左顾右盼，理衣弄发，作准备结束的架势，表示很厌烦，急着要离开。

⑧ 突然停住记笔记，目光有神地盯对方一眼，将手中笔一扔以至将所记的纸一撕等，表示愤怒。

⑨ 双眼注视对方，时而转动眼珠向下或凝视一下，手不停地像在注意记录对方的讲话，表示关注和思考问题。

以上，对物体语言作了大概介绍。物体语言是一个复杂的问题，需要人们在谈判实践中，运用个人的阅历、经验来判断与发挥。因为在谈判中制造各种假象是司空见惯的事，谈判者应善于观察、分析和判断。

无论是人体语言还是物体语言，反映的都是人的形象，谈判者应追求这些态势的最佳组合，树立良好的形象，以争取最佳的谈判地位。

第四节　商务谈判策略与技巧的误区

在谈判中掌握和运用谈判技巧是很重要的。谈判技巧涉及的知识很多，因人因事而异，无法加以穷尽。为使谈判者在谈判中更好地发挥谈判技巧，本节将对策略和技巧方面可能会陷入的误区作进一步阐述。

一、向对手透露太多情况

有的谈判者，性格外向，热情直爽，谈判一开始，就三言两语把自己的“底子”和盘托出，如商品的库存数量、价格、交货期及支付方式等敏感数据，使自己处于十分被动的局面。这等于把绳圈交给对方往自己的脖子上套，是没有什么好处的。谈判者应谨记，当讲则讲，不该讲就尊口莫开，免得让人抓住把柄，伺机反击。

二、爱慕虚荣，喜欢被人奉承

虚荣心是人们普遍存在的一种心理，在谈判桌上，谈判对手正是利用人的这一弱点，让你失去应有的戒备心，做出不必要的妥协和让步。

三、感情用事

感情容易冲动的人是最不适合于参加谈判的。带着感情进入谈判，往往会造成对自己不利的局面，白白浪费时间和金钱。无论多么激动，也不要轻易流露，不然，轻则引起对方的不悦，重则破坏了谈判。

四、己方只能赢多输少，忽视对共同利益的追求

谈判是双方的事，各自都有不同的利益和追求，一方获得的利益多，则另一方得到的就少。有的谈判者有意或无意忽视了对共同利益的追求，或者只顾自己一方的利益，或者只是意气用事，这样很容易使谈判陷入僵局。

五、轻易让步

让步是谈判过程中的一个策略，适度适时的让步有利于谈判顺利进行和问题的圆满解决，但在什么时候、什么方面作多大让步，要根据具体情况而定，不可草率从事。如果不经一番讨价还价、斗智斗勇，一方就轻易让步，把更多的利益拱手送给对方，己方损失会更大。

六、过早地以撤出谈判相威胁

撤出谈判意味双方这笔交易的结束。除非万不得已，一般不要过早地撤出谈判。因为这样一来你要重新开始选择新的交易伙伴，而且可能因此而失去销售的最佳时机。一看自己的目标有可能达不到，就以撤出谈判来威胁对方，这是软弱无能的表现，反而容易刺激对方的不妥协心理，增加谈判的难度。

七、思维定势

带着"思维定势"进入谈判是很糟糕的事，因为事情是千变万化的，应学会灵活处理各种问题，这条路走不通，就走那条路。俗话说得好"看菜吃饭，量体裁衣""到什么山上唱什么歌"，就是这个道理。谈判亦是如此。

八、害怕甚至放弃必要的冲突和对抗

谈判如无硝烟的战场，争锋相对、有利必争是常有的事，大可不必因谈

判过程中出现的激烈冲突和对抗而胆怯、害怕，甚而逃避。在与谈判无关的问题上，可不必与对方进行争执和无谓的较量。但在涉及到自己切身利益的情况下，应采取一切办法维护自身利益。一个好的谈判者应该设法避免不必要的冲突和对抗，但也决不畏惧对抗和冲突，更不轻言放弃。

□ 本章小结

商务谈判策略是指谈判者为了达到某个预定的目标，根据形势的发展变化所采取的计策和谋略。劣势条件下的谈判策略有疲惫策略、权力有限策略、先斩后奏策略、吹毛求疵策略和以退为进策略等；优势条件下的谈判策略有不开先例、先苦后甜、声东击西、价格陷阱、规定时限等；均势条件下的谈判策略有攻心为上策略、开诚布公策略、化解压力策略、僵局策略和休会策略等。

商务谈判沟通技巧应从把握对方的心理与情感，满足双方的需要与利益着手。语言技巧由两部分构成，即有声语言和无声语言的具体运用。有声语言在其中发挥的作用尤其明显，它要求谈判者在陈述、提问及回答方面应充分注意技巧问题；无声语言作为辅助形式，它主要由人体语言和物体语言组成。谈判技巧误区也是一个不容忽视的问题，了解和认识它，对掌握和运用谈判技巧有很大作用。

□ 案例讨论

案例 5-1

意大利与中国某公司谈判出售某项技术，谈判已进行了一周，但进展不大，于是意方代表罗尼先生在前一天做了一次发问后告诉中方代表李先生："我还有两天时间可以谈判，希望中方配合，在次日拿出新的方案来。"次日上午，中方李先生在分析的基础上，拿出了一个方案，比中方原要求改善了5%（由要求意方降价40%改为35%）。意方罗先生讲："李先生，我已降了两次价，共计15%，还要再降35%，实在困难。"双方相互评论，解释一阵后，建议休会，下午2:00再谈。

下午复会后，意方先要中方报新的条件，李先生将其定价的基础和理由向意方做了解释，并再次要求意方考虑其要求。罗尼先生又重申了自己的看法，认为中方要求太高。谈判到4:00时，罗尼先生说："我为表示诚意向中方拿出我最后的价格，请中方考虑，最迟明天12:00以前告诉我是否接受。若不接受我就乘下午2:30的飞机回国。"说着把机票从包里抽出在李先生面前显示了一下。中方把意方的条件理清后（意方再降5%），表示仍有困难，但可以研究。谈判即结束。

中方研究意方价格后认为还差15%，但能不能再压价呢？明天怎么答复？李先生一方面与领导汇报，与助手及项目单位商量对策，一方面派人调查明天下午2:30的航班是否有。

结果该日下午2:30没有去欧洲的飞机，李先生认为意方的最后还价——机票是演戏，判断意方可能还有余地。于是在次日10点时给意方去了电话，表示："意方的努力，中方很赞赏，但双方距离仍然存在，需要双方进一步努力。作为响应，中方可以在意方改善的基础上，再降5%，即从30%，降到25%。"意方听到中方的意见后，没有走，只是认为中方要求仍太高。

案例问题讨论：

1. 意方的戏做得如何，效果又如何？应如何弥补做戏的漏洞？
2. 对中方破戏的做法怎么评价？
3. 中方在让步及目标的调整上是否有针对性？

案例5-2

某公司在第一次制造出电灯泡后，他们的董事长就到各地去做旅行推销，他希望各地的代理商尽力帮忙，使他们的新产品能顺利打入各个市场。为此，董事长召集了很多代理商，向他们详细介绍这项刚出产的产品，他说："经过多年的苦心研究和创造，本公司终于完成了这项对人类有大用途的产品。虽然它还称不上是第一流的产品，只能说是第二流的，但是，我仍然要拜托在座的各位，以第一流的产品价格，来向本公司购买。"

听完董事长的一席话，在场的代理商都不禁哗然："咦！董事长有没有说错？有谁愿意以购买第一流产品的价格来买第二流的产品呢？我们这些惯于经营的代销商又不是傻瓜，怎么会做这种明摆着亏本的买卖呢？莫非是董事长说急了搞糊涂了呢？董事长你本人都已经承认它是第二流的产品了，那当然应该以第二流产品的价格交易才对啊！奇怪……"大家都以怀疑、莫名其妙的眼光看着董事长。

"各位，我知道你们一定会觉得很奇怪，不过，我仍然要再三拜托各位。"

"那么，请你把理由说出来听一听吧！"

"大家都知道，目前制造电灯泡的厂家可以成为一流的，全国只有一家而已。因此，他们算是垄断了整个市场，即使他们任意抬高价格，大家也仍然要去购买，是不是？如果有同样的优良的产品，但价格便宜一些的话，对大家不是一项福音吗？否则你们仍然不得不按厂商开出来的价格去购买。”经过董事长这么一说，大家似乎有了一点儿了解。

“就拿拳击赛来说吧！无可否认，拳王的实力谁也不能忽视。但是，如果没有人和他对抗的话，这场拳击赛就没有办法成立了。因此，必须有个实力相当、身手矫健的对手来和拳王打擂，这样的拳击才精彩。不是吗？现在，灯泡制造中就好比只有拳王一个人。因此，你们对灯泡业是不会发生任何兴趣的，同时也赚不了多少钱。如果这个时候能出现一位对手的话，就有了相互竞争的机会。换句话说，持优良的新产品以低廉的价格提供给各位，大家一定能得到更多的利润。”

“董事长，你说得不错，可现在没有另外一位拳王呀！”

“我想，另一位拳王就由我来充当好了。为什么目前本公司只能制造第二流的电灯泡呢？这是因为本公司资金不足，所以无法作技术上的突破。如果各位肯帮忙，以一流产品的价格来购买本公司第二流的产品，这样我就会得到许多利润，把这笔利润用于改良技术上，相信不久的将来，本公司一定可以制造出优良的产品了。这样一来，灯泡制造业等于出现了两个拳王，在相互间的大力竞争之下，品质必然会提高，毫无疑问价格也就会降低。到了那个时候，我一定好好谢谢各位。此刻，我只希望你们能帮助我扮演‘拳王对手’这个角色。但愿你们能不断支持，帮助本公司度过难关，因此，我要求各位能以一流产品的价格，来购买第二流的产品！”

一阵热烈的掌声淹没了嘈杂的声音，董事长的说服产生了极大的回响。“以前也有不少人来过这儿，不过，从来没有人说过这些话。我们很了解你目前的处境，所以希望你能赶快成为另一个拳王，因为，以一流产品的价格来购买二流产品，这种心情总是不会太好的！”

这天晚上，谈判就在这种愉快而感人的气氛中结束了。过了一年之后，这家公司所制造的电灯泡终于以第一流的品质推出，那些代理商也得到了很令他们满意的报酬。

案例问题讨论：

1. 试分析该董事长运用的语言技巧。
2. 以该谈判为例，论述语言技巧的使用在谈判中起何种作用？

案例 5-3

假设你是某零部件提供商，某加工厂收到你的一批产品后声称无法通过

质量检验。由于时间紧迫，对方已经将这批产品送到自己的检修场进行矫正返工。现在，他们就加工费用一事来同你谈判。

案例问题讨论：

1. 假如你认为质量没问题，此时你应如何就此事进行谈判？

2. 如果对方还是坚持说质量有问题，要按合同收取加工费，此时可能会出现哪些不同的结果？对于你来说最理想的结果是什么？

□ 实训题

实训 5-1　如果你作为一个总经理，亲自出马去追收一笔拖欠已久的货款。对方老总躲而不见，推出一个部门经理来应付你。请为此设计一份谈判对话方案。

实训 5-2　请对下列题例进行点评，如果它们都不是此题的正确答案或最佳答案，请把你认为正确的答案或最佳答案写在题后的横线上。

① 你与一家外地公司进行产品代理的谈判，该谈判已陷入僵局数天，你发觉双方翻来覆去地都在维护既有的立场，此时你怎么办？

A. 等候对手提出新方案

B. 稍作退让以打破僵局

C. 改变谈判的主题

D. 提议休会

E. ______________________________

② 你对某晚报广告中的一套“二手房”感兴趣，你去找房主（一位女士）谈判，她说她丈夫交代售价绝对不能低于45万元。她似乎没有减价的意思。此时你怎么办才好？

A. 留下名片，告诉她自己提出的价格。还留下话：如果愿意减价则向你致电。

B. 继续与她讨价还价，因为你很满意这套房。如果对方坚持不松口，你就认可她提出的价格。

C. 要求见她丈夫

D. ______________________________

③ 某电视台的制片人考虑选用一位渴望当演员的小姐扮演某连续剧中的一个重要的角色。制片人告诉该小姐：“目前我们只能付给你低的片酬，因为你初上荧屏，还不是明星。等你成名之后，我们绝不亏待你！”你认为，在这种情况下这位小姐应该怎么办？

A. 拒绝接受低的片酬。

B. 接受低的片酬，因为她必须先在影视界站稳脚跟。

C. 告诉该制片人，如果要她扮演重要角色，则应付给她该角色相应的报酬。

D. ______________________________

实训 5-3 对一位应聘面谈的人来说，面谈就是他所必须认真对付的一种谈判。在这种面谈中，若不能说服对方，他势必被挡在门外。下面是某公司招聘时面谈主持者所能问到的一些令人尴尬的问题，如果你是一位应征者，你应该怎样答复?

A. 请你说一说你的主要缺点。

B. 你认为要花多长时间你才能对本公司发挥一些作用?

C. 你现工作单位的领导有什么缺点?

D. 如果加入本公司，五年后你希望升到哪一个职位?

E. 你希望在本公司干多久?

推　销　篇

第六章 推销概论

□ **引导案例**

雅芳是全美500家最大的公司之一。1999年11月，雅芳任命华裔女性钟彬娴担任公司的首席执行官。钟彬娴深知雅芳必须融入网络时代，因为导入电子商务是21世纪所有行业的发展趋势；但她同时认为雅芳必须兼顾直销员的利益。全球300万名（其中美国有50万名）直销员的努力奠定了雅芳的庞大事业的基础。

在网络时代，若没有了直销员，雅芳将沦落为一个普通的零售品牌或者是一个寻常的网络公司。新首席执行官采取了中国古老的中庸哲学，走了一条兼顾人员推销和网络营销的道路。她一方面向直销员保证关注他们的利益，另一方面投入了5 000万美元的巨资用于重建雅芳网站。因为，通过调查发现，直销员们迫切需要掌握网络方面的知识，同时他们希望公司的网站界面应该人人会用。重建雅芳网站的主要目的在于方便直销员使用以及介绍雅芳的系列产品。客户在网站上可以向雅芳公司直接订货，也可以在网上寻找自己社区附近的雅芳销售人员。在美国，现已有11 800名直销员与雅芳公司签约，成为电子直销员。

实际上，即使是在点击鼠标几乎能包揽一切的今天，不同类型的顾客，特别是儿童、女性与老人，仍需要面对面的人性化服务与顾问式的销售，需要人际交往、亲情友谊。因而，销售人员不会由于网络时代电子商务的普及而面临失业。人们处于多种销售方式并存的商业社会，电子商务、邮购、电视购物等销售方式仍然无法取代人员销售，今天的社会仍然是销售人员大显身手的舞台。

学习目标▶▶

学完本章后，你应该能够：

1. 领会推销的定义、要素和特点。
2. 掌握推销的原则。
3. 了解推销的过程。
4. 理解推销职业。
5. 掌握时间管理的方法。

第一节 推销概述

推销是一个既古老而又具有蓬勃生命力的概念。在激烈的市场竞争环境下，人员推销是企业十分重要的销售手段，推销成功与否直接决定着产品的命运和企业的兴衰存亡。真正领会推销的内涵，懂得其特点和功能，有效地运用推销技巧是十分必要的。

一、推销的定义

尽管人们都曾在不同时间从事过某种类型或某个环节的推销活动，但很少有人能够确切地描述推销的正式定义。通常有两个不同范畴的推销概念，即广义的推销和狭义的推销。

（一）广义的推销

广义的推销是指推销发起者使用一定的方法和技巧，向特定的对象传递有关信息，使其接受某种事物或思想的活动过程。就广义而言，推销是一种说服、暗示，也是一种沟通、要求。在日常生活和工作中，每个人都在进行着不同程度的推销活动。你也许曾为一份理想的工作而推荐自己，也许曾为提高工资或增加奖金而游说上司，也许曾为推行某种理念而说服下属，这都是推销。推销能力深深影响着每一个人的成败，想要拥有成功的人生，就要设法把自己培养成一个成功的推销专家。

（二）狭义的推销

狭义的推销是指推销人员以满足双方的利益或需求为出发点，运用各种推销方法和技巧，向推销对象传递产品或劳务的有关信息，帮助和说服推销对象接受相关的产品或劳务的活动过程。具体来说，推销是营销组合中的人员推销，即由推销人员直接与潜在顾客接触、洽谈，介绍产品，帮助说服顾客，促使其采取购买行动的活动。报纸分类广告求职栏上刊登的业务代表、业务员、营业员、销售工程师、推销员、访问员、调查员等等，都是靠推销来谋生的推销人员。狭义的推销是以推销人员为推销的发起者，以产品或劳务为推销内容，以目标顾客为推销对象的活动。本书所阐述的推销理论是建立在狭义的推销定义基础之上的。

（三）营销与推销的关系

市场营销是一个含义比推销更为广泛的概念。按照美国著名市场营销学教授菲利普·科特勒的观点，市场营销是个人和群体通过创造产品和价值，并同他人交换以获得所需所欲的一种社会及管理过程。现代企业的市场营销活动，包括市场营销调研、选定目标市场、产品开发、定价、分销、促销以及售后服务等等。市场营销组合中的促销，包括广告、营业推广、公共关系和人员推销等几个手段，其作用在于将产品的利益传递给顾客。因此，人员推销仅仅是市场营销活动的一部分，是促销组合中一种人与人之间直接接触进行推销的方式，在较为复杂的销售形势下，人员推销能够提供与顾客面对面的双向沟通机会。

现代推销观念视推销为营销组合的组成部分，是动态的系统的营销活动过程的一个环节，是营销不可缺少的重要机能。正如日本著名企业家松下幸之助所说："营销是为了卖得更好。"当生产的规模不大、产量不多甚至供不应求、流通范围很小时，生产者可以按一时、一地的市场需要去组织生产，只要产品质量、性能符合当地市场的需要，价格合理，是可以自诩"酒香不怕巷子深"，用不着在推销上花费过多代价的。然而，在生产社会化高度发展的市场经济条件下，生产者力求通过大批量生产去降低成本，流通就必须面向全国甚至世界市场，要求产品能被销售到一切对其存在有效需求的地域，这无疑需要把推销作为营销组合的重要一环。例如，宝洁（Procter-Gamble）公司尽管每年花费的广告费高达 500 多亿美元，还仍旧要求它的每个市场营销人员都要在人员推销领域花相当的时间以熟悉其业务，由此可见人员推销在促销中的重要性。

二、推销的构成要素

推销的构成要素是指构成推销活动过程的内在基本因素，具体包括推销人员、推销对象和推销品。

（一）推销人员

推销人员是指主动向个人或组织推销产品或服务的推销主体。这里主要指专门从事商业性推销的职业推销人员。推销人员的主要任务是了解顾客的真实需求，帮助顾客发现问题和解决问题，为顾客提供服务，说服顾客购买企业的产品或劳务。推销人员作为企业与顾客间的纽带与桥梁，肩负着为顾客提供服务、为企业推销产品或劳务的双重任务。

推销人员要成功地推销产品或劳务，首先要成功地推销自己，使顾客在乐意接受推销人员的基础上接受推销。人们往往认为推销人员一定要能言善辩，十分活跃，才能赢得顾客的欢心。但实际上，很多不善言谈、朴实无华的推销人员也能获得顾客的尊重与信任。例如，有一家啤酒厂的推销明星说话有点结巴，推销的时候说话不多，但他十分认真听客户讲话，因为他懂得"上帝给了他两个耳朵和一张嘴巴"。当说起他们厂的啤酒时，他就脖子也粗了，脸也红了，憨态逗得大家直笑。客户对厂家的人说："我们就喜欢和他打交道，他实在。"

要取得良好的销售业绩就必须掌握一定的知识，通过实践把握推销的基本规律，同时还要具备良好的品质，即真诚、机敏、智慧、执著。有潜质的推销人员善于学习，但并不去生搬硬套别人的经验，而是不断摸索适合自身条件和客观情况的个性化的推销方式。

推销窗口 6-1　　推陈出新的推销人员

有一位推销强化玻璃的推销人员，他获得了年度推销金奖。获奖大会上，其他推销人员要求他总结成功经验。他说，很简单，我在公文包里带了个小锤子，当客户表示出不相信时，我就拿锤子敲玻璃演示给他看，他就相信我们产品的质量了。

第二年，又到颁发年度推销金奖的时候了，同事们惊讶地发现又是同一个人领到了金奖。他们不解地问他，为什么大家都分享了他的推销秘诀，但还是超不过他的业绩呢？他笑笑对大家说，今年我是让客户亲自用锤子敲玻璃体验产品的质量。

（二）推销对象

推销对象是指在推销活动中接受推销人员推销的主体，它指的是顾客或购买者，包括各类顾客和购买决策人等。推销对象是推销人员从事推销活动时说服和服务的对象。从现代推销学的意义上讲，所谓顾客或购买者，是指具有购买决策权或者具有影响购买决策力量并且直接参与购买过程的有关个人或组织，包括生产者、中间商、消费者以及各种非营利组织，如政府机关、学校、社团等。

在推销的三个基本要素中，推销人员和推销对象是推销活动的主体，推销品是推销活动的客体。推销对象之所以成为推销主体，是因为他不仅以购买者的身份参与推销过程，而且在很多情况下还在推销过程中扮演生产决策人的角色。根据美国某大学研究机构统计，最近几十年里，美国各公司制造出来的产品，尤其是尖端技术产品，有 80％以上是在顾客的启发下或者完全根据用户的要求设计出来的。这就对推销人员提出了更高的要求，他必须具有良好的专业背景，认真与顾客沟通，确认顾客的需要，并将搜集的信息正确反馈给公司以保证产品或服务是按照顾客的需求定制的。

现代的企业已经认识到，利润和采购成本紧密相关。以前推销人员与低工资的购买者建立联系，在长长的午餐或晚间的娱乐活动中就能实现销售。而现在购买者正变得越来越精明，买主们都受过良好的训练，有着很高的薪水，而且采购团队日趋流行。因此，一个推销人员可能向购买方的工程师作展示，另一个则可能要向买方的财务主管甚至公司总裁作展示。事实上，这往往超出了单个推销人员的能力，而需要组建推销团队来满足推销对象的要求。

推销窗口 6-2　　　　波音公司的推销

飞机制造业的巨人波音公司控制着世界飞机 55%的市场份额，它用友善的微笑、亲切的话语、拍拍肩和握握手就卖出了价值数十亿美元的飞机。它的推销员都是受过高等教育及专门培训的。他们通过聆听顾客意见，满足顾客需要，解决顾客问题而与顾客建立起联系。他们的工作就是建立并保持同顾客之间的长远关系。

销售一架价值 7 000 万美元或更贵的高科技飞机是一项复杂的工作，也是一个挑战。一桩大买卖就可能做到几十亿美元。波音公司组织了一个庞大的公司专家小组，包括推销人员、服务技术人员、财务分析专家、计划制定者、工程师等，所有的人都致力于满足顾客的需要。推销人员把自己看成研究各个航空公司的专家，就像是华尔街的分析家一样。他们去发现哪家航空公司想要扩大规模，什么时候需要更换飞机，以及它们的详细财务状况。这个队伍通过计算机系统试飞波音飞机和与之竞争的飞机，模拟飞行航线、机票价格和其他事项，以便证明他们的飞机是最高效的，然后是高层次的磋商。推销过程极其紧张而缓慢，从开始的推销展示到最后宣布成交需要两至三年时间。

有时，航空公司和波音公司的高级管理人员会聚集在一起秘密商讨某项交易。得到订单后，推销人员必须时刻保持与顾客的联系，以便保证能及时满足顾客的需要。成功建立在和顾客之间牢固而长久的联系上，建立在成绩和信任之上。像一位分析家所说的那样，波音公司的推销人员“就是搜集信息、建立联系的中间渠道，从而保证一切顺利进行。”

（资料来源：［美］菲利普·科特勒等著：《市场营销导论》，第 1 版，北京，华夏出版社，2000）

（三）推销品

推销品是指推销客体，主要包括产品、服务和观念。推销客体一方面依赖于推销主体力量的推动，另一方面又要求推销主体在推销过程中遵循它的运动规律和特点。推销品的质量、性能、物理特性、技术要求等与推销活动的具体方式和难易程度紧密相关。推销人员必须牢固掌握推销品的特性、用途以及维修保养知识，广泛搜集市场同类产品的信息，摸清推销品给推销对象带来的独特利益和好处，从而采取正确的推销策略，才能使推销工作顺利展开。

三、推销活动的特点

（一）主动性

推销的主动性体现在推销员的推销行为之中，贯穿于推销过程的每个阶段和每个环节：在初期阶段，推销人员主动出击，寻找八方顾客，千方百计与潜在购买者建立联系；在中间阶段，推销员主动了解潜在购买者的需求，制定推销策略与方法，最终形成购买欲望；在最后阶段，推销员也要主动把握成交机会，使潜在买主变为现实买主，并不断提供与完善售后服务，提高自身品牌在市场上的占有率和美誉度。

（二）灵活性

推销的灵活性体现在推销人员要根据各类顾客的需要、欲望和动机，有针对性地采取灵活多样的推销方法和推销技巧。因此，要有针对性地向潜在顾客传递推销品的信息并进行说服。潜在顾客的范围和构成不是固定不变的，而是不断变化的，不同的潜在顾客之间在很多方面存在着差异，具有不同的特征。这就要求推销人员必须具备较强的适应能力，从推销品的实际出发，“一把钥匙开一把锁”，切忌千篇一律。

（三）互动性

互动性体现在推销是一个信息双向交流沟通的过程，它是推销活动最显著的特征。一方面是推销员以行为、语言等手段向潜在购买者传递有关企业或推销品的信息，另一方面，也是推销对象向推销员反馈信息的过程。双方都对对方发出的信息作出接收、加工、整理、反馈等反应，并相应地调整或改变自己的行为，通过持续不断的信息传递与反馈进而互相影响、互相适应。

推销过程的互动性为推销员灵活运用和及时调整推销策略提供了可能。推销员在与顾客沟通的过程中，通过仔细倾听和观察，可以判断顾客态度的变化，并不断地调整推销策略，逐步缩小双方心理上和交易条件上的差距，促使顾客采取购买行动。

推销过程的互动性还为密切与顾客的联系、建立良好的顾客关系创造了条件。推销员与顾客直接接触和交流，可以深入了解顾客需求，摸清市场供求和企业情况，能及时反馈来自不同用户的需求信息，以便企业满足每一个顾客的特别需要，并就销售价格进行协商，同关键的决策者建立长期的私人关系。

四、推销的基本原则

推销的基本原则，是基于对推销规律的认识所概括出来的推销活动的依据和规则。推销人员掌握正确的推销原则，可以使推销活动有所遵从，克服盲目性和随意性，提高推销效率。

（一）满足顾客需求原则

所谓满足顾客需求原则，就是指推销人员在运用推销策略时，旨在满足顾客的需求和解决顾客的问题，在此基础之上达到推销的目的。顾客的每个购买行为的目的都是为了满足某些需求，而这些需求的满足大多数时候并不是产品形式上所提供的功能，而是这些产品所能满足顾客内心深处的某些价值观或者感受。

杰出的推销人员懂得不遗余力地去了解顾客的需要、欲望和需求。他们主动开展旨在了解顾客的喜好的市场调查，分析有关顾客问讯、保修和服务方面的数据。他们主动与使用竞争对手产品的顾客取得联系，并随时注意发现那些尚未得到满足的顾客需求。

> 推销窗口 6-3　　　　发现客户的真正需要
>
> 有一个保健品推销员遇到一个六十多岁的老太太。她很富有，曾有过非常幸福的家庭生活，但是因为丈夫早逝，儿女又不在身边，每天陪伴她的就是寂寞和孤独。这个推销员每一次为她所做的事都很简单，就是抱着极大的兴趣频频提醒她回忆过去，让她沉浸在过去点点滴滴的美好回忆中，侃侃而谈，而推销员在一边专注地倾听，并不时地与她的谈话内容呼应。每一次的拜访都有很好的气氛，当然每一次的拜访也都有很好的业绩。
>
> 这个推销员是在做推销吗？是的，但是他推销的是客户的需要而不是产品。因为他满足了客户驱散寂寞的需求、被了解的需求、被倾听与被重视的需求，所以客户也回应了他的需求，使他获得良好的推销业绩。

（二）互利互惠原则

所谓互利互惠原则，就是推销人员要保证交易能为双方带来利益或好处，并且这种利益或好处要大于付出或弊端。贯彻互利互惠原则的意义在于：

1．互利互惠是双方达成交易的基础　在交易活动中，买卖双方的目的是非常明确的，双方共同的利益或好处是进行交易活动的支撑点和结合点。只有在双方都感受到这种利益的存在时，才有可能自觉地去推动和实现交易，并将双方的关系保持下去。

2. 互利互惠能增强推销人员的工作信心　一般的推销人员或多或少地有一种思想包袱，担心顾客可能对自己不信任，怕留给顾客惟利是图、欺骗隐瞒的印象。如果推销人员能够认识到，顾客虽然付出了一定的费用，却能够更好地满足其自身需求或是使问题得到了更好的解决方案，这就是推销工作的价值所在，对所从事的推销工作就会充满信心。

3. 互利互惠有利于形成良好的交易气氛　买卖双方各自的立场和利益不同，双方在一定程度上的情绪对立总是可能发生的。成熟的推销人员懂得向推销对象阐明产品或服务为其带来的真实利益或好处，而不是一味强硬推销。

4. 互利互惠有利于推销业务的发展　互利互惠的交易，不但能够使新顾客发展成为老顾客，长期保持业务关系，而且老顾客还会不断地以自己的影响带来新的顾客，使你的推销业务日益扩大。

（三）推销使用价值原则

推销使用价值原则，就是在推销产品时，要利用或改变顾客原有的观念体系，设法使顾客形成对产品使用价值的正确认识，以达到说服和帮助顾客购买产品的目的。

使用价值观念，是顾客对产品有用性的认识。著名的推销专家戈德曼认为：区别一个一流推销员和一个普通推销员的关键，就是看他们是否懂得推销产品的使用价值。抓住推销产品的使用价值做文章，就是抓住了推销的主要矛盾，就是掌握了推销的实质。

事实上，人们购买的不仅仅是某种产品（或服务），而是购买了这种产品（或服务）的使用价值。例如，购买者形式上买的是一台洗衣机，但实质上，顾客购买的是省时、省力、舒适、便捷的生活方式。又如，许多人买车，他们买的并不是车子本身，而是车子能够带给他们的便利、安全、舒适、尊贵的感受。

贯彻推销使用价值原则的意义在于：

（1）正确认识产品的使用价值是决定购买的基本因素。决定顾客最终购买的因素，一是购买力，二是对产品有用性的认识。许多时候顾客持观望态度，就是因为对产品的有用性认识不足，所以，推销人员应该帮助顾客正确认识产品的使用价值并力求缩短认识过程。在现实中，许多成功的推销，总是巧妙地向顾客推销产品的使用价值，如“海飞丝”可以去头屑；“雕牌透明皂”洗得干净又不褪色；“昂立一号”清除体内垃圾。正是对这些产品使用价值的灌输，才使得这些产品深受顾客的青睐。

（2）使用价值是购后评价的标准。顾客的购后评价是顾客需求满足程度的反映。对推销人员而言，良好的购后评价能够带来回头客以及更多的新顾客；相反，不良的购后评价将失去这一顾客，并影响到新顾客的发展。

贯彻这一原则需要注意的是，对使用价值的宣传必须建立在实事求是的基础之上，没有根据的夸大其词，经不起顾客实际使用的考验，反而会使信誉和顾客一同失去。

（四）人际关系原则

美国著名的推销大师乔·吉拉德说："生意不是爱情，而是金钱，你不必指望所有的人都爱你，却可以让所有的人都喜欢你。"推销人员应致力于建立一种真诚的、长期的、富有人情味的人际关系，这种人际关系能使双方感到满意和愉快，而不应使一方的利益受到损害。贯彻人际关系原则的意义在于：

（1）和谐的人际关系能导致信任和理解。在推销活动中，如果推销人员与某一顾客的关系是偶然的、暂时的，或是不稳定的，那么这种人际关系的心理相容度显然较低。而和谐的人际关系，能够缩短推销人员与顾客之间的心理距离，摆脱顾客对推销人员不利的心理定式，使推销从开始就建立在较为密切的人际关系基础之上。

（2）和谐的人际关系能导致信息的畅通和推销业务的发展。推销过程也是一个信息沟通的过程。信息通畅，对于推销业务的发展是非常重要的。顾客生活在社会群体之中，顾客的购买行为无一例外地受到家人、同学、同事、朋友、邻居的影响。一个顾客得到了良好的服务，买到称心如意的产品，必定会将信息传递给周围的人群；而下一个有着同样感觉的顾客又会将信息传递给该顾客周围的人群，不断推广下去，只要你的服务和产品总是令人满意，你的推销业务便会不断地得到发展。

（五）尊重顾客原则

尊重顾客原则，是指推销人员在推销活动中要尊重顾客的人格，重视顾客的利益。今天的社会，人们越来越重视自我价值的实现和赢得他人的认可。在交易中，推销人员必须在人格、身份、地位等各方面对顾客予以尊重。贯彻尊重顾客原则的意义在于：

（1）消除双方心理上存在的隔阂，有利于融洽交易气氛，建立良好的人际关系。推销人员主动给予顾客被尊重的感觉，顾客对推销人员的疑虑和不信任感就会很快消失，能够减轻顾客的提防心理，化解顾客的疑虑和偏见，融洽交易气氛，促进交易的达成。对顾客不尊重的行为，只会引起顾客强烈的反感。

（2）可以得到顾客礼尚往来的回报。当顾客受到推销人员的尊重，心理需要得到满足后，就会对推销人员抱有感激之情，这种感激之情会使顾客以重复购买、推荐、介绍新的顾客等行为作为回报，而这正是推销人员最需要的。

学会从顾客的立场和角度出发考虑问题，充分尊重顾客、理解顾客，是成功的推销人员所必须具备的职业素质。

推销窗口 6-4　　记住别人的名字和面孔

当你向别人递出名片时，出于礼貌，对方也会给你名片。当你接到别人的名片时，千万不要草草一看了事，而应该对着对方的面孔，记下他的名字。这样有助于在下一次见面时能够叫出他的名字，从而给对方一份尊重感。

人们常常忘记别人的名字，可是人们又往往因为别人不重视自己记不住自己的名字而感到不痛快。记住别人的名字是非常重要的事，忘记别人的名字简直是不能容忍的无礼。尤其是对于推销人员来说，记住别人是至关重要的，因为能够热情地叫出对方的名字，从某种程度上表现了对他的重视和尊重，而好感也就由此产生。

乔·吉拉德就能够准确无误地叫出每一位顾客的名字。即使是一位有五年没有见面的老顾客，但只要踏进乔·吉拉德的门坎，他就会让你觉得你们是昨天才分手的，并且他还非常挂念你。他这样做会让这个人感觉自己很重要，觉得自己很了不起。如果你能让某人觉得自己了不起，他就会满足你的所有需求。

如果你还没有学会这一点，那么从现在开始，留心记住别人的名字和面孔，用眼睛认真看，用心去记。而且，为了避免忘记，你在办正事之前最好先熟悉一下对方的名字。作为推销员，你不仅要记下顾客的姓名和电话号码，还得记住那些秘书和接待员的姓名以及其他相关人员的姓名。每次谈话时，如果你能叫出他们的名字，他们便会高兴异常。这些人乐意帮助你，会给你带来很多方便。

五、推销的基本过程

现代推销学是一门涉及多学科的综合性应用学科，其研究对象是推销活动过程及其一般规律，内容主要包括推销基本理论和推销程序及其实务两大部分。推销程序及其实务是现代推销的主要研究对象之一，也是本书推销部分的主要内容。早在 1886 年，美国 NCR 公司董事长首先提出了推销过程的概念，发展到今天，已经形成一个比较系统的理论体系，并且被广泛地运用于现代推销活动。

完整的推销过程，一般包括寻找顾客、约见接近顾客、推销洽谈、处理异议、促成交易、后续工作等 6 个阶段或环节。其中各个环节是相互联系、相互渗透和相互转化的，任何一个环节的得失都会影响推销工作的成败。

1. 寻找顾客　寻找潜在顾客是整个推销过程的前奏。推销人员必须培养起主动寻找潜在顾客的意识，学会综合运用各种寻找潜在顾客的方法和途径。在此过程中，推销人员可以采用电话、信件乃至见面接触等方式。在这个阶段，推销人员应搜集尽可能多的与顾客有关的信息，并建立顾客档案，在所有潜在顾客中寻找最有可能购买的顾客。

2. 约见接近顾客　约见是推销人员征求顾客同意接见洽谈的过程。当推销人员作好必要的准备和安排后，即可以安排约见顾客。约见是推销接近的开始，约见能否成功是推销成功的一个先决条件。推销人员在初次接触顾客时，要注意建立良好的第一印象，重视顾客的感受，让顾客感到轻松。在此阶段，推销人员与顾客是第一次见面，有人把这叫做推销中最重要的 30 秒钟。

3. 推销洽谈　推销洽谈是推销过程的一个重要环节。洽谈也称面谈，是推销人员运用各种方式、方法、手段与策略去说服顾客购买的过程，也是推销人员向顾客传递信息并进行双向沟通的过程。在此阶段，推销人员要通过熟练的提问技巧帮助顾客确认他们的需求和问题所在，并运用充满魅力的演讲技巧和现场演示技巧，将产品或服务的利益呈现给顾客。

4. 处理异议　在推销过程中难免会有顾客异议产生。首先推销人员要对异议有正确的看法和态度，认识到顾客异议既是推销的障碍，也是成交的前奏与信号。推销人员要耐心区别与判断不同的异议根源，有的放矢地处理好顾客异议。

5. 促成交易　促成交易是推销过程的成果和目的，无疑是推销活动中最重要的一部分。只有成功地达成交易，才是真正成功的推销。在推销活动中推销人员要敏锐分辨出成交信号，并不失时机地说服顾客作出购买决策，完成相关的购买手续。

6. 后续工作　达成交易并不意味着推销过程的结束，售后服务同样是推销工作的一项重要内容，它关系到买方利益和卖方信誉，会对顾客的满意度产生直接的影响。卖方应如约履行包括安装调试、包退换、包维修、包培训的服务承诺，搞好索赔处理，以及定期或不定期地访问顾客，实行跟踪服务等。

推销人员完成推销任务后，不仅要搞好售后服务，进行推销工作检查与总结，还必须继续保持与顾客的联系，加强信息的收集与反馈，不断改进产品和服务，更好地满足顾客需求，争取更多的“回头客”。

第二节　推销职业的特点与要求

一、推销职业的特点

（一）澄清对推销职业的误解

一般人对推销这一职业的印象并不好，常用“骄傲自大”、“夸夸其谈”、“虚伪”等词汇来形容推销人员。一项大学生对推销职业态度的调查显示了很多人都对推销这一职业抱有成见，例如：推销人员要想成功，就必须说谎或者欺骗；好的推销人员心理上不一定能够适应社会环境；推销中的人际关系是令人反感的，推销人员过着卑微的、令人讨厌的生活，因为他们始终在伪装自己；推销无须才智，推销工作就是请客吃饭，等等。

虽然这些观念并不正确，但它们确实存在。这些对推销职业的错误认识缺乏公正性和科学性，有必要对其深入分析，以正本清源。

（1）推销中的人际关系并不令人反感。推销人员的任务是创造一个值得信任的买卖环境。根据这一原则，买卖双方之间必须相互信任、诚实。这并不是人们印象中所说的“令人反感”的关系。事实上，推销是一个令人羡慕的职业。推销员通过提供符合需要的产品或服务来使顾客获得满足感。许多推销人员都遵循这样的理念：顾客成功，我才成功。这是人们创造互动型的、双赢的人际关系的基础。

（2）好的推销人员心理上能够适应社会环境。推销人员在推销实践中不断地锻炼了自己的心理承受能力。他们通常会遭遇顾客的拒绝，也并不是每一次推销都是成功的。遭遇拒绝通常会增加压力，推销人员必须比其他人更能适应这种压力，必须具备诚恳的态度、乐观的精神、不屈不挠的意志力才能实现推销目标，所以他们通常对来自社会上的各种压力有着良好的适应性。

（3）推销人员不是依靠说谎或欺骗获得成功。在现代营销理念指引下，大多数公司依靠重复销售盈利，如果顾客被欺骗，他们就不会重复购买，公司就会陷入困境。短期内或许可以欺骗顾客，但他们终将发现这一欺骗行为，被欺骗的顾客不仅会拒绝重复购买，还会进行负面宣传，从而影响公司形象与长期收益。

（4）推销工作不仅需要体力，更需才智。成功的推销要求推销人员不仅要有劳动者的手，还要有科学家的头脑和艺术家的心智。他们要仔细分析顾客的业务，确定其需要与问题并为他们提供建议。准确地确定顾客的需求，要求推销人员具有高超的观察、分析与沟通的技巧，具备这些技巧需要智力、才能，还必须经过良好的训练。

（二）推销职业的特点

推销是一个多样化、富有挑战性、令人兴奋的职业，主要有五个特点：

1. 择业面宽　作为公司销售队伍的成员，推销人员在市场营销活动中起着至关重要的作用。人员销售在大多数公司里都占费用支出的主要部分，并且提供了大量的就业机会。据统计，美国公司推销人员每年的开销超过 1 800 亿美元，相当于花在促销和广告上的费用总和。

2. 自由度高　推销职业具有很高的行动上的自由，通常没有人会对经验丰富的推销员进行直接的监督。他们以何种方式工作、工作多久、如何寻找顾客、拜访谁等等有完全的自主权，可以根据自己的工作职责来制定工作计划，实现推销目标。

3. 挑战性强　推销职业对个人的体力和智力提出了很高的要求。推销人员为了提高推销业绩，必须做好推销分析，理清线索，调查每一个哪怕是很小的证据，跨越推销过程中遇到的每一道障碍。面对工作的挑战并取得成功能够使人们产生自我价值感。

4. 升职机会多　成功的推销员有许多晋升到高层管理职位的机会。管理工作的第一个级别通常是分区销售经理的职位。推销员在公司工作两年或三年后，取得了一定的业绩和管理经验，常常被提升到这个职位。一个人可以从分区销售经理开始，然后晋升到更高级别的销售管理职位。

5. 报酬可观　许多人被推销工作所吸引是因为推销职业中的经济回报通常与业绩挂钩。许多专业推销人员有机会挣很高的薪水。

（三）推销人员的职业生涯

职业生涯是指一个人从参加工作开始到一生中所有的工作活动和工作经历组成的整个过程，它包括职业生活的内容、方式和阶段。推销人员要根据自己的技能、经验、知识、工作兴趣，安排好自己的工作，设计好职业生涯的发展道路。

人是有生命周期的，传统的说法是把人的一生分为幼年、少年、青年、壮年、老年等几个阶段。孔子把自己的一生总结为七个阶段："吾十有五而志于学，三十而立，四十而不惑，五十而知天命，六十而耳顺，七十从心所欲不逾矩。"在不同的人生阶段，人们的心理特征、心理素质、智能水平、社会负担、主要任务等都不相同，这就决定了在不同的阶段，其职业发展的内容和重点也是不同的。推销人员的职业生涯也可以按照时间划分为若干个阶段，每个阶段有其特点和任务。

职业生涯的阶段模型有很多，比如职业生涯发展理论专家金兹伯格提出的幻想期（11岁以前）、尝试期（11～18岁）和实现期（18岁以后）三阶段论；职业生涯发展专家休普提出的初探阶段（25岁以前）、创立阶段（25～45岁）、维持阶段（45～60岁）和衰退阶段（65岁以上）的四阶段论；职业生涯发展研究领域权威人物萨伯将人生职业生涯的发展划分为五阶段，即成长阶段（0～14岁）、探索阶段（15～24岁）、创业阶段（25～44岁）、维持阶段（45～64岁）和衰退阶段（65岁以上）；美国学者利文森提出的六阶段论，即拔根期（12～22岁）、成年期（22～29岁）、过渡期（29～32岁）、安定期（32～39岁）、潜伏的中年危机期(39～43岁)和成熟期(43～59岁)等。

推销人员的职业道路见图6-1。大多数销售管理人员都是以基层的销售代表为起点。一些跨国公司认为只有经验丰富、实战能力强的销售人员才能承担高层的销售管理工作，因为他们已经具备了担任这一职位所需的知识和职业背景，并且在这一领域树立了良好的自我形象。《财富》500强的公司中，

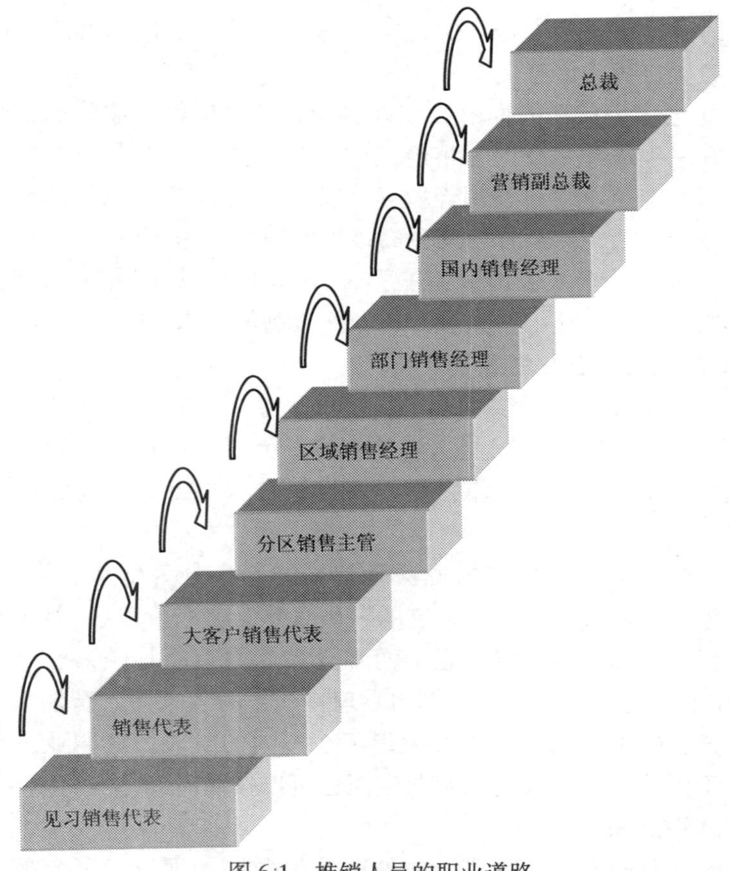

图6-1　推销人员的职业道路

各种管理岗位上的许多主管都是以从事推销工作作为其商业经历的开始。

大多数公司要求推销人员从最基层做起。当一个推销人员在推销第一线工作一段时间以后，他们能够深刻理解推销人员的工作要求与工作职责，熟悉顾客对公司及其产品和推销人员的态度与反应方式，同时通过实践，更直接地获得了产品用途以及同竞争品牌的差异等第一手资料，逐渐成为行业中的资深推销人员。

一旦推销人员在工作中获得了成功，公司营销部门和销售部门的其他工作都会敞开欢迎的大门。他们发展的机会非常宽广，既可以纵向往上提升，也可以横向发展，从事销售培训、销售分析、市场研究、整体广告策划和品牌管理等工作。一线的推销工作经历和经验，使他们具有接受更高的职务的潜力。当然，也有些推销人员，对承担管理工作的兴趣不大，而宁肯做一名出色的推销专家，他们的薪金可能比他们的经理还要高。

推销窗口 6-5　　推销之神的经验结晶

被人们奉为“推销之神”的原一平，27 岁时加入日本明治生命保险公司，历尽千辛万苦之后，开始了他的辉煌人生：从 36 岁起他多次获得业绩全国第一，并因努力提高保险推销员地位，贡献卓越，荣获日本天皇颁赠的“四等旭日小绶勋章”。以下是原一平 50 年推销生涯的经验结晶：

（1）推销成功的同时，要使这位客户成为你的朋友。

（2）对于积极奋斗的人而言，天下没有不可能的事。

（3）要不断地去认识新朋友，这是成功的基石。

（4）说话时，语气要和缓，但态度一定要坚决。

（5）对推销员而言，善于听比善于辩更重要。

（6）成功者不但怀抱希望，而且拥有明确的目标。

（7）不要躲避你所厌恶的人。

（8）忘掉失败，不过要牢记从失败中得到的教训。

（9）失败其实就是迈向成功所应缴的学费。

（10）在没完全气馁之前，不能算失败。

（11）储藏知识是一项最好的投资。

（12）昨晚多几分钟的准备，今天少几小时的麻烦。

二、推销职业的素质要求与能力要求

（一）推销职业的素质要求

推销人员是开拓市场的先锋，是企业形象的重要代表。推销职业充满巨大的挑战，需要推销人员为之付出艰苦的努力。成功的推销人员应具备以下基本素质：

1. 充满热忱　成功的推销人员热爱推销工作，对于推销工作能为顾客创造价值深信不疑，充满热情，锲而不舍。这是推销人员成功的第一关键要素。要想成功，就必须对自己、对工作、对产品、对顾客有一个积极、热忱的态度。

2. 积极进取　成功的推销人员具有追求成功的迫切愿望。若想取得成功，必须忍辱负重与坚韧不拔。推销人员热爱自己的工作，就能够树立起良好的心态，心甘情愿地付出百倍的努力。早起的鸟儿有虫吃，成功的推销人员深知捷足先登的奥妙，他们是从现在做起的人。

3. 聪明睿智　成功的推销人员具有敏锐的洞察力，懂得何时应“知难而进”，何时应“见好就收”。成功的推销人员，善于利用时间，不但可以苦干，更懂得如何巧干，他们充分利用 80:20 法则，善于按轻重缓急合理安排工作，以保证事半功倍。

4. 态度乐观　成功的推销人员乐观自信，时时认为自己是成功者。当然，推销员有时会遇到不顺心的事情。然而，他们积极的态度能够帮助他们克服难题。性情乐观和工作勤奋是建造成功大厦的方砖。

5. 知识广博　推销人员经常与各种各样的顾客打交道，知识的广度与深度在很大程度上决定了推销人员的推销能力。优秀的推销人员应具备下列几方面的知识：产品知识、市场知识、企业知识、用户知识、语言知识、社会知识、美学知识等等。成功的推销人员会不断进行学习与自我激励，并将所学的知识灵活运用到推销实践之中。

6. 善于沟通　成功的推销人员深知若想推销成功，首先要仔细倾听顾客的声音，了解顾客的需求，而不是一味滔滔不绝地游说，试图说服顾客作出购买决策。推销人员要掌握五位一体的沟通技巧，即用耳朵去倾听，用眼睛去观察，用嘴巴去提问，用大脑去思考，同时用心灵去感受。优秀的推销人员深知只有帮助顾客成功，推销人员自身才会成功，因而会主动站在顾客的角度帮助顾客解决问题，在良好的沟通中与顾客建立起长期关系。

7. 品格优良　推销员应履行自己的承诺，让顾客感觉到你的确是一个值得信赖的人。如果出尔反尔，经常违约，不遵守自己的允诺，会使竞争者轻易地从你手中抢走客户，不利于培养和建立长期稳定的关系。诚实守信，言行一致，不说大话，是推销员优良品格的最基本要求。表 6-1 是采购人员对推销人员品性的喜好，从中可以看出哪些品质是受客户欢迎的，哪些是特别遭人厌恶的。

表 6-1 采购人员对推销人员品德及行为的喜好

受欢迎的品质	受质疑的品质	受反感的品质
诚实	不事先预约	自作聪明
丢失生意仍能泰然处之	一见面就强硬推销	打听别人的私事
承认错误	贬低竞争者的产品	抱怨
和蔼且内行	缺乏产品知识	信口开河
有所准备	太多的电话联系	盛气凌人
能解决问题	没有询问顾客的需求	强硬推销
适应能力强	缺乏产品演示技能	挑拨离间

8. 身体强健 推销员的工作既是一项复杂的脑力劳动，也是一项艰苦的体力劳动。推销员的工作性质决定了推销员必须有强健的身体方能胜任。推销员必须经常外出旅行推销，在必要时还得携带样品、目录、说明书等；与顾客接触的整个推销过程更是劳力劳心，需要充沛的精力作保证。因而，推销员要有强健的身体、旺盛的精力，作为实施推销活动中一切策略的基本保证。

推销窗口 6-6　　推销失败的原因

在推销实践中，往往有很多推销人员尝到了失败的苦果。究其原因，主要有以下几个方面：

○ 缺乏职业生涯的规划：对推销工作与推销职业缺乏正确的认知，目标不明确，缺乏有效的时间管理。

○ 过多关注价格与优惠条件：在那些不成熟与不成功的推销人员看来，顾客最关心的仅仅是产品的价格与优惠条件，一旦与顾客面谈，他们往往单刀直入，试图用低价去说服顾客购买，而忽略了顾客的真实需求。

○ 对顾客死磨硬缠：一些推销人员为了将产品推销出去而对顾客实施糖衣炮弹的软攻，凭着其“三寸不烂之舌”夸夸其谈，根本不顾及顾客的真正需要与欲望。

○ 忽略售后工作：一旦拿到了订单，推销人员很快无影无踪，把前面对顾客所作的承诺与保证都抛到九霄云外，放弃与顾客建立持久的关系。

（二）推销职业的能力要求

推销职业的能力要求是指推销人员必须具备的运用各种资源从事推销活动的能力。推销人员的职业能力越强，对自我价值实现、取得声望、被人尊敬的要求越高，在职业道路上发展的欲望就越强烈，对推销业绩的促进也就越大。一般来说，推销人员应具备以下能力：

1. 观察能力　推销人员的观察能力，主要是指其通过顾客的外部表现去了解顾客的购买心理的能力。人的任何行为表现都与内心活动有关联，反映着内心活动的一个侧面。推销人员可以从顾客的表情、姿态、语气中，发现许多反映顾客内心情绪和情感的信息，观察能力成为揭示顾客购买动机的重要一环。因此，好的推销人员应该具备洞察顾客心理活动的能力，对多数人所忽略的细枝末节有强烈的敏感性，就像一台X光机一样能够准确地透视顾客的一言一行，并能针对顾客心理活动的阶段采取必要的刺激手段，引导顾客的思路，变潜在需求为现实需求。

2. 创造能力　现代推销工作是一项创造性很强的、高度智慧性的脑力劳动。推销人员只有具有很强的创造能力，才能在激烈的市场竞争中出奇制胜。创造性的推销并非一刹那间的灵光闪现，而是一个复杂而曲折的过程。推销人员要在总结前人经验的基础上，反复实践和磨炼，不因循守旧，养成独立思考的习惯，才会有创造性的推销技能。在推销活动中，推销人员只有创造性地运用各种推销方式，才能发展新顾客，开拓新市场。

推销窗口 6-7　　　　把木梳卖给和尚

有一则故事，说一家著名的跨国公司高薪招聘推销人员，应聘者趋之若鹜，其中不乏硕士、博士。但是，当这些人拿到公司考题后，却都面面相觑，不知所措。原来，公司要求每一位应聘者在十日之内，尽可能多地把木梳卖给和尚，为公司赚得利润。

出家和尚，剃度为僧，六根已净，光头秃顶，要木梳何用？莫非出题者有意拿人开涮？应聘者作鸟兽散。一时间，原先门庭若市的招聘大厅，仅剩下A、B、C三人。这三人知难而进，奔赴各地，寻寺访庙，推销木梳。

期限一到，诸君交差。面对公司主管，A君满腹冤屈，涕泗横流，声言：十日艰辛，木梳仅卖掉一把。自己前往寺庙诚心推销，却遭众僧责骂，说什么将木梳卖给无发之人是心怀恶意，有意取笑、羞辱出家之人，被轰出山门。归途之中，偶遇一游僧在路旁歇息。因旅途艰辛，和尚头发又脏又厚，奇痒无比。自己将木梳奉上，并含泪哭诉。游僧动了恻隐之心，试用木梳刮头体验，果然解痒，便解囊买下。

B君闻之，不免有些得意。B君声称，卖掉10把。为推销木梳，不辞辛苦，深入远山古刹。此处山高风大，前来进香者，头发被风吹得散乱不堪。见此情景，自己心中一动，忙找到寺院住持，侃侃而谈：庄严宝刹，佛门衣冠不整，蓬头垢面，实在亵渎神灵。故应在每座寺庙香案前，摆放木梳，供前来拜佛的善男信女，梳理头发。住持闻之，认为言之有理，采纳了此建议，总共买下了10把木梳。

轮到C君汇报，只见他不慌不忙，从怀中掏出一份大额订单，声称不但已经卖出1 000把木梳，而且急需公司火速发货，以解燃眉之急。听此言，A、B两人啧啧称奇，公司主管也大惑不解，忙问C君如何取得如此佳绩。C君说，为推销木梳，自己打探到一个久负盛名、香火极旺的名刹宝寺。找到庙内方丈，向他进言：凡进香朝拜者无一不怀有虔诚之心，希望佛光普照，恩泽天下。大师为得道高僧，且书法超群，能否题“积善”二字刻于木梳之上，赠与进香者，让这些善男信女，梳却三千烦恼丝，以此向天下显示，我佛慈悲为怀，慈航普度，保佑众生。方丈闻听，大喜过望，口称阿弥陀佛，不仅将自己视为知己，而且共同主持了赠送“积善梳”首发仪式。此举一出，一传十，十传百，寺院不但盛誉远播，而且进山朝圣者为求得“积善梳”，简直挤破了山门。为此，方丈恳求自己急速返回，请公司多多发货，以成善事。

（资料来源：赵刚，把木梳卖给和尚，载《知音》，2001（8））

3. 社交能力　推销人员向顾客推销产品的过程，实际上也是信息沟通的过程。从某种意义上说，推销人员是企业的外交家，需要同各种不同性格、年龄、爱好的顾客打交道。这就要求推销人员善于与他人建立联系，相互沟通，取得信任，化解和处理各种矛盾。为此，在推销活动中，应注意做好以下几点：待人热情诚恳，行为自然大方；能设身处地站在顾客立场上考虑问题，体谅顾客的难处；有自制能力，能控制自己的感情，能沉着、冷静地处理问题；自觉拓展自己的视野和知识面，在各种交际场合应付自如，圆满周到。

4. 语言表达能力　语言是表达思想、交流信息的主要工具。不管是形体语言、口头语言还是文字语言，都要求推销人员通过语言准确地表达有关推销品的信息。优秀的推销人员应讲究语言艺术，善于启发顾客，说服顾客。良好的语言表达能力的标准是：清晰、准确、逻辑性强、重点突出；富于情感，使顾客听了感到温暖、亲切，有感染力；诚恳、条理清楚，有说服力，可增强顾客的信任感；生动形象、风趣幽默，能起到吸引顾客的作用。优秀的推销人员应该是富有鼓动性和激情的演说家，能言善辩，但同时又是最忠诚的听众，善于聆听顾客的意见。

5. 应变能力　推销人员应该思维敏捷，适应能力强，反应速度快，面临困难与变化不慌不乱，善于处理被动局面，经常在山重水复之时，找到柳暗花明之路。这就要求推销人员能够快速地分析和综合问题，及时察觉顾客需求的变化对推销效果的影响，并针对变化的情况，及时采取必要的推销对策。

推销窗口 6-8　　机敏的钢化玻璃杯推销员

一名推销员正在向一大群顾客推销一种钢化玻璃杯。他首先向顾客介绍产品，宣称这只钢化玻璃杯掉到地上是不会碎的。接着进行示范表演，可是碰巧拿到一只质量不合格的产品，只见他猛地往地下一扔，杯子“砰”地一下全碎了。真是出乎意料之外，他自己也十分吃惊，顾客更是目瞪口呆。面对这样尴尬的局面，假如你是这名推销员，你将如何处理呢?

这名富有应变能力的推销员急中生智，首先稳定住自己的心境，笑着对顾客说：“看见了吧，这样的杯子就是不合格品，我是不会卖给你们的。”接着他又扔了几只杯子，都获得了成功，博得了顾客的信任。这位推销员的杰出之处就在于他把本来不应该发生的情况转变成一个事先准备好的推销步骤，而且做得天衣无缝。

三、推销人员的工作职责

推销人员的工作职责会随着所在行业和公司的不同情况而有所变化，主要取决于推销活动涉及的是产品还是服务，是工业品还是消费品，以及推销品的市场特点与目标顾客的需要和分布情况等。推销人员的工作职责不仅仅是做一些产品展示与推销的工作，一般而言，注重建立长久顾客关系的推销人员肩负着以下七种基本职责：

（一）开发新客户

为了增加销售额，随时补充可能会失去的顾客，需要推销人员深入市场去访问目标顾客与潜在顾客。访问顾客是推销工作的生命线，推销人员要找出哪些人或组织有购买推销品的潜力，然后运用适当的推销策略和技巧去接触客户，促成交易。

（二）培养满意的顾客群

推销人员不仅需要达成一次性的交易，更为重要的是不断培养和扩大满意的顾客群。满意的顾客群一般具有这样一些特征：

（1）重复购买公司的产品，大大降低了公司的营销成本。

（2）忽略对竞争品牌的关注，具有较高的品牌忠诚度。

（3）经常为公司作正面宣传，成为公司的义务推销员。

(4) 购买公司的其他产品，最终可能成为公司的合作伙伴。

(三) 为顾客提供解决问题的方案

推销人员应该成为一名问题解决者，并以此与顾客建立信任关系。他们首先必须确定顾客存在的问题与需求，这需要有人际交往的技巧，主要是倾听和分析的能力。这种技巧的最高层次就是能够与顾客产生共鸣。共鸣就是感觉别人的感觉，即换位思考，把自己放到对方的立场来考虑问题，随时把握顾客的反应并据此调整推销策略。顾客需要的不是一个说客，而是一个了解自己所思所想，能够对自己的工作或生活有帮助的人。

(四) 为顾客提供各种服务

为了与顾客建立长远的合作关系，推销人员要为顾客提供广泛的服务，如化解抱怨、处理退货，提供样品与试用、提出购买建议书以及为顾客提供产品使用的培训，帮助顾客合理使用产品，以延长产品的使用寿命，等等。若有可能，推销人员还要深入了解顾客对产品的新的技术要求，推动公司开发产品的新功能，更好地满足顾客的需求。

(五) 帮助顾客开拓市场

从事销售渠道管理的人员，必须主动帮助批发商、零售商、经销商、代理商开拓市场或为他们的客户提供必要的服务。如为经销商、批发商等作出市场分析与企划，找到准确的市场定位，为其提供人员培训、广告宣传、店内演示与商品陈列等方面的支持与服务。

(六) 为公司提供即时的市场信息

由于推销人员身处市场一线，直接感受市场变化，因而更容易掌握第一手的市场情报，许多公司都要求他们的推销人员每周或者每月向公司报告市场信息。推销人员有责任为公司提供各种有关市场情报，如竞争者的营销战略与销售策略、市场竞争态势与趋势、顾客对产品和公司政策的抱怨与建议、市场机会与威胁以及推销人员个人的推销情况与业绩数据等等。

(七) 与目标顾客建立长期伙伴关系

推销人员应该遵循“以人为本”的推销理念，在与顾客面对面的接触过程中建立积极的、专业化的长远关系。推销工作是以友谊和信任为基础的，推销人员需要与每一个可能对购买决定产生影响的人发展私人间的友好业务关系。

与目标顾客建立长期伙伴关系，要求推销人员在人际交往中言而有信，表里如一，决不能故意误导或欺骗顾客。从长期观点来看，不遵守诚信原则会造成巨大的损失。推销人员应该用事实和数字来支持他们的说法，利用一切机会说明推销品能为顾客带来的利益和好处。不要轻易对顾客作出承诺，但是一旦作出承诺，就一定要兑现。

推销人员如果能够真正理解以上七种推销职责的内涵，将这七个方面结合起来，真正落到实处，将会使公司的销售额增加，同时提高推销人员的报酬。

推销窗口 6-9　施乐公司销售人员的一个普通工作日

你负责销售范围、销售时间和销售预算。你可以得到帮助以及足够的营销和服务支持，但是你应该在无经常性指示的情况下独立工作。

你每天的工作时间主要用于接触顾客。潜在顾客可能给分公司打电话，询问是否能见一下施乐的代表。然而，更有可能的是，你要约见顾客，或者到企业拜访决策者，了解他们的需求，为他们提供解决问题的方法。作为你职责的一部分，你还要在施乐分公司的办公室内或在顾客的办公室内作产品展示。你还要花相当一部分时间打电话，跟踪顾客线索，安排约会，与各类公司和组织的经理交谈。

在与顾客接触时，需要你能解决一些问题。施乐的什么产品能最好地满足顾客的需要？施乐产品与其竞争对手的产品相比如何？机器是售出还是租出？机器及其服务的现金总支出是多少——还有每份成本是多少？如何为产品融资？机器放在何处效率最高？施乐产品怎样才能满足未来的办公需要？

你还要忙于举办一些顾客支持活动，比如加快产品的交货、核查信用、撰写建议书和对顾客的雇员进行如何使用产品的培训。你可能将顾客介绍给施乐的其他销售机构，与这些机构的代表进行联合访问。

每一天你都要面临新的挑战，要解决新的问题。你的生活既繁忙又充满乐趣。

第三节　推销人员的时间管理

一、时间管理的含义

时间管理是指合理安排自己的时间，通过有效率的工作，使时间这一资源的配置达到最优，从而实现其价值的最大化。时间管理就是自我管理。时间对每个人都是公平的，每天都是 24 小时，为什么总有人比其他人在同样的时间里取得更大的成功呢？这其中的奥妙就在于成功人士更善于管理和控制自己，合理地利用时间。

对推销人员而言，时间是一种独特的投资，只需要你精心计划、安排适当，合理利用时间，就会有理想的收获。假设你每年的毛收入是8万元，按照每天8小时工作时间计算，年工作日为250天，每年工作2 000小时，那么你每小时的价值便是40元。人们经常花费工作时间做一些没有意义与效率的事情，其实浪费的是自己的宝贵财富。

时间价值的重要性已经为越来越多的人所接受和重视。现代的时间管理观念不再仅仅是利用备忘录、日程表和预约表安排时间，而是注重自我管理，强调人性化，将做事的重心从事情的“急迫性”转移到“重要性”上来，在团队中通过有效授权、沟通等手段提高时间的利用效率，提高推销绩效。

二、时间管理的5As模型

时间管理5As模型从了解（aware）、分析（analysis）、分配（assign）、消除（attack）、安排（arrange）等5个角度进行研究，该模型为推销人员进行时间管理提供了思路和方法。见图6-2。

6-2

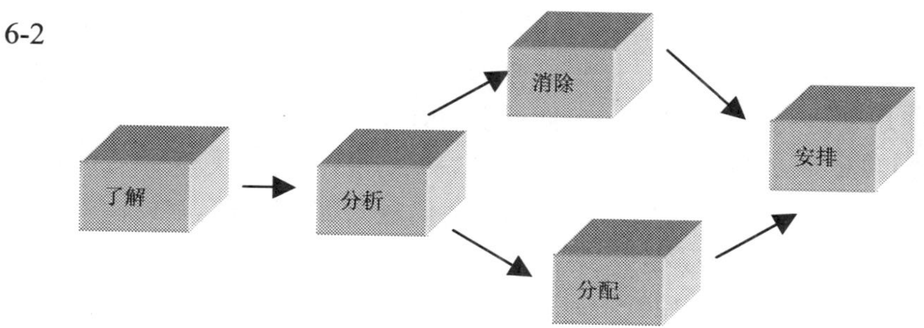

图6-2 时间管理的5As模型

（一）了解

在时间管理中，推销人员第一步需要深入进行自我了解，如自我的愿望与目标、优势与劣势、性格特征与沟通风格等；其次需要对工作进行了解，如销售区域内的顾客需要、顾客类型、推销目标和推销要求。通过这两方面的了解，推销人员可以对自我和工作有较为清醒的认识和判断，为客观分析工作和合理分配时间奠定基础。

（二）分析

通过日常时间分析表和工作时间分析表，推销人员可以检查时间运用的情况，分析自己是否在高效地利用时间，是否在时间管理方面存在问题。

1. 日常时间分析表　推销人员可以制做一张一天或一周日常时间表来分析自己的时间利用是否合理。一般而言，日常时间被以下五大块内容所占用：

（1）工作。

（2）睡觉。

（3）和家人、朋友聚会。

（4）个人爱好、兴趣或其他形式的娱乐。

（5）参加社会活动。

计算一下每项内容所占的时间百分比，就知道自己是如何支配时间，是否符合自己的目标，以此判断是否有效地使用了时间。

2. 工作时间分析表　有些推销人员即使每天工作10小时，也仍旧不能达到预期的目标，这就要去分析一下工作时间是如何利用的。

推销人员的工作时间通常用于以下方面：

（1）洽谈：与顾客电话洽谈以及面对面洽谈的时间。

（2）服务：为顾客提供安装、维修、咨询、培训等服务的时间。

（3）等候：包括在路途中以及顾客办公室等候的时间。

（4）准备：用于收集有关顾客、市场信息和为访问作准备的时间。

（5）乘车：有的推销人员用于此项的时间超过50%。

（6）管理活动：包括用在写报告、参加销售工作会议、订立合同以及与公司其他部门人员一起安排生产、交货等用的时间。

推销人员可以通过表6-2工作时间分析表来分析自己一天工作时间运用的情况。在这张表上，推销人员用记号标出他们在与顾客接触、等待、乘车、服务活动和管理上各花费了多少时间。该推销人员花220分钟乘车，90分钟等待，85分钟与顾客洽谈，120分钟用于服务，还有30分钟用于管理活动。推销人员要分析各项活动的时间分配是否合理，以及每项活动的时间怎样才能更有效地利用。

表6-2　工作时间分析表

为了确定是否浪费了时间，推销人员可以分析每天的时间是如何被用在与工作有关的不同活动上。一天的时间可以分为真正与顾客洽谈联络的时间和非推销活动的时间，如等候、乘车、服务和管理活动等等。

时　间	活　动　种　类					备　注
	乘　车	等　待	洽　谈	服　务	管理活动	
8:30—9:15	▓					拜访W客户
9:15—9:30		▓				再度推销A产品
9:30—9:50			▓			

（续）

时　　间	活　动　种　类					备　　注
	乘　车	等　待	洽　谈	服　务	管理活动	
9:50—10:00						拜访 T 客户
10:00—10:05						作产品展示
10:05—10:50						
10:50—11:30						拜访 Z 客户
11:30—11:40						进行技术服务
11:40—12:55						与采购经理共进午餐
12:55—1:40						拜访 R 客户
1:40—2:05						取得月度订单
2:05—2:15						培训 B 产品使用方法
2:15—2:30						
2:30—3:30						拜访 P 客户
3:30—4:05						分析订单
4:05—4:15						协助安装 B 产品
4:15—4:45						
4:45—5:05						回公司作总结报告
5:05—5:35						
日期：12 月 15 日 星期三	乘车：220 分钟；等待：90 分钟；洽谈：85 分钟； 服务：120 分钟；管理活动：30 分钟					

从表 6-2 可以看到，推销人员的工作量是相当大的。在现实生活中，推销人员真正用在推销上的时间往往仅占工作时间的一小部分。究其原因不外乎两个：一是缺乏合理分配时间的方法和技巧，使得工作重点不够突出；二是存在浪费时间的不良习惯，导致工作的低效率。

（三）分配

在推销工作中，有些推销人员的时间利用率特别高，工作安排得井然有序、有条不紊；而有些推销人员则主次不分、丢三落四，到了年终总结时才发现忙碌了一年，却成绩不佳，收效不大。因而时间分配显得格外重要。下面是 3 种常用的时间分配法。

1. 优先排序法　优先排序法是一种按照工作的重要性和紧迫性合理配置时间的方法。其原理就是利用优先排序图将日常事务或工作进行分类，据此确定优先次序，分配时间，达到分清轻重缓急、提高时间利用效率的目的，见图 6-3。

推销人员采用优先排序法时，可以按照从第一象限到第四象限的顺序安排工作的优先次序：

（1）紧急而且重要（第一象限）的工作要优先安排，首先完成。否则就会压力重重，危机四伏，精疲力竭，如重要顾客的拜访、洽谈和签约等工作就属

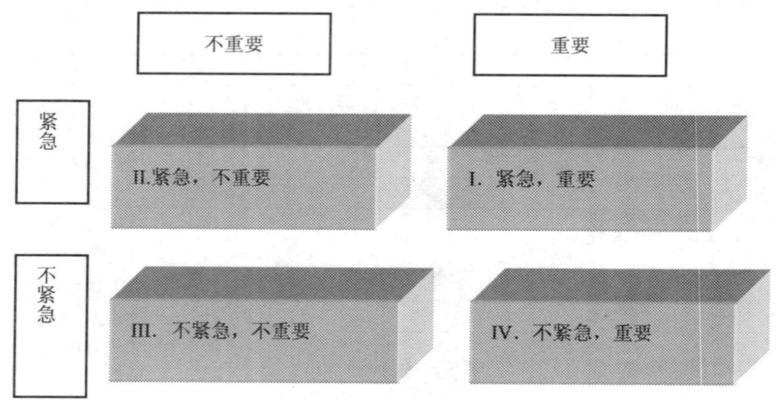

图 6-3 优先排序法

于此类。

(2) 不紧急但重要（第四象限）的工作排在第二位，是因为重要的事不抓紧做就会变成又紧急又重要的事，给推销人员增加压力，降低工作效率，如新客户的开发、制定工作规划等就属于此类。

(3) 对于整日忙碌但缺乏效率的推销人员来说，紧急但不重要（第二象限）的工作往往占用了他们大部分的工作时间，如一般顾客提出的退货要求，供货商出现的生产问题等。这时的推销人员如同救火队长一样，如果工作不加以改善，会使推销人员变得目光短浅以及工作杂乱无章。

(4) 不紧急不重要（第三象限）的工作如某些电话、会议、信件、工作应酬等可以放在最后，有时间再做，不能让此类事情占用太多时间与精力。

2. 重点关注法　重点关注法是管理学中的 80:20 法则在推销人员中的具体运用。在时间管理中也存在这样的规律：真正重要的工作只占总数的 20%。因此，一定要确认哪些才是具有高价值的 20% 的工作，如与重要顾客的联系、大客户的开发、重要合同的签约等。对这些工作要专心致志，集中精力和时间去完成。而对于价值较低的事务则不必急着去处理。事无巨细，全部一视同仁，只知拼命地苦干，不见得能够取得预期的效果。推销人员应该以巧干取代苦干，提高工作效率。

3. 效率模式分配法　效率模式分配法是指推销人员应根据自身的效率模式分配工作。每个人在一天当中的不同时段，精神和体能有很大差别，有工作效率最高的时候，也有效率最低的阶段。这个效率最高和最低时段每天发生的时间大致相同，这就构成了所谓效率模式。如有的人整个早上无精打采，但午饭过后立即神采奕奕，处理事务效率特别高，而有的人则恰好相反。所以推销人员要分析自身的效率模式，将工作表中最重要的部分安排在效率高峰期，如约见或拜访顾客、与重要顾客洽谈等，在效率低潮时段则处理例行性的工作，如整理工作记录和报告、处理订单等。

（四）消除

推销人员需要定期对自己的时间表和活动安排进行审查，看看是否有浪费时间的因素存在并努力消除它。一般而言，浪费时间的因素主要有下几个方面：

1. 丢三落四　经常寻找不经意间丢掉的东西，如重要顾客的电话号码、文件资料、抽屉钥匙等，浪费了很多宝贵的时间。消除这个因素需要养成良好的整理习惯，物品、档案、报告等应该分门别类放好，用后及时归位。

2. 行动拖延　拖延是一种“不愿意去面对”的逃避方式。应该打给顾客的电话拖了又拖，是因为不想去面对可能的拒绝、抱怨；到了顾客门口，要不要进去拜访，犹豫迟疑之间又浪费了几分钟。恐惧、犹豫、徘徊、不愿意面对等消极态度拖延了时间，是推销业绩无法得到提升的重要原因。要知道事情常常是越拖越麻烦，不如用积极的态度勇敢面对。

推销窗口 6-10　　治疗敲门恐惧症

曾经有一位著名的训练师，在对推销员进行推销训练时，有一套精彩的问答，用来减轻推销员对敲门的恐惧。训练师先要求推销员想像，自己正站在即将拜访的顾客门外。

训练师：“请问，你现在位于何处？”

推销员：“我正站在顾客家的门外！”

训练师：“很好！那么，接下来，你想到哪里去呢？”

推销员：“我想进入这位顾客的家中啊！”

训练师：“当你进入顾客家里之后，你想，最坏的情况会怎样呢？”

推销员：“最坏的情况？大概是被顾客赶出来吧！”

训练师：“被赶出来后，你又会站在哪里呢？”

推销员：“就……还是站在顾客家的门外啊！”

训练师：“很好，那不是你此刻所站的位置吗？最坏的结果，不过就是回到原处，又有什么好恐惧的呢？”

有很多情况，最坏的结果就是回到原点，对我们不但不会有什么损失，甚至还能获得一次宝贵经验，又何不抓紧时间，努力尝试一下呢？

（资料来源：倪政兴著：《如何成为推销高手》，第 1 版，成都，西南财经大学出版社，2003。）

3. 事必躬亲　对自己很有自信，感觉可以把工作做得更好、更快；对他人则缺乏信心，所以事无巨细都要自己亲历亲为，这样既辛苦了自己又浪费了时间。消除这个因素需要充分相信工作伙伴，通过有效授权来获得事半功倍的效果。

4. 电话、会议干扰　电话为推销架起了与顾客沟通的桥梁，但是不必要的电话太多或通话时间过长又浪费了推销人员宝贵的时间。会而不议、议而不决、决而不果、果而不行，这样的会议无疑也是对时间的巨大浪费。消除这些干扰需要推销人员提高沟通技巧，比如，电话洽谈业务时，要言简意赅，力图在较少的时间内解决问题。

5. 不会拒绝　自己的时间经常被老板、同事、好友所左右，面对他们的过多要求不会拒绝，最终只是做了别人希望做的事，而自己的时间和精力往往被浪费。应该学会说“不”，适当的拒绝不会伤害别人，反而会为你赢得尊敬。

6. 文件繁杂　推销人员每天都要处理很多文件，如：顾客档案、销售合同、传真和报表等，如果不能很好地管理以及缺乏处置技巧，也将占用大量的时间。推销人员要熟练掌握计算机操作技能，将各种文档资料分门别类处理存放，并做好备份，提高工作效率。

7. 无意义的拜访　每一次对顾客的拜访都要有周密的计划，要为成功的推销做好准备。无准备的拜访只会浪费时间、增加受挫折的机会。推销人员应该定期检查一下，自己在这个时期对顾客所作的拜访有多少是属于无意义的拜访。出门拜访之前应该把握以下细节：

- 拜访顾客的时间是否预约了，出门前是否需要再次确认一下时间？
- 推销用的资料、样品及各种用品是否备齐？
- 此次拜访的目的是什么？要收集的顾客信息有哪些？主要目标是谁？
- 拜访的区域和路线是否规划好？是否最节省时间？

（五）安排

通过分析，利用时间分配的方法，尽量消除浪费时间的因素，科学合理地安排时间计划，用时间计划表来改进时间管理，提高工作效率。可以参考表 6-3“访问顾客的日计划”。

表 6-3　访问顾客的日计划

时　　间	工　作　内　容
8:00—9:00	准备 A 公司的演示资料和给 B 公司的合同
9:00—10:00	旅途

（续）

时　间	工　作　内　容
10:00—11:00	拜访A公司，在A公司演示新产品
11:00—12:00	拜访B公司
12:00—13:00	与B公司主管共进午餐，磋商合同中的有关事项
13:00—14:00	拜访D公司，了解该公司的产品使用情况
14:00—15:00	拜访E公司，送发票
15:00—16:00	拜访F公司，赠送公司样品
16:00—17:00	回公司的旅途
17:00—18:00	总结报告一天的工作，为明天作出计划

□ 本章小结

推销作为一种范围广泛的社会和经济现象，其定义可以从广义和狭义两个角度来理解。狭义的推销是指推销人员以满足双方的利益或需求为出发点，运用各种推销方法和技巧，向推销对象传递产品或劳务的有关信息，帮助和说服推销对象接受相关的产品或劳务的活动过程。

推销是市场营销组合的组成部分，是营销活动过程的一个环节，同时也是营销不可缺少的机能。推销活动由三个要素组成：推销人员、推销对象、推销品。推销活动是一项专门的艺术，主要特点是：主动性、灵活性、互动性。

在激烈的市场竞争条件下，必须坚持以现代推销观念为指导，遵循满足顾客的需求、互利互惠、推销使用价值、注重人际关系和尊重顾客等原则。

一个完整的推销过程，一般包括寻找顾客、约见接近顾客、推销洽谈、处理异议、促成交易、后续工作等6个阶段。

推销人员要澄清对推销职业的误解，理解推销职业的特点，根据自己的技能、经验、知识、工作兴趣，完成各项推销工作职责，设计自我的职业生涯发展道路，在实践中提高职业素质与职业能力。

推销人员要提高业绩就必须善于管理时间。管理时间就是管理自己的行为，合理安排时间，使时间这一资源的配置达到最优化。时间管理的5As模型包括了解、分析、分配、消除和安排五部分。

□ 案例分析题

案例 6-1

凯兰公司销售运动服与休闲服，由于一位销售人员退休后职位出现空缺，于是公司录用了李芳。李芳以前在百货公司卖服装，她认为在凯兰公司的工作将会提高自己的销售能力。由于有过类似的工作经验，李芳经过短期的销售培

训就被分配负责一个区域。

第一个月，李芳用来熟悉自己负责的区域、顾客和产品，她很快就达到了一定的销售水平，与负责这个区域的前一位销售员差不多。李芳定期拜访老顾客，一旦发现新顾客就与他们联系。但是，李芳经常发现当她去拜访新零售点时，竞争对手们早已对这些商店进行了拜访，并且已获得大量订单。在这种情况下，李芳通常只能得到很少的订单。

如果顾客来公司取样品，李芳就呆在办公室与顾客交谈，与其他顾客则通过电话联系，而不去访问。如果对方不在，她会留言告诉顾客她来过电话，并且告诉顾客如果需要产品就来电话。天气不好时，李芳通常也在办公室打电话而不去登门拜访顾客。

在错过几次销售机会后，李芳发现竞争对手占据了原来属于自己公司的产品展示空间。由于凯兰公司的产品在很多地方都卖得不错，李芳不明白这是为什么。当李芳注意到顾客认为从她这里买去的衣服有问题时，她总是建议客户给公司的咨询部门打电话。

李芳加入凯兰公司已经有一年时间了，她感觉自己做得非常出色，但在她的上司看来却不是那么乐观：虽然她的销售业绩一直保持不变，但在她负责的区域内竞争者的销售额却正在上升。李芳的销售主管告诉她，除非业绩有所提高，否则只好请她另谋高就。

案例问题讨论：

1. 指出李芳工作中的不良表现。
2. 为李芳制定一个工作计划，以提高业绩。

案例 6-2

李大为是新安职业技术学院商务系的三年级学生，正在读上半学期。这个学期后，他将完成大部分基础的商业课程，准备选择职业方向。他很困惑，不知道自己该从事哪种职业。

李大为在学校的成绩中等。他在学校的商学会中十分活跃。他是社交协会的主席，并且是学生会的成员。他积极参加大多数运动，并为自己是学校网球队的第二号种子选手而骄傲。他每个星期都要花费几个小时参加“培新活动”。他带着一年级的新生张小刚出去打网球、游泳，看学校足球比赛。使李大为特别骄傲的是，自从参加了“培新活动”后，他的学习进步了，精神状态也更乐观了。

李大为可以有许多选择。他可以从事营销、会计、管理或金融等方面的职业。他想找一个富有挑战性的、令人兴奋而又相对风险小的职业。他想通过他的职业来帮助别人，同时也实现自己的人生价值。

案例问题讨论：

1. 你是否觉得李大为应该选择推销作为职业？
2. 在李大为作出决定之前，你想让他注意哪几点？

案例 6-3

陈之韵是湘潭大学商学院的毕业生，她在深圳为一家中外合资的财务软件公司推销了半年的财务软件。现在，她得到了自从她接受新加坡籍老板麦安康的入职培训之后的第一次评价。麦先生是这样说的：

“陈之韵，我发现你每天的推销电话的数量有很大的不同。有些日子，我发现只有两三个电话，有些日子有五六个，低于我们规定的平均七个电话量。好像你还很少在早上9点半或10点之前打电话。另外，你似乎无法与你的潜在顾客建立良好关系。我发现，每个可能的顾客最多只有两三个电话联系。正像你所期望的，你的推销成绩应该更好一些。”

陈之韵低下头，不敢正视她的老板，回答道：

“做推销太忙乱了。我不知道应该先做什么。早上我要重温一遍头一天做了的事情，整理好我的顾客记录，所以我无法在9点或10点之前走出办公室。至于达成交易，一旦潜在顾客对我说‘不’，我就再也不想打扰他们。我觉得‘拒绝’总是跟着我，我好像总是碰不到好的顾客。而且，我每天的第一个电话会影响我一整天的工作和心情。如果不顺利，我的精神状态就大打折扣。我无法保持自信心，可能我的顾客们也看出了这一点。”

案例问题讨论：

1. 陈之韵面临的主要问题是什么？
2. 你会给陈之韵提些什么建议以使她改善工作表现？

案例 6-4

分析富士康公司的推销人员刘志广一天的行动，就改进时间安排为他提出建议。

9:00—10:00：与顾客电话联系。在走廊里一直等到9:40才见到顾客代理人李明先生。讨论订货程序，发现某些型号的产品是通过李明先生办事处订的，而另一些产品的订单是由其他部门经理处理的。

11:00—11:30：接到周志诚先生的电话，问刘志广是否能在20分钟后会见其采购代理人黄先生。见面后，黄先生表示了订购意向，但黄先生急于去参加一个经理会议，他提议在下周约个时间再谈。

11:45—12:00：拜访关先生，询问其先前订购的产品是否已交付完毕，但了解到只交付了一半（价值1 000元），关先生很不满意。

12:05—12:55：邀请关先生到馨园饭店共进午餐。

13:00—13:30：联系鸿海科技开发公司。上个月该公司决定采购一批个人电脑机壳。但刘志广发现该公司已向另一家公司发出了价值15万元的意向订单，但仍欢迎竞争供货。

13:45—14:30：联络平安保险公司。接到200元的连接器订单。

15:30—16:00：联络新安保健医院。了解到其所订购的办公设备要放到东莞使用。按买方的要求，刘志广必须与东莞方面的代理商接洽。

16:14—16:25：联络创志网络公司，要求拜访其采购代理人。对方答应下周会见。

16:30：回到办公室。

案例问题讨论：

1. 刘志广在何处浪费了时间？
2. 对刘志广的时间安排提出改进建议。

□ 实训题

实训6-1　试着找一位现职的推销员，向他作如下的询问：

1. 你的主要工作任务是什么？
2. 你是如何看待你的现有顾客及潜在顾客的？
3. 你推销的是什么产品？对你所推销的产品的各个方面都非常了解吗？
4. 你是本着什么样的态度去从事推销这项工作的？
5. 如何当好一名称职的推销员？怎样塑造自己的良好形象？

实训6-2　寻找机会，参加一次实际的推销活动，并将推销过程记录下来。

第七章　推销理论与模式

□ **引导案例**

刘卫华是一名汽车推销员。每次与顾客接触之时，他总要想方设法地了解他们的年龄、职业、学历、兴趣、个性、家庭人口、住房、公司所在地以及上班的路程等情况。随着销售经验的增加，刘卫华逐渐认识到：人们购买汽车并非只为交通方便，他们希望通过购买汽车来获取某种利益，如改善生活方式、提升自我形象等等。当然不同的顾客对这种利益的理解也往往大相径庭。凭借收集到的各种信息，刘卫华期望能够了解顾客购买汽车的真正动机，以便更有针对性地向顾客介绍与宣传其产品和服务。

如果仅仅通过提供产品信息便可完成销售工作，顾客只需阅读一下产品说明书即可，销售人员就成为多余的人。然而，事实上人们购买的并非仅仅是产品的功能特性，而是这些功能特性所能够带来的利益。因此，销售人员应该扪心自问："顾客购买我的产品服务究竟是为了满足什么需要？"销售人员对顾客的购买动机越是了如指掌，则越说明他与顾客的关系非同一般，他的销售业绩当然会超过其同行。

若未来顾客纯粹出于经济实惠考虑，那么刘卫华该如何向顾客推销汽车？若顾客的目的是为了显示其身份地位，刘卫华又应该如何推销呢？

学习目标▶▶

学完本章后，你应该能够：

1. 领会顾客购买心理活动。
2. 了解推销方格理论。
3. 掌握各种推销模式。

第一节　顾客购买的基本心理活动过程

顾客对推销人员及其推销的产品，从认识到购买，一般要经历一个复杂的、有一定规律性的心理活动过程。这个心理活动过程可划分为三个大的阶段过程：认识过程、情感过程和意志过程。在整个过程当中，情感和意志随着认识而产生，又反过来影响认识。

一、顾客购买的认识过程

顾客购买产品是从认识过程开始的。认识过程主要解决两个问题：首先是认识和明确自己的需求所在，其次是寻找可以满足这种需求的基本途径和方法。顾客购买的认识过程一般包括感觉、知觉、注意、记忆、思维、想像等基本的心理活动与过程。

（一）感觉

感觉是顾客的感觉器官直接接受推销人员及其产品等刺激源的刺激所引起的最初反应。它是顾客认识过程的起点，也是顾客一切心理活动的基础和出发点。在感觉阶段，顾客的认识特点是：

（1）顾客主要以感觉器官对推销刺激进行感觉。心理学的研究结果证明：在人的感觉阶段中，80%的信息量是由人的视觉器官完成捕捉的。因此，推销人员必须提高推销的视觉形象并留意顾客的眼神变化。

（2）感觉是对事物个别属性的反映。推销人员要从顾客的心理认识这一初级阶段出发，在推销介绍时先从产品的基本常识与外观开始，力求引起顾客的注意，在顾客已经建立良好的感觉时再引导顾客从整体属性上认识产品。

（3）引起顾客的感觉，需要推销刺激达到一定的强度。推销宣传的语言沟通方式和非语言沟通方式、推销人员访问的次数、推销品的外观和性能等，都必须要达到足够的刺激强度，才能引起顾客对企业、推销人员、产品的感觉。

（4）顾客的感觉是会改变的。顾客对企业、推销人员和产品的认识，会因条件的变化而变化。因此，推销人员要创造良好的推销环境，灵活运用各种推销策略和技巧，扭转和弱化顾客的不良感觉，强化和巩固顾客的良好感觉。

（二）知觉

知觉是顾客在推销进行多次反复感觉的基础上，对感觉进行综合性概括后所形成的认识。知觉是感觉的深入，是顾客对推销进行认知的第二个阶段。顾客对推销的知觉有以下几个特点：

1．整体性　知觉是对产品整体属性的认识，这就需要调动全部感觉器官系统，把推销作为一个统一的整体来反映。如顾客在购买食品的过程中，要看其外观、闻其味道、摸其新鲜度、尝其口感、问其营养功能等。

2．选择性　即把认识对象从背景中分离出来的过程。顾客带着既定的目标选择产品时，如果某种特定的产品成为符合顾客心理需要的刺激物，被感知得比较清楚，就成为知觉的对象；而其他刺激物则被感知得比较模糊，就成为知觉的背景。因此，推销人员要力图吸引顾客的注意，使自己的推销品成为顾客的知觉对象。

3. 理解性　知觉不仅取决于感觉，还取决于过去的知识和经验。顾客是用以前所获得的有关知识和经验来理解和解释知觉对象的。因此，推销人员应尽可能充分地了解和掌握顾客的知识结构、水平及其经验，帮助和引导顾客理解产品的整体属性及其带给顾客的各种利益。

4. 恒常性　在知觉条件发生变化时，顾客对推销的整体属性的认识仍然能够保持相对不变。持续不断的推销努力，如强化品牌意识，加强售后服务等，其目的就在于强化顾客知觉的恒常性，巩固推销品在顾客心目中的地位。

（三）注意

注意是顾客的心理活动对一定对象的指向和集中，是顾客通过对事物的选择，使意识集中于一定的客体的认识阶段。这一阶段的特点是：

1. 有限性　顾客接受的刺激物众多，其注意的范围是有限的。推销人员要想方设法吸引顾客的注意力。

2. 主次性　顾客在注意几个客体的同时，注意力并不是平均分配的，而是有主次之分。

3. 可转移性　顾客的注意力会因环境条件的变化，产生主动或被动的转移，推销人员要设法将顾客的注意力集中在推销品的利益上。

> 推销窗口 7-1　　把注意力集中在樱桃树上
>
> 二手房推销员小张陪同一对夫妇看房。庭院里有颗樱桃树，枝繁叶茂，妻子看了很喜欢。进了房间，妻子说：“客厅不够大啊。”小张说：“您看客厅多方正，还正好对着那颗樱桃树呢。”进了厨房，丈夫说：“橱柜有点旧了。”小张说：“是有点旧，您看质量还是挺好的。樱桃成熟的时候，一边闻着果香，一边为家人准备美味佳肴，心情不知道有多好呢。”进了卧室，妻子说：“梳妆台的款式不好看啊。”小张说：“您真是好品味，这个款式是比较普通。不过，卧室的窗口也对着那颗樱桃树呢，在这样的房间梳妆打扮，您会年轻十岁呢！”最后的结果如何呢？夫妇二人买下了这套住房。

（四）记忆

记忆是顾客对有关推销信息初步接受后的储存保留阶段。储存于顾客头脑中的推销信息，在一定的条件下，会因顾客产生联想而再现。记忆的主要特点有：

1. 记忆是顾客对推销的高度概括　在推销过程中，推销人员总是尽力向顾客提供很多信息，但是顾客不可能将所有信息都储存于大脑加以记忆，而只能把他认为最重要的信息加以记忆。

2. 记忆的选择性与差别性　顾客在记忆阶段，是以自己的知识、经验和能力为依据对推销信息加以选择后再进行记忆的，因此，不同的顾客对同一推销信息的记忆是不同的，这就是记忆的选择性和差别性。

3. 记忆的再现性　当顾客感到需要或再次面对推销时，顾客头脑中储存的有关信息会再次呈现出来，从而为购买提供决策信息。如果顾客对推销的印象是好的，则顾客决定购买的可能性就要大些；反之，将对推销带来不利的影响。

（五）思维

思维是在感知的基础上，对推销品本质特征的间接的、概括的反映。思维过程的主要特点是：

1. 间接性　思维是凭借知识经验这一媒介来反映客观事物的。进入思维过程后，顾客就要进行分析、综合、比较、判断、推理，并征询其他已经购买产品者的意见，从多种事物的联系中，更加深刻地去理解和把握推销品的本质特征。思维容易受到顾客的气质、性格、态度、价值观念、文化水平等因素的影响。

2. 概括性　思维过程往往是通过抽取同一类事物的共同特征和事物间的必然联系来反映事物的。推销人员在顾客的思维概括过程中，应该起引导、启发作用，但不能强加于人，要让顾客在自然状态中接受推销人员的观点，并使顾客自己做出结论。

顾客在购买产品时，总是要经过思维过程，才能做出购买决策。一般而言，日用消费品的购买思维过程比较简单，耐用消费品的购买思维过程就比较复杂，而工业品的购买过程则是最复杂的。

（六）想像

想像是指顾客对已经拥有的推销主要特征进行加工改造，从而创造新形象的过程。因此，想像具有超前性。推销人员要积极引导顾客运用想像力，产生有利于购买的联想。

推销窗口 7-2　　激发顾客的联想

保险推销人员闵小姐拜访一位客户多次，推销一种分红保值型的保险，但一直未能签约。她没有放弃，而是一有空就登门拜访，与客户拉近情感距离。有一次，她正好碰上客户的女儿过两岁生日。她真诚地对客户说："请您想像一下吧！过十八年后，也就是您女儿二十岁生日的那一天，也是一样的烛光晚宴，您的女儿已经出落成芳龄淑女，您的心情是多么宽慰！在那天，您能拿出二十万元送给您的女儿，作为祝贺她长大成人的礼物！想想她会多么开心！”一席话说得客户热泪盈眶，当场签下保单。

二、顾客购买的情感过程

情感是顾客对推销活动和推销品是否符合自己的需要而产生的态度和心理体验。顾客在对推销品有了认识之后，便会产生对推销品的态度，这种态度和心理体验会在顾客的购买行为中或明或暗地表现出来。顾客对某种产品的态度，是以该种产品是否满足顾客的需要为中心和依据的，只有符合顾客需要的产品，才会引起顾客的积极情感反应。

情感一般分为情绪和感情两种类型。情绪是最基本的情感现象，它一般具有外部表现明显、持续时间相对较短的特点。基本的情绪类型有愉快、痛苦、愤怒、恐惧、惊奇等。顾客情绪的变化，主要取决于需要的满足程度，推销人员的任务就是要积极地运用推销技巧，克服顾客的紧张心理和排斥情绪，稳定和强化顾客的良好情绪。感情是较高级的情感现象，具有稳定持久、内隐含蓄的特点，它与顾客的基本社会性需要相联系，如信任感、归属感、自尊感、朴素的美感等。推销人员在推销过程中，应当注意培养顾客三方面的感情：一是对推销人员的信任感、亲切感；二是对产品的偏爱感和忠诚感；三是对企业的信任感。如果是名牌产品的推销，还要培养和稳固顾客购买和使用该产品的自豪感和优越感。

三、顾客购买的意志过程

意志过程是指顾客有目的地调节自身行为，努力克服各种困难，从而实现预定目标的心理活动过程。意志过程有两个基本特征：一是有明确的购买目的，二是需要排除干扰和克服困难。顾客的意志过程可分为制定购买决策与执行购买决策两个阶段。

（一）制定购买决策

顾客购买决策包括购买动机的冲突及取舍，购买目标的确定，付款方式的选择，以及购买时间、地点的确定等等。在顾客购买决策过程中，选择最适宜的购买目标对象是关键。推销人员要针对顾客的购买动机进行合理的推销，说服顾客购买自己的推销品。

（二）执行购买决策

执行购买决策是意志过程的关键，顾客要为之付出时间、金钱、脑力、体力，要克服购买过程中的各种困难与障碍，处理在决策阶段所没有预料到的新情况和新问题。

顾客的购买心理过程是认识过程、情感过程、意志过程三者的统一。推销人员要清楚认识按照购买活动的三个心理活动过程，根据顾客的不同需要，引导顾客从感性和理性两方面认识推销品，以取得最佳的销售业绩。

推销窗口 7-3　　掌握顾客的购买心理

专业的销售人员在推销活动中要做到：在充分了解顾客需求的基础上，帮助顾客从感性和理性两方面去认识推销品，激发顾客对推销品的好感。下面是自行车推销人员与一名在校学生的推销对话，体现了对顾客购买心理的掌握和运用。

销售人员：你是科技大学的学生吧？你们学校的校园很大啊。从宿舍走到校门口要花不少时间吧？

学生：是啊。每次出去买东西都要浪费我不少时间在路上。

销售人员：使用芳菲牌变速自行车能帮你节省时间。你喜欢什么颜色呢？

学生：我觉得黄色的很漂亮。

销售人员：真是好眼光，黄色是充满生机活力的颜色。你可以试骑一下这辆黄色的自行车，感受一下质量如何。

（学生试骑了一下，脸上露出满意的表情）

销售人员：车技不错啊，小伙子。感觉怎样？

学生：感觉还不错。可就是太贵了，要 180 元。

销售人员：我明白你的感受。学生时代的确应该提倡节约。在节约金钱的同时，更应该节省时间，把精力放在学习上，这样才能更好地增加个人价值啊。

学生：（想了一下）好吧，我买黄色的这辆。

第二节　推销方格理论

推销方格理论是美国著名管理学家罗伯特 R. 布莱克教授和 J. S. 莫顿教授的管理方格理论在推销领域的具体运用。1964 年两位教授提出了著名的“管理方格理论”（Management grid theory），1970 年继而提出了“推销方格理论”（Sales grid theory）。推销方格理论认为：商品推销是一种面对面的互动交流过程，由于推销人员与顾客立场的差异，以及看问题的角度不同，所以他们面对推销和购买会产生不同的认识，对双方的关系也会有不同的看法，这些看法和认识直接影响到推销的效果。

推销方格理论能够帮助推销人员准确地把握到自己的推销心理，发现自己在推销工作中存在的问题，进一步提高自己的推销能力。此外它还有助于推销人员更深入地了解顾客，掌握顾客的心理活动规律，以便有效地开展推销活动。

推销方格理论分为推销方格和顾客方格。前者是研究推销活动中推销人员心理活动规律，而后者是研究在推销过程中顾客的心理状态。

一、推销方格

每一位推销人员在进行推销活动时都会面临两种关系和两个具体目的：一是要努力说服顾客，与顾客达成有效的买卖关系，达到完成销售任务的目的；二是要想方设法赢得顾客的欢迎，与顾客建立良好的个人关系，达到与顾客交朋友的目的。这两个目的各自的侧重点是不相同的，前者强调的是“销售”，后者强调的是“顾客”。在实际的推销活动中，不同的推销员对这两种关系所持的态度不同，追求这两种目标的心理愿望的强度也各不相同。有的推销人员比较注重与顾客的人际关系而忽视商品交易的达成；有的则只注重商品交易的达成，而忽视与顾客建立长期的联系；还有的能够二者兼顾。推销人员对这两种关系和两种目的的重视不同，推销工作绩效也不一样。

布莱克和莫顿教授用平面坐标系图形来表示推销人员对这两种关系和两种目标的重视程度组合，这个图形就是推销方格，如图 7-1 所示。其中横坐标表示推销人员对完成销售任务的关心程度，纵坐标表示推销人员对顾客的关心程度。

图中数值越大，表示推销人员的关心程度越高。根据图 7-1，推销人员对推销业务的关心程度为 1 到 9，对顾客的关心程度也是 1 到 9，坐标值越大，表示推销人员的关心程度越高。布莱克和莫顿把推销人员的心理态度分为五种典型类型，即事不关己型、顾客导向型、强销导向型、推销技巧型和满足需求型。

（一）事不关己型

事不关己型处于图 7-1 中（1-1）的位置上。这种心态的推销人员既不关心顾客，也不关心自己的推销工作，具体表现是没有工作责任心，不热爱本职工作，缺乏成就感，漠视顾客的需求。之所以如此，主要是由于推销人员自身没有进取精神，或其所在的企业没有适当的激励措施和严格的管理制度。

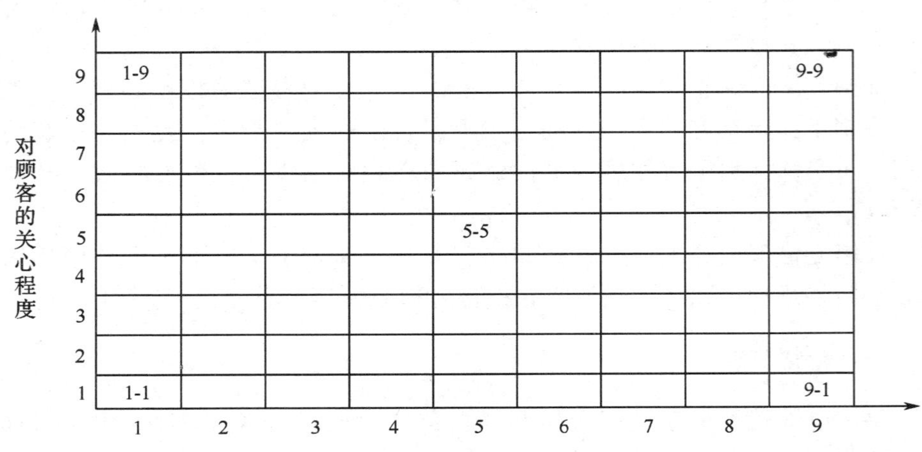

图 7-1 推销方格图

（二）顾客导向型

顾客导向型处于图 7-1 中（1-9）的位置上。这种心态的推销人员只知道关心顾客，而不去关心推销工作。具体表现是处处迁就顾客，一切以顾客的利益为重，为了顾客他们可以牺牲企业的利益，甚至将推销品以极低的价格销售给顾客。他们的工作目标是为了建立和保持与顾客的良好关系。这类推销人员可能是一位人际关系学者，但不是一名成功的推销人员。他们懦弱的性格，使他们对顾客百依百顺，默认顾客的偏见和不合理的要求。他们过分地迁就顾客，必然会给公司的利益带来损害，这样的推销人员是不合格的。

（三）强销导向型

强销导向型处于图 7-1 中（9-1）的位置上。与顾客导向型推销态度相反，这种推销人员只关心推销结果，而不关心顾客的实际需要和购买心理。在推销过程中，为了使商品销售出去，他们往往千方百计地说服顾客，使顾客产品购买欲望，有时甚至运用高压推销的方式。之所以如此，是因为他们有太强的成就感，过分看重推销的结果，忽视了对顾客的关心和尊重。这种推销人员虽然具备积极的工作态度，但只顾推销而不顾顾客的实际需要，最终只能给顾客留下不良印象，损害公司的形象和声誉。因此，这类推销人员也是不称职的。

（四）推销技巧型

推销技巧型位于图中（5-5）的位置上。这种推销人员既关心推销结果，也关心与顾客的人际关系。他们能够巧妙地平衡这两种关系，既不一味地取悦于顾客，也不一味地强行推销。这类推销员既不愿意丢掉生意，也不愿意丢掉顾客，讲究稳扎稳打，和气生财。当顾客提出异议时，他们能够运用推销技巧，尽量避免出现不愉快的情况。这种推销心态的实质是在平和的气氛中巧妙地运用推销技巧而达成交易，而不是从顾客的角度出发去满足其需要。

这类推销人员的销售业绩明显要好于前三类，有一些人的短期推销业绩还非常突出。可是他们仍旧不是理想的现代推销专家。因为他们往往只迎合了顾客的购买心理，而没有考虑到顾客的实际需要，经常说服顾客购买了实际上并不需要的商品，时间长了，顾客就容易产生反感和不信任感，从长远来讲，也难以取得良好的经济效益。

（五）满足需求型

满足需求型处在图中（9-9）的位置上。这类推销人员不仅关心顾客，而且也关心推销业绩。他们工作积极主动，但又不强加于人，具体表现为能够最大限度地满足顾客的需求，同时能取得最佳的推销效果。他们善于研究和掌握顾客的购买心理，发现顾客的真实需求，然后展开有针对性的推销，帮助顾客解决实际问题，同时达成销售合同。在现实生活中，推销人员的这种心态是最佳的，他们的推销行为体现了以顾客为中心的现代推销思想。

二、顾客方格

推销人员不仅要善于培养自己良好的推销心态，还要善于把握顾客的购买心理，以便有针对性地进行推销活动。顾客对商品推销活动的心态可以概括为两种情况：一是对推销人员的态度；二是对购买活动本身的态度。这两个方面形成了顾客在购买过程中的两个目标：①希望与推销人员建立良好的人际关系，为日后的长期合作奠定基础；②通过与推销人员的讨价还价，为自己赢得较多的利益，或者争取较优惠的交易条件。每个顾客对这两个具体目标的关心程度有所不同，将其表现在方格图上就称为顾客方格，如图 7-2 所示。

在图 7-2 中，横坐标表示顾客对购买的关心程度，纵坐标表示顾客对推销人员的关心程度。不同位置的方格，代表着顾客不同的购买心理状态，数值越大，表示顾客关心的程度越高。其中典型的心态有五种：漠不关心型、软心肠型、防卫型、干练型和寻求答案型。

（一）漠不关心型

漠不关心型处在图 7-2 中（1-1）的位置上。持有这种购买心态的顾客既不关心购买，也不关心推销人员，具体表现为尽量避免做出购买决策，经常逃避或敌视推销人员。在现实生活中，这类顾客通常是受命于人，没有购买

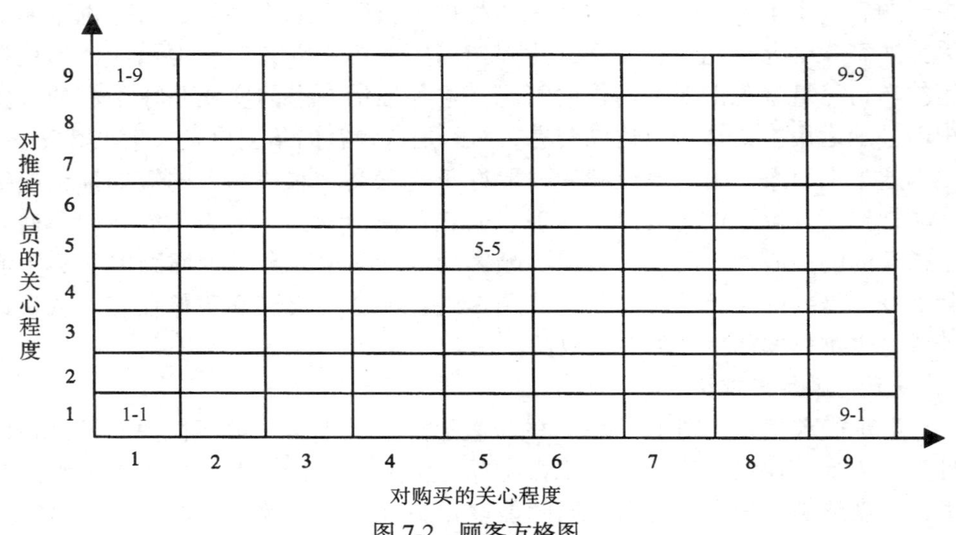

图 7-2　顾客方格图

决策权；或者害怕承担责任和引起麻烦，因而希望远离购买活动。这种类型的顾客一般来说很难打交道。

（二）软心肠型

软心肠型处在图 7-2 中（1-9）的位置上。持有这种购买心态的顾客对上门的推销人员极为关心，而对购买行为则不甚关心。他们极易被推销人员说服，一般都不会拒绝购买推销品。这类顾客往往感情重于理智，喜欢享受愉快的推销氛围，对推销人员的言谈举止十分重视，和气热情的推销人员往往较容易打动他们。

（三）防卫型

防卫型处在图 7-2 中（9-1）的位置上。与软心肠型相反，持有这种购买心态的顾客只关心自己的购买行为，而不关心推销人员，甚至抱有敌视的态度。他们认为推销人员都是些不诚实的人，因而本能地采取防卫态度。产生这种现象的原因有可能是过去购买了不良产品，也有可能是传统偏见所致。面对这种心态的顾客，推销人员先不要急于推销产品，而要建立起顾客对自己的信任，以实际行动向顾客证明自己的价值，解除与顾客之间的心理隔阂。

（四）干练型

干练型处在顾客方格图 7-2 的（5-5）的位置上。持有这种购买心态的顾客既关心自己的购买行为，也关心推销人员的推销工作。他们在购买商品时比较冷静理智，也比较重视感情，有一定的自信心。对待这类顾客，推销人员应该多摆事实，出示证据，并让顾客自己做出购买决定。

（五）寻求答案型

寻求答案型处在顾客方格图 7-2 中的（9-9）的位置上，是一种理想的购买心态。持有这种心态的顾客是成熟型的消费者，既高度关心自己的购买行为，又高度关心推销人员的工作。持这类心态的顾客把购买过程视为帮助自己解决问题的过程，因而被称为“寻求答案型”。他们通常掌握着较高的购买技术，其购买行为非常理智，不会凭感情用事。他们既清楚自己的实际需要，也很了解市场行情，因此对能够解决实际问题的推销人员持欢迎的态度。对待这类顾客，推销人员应认真帮助他们分析问题的关键所在，利用推销品为其解决问题。

三、推销人员方格与顾客方格的协调关系

根据图 7-1、图 7-2 可知，推销人员的推销心理和顾客的购买心理均有五种典型类型，推销工作效果既取决于推销人员的心理状态，也与顾客的购买心态密切相关。因此，推销人员必须认真分析推销方格与顾客方格的协调关系，使推销工作顺利展开，提高自己的推销效果。

从推销方格图来看，推销人员的推销心态越趋向于（9-9）型，其推销能力就越强，推销成绩也就越佳。有人曾对推销人员的推销心态与推销绩效之间的关系作了比较分析，其结果是（9-9）型推销人员的工作绩效要比（5-5）型推销人员高 3 倍，比（9-1）型推销人员高 7 倍。因此，每一个推销人员都应该努力学习，提高自身素养，使自己成为一名能够帮助顾客解决实际问题的推销专家。

有些推销人员在运用推销方格理论分析自己的心态时，经常认为自己天生不适合从事推销工作，难以成为一名优秀的推销专家，因而妄自菲薄，自暴自弃。这是一种错觉。推销人员对推销工作的态度、对顾客的态度、对推销产品或服务的态度等，都要受到自身的推销观和外部环境的影响，只要自觉地随着外部环境的变化不断调整推销活动，吸取经验教训，完善自己的推销行为，其推销心态必然向（9-9）的位置不断靠近，逐步接近理想的目标。

具有（9-9）型推销心态的推销人员无疑是理想的推销专家，但并不是说只有这种心态的推销人员才能取得有效的推销成果。推销人员的推销活动能否成功，除了自身的努力以外，还要看顾客是否愿意配合。如果顾客已下决心不购买，再高的推销技术也不能成功。而顾客的购买心态也有五种代表类型，不同类型的顾客与推销员搭配在一起，有时能取得很好的推销绩效。例如，（1-9）型推销人员不是优秀的推销人员，但当他遇到的是一位（1-9）型顾客时，由于一个对顾客特别热心，一个对推销员又特别关照，因此，可以

取得圆满的推销成果。在这里，只有（1-1）型推销人员例外，由于他们没有推销热情，不论什么样的顾客都不愿意到他们那里买商品。这类推销人员必须注意自我反省，不断学习，使自己的推销心态向优良的推销心态过渡，取得推销的成功。

推销方格和顾客方格之间的内在联系可以用表 7-1 来表示。这是一个搭配表，其中，我们把能够达成销售协议的搭配效果用“+”表示，不能达成销售协议的搭配效果用“-”表示，无相关关系的搭配用“0”表示，意思是可能完成推销任务，也可能无法完成推销任务。

表 7-1 推销人员方格与顾客方格搭配表

推销方格 \ 搭配效果 \ 顾客方格	1-1	1-9	5-5	9-1	9-9
9-9	+	+	+	+	+
9-1	0	+	+	0	0
5-5	0	+	+	-	0
1-9	-	+	0	-	0
1-1	-	-	-	-	-

第三节 推 销 模 式

推销模式是根据推销活动的规律和特点以及对消费者购买活动各个阶段的心理演变应采取的策略，归纳出的一套程序化的标准推销形式。在具体的推销实践中，由于市场环境的多变性、推销活动的复杂性，推销人员不应被标准化的程序所束缚，而应从掌握推销活动的规律入手，灵活运用推销模式。这里主要介绍应用最广泛的爱达（AIDA）模式、迪伯达（DIPADA）模式、埃德帕（IDEPA）模式和费比（FABE）模式。

一、爱达（AIDA）模式

（一）爱达模式的含义

爱达模式是欧洲推销专家海因兹·姆·戈德曼于 1958 年在其所著的《推销技巧——怎样赢得顾客》一书中概括出来的。爱达推销模式将顾客购买的心理过程分为四个阶段，即引起消费者注意（Attention）、唤起他们的兴趣（Interest）、刺激他们的购买欲望（Desire）以及最终达成交易行为（Action）。上述四个单词的第一个字母分别是 A，I，D，A，因此，简称为爱达（AIDA）模式。

每一个推销员都应该根据爱达模式检查自己销售谈话的内容，并向自己提出下面四个问题：我的销售谈话是否能立即引起顾客的注意；我的销售谈话能否引起顾客的兴趣；我的销售谈话能否使顾客意识到他确实需要所推销的产品，从而促使他产生购买所推销产品的欲望；我的销售谈话是否使顾客最终采取购买行动。

爱达模式从消费者心理活动出发来进行具体推销，不仅适用于店堂推销，也适用于一些便于携带的生活用品和办公用品的推销，还广泛适用于新推销人员以及对陌生顾客的推销。

（二）爱达模式的具体内容与运用

1. 引起消费者的注意　推销活动中，推销人员首先要努力以良好的形象、精辟的语言、得体的动作、巧妙的提问引起消费者的注意，让顾客感觉到自己是被关注的中心，从而自然而然地将注意力从其他事情上转移到推销活动上来。为了引起消费者的注意，推销人员要注意下面几个问题：

（1）说好第一句话。大量实践证明，顾客在听推销人员的第一句话时，注意力是高度集中的。听完第一句，许多顾客就会马上决定是尽快把推销员打发出去还是继续听下去。因此，为了吸引顾客的注意力，在面对面的推销工作中说好第一句话是很重要的。

推销人员的第一句话应该避免使用一些毫无意义的词语，例如："我来是为了……"，"我只是想知道……"，"我来只是告诉你……"，"我到这里来的目的是……"，"很抱歉，打搅了，但……"等等。为了防止顾客注意力分散，推销人员开头第一句话必须生动有力，不能拖泥带水，也不要支支吾吾。

（2）以顾客为中心。推销人员要设身处地为顾客着想，考虑到底是什么因素能使顾客认真听自己介绍推销品，尽量运用一些能够使顾客感兴趣的话题来开始销售谈话。实践证明，将推销品的介绍放在业务洽谈之首是很不明智的。作为一个推销员，重要的是帮顾客解决问题。所以同顾客进行业务洽谈时，要着眼于解决顾客生活中遇到的具体问题，对顾客阐明推销品带给他的具体利益。

（3）运用特色推销。特色推销具体体现在推销方法和推销目标上。新颖别致的推销方法常能引起顾客注意。任何推销员都不能一味地仿效他人，而要尽可能地与竞争对手保持一定距离，努力创造自己的推销风格。

推销窗口 7-4　　　　出其不意，推销取胜

一位杂货店老板，是个顽固保守的老头，非常反感别人到他那里推销。一天，一位推销洗衣粉的业务员来到店前，还未开口，老头就大声喝

道："你来干什么！"

但这位推销员并未吓倒，而是满脸笑容地说："先生，您猜我今天是来干什么的？"

老头儿毫不客气地回敬他："你不说我也知道，还不是来向我推销你们那些破玩意儿！"

推销员听后反而哈哈大笑，说："您老人家聪明一世，糊涂一时，我今天可不是向您推销的，而是求您老向我推销。"

老头儿愣住了："你要我向你推销什么？"

推销员回答："我听说您是这一地区最会做生意的，洗衣粉的销量最大，我今天是来讨教一下您老的推销方法。"

老头子活了一辈子，也没有人登门求教，于是，便兴致勃勃地向推销员大谈其生意经。直到推销员起身告辞，刚到门口，老头子好像突然想起什么来了，大声说："请等一下，听说你们公司的洗衣粉很受欢迎，我要订 30 箱。"

（4）运用肯定式的问题。推销员在推销洽谈中，要提一些肯定式的问题，多让顾客回答"是"。例如：推销人员不要问顾客"您是否愿意跟我谈一谈会计电算化的必要性？"，因为如果顾客回答说"不愿意"，那么销售人员就没有机会再往下谈了。如果改为"您是否认为利用计算机处理账务要比手工做账节省时间呢？"，顾客一般会回答"是"，销售人员就可以引导顾客的思路，做进一步的推销。当顾客连声回答几个"是"以后，他的注意力就自然集中到推销活动上来了。

（5）巧妙应付顾客注意力分散的问题。许多顾客常常会由于外部因素的干扰而不能集中精力与推销员进行推销洽谈。例如，电话铃响、公文送达、秘书或其他人求见等。在这种情况下，可以向顾客提一个试探性的问题，试探一下顾客是否已经忘记了洽谈的衔接处。例如"对不起，我们刚才谈到什么地方了？"，促使顾客做出某种反应，确保顾客的注意力指向推销。

2. 唤起顾客的兴趣　兴趣是指一个人对一定事物所抱有的积极态度。就推销而言，兴趣就是顾客对推销品或推销行为所抱有的积极态度，如好奇、期待、偏爱、肯定、喜好等。唤起顾客的兴趣在推销活动中起着承前启后的作用，兴趣是注意的进一步发展，同时也是下一阶段产生欲望的基础。

要使顾客对推销品产生持续的兴趣，就必须使他们清楚地意识到购买该产品将给他们带来的好处和利益。推销员要熟练地示范所推销的产品，证实推销品确实具有某些优点或利益，从而吸引顾客的注意力，使顾客对产品直接产生兴趣。有时候所推销的产品是不能随身携带的，推销员可以借助宣传资料、演示文稿或视听器材，向顾客宣传介绍产品。推销员要尽可能地让顾客亲自体验推销品的优点和利益，以此来唤起顾客的购买兴趣。

推销窗口 7-5　　戏剧性的推销示范有助于增加顾客的兴趣

为了使所推销的产品更具有吸引力，作推销示范时要适当安排一些小插曲，增添戏剧性色彩，诱导顾客的兴趣。例如：

一个油污清洗剂推销员过去是用他推销的清洗剂把一块脏布洗净，用以说明他的产品清洗效果好。后来，他改变了示范方法，把穿在身上的衬衣袖子弄脏，然后用他推销的油污清洗剂洗净。这样的示范更加贴近生活，其效果明显好于前者。

一个灭火剂推销员把一定数量的特殊灭火剂泡沫喷洒在自己手上，然后用喷灯对着自己的手喷射。他认为，这种示范方法的效果比其他任何方法都好。

一个推销员推销承重达 100 公斤的儿童玩具。为了向顾客证明该儿童玩具牢固结实，他猛地一下子跳到玩具的小座椅上。这一下，他的示范效果达到了最佳程度。

一家胶水生产企业的推销员让顾客在一页纸的一端涂抹胶水，然后把它贴在一本厚厚的电话号码簿上，用这张纸把电话号码簿提起来。他用这种方法向顾客证明胶水的粘合力。

一个手表制造商为了证明手表的质量，把该厂生产的手表固定在火车车轮的内侧。手表随同火车行走了 400 公里，取下手表后，手表丝毫无损，行走准时。

为了显示帆布结实耐用，有个推销员总是把一把剪刀和一块帆布样品递给顾客，让他们亲手把帆布剪成碎块。

3. 刺激顾客的购买欲望　购买欲望是指顾客想通过购买某种商品或服务，从而给自己带来某种特定的利益的一种需要。一般说来，顾客对推销品发生兴趣后就会权衡买与不买的利益得失，对是否购买处于犹豫之中。这时，推销人员必须要从需要、动机、情感和理智等方面入手，根据顾客的气质、性格、习惯等个性特征，采用多种方法和技巧，促使顾客相信推销人员和推销品，不断强化顾客的购买欲望。在这一阶段，推销员的工作主要有：

（1）向顾客介绍购买推销品的利益。推销员要想刺激顾客产生购买欲望，就必须巧妙地向顾客说明，他在购买了推销的产品以后将感到称心如意，并从中得到好处。

推销窗口 7-6　激发顾客的购买欲望的推销技巧举例——强调利益

1. 有位吸尘器推销员对一位家庭主妇说："请好好想想，使用这种机器，您可以从繁重的家务劳动中解放出来，会有更多时间带您的孩子外出散步，或者有更多的时间与您的丈夫促膝谈心，那不好吗?"

2. 一位便携式录音机的推销员对顾客说："不管何时何地，不管在室内还是在室外，不管走路还是坐车，您都可以当场把您说的话录下来，那多有趣呀!"

3. 一名复印机推销员问一家商店老板："当您想到，从现在起自己再也用不着迈出商店的大门就可以把一张张通知印出来时，您不感到高兴吗? 有了自己的复印机，您就可以随时复印信函，在价格表整理好的当天就可以印出来，还可以当天发出去。您只消花几元钱的工本费就可以向顾客印发一些广告，这既可以加强您与顾客的联系，又可以减轻员工的劳动强度，再也用不着花费很多时间，付出辛勤的劳动来打印这些通知和价格表了。您可以马上开始复印您的新年供货目录呢!"

4. "这些光彩夺目的灯光设备，可以使所有行人都能看到您商店的橱窗，甚至连广场另一侧的行人也都能看到您的橱窗。如果不安装这些灯光设备，许多行人即使从您的橱窗外面经过，也注意不到橱窗里的展品，而安装了这些设备以后，耀眼的灯光照射在展品上，行人都会清楚地看到橱窗里的展品。试想一下，要是这些灯光设备能为您吸引成千上万的顾客，那您将会赚多少钱啊。您再想想，商店新年的装饰物如果安上了这些灯光设备，将会变得多么光彩夺目啊!"

（2）有针对性地为顾客提供购买理由。推销人员要运用顾客的亲身经验、推销事实或推销例证等摆事实、讲道理，在理智上为顾客提供充足的购买理由，从而刺激顾客的购买欲望。特别是当顾客购买某一贵重产品，或者购买某种足以改变其生活习惯的产品时，推销员要尽量地向顾客讲清道理，以理服人，让顾客相信他的购买行为是理智的。

在顾客不是为自己购买，而是作为代理人替他人购买的情况下，购买理由就显得尤其重要，因为，他要向他的顾主或者公司证明其购买决定是正确的。在这种情况下，如果推销员用讲道理的方式向顾客证明，他的购买行为一定会达到他所期望的效果，那顾客的购买欲望就会增加。"如果我购买或者拒绝购买这一产品，别人会怎样看待我呢?"顾客经常会向自己提出这类问题。推销员也应该考虑到这一点，除了从情感上刺激顾客的购买欲望外，还应该从理智上刺激顾客的购买欲望，使他相信，他的购买决定不仅在情感上是合理的，在理智上也是正确的。

推销窗口 7-7 激发顾客购买欲望的推销技巧举例——以理服人

1. 一对夫妇很想购买一台自动真空吸尘器，同时又犹豫不决。他们不愿做出草率决定，因为购买一台吸尘器需要花费 1 000 多元。不过，只要推销员摆事实，说明购买吸尘器以后可以更好地保持地毯、家具清洁，讲一讲其他家庭主妇如何把节省下来的时间更好地用来帮助丈夫从事他的事业，或者指出那台真空吸尘器的使用寿命可达 10 年之久，每年分摊成本只有 100 元，就非常有可能达成交易了。

2. 一名体育用品的推销员说："假如您开设一个旅行和滑雪用品商品部，您的商店就可成为本市惟一的拥有各种各样旅行用品的商店。另外，销售旺季也可延长。秋天终归是比较萧条的季节，对吧？如果您开始销售冬季体育用品，就会把那些正在安排滑雪度假的人们吸引到您的商店里来。只要他们光临您的商店，那就有可能使他们对其他一些旅行用品发生兴趣。再想一想附近学校里的那些小学生，他们也会来这里买东西，他们可是家庭里的小皇帝啊!"

3. "不言而喻，您购买一辆大型卡车并不是因为它的式样美观和有一台大功率的发动机，您购买大型卡车的真正原因是它能运载更多的货物。让我们算一算，您购买这种型号的卡车需要多少钱，另一方面，使用这辆卡车 1 年又可赚回多少钱。请看一下这些数字……"

4. 顾客说："如果安装这种新的传送带，我们几乎得要改变整个生产程序。当然我们也希望设备现代化。但是，我们的情况有点特殊，压力也很大。我们只完成了顾客订货的一半，而且交货日期又日益迫近。我对您的建议倒是相当感兴趣，不过，我真不知道怎么办才好。"这说明顾客的购买欲望已经受到了刺激，不过还没有完全被说服，所以他没有做出购买决定。

"这个问题确实值得您认真考虑一下。"推销员冷静地回答，"不过，您决定把引进先进的操作系统推迟到什么时候呢？我们可以算算这笔账，如果您不购买这种传送带，那就要浪费很多时间。就按您目前的工资水平来算吧，加起来是……"他们两个人在一起计算。计算的结果使顾客清楚地认识到如使用传送带，生产成本可大幅度下降。这样一来，他不仅想购买传送带，而且视为当务之急。

4. 促成购买 促成购买，是指推销人员运用一定的成交技巧来敦促顾客采取购买行动。有些顾客在产生了购买欲望之后，往往不需任何外部因素的促进就会做出购买决策。但是在绝大部分情况下，尽管顾客对推销产品发生兴趣并有意购买，但仍处于犹豫不决的状态。这时推销人员就要注意识别各种成交信号，运用各种成交技巧，坚定顾客的购买信心，不失时机地促使顾客进行实际购买。

当顾客做出推迟购买决定而推销员又无能为力时，达成交易的机会就会相应减少。当他再次拜访顾客，“张先生，您考虑好了吗?”这句话就会使顾客感到特别刺耳，如同最后通牒。由于没有新的推销论点来说服顾客购买该产品，有些推销员就只好把前几次洽谈时说过的理由重复一遍。这实际上是在打一场无准备无把握的战争。因此，推销员应该记住“今天近在眼前的订单，明天就远在天边”这一格言。

为了促成交易，推销员要通过察言观色，仔细揣摩顾客的购买意图。顾客的购买意向，总会无形中以各种方式流露出来。根据顾客的说话方式和面部表情的变化，便可做出正确的判断。为此，推销员要掌握一些心理学的知识，掌握顾客心理活动的规律，学会识别各种语言和非语言信号，通过仔细观察顾客在谈话结尾阶段的言谈举止，来判断顾客的购买意向。

在成交的过程中，推销人员要保持自然的神态，沉着镇静，以平稳的心态从容迎接成交的到来。在接受成交的关键时刻，顾客极容易因突然的犹豫而动摇购买决心。所以，推销人员要小心谨慎，灵活运用成交技巧，打消顾客的疑虑，争取成功的交易。

二、迪伯达（DIPADA）推销模式

（一）迪伯达模式的含义

迪伯达模式是国际推销大师海因兹·姆·戈德曼根据自身推销经验总结出来的一种推销模式。它被认为是一种创造性的推销模式，是现代市场营销理论在推销实践中的突破与发展，是以需求为核心的现代推销学在实践中的应用。“迪伯达”是六个英文单词的第一个字母的译音即 DIPADA。这六个单词概述了迪伯达公式的六个推销步骤，即：准确发现顾客有哪些需要和愿望(Definition)；把推销产品和顾客需要与愿望结合起来（Identification)；证实推销品符合顾客的需要与愿望（Proof)；促使顾客接受推销品（Acceptance)；刺激顾客的购买欲望（Desire)；促使顾客采取购买行动（Action)。

迪伯达模式的特点是紧紧抓住了顾客的需要和愿望的关键环节，使推销工作目标明确，具有很强的针对性。迪伯达模式广泛适用于生产资料（即资本品）的推销，适用于对老顾客及熟悉顾客的推销，适用于保险、技术服务、

咨询服务、信息情报等无形产品的推销，适用于向单位（或集团）购买者的推销。迪伯达模式的开头比爱达模式复杂，层次多，步骤繁，但其推销效果较好，因而受到推销界的重视。

（二）迪伯达模式的具体内容

1. 发现顾客的需要和愿望　在实际推销活动中，发现顾客的需要和愿望是非常重要的，有助于与顾客建立良好的亲和力，实现有针对性的推销。推销人员在实践中可以运用市场调查、建立信息网络、洽谈询问等方法来发现顾客的需要和愿望，这一步骤是后面的推销工作的基础和推销成功的保障。

令人遗憾的是，许多推销员往往忽略了这一点。他们根本不听取顾客的意见，不注意了解顾客究竟有哪些需要和愿望，只是无的放矢地向顾客介绍或者展示他们的产品。这样做的结果必然会使顾客大失所望，因为他注意到推销员并不了解他的心愿和需求。实践证明，越能准确地发现顾客的需要和愿望，在向顾客示范产品时，就越有可能达成交易。

2. 把顾客的需要与推销的产品结合起来　推销人员在准确地总结出顾客的需要和愿望之后，接下来便是向顾客介绍推销品，并把推销品与顾客的需要和愿望结合起来，自然而然地把顾客的兴趣引导到推销品上来，为进一步推销产品铺平道路。推销人员要注意从顾客的利益出发，用事实说明推销品和顾客需求之间的内在联系，善于从不同的角度寻找二者的结合点，切不可牵强附会，引起顾客的反感。

3. 证实推销的产品符合顾客的需求　经过第二个阶段，顾客对推销品有了初步认识，但这仍然远远不够。推销人员必须拿出充分的证据向顾客证实产品符合其需要和愿望，拿出强有力的证据证明顾客的购买选择是正确的，并了解顾客对所提供证据真实性的看法。为此，销售人员事先必须做好证据的收集和应用等准备工作，通过老顾客对推销品的良好评价，或展示有关部门出具的证据，或采用典型事例等，来证实推销品的确是符合顾客需求的。

4. 促使顾客接受推销品　顾客只有接受了推销品才有可能采取购买行动。推销人员必须向顾客阐明推销品的好处和利益，并拿出充分的证据向顾客说明，推销品符合顾客的需要和欲望，是顾客的明智选择。

5. 激发顾客的购买欲望　经过前几个阶段的努力，现在推销洽谈开始转入第五个阶段，即刺激购买欲望阶段。推销员应该使顾客认识到他必须购买推销品，并产生强烈的欲望。这时，顾客往往会流露出对推销品的偏爱，有时会询问价格、售后服务、付款方式等与购买有关的问题。

6. 促成购买行动　这是迪伯达模式的最后一个步骤，它要求推销人员识别各种购买信号，不失时机且巧妙地促使顾客作出购买决定。这一步骤与爱达模式的“促成购买”相同。

推销窗口 7-8　　　　迪伯达模式应用举例

小王是一位保险销售商，他要拜访的潜在顾客马先生是位商人。马先生的家庭状况良好，生活美满舒适，最近有了孩子。小王拜访了马先生，下面是他们两人的对话。

小王：马先生，恭喜您添了个儿子。不过，您的家庭负担也增加了一半。您为他的将来一定作了不少打算吧！（准确发现顾客有哪些需要和愿望）

马先生：是呀！家里多了一口人，感觉是既开心又担心。

小王：您希望您的孩子尽可能受到良好的教育，对不对？

马先生：那当然啦！受到好的教育，他才会有好前途啊。

小王：所以，不管发生什么样情况，只要有足够资金支付他的教育费用，并能保证您夫人在经济上不会遇到什么困难，您就感到宽心了。对不对？

马先生：对。我是应该尽到做家长的责任。但是，有些时候，我是心有余而力不足。很多事情是不可能都如愿以偿的。您提出的问题是一个实际问题。现在我的收入不错，但世事难料，还是害怕风险。

小王：作为一家之长，责任重大。您应当考虑到各种可能会出现的问题，比如，在孩子还没有长大成人，还不能自食其力的情况下，您必须为他提供生活费用、教育费用以及其他费用。因此，您有必要为他办理保险。我公司有一项宝宝平安育英保险计划，就很适合您的需要呢。您只需每年交付 4400 元保险费，就可以拥有身故保险金、育英年金、生存教育金及养老金保障，尽显您对孩子的关爱，万一需要，可代您完成养育责任，是不幸中的万幸。（把推销产品和顾客需要与愿望结合起来）

马先生：是啊，也许有必要买点保险。

小王：我这里有一些老顾客写下的对这个险种的评价，请您过目。您肯定希望通过购买保险为您的孩子储蓄一笔可观的资金，等他到 21 岁时交给他。只有这样，您才尽到了一家之长的责任，尽到了您对尊夫人和孩子的义务，对吗？（证实推销品符合顾客的需要与愿望，促使顾客接受推销产品）

马先生：你说得有道理。我想详细了解一下。

（于是，小王向马先生详细地介绍了购买保险的计划。马先生显得很感兴趣，询问了很多有关问题。）

小王：这个险种的特点是越早买越划算，趁现在保险费率比较低赶紧决定吧。您只需要在这里写上您的名字就好了。（小王拿出随身带来的保险合同给马先生签字，交易成功了。）（刺激顾客的购买欲望，促使顾客采取购买行动。）

三、埃德帕（IDEPA）模式

（一）埃德帕模式的含义

埃德帕模式是迪伯达模式的简化形式，埃德帕是英文 IDEPA 的中文译音，IDEPA 分别是英文单词 Identification、Demonstration、Elimination、Proof、Acceptance 的第一个字母。埃德帕模式也是海因兹·姆·戈德曼根据自己的推销经验总结出来的，主要包括以下五个步骤：

第一个步骤：把推销的产品与顾客的愿望联系起来；

第二个步骤：向顾客演示合适的产品；

第三个步骤：淘汰不合适的产品；

第四个步骤：向顾客证实他们做出的产品选择是正确的（顾客已挑选了合适的产品）；

第五个步骤：使顾客做出购买决策。

埃德帕模式适用于有明显的购买愿望和购买目标的顾客。在使用此模式时，推销人员要善于发现顾客的真实愿望，认真倾听顾客的需求和所要达到的目标，适时地向顾客确认自己所了解的是否就是他所想表达的，这种诚挚专注的态度能够激发顾客讲出他更多的内心想法，从而有利于推销人员把握需求，帮助顾客做出购买决策。

（二）埃德帕模式的运用

在实际运用中，推销人员要做到以下几点：

1. 对主动上门求购的顾客应热情接待　当推销品供不应求时，不能觉得自己的产品是“皇帝女儿不愁嫁”，对上门求购者不屑一顾，等到产品滞销时又百般向顾客讨好。这些都是不正确的态度。对顾客应热情接待，尽量提供较多的货源供顾客选择，不要怕麻烦，使顾客满意而归。

2. 应按照顾客的需要示范产品　如果顾客是拿着进货清单，那么对清单上所列产品都应加以示范，除非顾客表示不需要。推销人员应尽量多示范几种产品，并在多种产品的示范中了解顾客的具体购买要求。

3. 按照顾客的需求标准筛选产品　推销人员应了解顾客的选择标准，对于老顾客，推销人员应准确地掌握顾客每次的进货额；对于新顾客，推销人员应尽量了解顾客进货的档次、数量。如能通过与顾客的谈话了解目标市场消费者的特点，就能有把握地选择与淘汰产品，并应鼓励顾客多进货。

4. 向顾客证实他的选择是正确的　中间商关心的主要是进销差价和销售前景，推销人员可用案例证明某个产品在某个市场销售得很好、利润丰厚；对一般顾客可用权威机构的鉴定、老顾客的评价等来证实。当顾客选择产品后，推销人员要及时证实与赞扬顾客的正确选择。

5. 促进顾客接受产品　推销人员应针对顾客的具体特点促成交易。例如，帮助他们尽快办好进货手续；及时解决运输问题，以便他们能尽快把货物摆到货架上；在货款的结算上给予信用方便等，促使交易的完成。

四、费比（FABE）推销模式

费比模式是四个英文单词的第一个字母 FABE 的译音：特征（Feature）、优点（Advantage）、利益（Benefit）、证据（Evidence）。它是由美国俄克拉荷马大学企业管理博士、中国台湾中兴大学商学院院长郭昆漠教授总结出来的。其推销步骤是：

1. 把产品的特征准确详细地介绍给顾客　F 代表英文 Feature，意为特征。该模式要求推销人员在见到顾客后，要用准确的语言向顾客介绍产品的特征。为了搜集有关产品特征的信息，销售人员可以选择以下渠道：阅读报纸和专业杂志；向本公司的资深人员询问；参观展览会和研讨会；亲自试穿、试吃、试用。销售人员应该把有关推销品的材料选择、工艺流程、设计制作等各方面的特征加以归纳，如果客户提出有关问题，可以流利、准确地回答。

2. 有针对性地介绍产品的优点　A 是英文 Advantage 的首字母，意即优点。推销人员应针对在第一步骤中介绍的特征，寻找其特殊的优点，或是相对于竞争对手的优越之处。介绍优点不必要面面俱到，而要结合产品的特征和顾客的需要。当自己的产品某方面（例如功能或技术）比较弱时，可以用别的优点（增加服务或降低价格）来弥补。客户一般购买的是综合优势。

3. 阐述产品给顾客带来的利益　B 是英文 Benefit 的首字母，意即利益。这一步骤最为关键，因为真正能够促使顾客产生购买欲望的并不是花样翻新的产品特征，而是产品将为顾客带来的实际利益。推销人员应该善于将产品的特征和优点转化为顾客关心的各种利益，例如节省时间或金钱、有利于生活健康、增加了方便或安全度等。在介绍产品的利益时，销售人员应该与顾客充分沟通，了解哪些是顾客所关注的利益点，尽量鼓励顾客试用产品。

4. 找出有力的证据说服顾客　E 是英文 Evidence 的首字母，意为证据。推销人员在推销中要避免口若悬河，一味夸耀自己的产品最好，免得引起顾客的反感。如果推销人员能够提供老客户的名单和他们对推销品的良好评价、在权威报刊杂志上有关该推销品的正面宣传报道、真实可信的统计数据等，就能够坚定消费者的购买决心。

在推销实践中使用费比模式，应该注重拜访顾客前的准备工作。首先要充分地了解产品设计的特性及功能、各种优点，并事前对客户的需求进行了解和分析，从而确定哪些特征、优点和利益是要对顾客加以阐述的，预先将有关企业形象、产品介绍、优点和利益分析等方面推销用语加以归纳总结，并将对销售有帮助的报刊、老客户评价等证据进行搜集整理。从而在面谈中有针对性地进行产品的介绍和演示，让顾客感受到销售人员是值得信赖的。

推销窗口 7-9　　成功推销构成法

郭昆漠博士将成功的推销技巧总结为诱导顾客购买心理的七个阶段，分别是：

第一阶段：引起顾客的注意。最好的办法是印制与众不同的名片，如可以在名片上印上相片，印上特殊的与推销有关的数字、语句等。

第二阶段：引起顾客的兴趣。如引起顾客的好奇心、求知欲与期望等，具体方法可以借助语言、动作等。

第三阶段：引起顾客的联想。用生动的语言，把顾客购买与拥有产品后能够得到的利益以及满足感等绘声绘色地描述一番，就像一名优秀的体育比赛的现场解说员一样，令没有到现场的听众也可以想像到比赛的精彩与激烈程度。

第四阶段：激发顾客的购买欲望。具体分为三个步骤：①让顾客明白，你所推销的产品正是顾客所缺乏的；②让顾客相信，你所推销的产品可以满足顾客的需要；③让顾客了解，购买你所推销的产品可以得到各种利益与满足。

第五阶段：给顾客进行比较的机会。比较的内容有：

（1）把顾客需要支付的货币与他所能得到的利益进行比较，或者把顾客的财政预算与产品的使用价值进行比较。

（2）把所推销的产品与竞争产品进行比较，使顾客在比较中相信该推销产品的优点。

第六阶段：让顾客信服。以各种证据证实购买该推销产品是物有所值的，同时证实推销人员的真诚品质。

第七阶段：促使顾客下决心采取购买行动。

□ 本章小结

在推销过程中，推销人员必须了解顾客的基本心理活动。顾客的基本心理活动过程可分为：认识过程、情感过程和意志过程。在认识顾客特定的心理活动的基础上，要利用推销方格和顾客方格理论来分析自己和顾客的心理活动所属的类型。根据爱达（AIDA）模式、迪伯达（DIPADA）模式、埃德帕（IDEPA）模式和费比（FABE）模式各自的特点，选择运用适当的推销模式，努力提高推销效率。

□ 案例分析

案例 7-1

小李住在深圳华侨城，她是一名中学教师，她的丈夫是一名公务员，他们有个九岁的男孩，在教学条件优良的白石洲中英文小学上学。随着孩子长大，小李意识到该让他看一些百科全书读物了。一天，当小李在翻阅一本杂志时，一则有关百科全书的广告吸引了她。于是她就打电话给当地代理商，问是否能见面谈一谈。下面就是两人有关此事的谈话摘录：

小李：请告诉我你们这套百科全书有哪些优点？

推销员：首先请您看看我带的这套样书。您看，书本的装帧非常精美，整套五十卷都是这样的真皮套封烫金字的装帧，摆在您的书架上，真是上档次。

小李：也许吧。你能给我介绍其中的内容好吗？

推销员：当然可以，本书内容编排按字母顺序，这样便于您查找资料。每幅图片都很漂亮逼真，比如这幅西藏布达拉宫图，颜色多逼真。

小李：我看得出，不过我更感兴趣的是……

推销员："我知道您想说什么。本书包罗万象，有了这套书您就如同有了一套地图集，而且还附着详尽的地形图。这对你们这些年轻人来说一定有用处。"

小李："我要为我的孩子着想。"

推销员："当然！我完全理解，由于我公司为此书特制了带锁的玻璃门书箱，这样您的小孩也许就无法玩弄它们，在上面乱写乱画了。而且您知道，这的确是一笔很有价值的投资。即使以后想转手卖出去也决不会赔钱的。何况时间越长收藏价值还会扩大。此外，它还是一件很漂亮的室内装饰品。那精美的小书箱就算我们赠送的。现在我可以填您的订单了吗？"

小李："哦，我得考虑一下。你是否能留下其中的文学部分，以便让我进一步了解其中的内容呢？”

推销员：“我正好没有带文学部分来。不过我公司本周内有一次优惠售书活动，现在购买正是时候。”

小李：“我恐怕不需要了。”

推销员：“我们明天再谈好吗？这套书可是送给您丈夫的好礼物。”

小李：“哦！不必了，我已经没有兴趣了，多谢！”

推销员：“谢谢，再见。留下一张我的名片，如果您需要请给我打电话。”

小李：“再见。”

案例问题讨论：

1. 这位推销员的失误在哪里？
2. 小李买书的动机是什么？如果你是推销员，你将如何改进推销谈话？

案例 7-2

阅读下面的推销对话。

推销人员：这件衣服对您再合适不过了。您穿蓝色的看上去很高贵，而且这种式样也正是您这种工作所需要的。

顾客（犹豫地）：不错，是一件好衣服。

推销人员：当然了，您应该马上买下它，这种衣服就像刚出炉的热蛋糕，您不可能买到更好的了。

顾客：嗯，也许，我不知道。

推销人员：您不知道什么？这么好的衣服就摆在您面前。

顾客：我希望你不要给我这么大的压力。我喜欢这件衣服，但我已经有一套蓝色的了。

推销人员：照照镜子，难道您不以为这件衣服给了您一种真正的威严气质？您知道您可以承受得了，价格又不贵，才 400 元。

顾客：我还不能确定，这得花掉我半个月的伙食费。

推销人员：好的，但当您再回来时或许这种衣服已经没有货了。

案例问题讨论：

1. 推销人员是否了解顾客的需求所在？
2. 在该案例中，推销人员应如何帮助顾客从感性和理性两方面去认识服装？

3．该顾客是属于什么类型的人？如果你是推销人员会如何去做？

□ 推销方格

自我测试题

这份推销方格试题共分成六题，每一题里都含有五种不同的推销方案。在动笔答题之前，请大家先将每一题中五种不同的推销方案仔细地看一遍，然后在最适合自己推销心理的方案之前写下“5”，在次适合自己推销心理的方案之前写下“4”，依次类推，在最不适合自己推销心理的方案之前写下“1”。

第一题

A 我接受顾客的决定。

B 我十分重视维持与顾客之间的良好关系。

C 我善于寻求一种对客我双方均为可行的结果。

D 我在任何困难的情况下都要找出一个结果来。

E 我希望在双方相互了解和同意的基础上获得结果。

第二题

A 我能够接受顾客的全部意见和各种态度，并且避免提出反对意见。

B 我乐于接受顾客的各种意见和态度，更善于表达自己的意见和态度。

C 当顾客的意见和态度与我自己的意见和态度发生分歧时，我就采取折中方法。

D 我总是支持自己的意见和态度。

E 我愿意听取别人的不同意见和态度，我有自己独立的见解。但是当别人的意见更为完善时，我能改变自己原来的立场。

第三题

A 我认为多一事不如少一事。

B 我支持和鼓励别人做他们想做的事情。

C 我善于提出积极的合理化建议，以利于事情的顺利进行。

D 我了解自己的真实追求，并且要求别人也接受我的追求。

E 我把自己的全部精力倾注在自己正在从事的事业之中，并且也热情关心别人的事业。

第四题

A 当冲突发生的时候，我总是保持中立，并且尽量避免惹事生非。

B 我总是千方百计避免发生冲突。万一出现冲突，我也会设法去消除冲突。

C 当冲突发生的时候，我总会尽量保持镇定，不抱成见，并且设法找出一个公平合理的解决办法。

D 当冲突发生的时候，我会设法击败对方赢得胜利。

E 当冲突发生的时候，我会设法寻找冲突的根源，并且有条不紊地寻求解决办法，消除冲突。

第五题

A 为了保持中立，我很少被人激怒。

B 为了避免个人情绪的干扰，我常常以温和友好的方法和态度来对待别人。

C 在情绪紧张时，我就不知所措，无法避免更进一步的压力。

D 当情绪不对劲时，我会尽力保持自己，抗拒外来的压力。

E 当情绪不佳时，我总会设法将它隐藏起来。

第六题

A 我的幽默感常常让别人莫名其妙。

B 我的幽默感主要是为了维持良好的人际关系，希望利用自己的幽默感来冲淡严肃的气氛。

C 我希望自己的幽默感具有一定的说服力，可以让别人接受我的意见。

D 我的幽默感很容易觉察。

E 我的幽默感一针见血，别人很容易觉察到，即使在高度的压力下，我仍然能够保持自己的幽默感。

在答完上述试题后，请将每一题里五个方案的得分填写在表 7-2 的空格里，然后将纵行的分数相加，总分最高的那一份，就是你的推销心理态度，若 A 项得分最高，则为 1-1 型；若 B 项得分最高，则为 1-9 型；若 C 项得分最高，则为 5-5 型；若 D 项得分最高，则为 9-1 型；若 E 项得分最高，则为 9-9 型。

表 7-2　推销心理态度分数查对表

推销心态 / 得分 / 题目	A 项得分	B 项得分	C 项得分	D 项得分	E 项得分
第一题					
第二题					
第三题					
第四题					
第五题					
第六题					
总　分					

第八章　顾客的寻找与接近

□ **引导案例**

张哲刚刚结束在平安保险公司为期两个月的培训，他学习了有关销售、人身保险和财产保险等知识。星期一早上，张哲来到办公室，开始了新的工作。清理好办公桌，把学习笔记归档后，张哲决定找一些可能有兴趣买保险的人谈谈。但是该如何开始呢？应该找谁呢？又怎么能知道对方是否有购买能力呢？而且，他们是否真的会买呢？张哲一筹莫展。

如果你是张哲，你的销售计划将会如何制定？常言道，良好的开端是成功的一半。若你能够准确地寻找有潜力的顾客——具有购买欲望、拥有决策权力与支付能力的顾客，你将正式踏上销售生涯之路。有时看似是泥泞的小道，但是朝着既定的人生目标努力奋斗，你终将踏上成功的康庄大道。

学习目标▶▶

学完本章后，你应该能够：

1. 领会寻找顾客的必要性。
2. 掌握寻找潜在顾客的方法。
3. 明确如何对顾客资格进行评定。
4. 掌握接近顾客的方法。

第一节　寻 找 顾 客

一、寻找顾客的必要性

在现代推销学理论中，准顾客是指具有购买产品或服务的可能性而且具备购买资格的个人或组织。寻找准顾客是整个销售过程的第一步，它对所有销售人员来说都至关重要。在推销活动中，销售人员面临的首要任务就是要确定谁是自己的推销目标，没有找准目标就进行狂轰滥炸式的推销，其结果只能是人力和财力的无端浪费。可以说，寻找准顾客是推销过程的首要环节，是制定推销计划和确定推销策略的前提条件，是提高推销成功率的重要保障。

推销人员拥有顾客的数量多少和质量高低，直接关系到推销业绩的大小。

在当今的市场环境中，想要获得并且保持稳定的顾客群并非易事。这是因为：第一，在同类产品的目标市场区域中，同行业的竞争者采取各种营销策略千方百计地争夺顾客，顾客的“忠诚度”日益降低；第二，随着顾客消费知识的日渐丰富与市场法律环境的完善，顾客变得更加精明和理性，他们懂得怎样在琳琅满目的商品中进行选择和维护自己的合法权益；第三，因人事变迁、经济收入、企业产品结构的变化等，老顾客的流失是经常的、不可避免的。由此可见，推销人员必须掌握寻找顾客的技巧和方法，以壮大自己的顾客队伍。

寻找准顾客，推销员首先要从自己所推销的产品特征出发，分析他能给消费者带来的利益和满足，找出潜在顾客应该具备的基本条件。然后，通过各种可能的线索和渠道，拟出一份准顾客的名单，采取科学适当的方法进行顾客资格的评定，从中甄选出合格的准顾客，并做好顾客分类，建立顾客管理档案，并随时保持更新。

二、寻找顾客的指导原则

没有一个最佳的寻找潜在顾客的方法适合所有的情况。销售人员应该根据具体的销售目标、销售区域以及特定的产品或服务的特点去寻找最合适的潜在顾客。在制定寻找潜在顾客的方法时，有下列一般性原则可以遵循：

（一）确定范围原则

推销人员在寻找顾客之前，首先要确定准顾客的范围，以便缩小寻找顾客的范围，提高寻找的效率。准顾客的范围的确定包括两个方面：一方面是要确定地理范围，即确定适当的推销区域。主要考虑该地区的政治环境、经济环境、社会文化环境和法律环境是否适合推销品。例如，人均收入低的地区就不适宜高档消费品（如高档家电产品或美容产品等）的推销。另一方面是要确定准顾客群体的范围，即明确谁是推销对象。不同的产品，由于性能、用途的不同，推销对象的群体范围也不一样。例如，若推销复印机，其推销对象应为各种企事业单位；推销儿童百科全书，它的推销对象应为幼儿园和有儿童的居民家庭。即使是同类产品，由于品种、规格、型号、价格等方面的差异，其交易对象的范围也有差别。例如，同为复印机，高档复印机的推销对象应是大型企业或经济效益好的单位，而一般复印机的推销对象应为一般的中小企业。

（二）多样性和灵活性相结合原则

寻找准顾客的方法是多种多样的。例如推销某种高档化妆品，既可以通过广告宣传的形式来征集信息寻找准顾客，也可以通过对某一地区的所有家庭的逐一访问的形式来寻找准顾客。总之，推销人员要根据所推销的商品的特点和准顾客的范围大小来确定适当的寻找途径。在实际推销活动中，推销人员往往采用多种方法并用的方式来寻找顾客以求得最大的收效。推销人员应学会随机应变，并善于创造新的方法来寻找顾客，以增进销售业绩。

（三）循序渐进原则

罗马不是一天建成的。树立起循序渐进、随时随地寻找顾客的意识对推销人员来说是极其重要的。要想在日益激烈的竞争中为企业发掘更多的顾客，就要时刻做好寻找顾客的准备，不放过任何一次捕捉潜在顾客的机会。不仅要在工作时间内积极寻找顾客，在外吃饭、开会、乘车等时间也都是与人交往的大好时机。如果你能及时地抓住这些宝贵的机会挖掘准顾客，日积月累，你的顾客队伍将会不断得到补充和扩大，你的推销业绩也将大幅提高。

如果你想成为一名成功的销售人员，那么你需要将寻找准顾客变成你的爱好。寻找潜在顾客是你通往成功之路的第一步。你不要仅仅将寻找潜在顾客视为一项工作，或者是一件你不愿意做却不得不做的事情。其实，寻找潜在顾客不仅是一项有意义的工作，而且充满着乐趣。

推销窗口 8-1　　处处留心的推销大王

原一平是日本的第一位国际扬名的保险推销大王，亦有“推销之神”之称。他十分注重随时随地挖掘准顾客。一天，他为了急事，搭出租车赶路。车子在十字路口遇到红灯而停下来。不一会儿，一辆漂亮的黑色轿车驶过来，停在近旁。坐在后坐上的是一位头发半白的绅士，正在闭眼沉思。原一平立即掏出小册子，记下了车辆的号码。接着他想办法查到了第××××号车是哪家公司的，弄清了头发半白的绅士是谁，什么职位，平常什么时候在公司，公司的规模如何，目前的经营状况怎样，将来有何发展计划，以及绅士本人的住址、嗜好、家庭情况等一系列问题，最终将这位大公司的常任董事发展成为了自己的顾客。

三、寻找潜在顾客的方法

寻找潜在顾客的方法非常多。事实上，没有任何一种方法能够普遍适用，只有不断地进行总结，每个销售人员才能搜索出一套适合自己的方法。这里介绍一些常用的方法。

（一）逐户寻访法

逐户寻访法又称普访法、地毯式访问法，是指销售人员在特定的区域或行业内，普遍地、逐一地访问所有的个人和组织并从中确定销售对象的方法。

逐户寻访法遵循的是“平均法则”原理，即认为准顾客是平均地分布在某一区域或行业的所有个人和组织当中的，潜在顾客的数量与访问的对象的数量成正比。例如，如果过去的经验表明，10 人中有 1 人会买产品，那么 100 次访问会产生 10 笔交易。因此，只要对特定范围内所有对象无一遗漏地寻找查访，就一定可以找到足够数量的准顾客。

逐户寻访法的优点主要是：

(1) 推销人员在与顾客的直接接触中，能够广泛地传播有关企业和产品的信息，提高品牌和产品的知名度。

(2) 推销人员可以借机进行市场调查，获得消费者对推销品的真实想法，全面了解市场需求的状况；

(3) 逐户寻访顾客的过程也是对推销人员进行意志锻炼的过程。与陌生人接触是件很富有挑战性的工作，推销人员要克服恐惧心理，经受住各种挫折，才能接触到不同类型的顾客。

这种方法也有不足之处，主要表现在以下两个方面：

(1) 有一定的盲目性，因而成功率相对较低。采用逐户寻访法寻找顾客，推销人员通常是在并不了解被访问者的情况下进行的，尽管推销人员在事先可能做了一些必要的准备工作，但仍然避免不了很大程度的盲目性，难以展开有针对性的洽谈，因此浪费大量的人力、物力和财力。

(2) 容易造成推销人员和顾客之间的心理隔阂。进行逐户访问时，顾客常常毫无精神准备，感觉突然，因此对推销人员的造访心存戒心和冷漠，常常产生抵制情绪甚至拒绝接见，给推销人员造成很大的心理压力，影响推销工作的顺利进行。

这种看似笨拙的方法，曾被美国的推销人员称为无往而不胜的成功方法。它适用于推销广泛应用、人人必需的日用品和各种服务，同时也适用于寻找生产者用户和中间商用户。为了提高工作效率，推销人员首先应该减少盲目性，要根据推销品的特征，进行必要的可行性研究，确定理想的推销范围，做好必要的访问计划。例如，到大中专院校推销大中专学生使用的书籍或其他文化用品；到银行、证券公司等金融机构推销经济信息咨询服务等。其次，要提高上门访问的有效性，要在总结以前经验的基础上，多设计几种有效的开场白，尤其是斟酌好第一句话的说法与第一个动作的表现方法，达到消除顾虑、方便沟通的目的。

（二）连锁介绍法

连锁介绍法就是推销人员请求现有的顾客介绍其他有可能购买推销品的准顾客的方法。该方法的理论依据是事物普遍联系的法则，世界上的一切事物都按一定的形式与其他事物发生联系。任何事物之间都存在着相关关系，如同属于一个社交圈的人，都需要一种原料的企业等。这种有相关关系的个人或者组织会存在着某些相同的需求而且彼此相互了解。因此，销售人员找到一个顾客后，就可以通过这个顾客找到与之有联系的、具有相同需求特点的其他顾客。

有效开发市场的方法之一，就是通过无穷的关系链。每次访问客户之后，销售人员可以向客户询问有无其他可能对该产品或服务感兴趣的人。这样，不必花很多时间，就可以开发出长长的潜在顾客的名单。第一次销售访问后产生了 2 个顾客，这 2 个又带来新的 4 个，4 个又产生出 8 个，如此不断扩展。在西方推销学著作里，连锁介绍法常常被认为是最有效的寻找顾客的方法之一。因为连锁介绍法使推销人员单枪匹马的推销活动有了坚实的群众基础，避免了推销员主观判断的盲目性，可以赢得被介绍顾客的信任，推销的成功率较高。

采用连锁介绍法寻找顾客，关键是推销员要取信于现有顾客。销售人员只有通过诚恳的销售态度与热情的服务精神，才能赢得现有顾客的信服和敬重，从而获得现有顾客的介绍与帮助。其次，销售人员应尽可能多地从现有顾客处了解新顾客的情况，进行必要的评估和销售准备。最后，在销售人员访问过新顾客后，应及时向现有顾客（即介绍人）介绍与汇报情况。一方面是对现有顾客的介绍表示感谢，另一方面是可以继续争取现有顾客的合作与支持。

推销窗口 8-2　　顶尖推销技巧：连锁介绍法获得潜在客户

乔·吉拉德是“世界上最伟大的销售员”，他曾连续 12 年荣登吉尼斯记录大全世界销售第一的宝座，他所保持的世界汽车销售纪录：连续 12 年平均每天销售 6 辆车，至今无人能破。

连锁介绍法是乔·吉拉德惯用的。只要任何人介绍客户向他买车，成交后，他付给那个介绍人 25 美元。这些钱虽不多，但只说一句话就能挣 25 美元，许多人还是愿意挣到这笔钱的。

原则上说，每一个人都能当介绍人，可是有些人因为职务的原因，更容易介绍大量的客户。乔·吉拉德指出，银行的贷款员、汽车厂的修理人员、处理汽车磨损的保险公司职员等，这些人几乎天天都能接触到有意购买新车的客户，他们是最有价值的介绍人。

每个人都会介绍，但你要怎么做介绍才能做得成功呢？

乔·吉拉德说：“首先，我严格规定自己‘一定要守信、一定要迅速付钱’。即使买车的客户忘了提到介绍人，只要有人提及‘我介绍汤姆向你买了部新车，怎么还没收到介绍费呢?’我一定告诉他‘非常抱歉，汤姆没有告诉我，我立即付钱给你，你还有我的名片吗?麻烦您在介绍客户的时候，把你的名字写在我的名片上，这样我可以立刻把钱寄给你。’有些介绍人，不愿意赚这25美元，坚决不收这笔钱，因为他们认为收了钱心里会觉得不舒服。这时，我会送他们一份礼物或者请他们一起用餐以表示谢意。”

乔·吉拉德指出，推销人员对任何顾客都须待之以诚，无论其买还是不买你的东西，因为每位顾客可能为你带来许多意想不到的惊喜！如果你得罪了一位顾客，也就得罪了另外250位顾客；如果你让一位顾客难堪，就会有250名顾客在背后为难你；如果你赶走一位买主，就会失去另外250位买主；只要你不喜欢一个人，就会有250人讨厌你。这就是吉拉德的“250法则”。

(三) 中心开花法

中心开花法又叫中心辐射法、权威介绍法，是指推销人员在一定的推销范围内发展一些有较大影响力的中心人物或组织，然后再通过他们的影响和协助把该范围内的其他个人或组织变为自己的准顾客。中心开花法所依据的理论是心理学的“光晕效应”法则。心理学原理认为：人们对于在自己心目中享有一定威望的人物是信服并愿意追随的。

有影响力的中心人物或组织是指那些因其地位、职务、成就、人格而对周围的人有影响的人，他们常常是消费者领袖，诸如政界要人、企业界名人、文体界巨星、知名专家学者、名牌大学、星级酒店、知名企业等。这些中心人物或组织的知名度高，且拥有很多的崇拜者，他们的购买与消费行为，能在其崇拜者心目中形成示范作用和先导作用，从而引发甚至左右崇拜者的购买与消费行为。

研究表明，新产品或服务要想为大众所接受，首先必须由那些有创新意识的人或公司使用，然后由他们向他人传播经验。这在医生使用新药、农民选用新杂交物种的过程中已被证实了。在商业领域，有影响的人物也是很重要的。一定要确保有创新意识的公司先采用新产品，为其他人树立使用新产品的榜样。只要开了头，新产品的广泛应用就会水到渠成。

要成功地运用中心开花法，就一定要同有影响的人物保持联系。如果发现了一篇他们喜欢的文章，就赶快寄过去；节假日打电话问候，让他们记住你；在他们办公桌上放上写有你名字或照片的便笺，时刻向他们提醒你的存在；把他们介绍给别的人，让他们感到必须以礼相还；当他们把你推荐给他人之后，不管是否达成交易，一定要寄信或打电话给他们表示感谢。

（四）资料查阅法

资料查阅法又称间接市场调查法，即销售人员通过各种现有信息资料来寻觅顾客的方法。利用企业内部的或企业外部的已经存在的可提供顾客线索的资料，可以较快地了解到大致的市场容量及准顾客的分布情况。

通常能够为销售提供顾客线索的资料主要有以下几种：工商企业名录，企业领导人名片集，产品目录，电话簿及其插页，各省、市、县的统计资料（尤其是城市调查资料，这些资料因是采用固定样本格式的追踪调查，资料齐全及时，可信度高），各种大众传播媒介公布的市场消息，年鉴及定期发布的经济资料，各种专业性团体的成员名册，商标公告，专利公告，政府及各主管部门可供查阅的资料。

资料查阅法往往可以以较小的代价获得较准确的资料。但因为可供查阅的资料多为公开发布的资料，故时效性较差。加之有些资料内容简略，信息容量小，使这种寻找顾客的方法具有一定的局限性。

使用此法时应注意两点：一是要对资料的来源与资料的提供者进行分析，以确认资料与信息的可靠性；二是注意资料可能因为时间关系而出现错漏等问题。

（五）广告拉引法

广告拉引法是指推销人员利用各种广告媒介寻找准顾客的方法。这种方法的理论依据是广告学原理，即利用大众宣传媒介，把有关产品或服务的推销信息传递给广大的消费者，以刺激消费者的购买欲望，诱导消费者的购买行为。现代广告媒介多种多样，传递速度快，覆盖面广，能够广泛地影响消费观念，引导消费行为，是其他任何推销手段所无法比拟的。现代广告形象生动，说服力强，大大节省推销人员的时间和精力，所以，广告吸引法是推销人员推销产品、寻找顾客的有效的现代化手段。

越来越多的大公司利用广告帮助销售人员发展潜在顾客。一般的做法是在杂志或报纸广告的下部提供优惠券，让读者来信索取信息。还有的广告提供一个免费的电话号码，当电话拨通时，用户可以听到语音信箱发出的提示声音，用户可以根据需要做出选择，最后用户只需要提供本人的传真号码，几分钟内就可以收到有关推销品的说明文件。

利用广告拉引法寻找顾客，关键在于正确地选择广告媒介。选择广告媒介的基本原则是：以较少的广告费用取得较好的广告效果。推销人员要具体结合推销品的消费对象、推销区域、推销品特性、广告费用等情况恰当地选择广告媒介，恰到好处地发挥广告效果。如推销生活消费品、营养保健品等，选择老少皆宜的电视、广播和通俗性报刊杂志作广告媒介，而对于生产资料、机器设备等工业品，宜选择报刊目录、专业杂志等广告媒介。

（六）直接邮寄法

在有大量的潜在顾客需要某一产品的情况下，直接邮寄寻找潜在顾客的方法有时是联系个人和企业的有效方式。与使用销售人员相比，直接邮寄具有成本较低、接触的人较多的优点，而这些人可能广泛分布在某一地区。

通过直接邮寄信件寻找潜在顾客，是一种很有效的方法。潜在顾客收到一封信，并被告知，如果他们对产品或服务感兴趣，可以回信。尽管回信率很低，但是这种做法仍然是一条有价值的途径。即使每100封信只能做成一两笔生意，这种做法仍是有利可图的，特别是那些昂贵的商品或服务。

直接邮寄信件的回信率不会太高，但有几种办法可以提高这个比率。撰写一封信或明信片时，最好以私人的名义，因此调查清楚潜在顾客的姓名是很重要的，因为没有人会喜欢收到一封以“住户”或“居民”相称的信件。有关个人电脑的市场调查表明，60%～80%的人会阅读以他们的姓名相称的信件，40%的人会阅读以他们的头衔相称的信件，只有20%的人会阅读寄到他们公司的推销信件。

信件结尾时最好亲笔签名，而且，如果数量不多，最好是手写明信片。尽量向特定收信人寄去有针对性的信息，例如，寄信给一位教师时，可以这样开始：“我们可以在您上完课以后见面吗?”在推销窗口8-3中，写给一对新订婚的情侣的信，可以开门见山，销售人员可以直截了当地谈年轻客户的人寿保险及其优点。

在信的末尾写一个“附言”也是有益的。调查显示，简短的“附言”部分是信中被阅读频率最高的地方。你可以把最重要的卖点或有时间限制的馈赠的信息写在那里。人们读完推销信件以后，通常会把它们放在一边，以便过些时候采取行动，然而实际上他们可能永远不再去看这些信。因此，你要说服潜在顾客立即采取行动。有助于促使顾客立即行动的办法通常有：在信中提供送货日期的保证；提供某个日期前订货的折扣；给予第一个回信的人奖励或礼品；提供一次免费试用；提供一项无限制条件的包修等等。

推销窗口8-3　　寻找顾客信件范例

尊敬的李怀舟先生：

欣闻您最近和张玫女士订婚，恭喜恭喜！

很多同我交谈过的年轻夫妇问了我许多关于寿险的疑问，如“我们是否真的需要买寿险?”“寿险是怎么一回事?”“要花多少钱?”“如果寿命超过65岁，可以退回多少钱?”我也发现，很多夫妇在询问有关寿险的问题时迟疑不决，怕保险代理人强行向他们推销他们搞不懂、买不起或他们不知道是否需要的东西。

每次我拜访订婚夫妇时，都要做四件事：告诉他们寿险是怎么一回事；回答他们一切问题；如果他们有兴趣，解释如何购买寿险；向他们解释，在他们65岁时，每投资1元就可获得4元或更多的回报。

李先生，如果您真的买了寿险，这意味着您正在对您辛苦挣来的钱进研投资。现在就尽可能了解保险，以便在您决定投资时能做出一个正确的决策，这不是一件有意义的事吗？我想您会认同的。

请填写随信附上的卡片，您可获得一本免费的2005年记事日历，并请安排一次会面，看看我能为您和张玫女士做些什么。

祝你们幸福!

您真挚的朋友

张成

附言：对25岁以下的人，保险费率绝对优惠。现在正是购买保险的最佳时候。

(七) 召开研讨会法

在无形产品(如保险和证券)的推销中召开的研讨会，正被越来越多的公司用来寻找潜在顾客。研讨会有很多优点：会上可以向多个潜在顾客做宣传，从而最大限度地利用时间；会上有充足的时间进行演示；还可以吸引那些以个人见面方式很难见到的潜在顾客。听众是基本合格的潜在顾客(只要他们来，就表明他们是感兴趣的)。讨论会还可以把潜在顾客和满意客户联系起来。

为了最大限度地增加到会人数，应该选择中性的地点，如饭店、宾馆或大学。如果在公司的办公室举行讨论会，有可能减少参加的人数。连续举行两天讨论会，可以增加与会人数，因为第一天没有时间到会的人，第二天可以到会。使潜在顾客参加的最好办法是采用三步骤法：

(1) 寄出写好的邀请函，附上一个已付邮资的回信卡片。

(2) 经过一段时间之后，打电话询问邀请信是否已经收到。对于那些没有收到邀请信的人,电话给了销售人员一个机会可用来解释参加讨论会的好处。

如果他们不感兴趣，销售人员也可以利用这个机会介绍讨论会的优点。

(3) 在讨论会的前一天，主办人应该电话通知所有准备到会的潜在顾客，并提醒他们会议日期和地点。

讨论会上的发言应该具有专业水准，配备高质量的视觉和听觉设备及醒目的演示板。如果与会者不超过 15 人或 20 人，可以询问每一个与会者想从讨论会上得到什么信息。这给了销售人员一个机会，可以根据与会者的特点，阐述产品的优点，从而提高他们的注意力。把产品的优点写在黑板上，可以增强效果。邀请满意或热情的客户在讨论会上发言，可以使所推销的产品或服务更加令人信服。正式的介绍结束后，可以提供茶点，让销售人员有机会同尽可能多的潜在顾客进行个别谈话。

利用研讨会取得与会者的姓名和地址是很重要的。一种办法是提供一份免费的书、磁带、录音带，直接让与会者给出他们的名片。另一种办法是让每个人做一份简短的问卷调查。

第二节　顾客资格的评定

推销人员按照各种方法找到大量的准顾客后，接下来的任务就是要按照一定的标准对顾客进行资格的评定，以确定最佳的推销对象。在最初找到的每 10 个人当中，可能有 2 个人根本没有购买需要，有 3 个人根本没有购买能力，而有 2 个人没有购买决策权。因此，在寻找到众多的潜在客户后，推销人员不要直接就逐一开始推销拜访，而应采取一定的标准来分析潜在客户，把那些不符合目标顾客条件的加以剔除，筛选出重点顾客进行有针对性的推销。销售人员一般运用 MAN 法则从三个方面评估潜在顾客：①购买力（Money），该潜在顾客是否有购买能力；②决策权（Authority），该潜在顾客是否有购买决策权；③需要（Need），该潜在顾客是否有购买需要。

一、顾客购买力评价

顾客购买力评价是指推销人员通过对市场调查相关资料的分析，评价潜在顾客是否具有直接或筹措资金购买推销品的经济能力。只有建立在购买力基础上的需要才是真正的市场需求，尤其是高档商品，如房地产、汽车、大型仪器设备等。能够直接支付购买款项的顾客当然是最理想的顾客，但是一味强调直接的现实购买力往往会影响推销局面的开拓。当确认顾客具有潜在支付能力时，推销人员应该主动帮助顾客解决财务上的暂时困难，如提供融资帮助或信用购买的方式等。

准确地评价顾客的支付能力不是件容易的事，公司的财务资料是严格保密的，一般人不容易取得，个人消费者对自己的财务状况也往往倾向于保守秘密。因此推销人员必须做大量的观察、调查工作才能得出结论。如果推销对象是个人，可以通过了解他的年龄、工作单位、职务、家庭状况、目前拥有的产品情况等推断他的支付能力；如果推销对象是组织机构，也可以通过它的经营规模、开业年限、经营历史、营业场地、管理体制、员工士气、客户情况、供应商情况等来分析该客户的支付能力和信用水平。

二、购买决策权评价

购买决策权评价是指推销人员对潜在顾客的购买权力进行评价。销售人员一定要寻找那些有权购买的潜在消费者。

没有一成不变的方法可用来确定谁是关键的决策者。第一次拜访时应接触职位尽可能高的人，如果能拜访总经理，确定谁是购买决策者当然不成问题。如果推销人员首先接触到的是产品或服务的使用者，而使用者自己不能做购买决定，这时坦诚而直接提问的方法很有效，销售人员可以问："刘女士，是您做决定，还是另有他人?""请问，您的上司是谁?""您有权决定的预算是多少?""还有谁对这项预算负责?"如果刘女士不是主要的决策者，销售人员必须去找决策者。在成功的销售过程中，能否准确掌握真正的购买决策人是销售的关键。

推销窗口 8-4　原一平的故事：有眼不识泰山

日本的推销之神原一平曾经为了签一笔保单而访问一个人七十一次，费时四年之久。事情是这样的：有人向原一平介绍了某大集团公司总经理N先生，原一平兴冲冲地前往N先生的家，但是，每次都被一位好似退休了很多年的老人挡驾，他总是拿总经理有急事出去了之类的理由，使得原一平无功而返。

原一平工作韧劲十足，为了这笔希望很大的生意，他曾赶个大早造访，也曾经深夜前往，但是一概未得要领。一天，他等得心中焦躁难忍，便与邻近酒铺老板搭讪，他问道："住在旁边的N总经理，到底是个怎样的长相?""N总经理？您瞧，那儿不是有一位正在清除水沟的老人吗？就是他呀!""什么?"原一平在刹那间觉得全身的血液如在逆流，原来那位状若隐退者的老人就是N总经理！他赶紧去重新拜访，获得了N总经理的家族和公司全体员工的投保契约，那次契约金额超过了他以往立下的最高记录。

虽然刷新了记录，事后原一平却扪心深省，他告诫自己今后再不能这么"有眼不识泰山"了。

对于家庭而言，究竟谁是购买决策者，取决于家庭类型。美国社会学家根据家庭权威中心的不同，把家庭分为4种类型，即独立自主型、丈夫支配型、妻子支配型和共同协商型。同时，根据消费品在家庭中购买决策重心的不同，可将其分为三类：丈夫是购买决策重心的商品，如汽车、游艇、摩托车等；妻子是购买决策重心的商品，如服饰、洗衣机、餐具等；夫妻共同决定的商品，如住房、旅游、子女教育等。

对于组织购买者而言，购买决策权会因所有制性质、组织结构、人事制度等方面的不同而变化。例如个人电脑的销售，常使销售人员觉得为难的是，如何确定谁是主要的决策者。在大型公司里，可能是类似信息中心的机构掌握购买决定权，其职责是为终端用户服务；而在另一些公司里，最终购买决定权可能掌握在数据处理部经理或人力资源部经理手中。在一些中小型企业，决策者往往会是公司经理。要想成为一名成功的推销人员，仅仅掌握一定的推销知识和技巧是远远不够的，还需要掌握现代科学管理知识，了解企业或组织的组织结构、人事制度、决策机制、运营机制等，以便掌握客户的购买决策程序，有针对性地组织推销活动，提高推销效率。

三、顾客需求评价

顾客需求评价是指推销人员通过对相关资料的分析，评价潜在顾客是否对推销品具有真正的需求。推销人员应该鉴定某一特定的客户是否真正需要推销人员所推销的商品或服务，以及需要量的大小和何时需要。显然，打电话给那些对某产品或服务没有什么需求的人是没有用处的，但仍有许多销售人员在这些人身上浪费了大量时间。销售人员的工作效率受到评估顾客需求能力的极大影响。确定是否有潜在需求的方法之一，是把潜在顾客与销售人员原来确定的目标市场进行比较，如果存在差异太大，这个潜在顾客就不可能存在需求。

值得注意的是，需求是可以激发和诱导的。普通的销售人员是去适应需求，而杰出的销售人员是创造需求。通过销售人员的介绍、引导和演示，能够激发客户的内心深处的渴望，从而采取购买行为。在科技飞速发展、产品日新月异的今天，有很多新产品能够很好地满足人们的各种需要，但却未被人们所认识和接受；也有部分顾客虽然知道某产品能够更好地满足自己的需要，但由于种种原因未将其列入采购计划。这两种情况下，实际上顾客对产品都具有潜在的需要，推销人员不能轻率地将其从准顾客名单中剔除，而应发挥才智，激发顾客拥有和使用产品的愿望，刺激他们采取购买行动。

推销窗口 8-5　　　　推销小幽默

据说，太平洋上某个小岛的居民都赤着脚，从不穿鞋。一天，两个皮鞋公司的销售人员 A 和 B 来到岛上，见此情况，分别给公司发了两份电报，A 的电报是："本岛无人穿鞋，产品无市场，吾将速归。"B 的电报是："此乃具极大潜力之市场，吾将久驻此地。"在 A 无功而返之后，推销人员 B 广泛地走访该岛居民，宣传穿鞋的益处，并将带来的样品给他们免费试穿。结果大大激发了该岛居民对皮鞋的需求，销售人员 B 获得了如日中天的销售业绩。

第三节　推销接近

推销人员在寻找顾客并对潜在顾客进行资格审查之后，便进入了推销过程的下一个阶段，即推销接近。所谓推销接近是指推销人员为了同目标顾客进行推销面谈，而对其进行的初步接触或再次访问。推销接近一般包括接近准备、约见顾客与正式接近顾客三个环节。

推销接近是推销人员正式开展推销面谈的前奏，是整个推销过程的一个重要环节。在实际推销活动中，成功地接近顾客并不一定能带来成功的交易，但成功的交易却都以成功地接近顾客为先决条件的。推销接近是否成功，直接关系到整个推销工作的成败。

一、接近准备

"不打无准备之仗"是推销工作的一个重要原则。准备工作做得越充分，推销人员在推销过程中的信心就越足，越会胸有成竹地去接近不同的目标顾客，为成功的推销奠定基础。

接近顾客准备工作的主要内容就是收集、整理、分析目标顾客的有关资料，进行推销预测，主要包括顾客资料的准备和推销工具的准备两个方面。

（一）顾客资料的准备

顾客资料是反映顾客基本情况的信息资料，对目标顾客资料进行收集、整理和分析是接近顾客前的基础性准备工作。推销人员的目标顾客主要有两大类，一类是可能购买推销品的消费者家庭和个人，称为个体准顾客；另一类是可能购买推销品的各种企事业单位和社会团体，称为团体准顾客。

1. 个体准顾客的资料准备　对个体准顾客的资料准备一般包括以下内容：

（1）姓名。推销人员接近个体准顾客时，必须首先弄清楚对方的姓名。熟悉顾客姓名，见面后直呼其名，会缩短推销人员与顾客的距离，增加亲切感。中国人对姓氏名字十分讲究，在称呼或书写顾客姓名时，推销人员务必用字准确无误，否则，不仅招致顾客反感，还可能会影响推销接近的顺利进行。

（2）年龄。不同年龄的顾客会有不同的个性差异和需求特征，因而会有不同的消费心理和购买行为。在接近顾客之前，推销人员应采取合适的方法了解该顾客的真实年龄，以免冒犯顾客，并有利于制定恰当的推销接近策略。

（3）籍贯。不同籍贯的人们往往遵从不同的风俗习惯、风土人情。人们对乡土都具有浓厚的情感，推销工作中，若能利用同乡关系与顾客攀情交友，发展人际关系，对接近顾客是大有裨益的。

（4）文化水平。顾客受教育程度的高低，在一定程度上会影响到个人的需求和品位。在接近顾客之前了解推销对象的文化水平和有关经历，有利于推销人员选择合适的话题和推销计划，创造有利的面谈氛围。

（5）兴趣爱好。了解顾客的兴趣爱好，不仅有利于针对性地向顾客推销商品，而且有利于增加与顾客之间的亲和力，融洽谈话气氛，避免冒犯顾客。

（6）家庭状况。主要了解家庭的社会背景、宗教信仰、成员结构、收入状况、购买偏好以及通信联络方法等方面的资料，为接近顾客做好准备。

（7）需求内容。这是顾客资格审查的重要内容之一，同时也是接近顾客前准备工作的重要方面。推销人员应尽量了解顾客需求的具体情况，如购买动机、购买决策权限、购买支付能力以及购买行为的规律性等，便于针对性地做好推销工作。

2. 团体准顾客的资料准备　对团体准顾客的资料准备一般包括以下内容：

由于团体顾客的购买决策人与购买执行人往往是分离的，使团体顾客的购买行为变得更为复杂，也使得团体顾客的接近显得较为困难。但由于团体顾客的购买力强，生产周期与消费周期较长，对推销人员来说，完成团体顾客的推销接近计划显得更有价值。接近团体顾客之前通常应了解以下情况：

（1）基本情况。包括团体顾客机构的全称和简称、所有制性质、所属产业、注册资本、经营体制、职工人数、交通条件及通信联络方法等。

（2）生产经营情况。包括生产经营规模、生产能力、设备技术水平及技术改造方向、企业的市场营销组合、管理风格与水平、市场竞争以及企业发展方向等方面的内容。

（3）采购惯例。一般来说，不同的团体顾客表现为各自传统的采购惯例。

在准备工作的过程中，推销人员要了解该团体一般情况下由哪些部门发现需求或提出购买申请，由哪些部门与机构对需求进行核准，选择供应厂家的标准是什么，以及购买途径、购买周期、购买批量、目前供货商的关系和满意程度等等一系列问题。

(4) 组织人事情况。推销人员要了解团体顾客的近远期组织目标、组织机构和办事流程，摸清它的人事状况、人际关系以及关键人物的职权范围与工作作风等方面的内容。对团体顾客的推销，实际上是向机构决策人或执行人推销，掌握在组织购买行为与决策中起关键作用的部门与人物的情况，对推销人员针对性地开展推销接近非常重要。

(二) 推销辅助器材的准备

推销接近之前除了要掌握准顾客的有关资料之外，还应该做好接近顾客时所需的资料、工具等物品的准备。在实际推销活动中，常用的主要推销器材及其功用如表 8-1 所示。

表 8-1 主要的推销器材及其功用

类 别	内 容	功 用
视听器材	商品实体、样品、产品目录、幻灯片、音像制品、图文资料等	展示商品，吸引顾客注意力，促使顾客直观感受商品
宣传器材	广告作品、产品说明书、产品价目表、检验报告、鉴定证书等	增强推销人员说服顾客的效果
签约器材	票据、合同文本、印章等	交易一旦达成，随时履行有关签约手续，不至于贻误时机
其他器材	笔、计算器、笔记本、单位介绍信、身份证、名片等	方便取用

有经验的推销人员在推销辅助器材的准备时往往是认真细致的。如同丰田汽车公司推销员所遵从的原则所言，“优秀的推销员一靠推销技巧，二靠各种推销工具”。推销人员要注意做到：一是不能丢三拉四，避免面谈时还要问顾客“有笔吗”、“借用一下计算器”或“我忘了带合同文本”等等尴尬局面，这种情况不仅影响面谈的顺利进行，而且留给顾客不良印象；二是不能摆放无序，公文包内各种物品都应该有固定的摆放位置，方便随时取用，避免寻找物品的慌乱场面。

二、约见顾客

推销人员在完成接近顾客的准备工作之后，便开始试图与顾客进行正式接触。约见顾客是指推销人员事先征得顾客同意接见的行为过程。在通常情况下，推销人员往往先与顾客约好，然后再登门拜访，与顾客洽谈有关买卖事宜。

约见顾客是整个推销活动过程的一个重要环节，它既是接近准备工作的延续，又是正式接近顾客的开始。成功地约见顾客，有利于推销人员自然、顺利地接触顾客，避免突然拜访顾客的盲目性，推销人员还可以根据约见顾客时获得的信息，对顾客的个性特点、需求情况、可能的异议等有个初步了解，从而制定科学合理的推销计划，提高推销工作的效率。

（一）约见的内容

约见作为推销面谈的前期工作，它的内容主要取决于面谈的需要和顾客的具体情况，以及访问活动的客观要求。通常，约见的内容主要包括确定约见对象、明确约见事由、确定约见时间、选择约见地点等四个方面。

1. 确定约见对象　进行推销约见，首先要明确访问对象，即对购买行为具有决策权或对购买活动具有重大影响的人。如果推销的是个人家庭用品，访问对象一般容易确定；如果推销的是生产用品，推销人员将面对一个采购中心，那么首选的约见对象是公司的董事长、总经理、企业厂长等的高层决策者。推销人员若能成功地约见这些决策者，将为以后在该企业或组织里的推销铺平道路。但是公司的决策者们往往公务繁忙，致使推销人员无法直接约见，这时候决策者的助手或下属如经理助理、顾问、秘书、办公室主任、部门经理等则是第二个被考虑的约见对象。这些人虽无决策权，但他们接近决策层，对决策者的决策活动有直接的影响。对于一般业务而言，推销人员可以直接约见企业或有关组织的部门负责人，他们往往被赋予该部门、该领域的购买决策权。成功地约见部门负责人，不仅使有些交易可以直接拍板成交，而且也可以为约见公司决策者打下良好的基础。

因此，推销人员在确定约见对象时，要根据推销业务的性质，尽量设法约见购买决策人或对购买决策有重大影响的要人，尽量避免在无关人员身上浪费时间和精力。另外，为了能够顺利地约见主要人物，推销人员应尊重有关的接待人员，设法取得他们的合作与支持，要处理好相关的人事关系，避免“不见真佛不烧香”，得罪下级人员同样对推销不利。

2. 明确约见事由　任何人都不会接受没有理由的约见，特别是在双方还不十分熟悉的情况下，所以推销人员在约见访问对象时，必须告诉对方访问的原因和需要商谈的事项，使对方有所准备。常见的约见事由有下面几种：

（1）推销产品。它是推销访问的主要目的，通常都作为正式推销访问的理由。推销人员要着重介绍产品的性能和特征以及能给顾客带来的实质性利益，以引起顾客的注意和兴趣。推销人员在约见时要根据顾客态度，灵活运用各种推销技巧，设法与对方沟通，使约见过程顺利进行。当然，对于那些对推销产品确实不需要而只是出于礼貌应付的顾客，推销人员要有自知之明，不可强行推销；对存在潜在需求，只是出于某种原因不便即时约见的顾客，推销人员应主动退去，不妨在顾客方便的时候，再次约见。

（2）市场调查。市场调查是推销人员的重要职责之一。以此为事由的约见，由于不需要顾客实际的购买行动，往往易让对方接受，容易赢得顾客的信任、合作与支持。这样既有利于搜集有关信息，为本企业的生产和销售活动提供依据，还可能由市场调查转变为推销商品，甚至达成交易。

（3）提供服务。在现代推销活动中，服务作为推销品的附加产品，是成功推销的保障，尤其是高新技术产品、高档耐用品以及生产资料产品的销售。推销人员以提供服务为约见理由，而且往往会因此建立良好的推销信誉，树立企业及推销人员的良好形象，为今后的推销工作铺路搭桥。

（4）走访客户。对于企业和推销人员来说，要保证基本顾客队伍的稳定与发展，不断提高销售业绩，不仅要不断寻找新客户，而且要不断巩固与老顾客的关系，以巩固自己的销售网络。对于新客户，可以以认识、交友、建立联系等作为约见的理由，为将来可能展开的正式推销打下基础；对于老客户，推销人员要有计划地进行走访，了解顾客的近期信息，取得顾客的合理化建议与忠告等反馈信息，为进一步的推销奠定基础。

另外，推销人员还可以借慕名求教、礼仪拜访、代转口信等事由来约见顾客，以达到“投石问路”的目的，总之要使约见事由更富有人情味，必要时还可以把推销访问说成私人拜访，以避免一见面就只谈推销的尴尬。

3. 确定约见时间　选择好一个对推销人员和顾客都合适的时间很重要，它直接关系到接近顾客是否顺利，甚至关系到推销洽谈的成败。约见时间的确定要根据约见对象、事由、地点与方式等的不同而有所选择。有一个原则可以把握：即最好的时机是“雪中送炭”或“锦上添花”。如对方刚开张营业，需要产品或服务时；客户遇到困难需要帮助时；客户对原有产品不满意时；或者对方遇到厂庆纪念、大楼奠基、工程竣工、加薪提拔等喜事时。

推销窗口 8-6　不同的职业，不同的接触时间

会计师：切勿在月初和月尾，最好是月中才接触。

医生：上午 11 点后和下午两点前，最好的日子是雨天。

推销员：上午 10 点前后或下午 4 点后，最热、最冷或雨天会更好。

行政人员：上午 10 点前后到下午 3 点为止。

股票行业：避免在开市后，最好在收市后。

银行家：上午 10 点前或下午 4 点后。

公务员：工作时间内，切勿在午饭前或下班前。
饮食业：避免在用餐时间，最好是下午 3 点到 4 点。
建筑业：大清早或收工时。
律师：上午 10 点前或下午 4 点后。
教师：大约在下午 4 点后，放学的时候。
零售商：避开周一或周末，其他时间最好是下午 2 至 3 点。

4. 选择约见地点　约见地点的选择对于约见的成功与否也起很重要的影响作用。约见的理由、对象不一样，约见的地点也应有所不同，基本原则是方便顾客、有利于约见和推销。从推销活动的实践看，约见地点可选在客户的办公室、家庭、社交场所等。约见地点不同则推销效果不同，推销人员应学会根据具体情况进行选择。

(1) 住所。如果推销的是日用消费品，选择顾客住所为见面地点无疑是合适的，推销人员能深入了解顾客，有利于拉近与顾客之间的距离。当有人引见时，比如有与对方关系良好的第三者相伴，或带上与对方有交往的人的介绍信函，在这些条件下选择对方的住所作为见面地点要比在对方办公室更能创造良好的合作气氛。

(2) 办公室。如果推销的是产业用品，则顾客的办公室是常用的约见地点，这里方便双方讨论问题，进行反复商议以达成共识。但是在办公室容易被外界干扰，通常人多事杂，电话不断，因此推销人员必须设法吸引客户的注意力，争取尽快达成交易。

(3) 社交场所和公共场所。社交场所和公共场所如歌舞厅、酒会、座谈会、公园、广场等地方气氛轻松愉快，有利于拉近推销人员与顾客的距离。这些场合下，顾客的戒备心理较少，比较容易接受推销人员的建议。

(二) 约见顾客的方法

推销人员要达到约见顾客的目的，不仅要考虑约见的对象、事由、时间和地点，还必须认真地选择约见顾客的方法。现代推销活动中常用的约见方法有：

1. 电话约见　现代通信的高速发展使电话成为最重要、用途最为广泛的推销约见工具。电话约见具有方便、经济、快捷的优点，可以直接交流感情，既使顾客免受突然来访的干扰，也使推销人员免受奔波之苦。但电话约见也存在明显的缺点，由于电话约见只闻其声，不见其人，顾客往往处于主动地位，而推销人员则处于被动地位，因而容易遭到顾客的推脱或拒绝。电话约见时要掌握好时间和分寸，如果对方表示时间不合适或没有兴趣，则应立即停止对话并道歉，不要强人所难。所以，在通话时间上，除非对方特别感兴趣，否则应掌握在两分钟之内。

在运用电话约见顾客时，推销人员应讲究电话约见的技巧。在电话约见之前，首先要做好有关的沟通准备工作，如顾客的姓名、网址、直拨电话、传真、该公司的业务状况等。打电话时，推销人员应该精心策划开场白，做到口齿清晰，言简意赅，从容不迫。专业的电话约见，通常分为 5 个步骤：

（1）问候对方。准确地称呼对方的姓名和职务，力图使用一种与众不同的方式以加深印象，并且诚恳地感谢对方能抽出时间接听电话。

（2）自我介绍。先报出公司名称，然后再报自己的姓名，语调应热情真挚。

（3）说明拜访理由。以自信的态度，清晰地说明你的拜访理由。让客户感觉出你的真诚、专业和可以信赖，引起顾客的好奇心和注意。这一步骤接触到了约见的核心，推销人员要告诉对方约见的事由，较好的方式是由问题导出，例如真空吸尘器的推销人员可以说："如果我们能使您家里时刻保持一尘不染而并不增加您的劳动负担，您会感兴趣吗？"

（4）约定拜访时间。提出可供顾客选择的见面时间，从而避免顾客的拒绝。

（5）结束电话。再次感谢对方，再一次强调约定的时间地点，然后有礼貌地结束电话。

推销窗口 8-7　　顶尖技巧：和接线人交朋友

亚伦·艾莫，现任纽约市 PSI 影视公司总裁。他主张要和客户的秘书或总机接线人做朋友。

你的电话能不能接通，全部都掌握在接线人的手里，所以，亚伦·艾莫会想办法和他们做朋友。熟悉之后，亚伦·艾莫会问他们："您说我什么时间打来方便呢？麻烦您查查史密斯先生的备忘录，看看他什么时候有空儿？"

一会儿之后，亚伦·艾莫就会听到他们说："亚伦，今天下午 3 点他没事。"

另外，亚伦·艾莫有个习惯，就是会用中式图案的盒子装着两个幸运饼干当作小礼物。其中一个盒子里的纸笺写着："您鸿运当头。"另一侧写着："请给亚伦·艾莫回电话。"

如果你与接线人交上了朋友，可以说你的工作已经完成了三分之一或更强一些，更进一步说与决策人通上话已经不是什么问题了。

2. 信函约见　信函约见是指销售人员通过约见信函的寄出与反馈达到约见顾客的目的。常见的约见顾客的信函方式主要有：个人信件、单位公函、会议通知、请贴等。信函约见的优点在于费用相对较少，而且信函可以畅通无阻地进入顾客的办公室或住所，避免了推销人员用其他方式约见顾客时遇到的层层阻碍，也不需电话约见时的机智对答。但信函约见的缺点也很明显，主要是花费的时间长，反馈率低。

在现代社会里，顾客会经常收到各种各样的商业信函，对于这种司空见惯的信件，一些顾客丝毫不感兴趣，不予拆阅，或者是匆匆浏览之后随手丢弃。为了吸引顾客的注意，诱导顾客仔细阅读信件，销售人员在写约见信函时应注意以下问题：

(1) 措辞要委婉恳切。措辞委婉恳切的信函往往能博得客户的信任与好感，也使对方容易同意会面。信中语气盛气凌人，或者真诚不足，都不能得到顾客的反馈。

(2) 内容要简单明了。书信应尽可能言简意赅，只要把约见的时间、地点、事由写清即可，切不可长篇大论，不着边际。

(3) 信函形式要亲切。约见信函要尽可能自己动手书写，特别是签名部分应该手写，而不使用冷冰冰的印刷品；信封上最好不要盖“邮资已付”的标志，应该按照一般信件贴邮票。

(4) 电话追踪。在信函发出一段时间后要打电话联系，询问顾客的想法与意见，把电话约见与信函约见结合起来使用，可以大大提高效果。

3. 当面约见　当面约见是指推销人员与顾客当面约定见面的有关事宜的方法。这种方法简便易行，也极为常见。当面约见的优点是可以通过见面了解顾客，与之交流感情，有经验的推销人员会给顾客留下美好的印象，使顾客愉快地接受约见。该方式的缺点是一旦当面约见遭到顾客拒绝后，推销人员便处于被动局面，难以有机会挽回败局。

当面约见的机会，往往是推销人员在某些公共场合如展销会、订货会、社交场所、推销途中与顾客不期而遇等，借机与之面约。但是这种机会并不常有，这就要求推销人员时时留心，了解重要顾客的生活习惯、兴趣爱好，创造机会与顾客见面，进而约定正式见面的时间。

4. 委托约见　委托约见是指推销人员委托第三者约见顾客的方法。受托人与推销对象之间有一定的社会关系，如师生、同事、亲朋好友、邻居等，由他们出面来约见顾客，容易取得推销对象的信任与合作，有着促成交易的作用。

5. 广告约见　广告约见是指推销人员利用各种广告媒介，如广播、电视、报纸、杂志、邮寄、路牌等将约见的内容广而告之，以达到约见顾客的目的。在约见对象不明确或者对象太多的情况下，采用这一方式广泛约见顾客比较有效。广告约见的优点是覆盖面广、节省时间，缺点是针对性较差、费用昂贵。

6. 网络约见　网络约见是推销人员利用互联网与顾客在网络上进行约见和商谈的一种方式。网络业的迅速发展，为网上联络情感、推销商品和服务提供了便捷的条件。网络约见可以通过发电子邮件、发布网络广告、网上聊天等方式实现。网上约见具有快捷、高效、费用低、范围广的优点；但网上约见受到推销人员对网络技术和客户的网址或电子信箱等信息的掌握程度等方面的局限。因此，推销人员要学习并掌握有关的网络知识，利用现代化的高科技推销工具开发自己的潜能，提高推销工作的科技含量。

三、正式接近顾客

正式接近顾客是指推销人员正式接触推销对象，为推销面谈的顺利开展做铺垫的过程。在完成了约见顾客的工作之后，推销人员便可以按照约定的时间、地点和方式会见约见对象。此后，推销活动便进入了正式接近顾客的阶段。在此过程中，推销人员要展现良好的商务人员礼仪风度，建立良好的第一印象，熟练运用顾客接近的技巧和方法，注意激发顾客的兴趣，在心理空间上靠近顾客，为与顾客的进一步沟通打下基础。

（一）建立良好的第一印象

第一印象是指两个素不相识的人第一次见面时所形成的印象。与顾客初次接触时，第一印象至关重要，它关系到双方在以后的接触中能否进行良好的沟通。第一印象往往是潜在顾客通过对销售人员的穿着打扮、举止行为、谈吐风度的知觉，进而取得对他们的动机、情感、人格等方面的认识，最终形成对销售人员的印象。为了建立良好的第一印象，销售人员必须在仪表、表情、握手、体姿、言谈等方面加强修养。

1. 仪表　俗话说："佛要金妆，人要衣妆"，销售人员的衣着打扮、发型等往往折射出个人修养与品位。销售人员应该穿着庄重而略显保守，不要刻意追求新潮与时尚，更不能过于随意甚至不修边幅。雅致、端庄的仪表表示对他人的尊敬，体现了良好的职业素养。同时，销售人员形象也代表着所在公司的形象，若给潜在顾客的第一印象是一种非职业化的形象，那么潜在顾客往往会对公司的管理水平和信誉度产生疑问。

提高销售人员的仪表风度还必须注意一些小的细节，如名片、样本以及通信录等，都必须放置整齐，方便随时取用。可以设想，若销售人员翻遍自己的衣袋后，递上一张皱巴巴、脏兮兮的名片，或是从破旧的公文包里拿出一份凌乱的、字迹模糊的报价单，就一定会给潜在顾客留下了极差的第一印象，导致千辛万苦得到的面谈机会毁于一旦。

2．表情　面部表情是人心理状态的外在表现，在交往活动中起着很重要的作用，它是通过眼睛、眉毛、鼻子、嘴巴以及脸上的肌肉变化表示出来的，在交际中应该显得明朗刚强、真诚友善。在与潜在顾客的初次交往中，销售人员应巧妙地借助微笑和眼神的魅力，赢得对方的好感与信任。

微笑是真正的“世界语言”，它的妙处在于温文尔雅，含而不露。微笑能使对方觉得自己是他值得信赖、并能友好相处的人，从而为双方的沟通扫清障碍。微笑应是发自内心、轻松友善的，要自然、美好、真诚，切忌虚假造作。随时不断地保持温柔的笑脸也许是很困难的，微笑的习惯需要有意识地进行培养。

人们在交往中通过视线接触所传递的信息，称为眼神。眼睛是心灵的窗口，既是人们了解客观世界的重要器官，也是反映主观内心世界的一面镜子。视线的接触是人际间最能传神的非言语交往，眼神传递的思想感情是最自然、最诚实的。如目光炯炯有神，则体现自信、精明强干；目光暗淡无光，则体现无能、信心不足。销售人员与潜在顾客接触时，目光中应充满热情与诚意，传递出坚定与执著。推销人员不宜长时间地直盯着对方，那样会使潜在顾客感到咄咄逼人或挑衅性；也不宜太过短促或没有眼神接触，会显得自己心不在焉或是没有自信。

推销窗口 8-8　　原一平的笑

原一平可以说是一个笑的专家，他花了相当长一段时间去彻底探讨自己，认真思索真正的笑容该是怎么一回事。他归纳总结出属于他自己的几十种笑容，如发自内心的开怀大笑、喜极而泣的笑、岔开对方话题的笑、消除对方压力的笑、含蓄的笑、夸张的笑、心照不宣的笑，等等。有趣的是，曾经为了应付一位最难缠的准客户，从第一次拜访到推销成功为止，原一平一共使用了 30 种笑容。

原一平曾经假设各种场合与心情，自己面对着能照出全身的特大号镜子，每天利用空闲时间练习各色各样的笑。为什么他要用能照出全身的大镜子呢？因为笑必须从全身发出，才会产生强大的感化力，所以只照到头部的镜子，是无济于事的。

经过长期的练习，原一平发觉嘴唇的闭与合，眉毛的上扬与下垂，皱纹的一伸与一缩，都会影响“笑”的含义，甚至于双手的起落，与两腿的进退，都会影响“笑”的效果。经过长期的苦练，原一平的笑达到炉火纯青的地步，而被人赞誉为“价值百万美金的笑容”。

原一平认为最美的笑容就是婴儿的笑容，那种天真无邪的笑，散发出无比诱人的魅力，令人如沐春风，无法抗拒。

3. 握手　在商务场合，握手要遵循尊者优先的原则。初次拜访潜在顾客时，销售人员不应该主动握手，即应将主动权留给潜在顾客。一旦潜在顾客决定握手，则表明他很可能对销售人员以及销售品感兴趣，销售人员需要快速作出回应。与潜在顾客握手时需要注意以下几点：第一是握手时要微笑着注视对方的眼睛，适当寒暄，切忌左顾右盼或与第三人谈话；第二是要注意握手的力度和时间。力度应把握在两公斤左右，太轻表明没有能力或者没有诚意，太重则显得具有进攻性与缺乏教养。握住手后，可上下稍微晃动两三下，不能紧握不放，显得拖泥带水、纠缠不休。

4. 体姿　不同的坐姿、站姿、行走姿态传递着不同的沟通信息。面对潜在顾客时，销售人员弯腰弓背地坐着，双腿并拢，并且不由自主地颤抖着，好像对潜在顾客说“我很紧张”“一点自信都没有”。同样，销售人员如果懒散地、身体往后躺在椅背上，跷着二郎腿，显得过于随意，也会令潜在顾客不太舒服。推销人员要不断地提高自身的修养，加强内在素质的培养，在性格、意志上磨炼自己，使自己的身体姿态能给人一种挺拔向上、舒展健美、庄重大方、亲切有礼、精力充沛的印象，反映出销售人员的自信、能干、尊严和热情。

5. 言谈　语言是沟通的桥梁，初次会面时推销人员若能用巧妙的交谈方法去解除潜在顾客的抗拒心理，取悦和激励客户，能为进一步的交往打下良好基础。推销人员不一定要出口成章、妙语如珠，但必须具有良好的逻辑思维能力和清晰的语言表达能力。为了减少潜在顾客的戒备心理，销售人员可以采用闲聊的形式，从一些与销售本身关系不大的话题开始会谈，如业余爱好、体育、时事新闻等。常见的较受欢迎的话题有：顾客或其家人的个人爱好、其子女的特长、学业；对潜在顾客的公司布局、办公室布置、产品的美誉度等发自内心的赞赏；讨论有关行业发展趋势，如新技术的应用、国际化的进程等。

推销人员在与潜在顾客的初次会晤中，应该使用潜在顾客能够听懂的专业语言，深入浅出地进行交谈，而不是用深奥、冷僻的行话，说得潜在顾客“一头雾水”。在谈话的过程中，要注意认真倾听潜在顾客的叙述，让顾客积极参与和提问并坦诚地回答，将所有的注意力集中于潜在顾客的身上，让对方觉得既轻松又愉快。

推销窗口 8-9　　入乡随俗的推销礼仪

假设美国推销员哈里·斯利克动身到海外进行商务旅行。在他的旅途中，发生了下面的事：

（1）在英国，他给一个长期顾客打电话，请顾客一大早与他共进工作早餐，这样他中午就可以飞往巴黎。

（2）在巴黎，他邀请一位做生意的潜在客户到银塔饭店共进晚餐。他与法国顾客打招呼时说："你就叫我哈里好了，雅克。"

（3）在德国，他去参加一个重要会议，迟到十分钟。

（4）在日本，他接过主人递上的名片，没看一眼就放进了衣兜儿里。

哈里可能会获得多少订单呢？可能一份也得不到，尽管他的公司将要付一大堆账单。

国际商务活动的成功，需要每一位商务人员了解和适应当地的商务文化及规范。下面是一些国家的社交和商务礼节，在这些国家进行商务活动的销售经理们应该对此有所了解。

法国　穿着保守一些，但在法国南部例外，这里的人们喜欢穿便服。不要用法国人的名字称呼他们——法国人对陌生人总是彬彬有礼。

德国　要特别遵守时间。应邀到某人家里做客的人应该给女主人送鲜花，最好是没有包装的鲜花。在做介绍时，首先向女士问好，等对方伸出手之后，再将你的手伸过去。

意大利　无论你穿着保守一些，还是入乡随俗地穿一套当地传统服装，你一定要记住：意大利商人很讲究风格。要提前预约好见面的时间。对意大利的官僚作风做好思想准备，要有足够的耐心。

英国　正式宴会上要发表祝酒词。如果主人向你敬酒，你要回敬。商务宴通常安排在中午，很少安排在晚上。

沙特阿拉伯　尽管男人在问候时彼此亲吻，但是他们从不在公共场所亲吻女人。妇女应该等男人伸出手之后，再伸出自己的手。如果沙特阿拉伯人给你饮品，一定要接受。拒绝接受饮品是对他们的侮辱。

日本　不要效仿日本人鞠躬的习俗，除非你对它完全了解——谁向谁鞠躬，鞠多少次，在什么时候，那是一种复杂的礼节。递名片是另外一种礼节。要多携带名片，递名片时用双手，并使对方易于看清你的名字：根据他们地位，由高到低依次递上你的名片。要预料到日本公司经理不会急于做决定，他们要考虑好所有的细节之后，才会做出承诺。

（资料来源：［美］：查尔斯-M. 富特雷尔著；苏丽文主译《销售学基础：顾客就是生命》，第6版，大连，东北财经大学出版社，2000。）

（二）正式接近的方法

1. 产品接近法　产品接近法也称为实物接近法，是指推销人员直接利用所推销的产品引起准顾客的注意和兴趣，进而转入推销洽谈的接近方法。精心策划的产品接近法能够调动潜在顾客的感觉器官，如视觉、嗅觉、触觉等，符合顾客的认识和购买心理。

为了能够恰如其分地展示产品的款式、外形和功能，可以设计一个戏剧化的开场白来强化产品的独特魅力。例如，一个手机销售人员故意装作不小心的样子，将搁在办公桌上的手机摔在地上，潜在顾客可能惊讶地问道："你的手机是否摔坏了？"这时销售人员则胸有成竹地答道："这款手机不怕摔。"

这一方法要求产品是有形的实物产品，并且具有质量优良、不易损坏、精美轻巧、便于携带的特点。如果产品不方便随身携带，则可以利用多媒体投影、VCD、照片、录像带等形式给潜在顾客演示以吸引他们的注意力。

2. 利益接近法　利益接近法是指推销人员利用顾客重视实质利益的心理，强调产品或服务能给顾客带来的好处。销售人员可以采用利益销售模型来将顾客的需要与产品或服务的利益挂钩。利益销售模型又称为FAB模型，分为三个部分：

（1）特性（Feature）。产品特性是指产品或服务的某种特点或者物理特征，如品质、价格、性能、包装、用途等。对产品特性的描述目的在于回答这样一个问题："产品是什么？"推销人员要认识到单独说明产品的特性还不太具有说服力，因为顾客感兴趣的是产品所具有的利益，而非产品本身的特性。

（2）优势（Advantage）。产品优势是指产品的使用方法和功效。如"此品牌的手机不仅可以储存500个电话号码，而且待机时间长达72小时，还可以上网检索信息、收发电子邮件。"产品特性描述的是产品本身；产品优势则描述产品特征所起到的作用。

（3）利益（Benefit）。产品利益是指产品特性与优势如何满足顾客的特定需要与需求。如果说产品特性是产品的组成部分，产品优势解释了产品特性的作用，那么，产品利益则把前两者与潜在顾客的需要联系到了一起。销售人员一定要明白一个问题：即顾客是为了需要而购买，而且他们需要获得的是产品或者服务所带来的利益，并非产品的特性与优势。每年都有数十万个4英寸的钻头出售，购买者真正需要的是钻头，还是4英寸的孔？答案是：

购买者需要的是孔。

推销人员在销售拜访之前，可以准备一个产品分析表。一张产品分析表包括四个部分：产品特性、产品优势、利益和戏剧化的演示方式，如表 8-2 所示。戏剧化的演示方式是对产品利益的有效强调，可以增进理解，更有说服力，并能留下持久的印象。

表 8-2　高级医用手术衣公司新型外科手术衣产品分析表

产品特性	产品优点	利　益	戏剧化方式
聚酯纤维	更耐用	顾客不必像使用全棉制服那样反复订货	展示已洗过多次的手术服
混纺面料	更好看	外科医护人员不必再为所穿手术服难看而难堪	让医护人员试穿，体验新手术服的美观
	无需熨烫	节省洗衣费用	将样品交给洗衣部经理以求证实
内织不锈钢线	将静电导地	将手术室麻醉剂着火的危险减到最小	由独立的测试实验机构出示的证明书
送货上门	订货两周内送货上门	医院不必大量库存手术服	由对产品表示满意的顾客推荐

利用表 8-2 中的事实，推销人员可以对顾客说："我们的新型外科手术衣的面料是由 50％的聚酯纤维、48％的棉和 2％的不锈钢丝混纺而成的。聚酯纤维和棉的混合，对于你有重要意义，因为它无需熨烫，你可以在洗衣时节省一笔劳务费用，关于这一点，可以请洗衣部经理帮忙验证一下。"

运用利益接近法，要注意事实求是地阐明推销品的利益，不能夸大其词，更不能无中生有，欺骗顾客，否则会失信于人，自毁名声。此外，在向顾客展示商品的利益时，要多鼓励顾客参与产品示范或试用，有助于吸引顾客的注意力，使顾客真正体验到产品的利益。

3. 问题接近法　问题接近法也称询问接近法，是指推销人员利用直接提问以引起顾客的注意和兴趣，从而达到接近顾客的方法。通过精心设计的提问，推销人员不断帮助顾客发现需求方面的问题，进而分析问题，寻找到最终解决问题的办法，最终将顾客的需求与所推销的产品或服务有机地联系起来。

运用这一方法的关键是要适时地提出问题，问题要明确具体，有的放矢，针对性强。推销人员向顾客提问的过程，同时也是搜集信息的过程，了解越多的信息，就越有利于判断客户需求并帮助客户认识到这种需求。推销人员经常询问潜在顾客的问题有：有没有用过类似的产品？最近采用什么样的产品？目前的供应商是哪些？对目前的供应商有何评价？哪些方面还需要完善？最希望找到什么样的供应商？等等。

4. 介绍接近法　介绍接近法是指推销人员通过自我介绍或者由第三者推荐介绍而接近顾客的方法。介绍接近法既可以用于寻找顾客，也可以用于接近顾客。介绍接近法通常有两种形式：

（1）自我介绍。自我介绍是指推销人员通过自我介绍的方法达到接近顾客的目的。在实际推销活动中，推销人员见到顾客后，可以进行必要的口头自我介绍，并主动交换名片以表明身份，必要时要主动出示能证明自己身份的有效证件，如身份证、单位介绍信、工作证、委托书等，以便消除顾客的疑虑。

（2）他人介绍。他人介绍是指推销人员通过第三者的介绍来接近顾客的方法。主要方式有信函介绍、电话介绍、当面介绍等。他人介绍可以缩短推销人员与顾客的心理距离，推销人员只需递上介绍人的便条或信函或一张名片，或者只需要介绍人的一个电话或者当面的一句话，便可轻而易举地接近顾客。

推销人员要留心寻找与潜在顾客关系较为密切的第三者充当介绍人。一般情况下，介绍人与潜在顾客之间的关系越密切，介绍的作用就越大，推销人员也就越容易达到接近顾客的目的。如果没有潜在顾客的朋友作为中介，推销人员也可以请一个满意的顾客帮忙向潜在顾客推荐自己，往往也能受到很好的效果。

5. 馈赠接近法　馈赠接近法是指推销人员通过馈赠礼品来传递感情，达到接近顾客的目的。适当的礼品赠送，有利于拉近彼此之间的距离，对形成融洽的商谈气氛具有重要的作用。例如，某推销人员屡次被某公司拒之门外，后来偶然得知总经理的独生女儿正在集邮，他赶紧翻阅有关集邮的书刊，充实了必要的集邮知识之后，带上了几枚精美邮票再去找总经理，说是专门为其女儿送邮票来了。一听说有精美的邮票，总经理热情接待，两人大谈集邮知识，关系一下子变得熟络起来。

推销人员运用赠品来接近顾客，须注意以下问题：其一，礼品的选择要慎重。要事先了解顾客的嗜好和个性，按照投其所好的原则来选择赠品。其二，礼品的内容和金额必须符合国家有关法律法规和纪律规定，不能变馈赠为贿赂，违纪违法。其三，赠品最好是与推销品或本企业有联系的物品，起到宣传企业文化和推销产品的双重作用。

6. 赞美接近法　赞美接近法是指推销人员通过对顾客的称颂和赞美，达到接近顾客的目的。喜欢被人赞美是人的共性，每个人都希望在他人的称赞中树立自尊和自信，获得被别人认可和尊敬的满足感。推销人员在了解顾客的基础上，若能留心发现对方的优点和长处，适时、巧妙地利用夸奖、恭维的语言真诚地赞美顾客，就可以达到缩短双方心理距离，融洽双方关系，成功接近顾客的目的。

推销人员只要仔细观察和留心倾听，就不难找到赞美顾客的主题：如顾客的办公环境、居住环境；顾客的外表、知识、修养、品质；顾客的升职或被嘉奖；顾客兴旺的业务或事业；顾客的家人特别是孩子；甚至顾客墙上的字画、照片或纪念品等等。但不论赞美顾客的哪一个方面，都应出自真心，态度诚恳，讲究赞美的方式和方法，切合实际地对顾客值得赞美的方面加以赞美，使顾客觉得自然亲切、倍受尊重。切忌将赞美歪曲为巴结卖弄、溜须拍马等不良做法，弄巧成拙。

推销窗口 8-10　　善于观察，学会赞美

赞美既然要找出可赞之处，就要用眼睛去发现和挖掘。千万不要以为赞美是“不足挂齿”的。

法国总统戴高乐 1960 年访问美国时，在一次尼克松为他举行的宴会上，尼克松夫人费了很大的心思，布置了一个美观的鲜花展台，在一张马蹄形的桌子中央，鲜艳夺目的热带鲜花衬托着一个精致的喷泉。精明的戴高乐将军一眼就看出这是主人为了欢迎他而精心设计制作的，不禁脱口称赞道：“夫人为举行这次正式宴会一定花了很多时间来进行漂亮、雅致的计划与布置吧！”尼克松夫人听后十分高兴。事后，她说：“大多数来访的大人物要么不加注意，要么不屑因此向女主人道谢，而他却总是能想到别人。”

也许在别的大人物看来，尼克松夫人所布置的鲜花展台，只不过是她作为一位副总统夫人的分内之事，没什么值得称道的。而戴高乐将军却领悟到了其中的苦心，并因此向尼克松夫人表示了特别的肯定与感谢，从而也使尼克松夫人非常的感动。

作为推销人员，你也应该像戴高乐将军那样观察入微，找到客户值得赞美和欣赏的方面，真诚地赞美。

7. 求教接近法　求教接近法是指推销人员利用慕名请教顾客的理由，达到接近顾客的目的。这种方法能够很好地表达对顾客的尊敬，满足顾客的自尊心，因此在实际应用中的效果较好，尤其是对那些自尊心强，有一定学识、身份和地位的专家型顾客，这种方法更为奏效。

求教的内容可以是业务知识、经营技巧方面的问题，也可以是人品修养、个人情趣等方面的问题。但不论请教什么方面的内容，推销人员都应遵循态度诚恳、少说多听，赞美在前、请教在后，请教在前、推销在后的思想，努

力争取潜在顾客的好感和支持。

8.其他接近方法　除以上介绍的接近顾客的方法外，还有讨论接近法、调查接近法、陈述接近法、搭讪与聊天接近法等，这里不一一介绍。在实际的接近顾客的过程中，各种方法往往是综合运用的，并没有严格的、绝对的区分，也不可能有统一的、固定的模式。这就要求推销人员在实际推销活动中，善于积累，不断创新，将接近顾客的方法与推销品和推销对象的特点相结合，创造性地开展推销工作，方可产生良好的推销效果。

□ 本章小结

寻找准顾客是整个销售过程的第一步，寻找潜在顾客的方法一般有：逐户寻访法、连锁介绍法、中心开花法、资料查阅法、广告拉引法、直接邮寄法、召开研讨会法。在寻找到众多的潜在客户后，推销人员要对顾客资格进行评定，筛选出重点顾客进行有针对性的推销。销售人员一般运用 MAN 法则从三个方面评估潜在顾客：购买力（Money)、决策权（Authority)、需要(Need)。

推销接近一般包括接近准备、约见顾客与正式接近顾客三个环节。首先是接近前的准备工作，包括个体顾客与团体准顾客资料的准备、推销辅助器材的准备等。其次是约见顾客，推销人员应根据推销活动的实际情况，确定约见对象、约见事由、约见时间和地点。具体的约见方法有电话约见、信函约见、当面约见、委托约见、广告约见、网络约见等。最后就是正式接近顾客，销售人员要在心理上靠近顾客，建立良好的第一印象，在仪表、表情、握手、体姿、言谈等方面加强修养。正式接近顾客的主要方法有产品接近法、利益接近法、问题接近法、介绍接近法、馈赠接近法、赞美接近法、求教接近法等。

□ 案例分析

案例 8-1

小李是佳成科教设备公司的推销员，他希望通过勤奋的工作来创造良好的业绩。

一天，他急匆匆地走进一家公司，找到经理室，敲门后进了屋，于是有了下面的一段对话：

小李：您好，王先生。我叫李进，是佳成科教设备公司的推销员。

经理：哦，对不起，这里没有王先生。

小李：您是这家公司的经理吧？我找的就是您。

经理：我姓黄，不姓王。

小李：对不起。我没听清楚您的秘书说您是姓王还是姓黄。我想向您介绍一下我们公司的彩色复印机……

经理：我们现在还用不着彩色复印机。

小王：噢，是这样。不过，我们还有别的型号的复印机，这是产品目录，请您过目。(接着掏出烟与打火机）您来一支？

经理：我不吸烟，我讨厌烟味，而且，我们公司是无烟区。

小王：……

案例问题讨论：

1．小李犯了什么错误？

2．你将如何改进上述推销过程？

案例 8-2

阅读下面的电话谈话。

销售员：早上好，我是否可以与王先生谈话？

接待员：哪一个王先生？我们这儿有两位姓王的。

销售员：谁负责采购？

接待员：是王晓林，我替你接过去。

销售员：王先生，我叫张博华。我不知可否与你预约一下见面时间？

王先生：关于什么？

销售员：我想介绍一下本公司在本区提供的几种清洁服务。

王先生：我们已经有了处理我们仓库的清洁服务。

销售员：是的，王先生，但是我们公司保证以最低的价格为你提供满意的服务。

王先生：你们收费多少？

销售员：我们的收费是每小时 10 元。

王先生：我们目前的收费是每小时 8 元。

销售员：我们保证质量。

王先生：也许吧，但是我们现在不想有所改变。明年再打过来吧，说不定会变。(挂断电话)。

案例问题讨论：

1．销售人员在谈话中犯了什么错误？

2．销售人员应如何改进上述电话谈话？

案例 8-3

张丽雯，浪潮广播公司的销售代表，正在拜访“城市佳人”时装店的老板赵珍婷。该商店位于深圳市区，是一家以款式最新、最流行而闻名的时装店。张丽雯与赵珍婷会面，想向赵珍婷推销浪潮广播时间来为“城市佳人”时装店做广告。

张丽雯：（伸手）早上好，赵小姐，今天好吗？

赵珍婷：很好。

张丽雯：对不起。今天天气很不错，真希望能出去打高尔夫球。你打高尔夫球吗？

赵珍婷：不，我不打。现在，我能为你做点什么？我很忙，让“城市佳人”经营运转很花时间。

张丽雯：你肯定很忙。你知道，每个人都说你这儿是深圳最好的时装店。人人都这么说。

赵珍婷：（交叉手臂于胸口）很好。听到这话我很高兴。现在说一说你为什么来这儿。

张丽雯：好的。首先，让我做个自我介绍。我是浪潮广播公司的张丽雯，希望我今天没有占用你宝贵的时间。我想向你介绍一下购买浪潮广播广告时段的情况。

赵珍婷：在过去，我们主要登报纸广告。那样做效果似乎也不错。

张丽雯：听你这么说，我很遗憾。不幸的是，总有些人认为报纸广告效果好。但是你至少应让我们尝试一下，你可能会有惊奇的收获。

赵珍婷：也许将来我会尝试一下，但眼下我不想在广播广告上浪费资金。现在，我要走了，我们刚到了一些新货，再见。

案例问题讨论：

1．张丽雯的初次见面策略合适吗？她犯了什么错误？

2．你会怎样接近像赵珍婷女士这样的买主？

□ 实训题

实训 8-1　电话预约设计

张磊，NCR公司的销售代表，推销的主要产品是自动取款机。他确认某银行西区分行是NCR公司的潜在顾客，但该银行的总经理向耘义是出了名的保守人士。请给张磊设计一个电话预约以确保他获得向经理的约见。

实训8-2　从事一项推销实践，建立一份顾客访问计划表（可参照表8-3客户访问计划），并填写相应的内容。

表8-3　客户访问计划

1. 公司名称____________________
2. 地址____________________
3. 电话__________　　传真__________
4. 公司特征
   - 业务类型____________________
   - 业务量____________________
5. 以往的采购活动
   - 一般采购模式……………………
   - 年采购量……………………
   - 偏爱的品牌……………………
   - 其他供应商……………………
6. 销售访问的目标……………………
7. 客户重要的购买需要……………………
8. 销售展示……………………
   - 产品的特点、优势、利益……………………
   - 产品演示的方法……………………
   - 如何将利益和顾客的需要联系起来……………………
   - 预期的异议……………………
   - 如何与此顾客成交……………………

第九章　推 销 洽 谈

□ **引导案例**

王大为身着笔挺西装，走进北方汽车公司的采购部经理张海的办公室。王大为彬彬有礼地打招呼："您好，张经理"，同时伸出手来。张经理站起来，轻轻地握了一下手，回到椅子上坐下来，一边听王大为讲话，一边开始阅读电子邮件。

王大为拉了拉领带，咽了一下口水，开始他千篇一律的推销游说："张经理，我到贵公司来是想向您介绍一下如何使贵公司的利润提高10%"张经理推开计算机键盘，身子往椅背上靠了靠，双臂紧抱，眼睛瞥了一下王大为，慢条斯理地说："今天你已经是第7个到公司来的推销员了，都说能为我公司降低成本或提高利润，其幅度从5%～25%不等。"这时候桌上的电话响起来了，张经理拿起了电话，"嗯……好。3分钟以后准时见。"王大为盯着脚下的地毯，觉得头脑发胀，不知道说什么好。

张海放下电话，慢慢转过身子，从眼镜上方看着王大为："对不起，小伙子，我马上有个重要的会议。"王大为抱歉地说："打扰了，我过些时候再来。"

王大为面临的问题是大多数初出茅庐的推销人员常见的问题。推销人员通常都以相同的口气对顾客说同样的话："我会帮助贵公司节约成本"或"我能帮贵公司提高利润"。购买者的反应也通常通过其语言或非语言的方式传递。王大为向张海传递了什么信息呢？如果你是王大为，你会如何对待？

学习目标 ▶▶

学完本章后，你应该能够：

1. 理解推销洽谈的任务和原则。
2. 掌握销售中的沟通技巧。
3. 把握不同推销对象的沟通风格。
4. 掌握推销中的演示技巧。

第一节　推销洽谈概述

推销洽谈是指推销人员运用各种方法、方式和手段，向顾客传递推销信息并进行双向沟通，旨在说服顾客购买的过程。推销洽谈的目的在于沟通推销信息、诱发顾客的购买动机、激发顾客的购买欲望。在整个推销过程中，洽谈是最重要的环节，能否达成交易，往往取决于推销人员在洽谈中的表现。为了达到洽谈目的，推销人员必须善于倾听和提问，灵活运用洽谈的策略和技巧。

一、推销洽谈的特点

推销洽谈的目的在于说服顾客采取购买行动，其目的性决定了推销洽谈有别于其他形式和内容的谈话。

（一）洽谈过程是原则性和伸缩性的统一

推销洽谈不是某一方单纯追求自身利益的过程，而是双方通过不断地调整各自的利益需求而逐渐趋于接近，最终达成对双方都有利的协议。在推销洽谈中，如果一味地坚持本方利益，忽视对方利益，寸步不让，就会扩大双方分歧，交易就难以达成；相反，如果只注重对方利益，一味退让，就会严重损害本方的利益，达不到预期的经济效果。因此，在实际推销洽谈中，谈判双方在坚持原则性的基础上做出适当的妥协，对达成交易是十分必要的。

（二）洽谈对象具有广泛性和不确定性

洽谈双方处于多样化的市场经济环境之中。作为卖方，其商品销售范围具有广泛性，作为买方，其购买商品的选择范围也十分广泛，任何符合推销洽谈主体资格的买方或卖方都可以发起或参与推销洽谈，因此，推销对象可能遍及全国各地甚至全世界。而在竞争激烈和变化多端的市场环境下，某一具体的推销对象往往又是难以确定的。推销洽谈的这一特点，要求推销人员掌握推销品的流通规律，广泛收集市场信息，及时了解市场行情，维持老客户，发展新客户，建立稳定发展的顾客队伍，保持稳定增长的推销业绩。

（三）洽谈环境具有多样性和复杂性

现代社会经济环境瞬息万变、竞争对手层出不穷，推销人员处于复杂而多变的工作环境之中，各种商业合作的机会稍纵即逝。这就要求参与推销洽谈的人员具有高超的社交能力和敏锐的洞察力，能够及时把握各种机遇，与可能的合作对象进行广泛的接触和沟通，找出共同利益，消除彼此的意见分歧，进而促成交易。

（四）洽谈的语言表达和文字表达具有一致性

推销洽谈有口头洽谈和书面洽谈两种形式，洽谈语言要求：中心突出、条理清楚、用词适当、逻辑性强、有说服力。推销洽谈中经过口头洽谈成功、交易达成后，洽谈双方一般要通过签订具有法律效力的书面合同来确认，这就要求合同中的文字表达与洽谈中使用的语言表达要相一致，并且具有准确性、完整性和逻辑性。否则，就容易引发争议，为实现交易和履行合同带来障碍。为此，推销人员要提高自己的文字水平和语言表达能力，不断丰富自己的业务经验和法律知识。

二、推销洽谈的任务

要有效地激发顾客的购买欲望，引导顾客采取购买行动，绝非轻而易举，需要推销人员的精心设计，在洽谈中要完成以下任务：

（一）发现和引导顾客的需求

现代推销观念认为，满足顾客的需求是推销活动的原动力和最终目的。因此，推销人员要在洽谈中灵活地运用提问技巧，仔细倾听，并积极引导，以发现顾客的真实需求，针对顾客的需求进行有的放矢的谈话和演示，从而使推销活动顺利进行。

（二）介绍和演示推销品

在推销洽谈中，推销人员要向顾客介绍有关产品的情况，传递与此相关的信息，帮助顾客迅速认识推销品的特性和利益。推销人员应根据具体情况，分析所传递信息的要点，利用口头语言、推销样品或其他必备的推销工具与顾客进行沟通交流，确保准确、全面有效地传递推销信息。

（三）保持顾客的注意力和兴趣

顾客的注意力和兴趣是产生购买欲望的前提，在推销洽谈的时候，推销人员应想方设法保持顾客的注意和兴趣。因此，推销人员必须特别注意自己推销洽谈的内容、方式和方法，要采取具有独到之处的推销洽谈方法，强调推销品将要给顾客带来的有关利益，促使顾客注意力和兴趣持续稳定或不断高涨，强化购买动机，直至上升为购买行为。

（四）处理顾客异议

推销洽谈不仅是推销人员介绍产品的情况、传递产品信息的过程，而且是有关信息在推销人员与顾客之间反复双向沟通的过程。推销人员发出信息后，顾客接到信息并进行分析和处理，一般会提出各种各样的问题和异议。推销人员必须对这些问题和异议进行解答和处理，以保证信息交流的畅通，从而保持与顾客进一步的沟通，取得顾客的信任，为实现交易扫除障碍。

三、推销洽谈的原则

在推销活动中，买卖双方说服顾客接受推销品是推销人员的基本任务，当推销人员面对顾客，开展推销洽谈时，一般应遵循下列原则：

（一）针对性原则

针对性是指推销人员针对推销环境、推销对象及推销产品，运用一定的推销洽谈方式、策略和技巧，促使推销对象采取购买行动以达到自己的推销目的。因此，推销人员应做到：

（1）针对顾客的需求，推销产品的使用价值。产品的使用价值是顾客购买产品的主要原因，顾客的购买目的就是追求产品的使用价值。

（2）针对顾客的个性心理，强调推销产品将给顾客带来利益。推销人员要根据推销产品的特点，针对特定顾客的心理，设计洽谈方案，突出产品能给特定消费者带来的具体利益，增强洽谈的说服力。

（二）诚实性原则

诚实性是指推销人员在推销洽谈时，要真诚对待顾客，不能玩弄骗术。诚实性意味着推销人员要讲真话，卖真货，出实证。坚持诚实性原则要做到以下三点：

（1）卖真货。推销信誉是靠卖真货树立的，以假充真，以劣充优，只会害人害己。

（2）讲真话。讲真话就是如实地向顾客传递信息，取得顾客的信任，不误导消费者。

（3）出实证。实证包括推销人员身份证明和推销产的证明。有了真凭实据才能打消消费者的顾虑，坚定其购买的决心。

（三）鼓动性原则

鼓动性是指推销人员在推销洽谈时中用自己的知识、信心和热情去激发顾客的购买情绪，促使顾客采取购买行动。推销人员应努力做到：

（1）以自己丰富的知识去说服顾客。离开了丰富的推销知识，所谓的推销信心、推销热情就是一句空话。

（2）以鼓动性语言去打动顾客。推销人员既要善于用逻辑性语言来准确传递理性信息，更要善于运用情感性语言去生动形象地传递非理性信息。非理性的感情因素在顾客购买活动中常常起到了极其重要的作用，影响顾客的购买决策，因此情感语言往往具有更大的感染力和鼓动性，更容易打动顾客的心。

（3）以自己的信心和热情去鼓舞和感染顾客。推销人员的鼓舞力来自他们对本职工作、对顾客和对推销产品的信心和热爱，只有热爱本职工作，坚信自己的工作有益于人民，相信顾客需要自己的帮助，而且自己的推销品能够满足顾客的需要，才有可能去鼓动顾客的购买信心和热情。

（四）参与性原则

参与性是指推销人员应设法引导顾客积极参与推销洽谈。顾客的参与是促进推销信息的双向沟通的必要条件。推销人员要做到：

（1）努力消除顾客的戒备心理。推销人员要加深对顾客的了解，寻找共同的观点或话题来使顾客产生认同感，创造良好的推销气氛，提高洽谈效率。

（2）认真听取顾客意见，积极引导顾客发表意见与看法。认真聆听，能够表达对顾客的尊重，使顾客产生心理上的满足感；欢迎顾客参与协商与讨论，能够调动顾客的积极性和主动性，有利于控制推销进程。

四、推销洽谈的步骤

推销洽谈是一个循序渐进的过程。正式的推销洽谈须按照一定的步骤去进行，以加强洽谈的计划性，使洽谈的各个阶段有机地统一起来，增强洽谈的整体效果。一般来说，正式的推销洽谈的过程可以分为以下四个步骤：准备阶段、开局阶段、磋商阶段和成交阶段。

（一）推销洽谈的准备阶段

推销洽谈是一项较为复杂的业务工作，它受到市场条件的诸多因素的影响，必须进行充分的准备，才能有效地实现推销的预期目的。

1. 方案准备　推销洽谈方案是推销人员在充分了解市场、产品、顾客的基础上，制定的科学、可行的推销洽谈计划。推销洽谈方案对于洽谈活动的顺利进行，具有重要的指导意义，一般应包括推销洽谈的目标、推销洽谈的主要策略、推销洽谈的内容、洽谈的地点和期限、谈判人员的权责分工等内容。

2. 信息资料准备　在推销洽谈中，推销人员要在广泛收集有关谈判信息资料的基础上，对信息进行加工、处理，为制定科学可行的谈判方案和谈判策略提供依据。有关谈判的信息资料十分广泛，如对方的经济实力、利益需求、谈判人员的个人情况等方面的信息，相关的市场环境信息，其他竞争者信息等等。

（二）推销洽谈的开局阶段

推销洽谈的开局阶段指的是谈判各方走到一起直到提出各自的基本要求、立场的过程。在这一阶段里，谈判各方要处理好这么几个环节：建立恰当的谈判气氛，明确谈判议题，初步表示自己的意向和态度。

在开局阶段，为了创造积极友好、和谐融洽的洽谈气氛，双方可以先随便聊聊各自的经历、爱好、见闻等等，以便建立好感和信任。在建立了良好的气氛后，推销人员应将话题自然地转移到洽谈事项上，例如价格、包装、保险、运输等议题，让对方了解自己的洽谈目的及建议。在正式洽谈开始后的开场白中，应留下充足的时间让对方发表意见，注意对方对自己的推销说明有何反应，找出对方的目的和动机与自己原来的设想有何差别，有些重点问题还应该记录下来。

（三）推销洽谈的磋商阶段

推销洽谈的磋商阶段是指谈判双方为了各自的利益，寻求双方的共同点。并对各种具体交易条件进行商讨以消除彼此分歧的过程。这一阶段是双方利益矛盾的交锋阶段，通常双方会对交易条件进行讨价还价，推销人员要积极采取各种有效的策略与方法，谋求分歧的解决，在真正把握对方意图和想法的基础上，耐心解答顾客的各种问题，以理服人。

（四）推销洽谈的成交阶段

推销洽谈的成交阶段是谈判的最后阶段。当交易双方进行实质性的磋商后，重大分歧基本消除，意见逐步统一，最终就有关的交易条件达成了共识，于是推销洽谈便进入了成交阶段。在这一阶段，推销方应把握好时机，识别对方发出的成交信号，及时办理签约手续，并真诚地赞扬对方的合作，为今后长期的合作奠定良好的基础。

第二节　推销洽谈中的沟通技巧

从本质上来讲，人员推销就是一个双向沟通的过程。它是一个有目的地提供信息、说服和反馈的沟通过程，不仅包括说，也包括听。良好的沟通使推销人员得以全面了解目标顾客的需求，发现掩盖着的问题，帮助目标顾客做出解决问题的合适方案，有利于在推销人员和目标顾客之间建立起信任的关系。

一、销售沟通的要求

销售沟通是指使用语言、文字、符号或其他表现形式，以便顾客与销售人员共享有关的产品或服务等销售信息。良好的销售沟通，能够帮助销售人员了解顾客在物质与精神方面的真实需求，提高销售效率与业绩。具体要求如下：

（一）准确

当销售人员接近顾客时，首先希望建立信任感，因此准确性特别重要。即使顾客在洽谈中只发现了一个错误，也会令销售人员陷入困境。在推销实践中，沟通信息不准确主要表现在：数据准备不充分、资料解释错误、对关键因素的无知、潜意识中的偏见以及片面夸大其辞等。

（二）清晰

模棱两可的表达方式会浪费金钱并使推销人员产生挫折感，因此，很多销售管理者认为必须让沟通简单易懂。但沟通中要做到简单清晰是很困难的，况且大多数商务态势并非简单表达就能为人理解。为了达到表达清晰的目的，销售人员必须要对推销中的言辞进行总结和精心组织。实现清晰有三个要求：

1. 逻辑清晰　如果你不能有逻辑地思考你的建议、实现该计划的行动和可能的结果，那么你就不能期望你的听众会遵循你的思路。大多数糟糕的文章和讲话是糟糕的推理和草率准备的结果。

2. 表达清晰　对大多数沟通来讲，内容正确并不足以满足要求。推销人员还要用亲切自然的语调、简洁有力的措辞、配合以恰当的手势或其他身体语言来清晰地表达信息。如果推销人员发现自己不能清晰地沟通，那么必须再检查一下语言逻辑是否合理、措辞是否恰当。

3. 简洁而充满活力　良好的销售沟通追求简洁，追求以极少的言语传递大量的信息。无论是同董事长、高级总裁还是同钟点工进行沟通，都必须言辞简洁，因为每一个人的时间都是有价值的，没有人喜欢不必要的繁琐之辞。当然，简洁并不意味着绝对地采用短句子或省略重要的信息，它是指字字有力。

活力意味着生动和易记。管理学家明兹伯格指出，管理者的注意力通常只能保持很短一段时间，打扰、分神和各种工作责任都会分散管理者的注意力。因而推销人员只有保持生动的风格才能给对方留下深刻的印象。生动的语言有助于理解和记忆，同时，它还传递信任和决心。推销人员要事先认真斟酌洽谈构思、句式运用和词语选择。

推销窗口 9-1　　古老的销售哲学——简单明了

一名新推销员和他的上司一起坐在办公室等待买主。当他们听到买主进入办公室时，上司说：“记住，给他来个 KISS。”当然，他说的并不是给买主一个吻，而是运用一个古老的销售哲学——简单明了，推销员（Keep it simple，salesperson）。

有一个故事，讲的是一位老妇人。她来到一家五金店，一名店员向她致以问候并主动询问她想买什么。她回答说，她想买一个暖气。店员说：“啊，您是多么幸运啊！我们的暖气的销量很好，而且有丰富的品种可供选择。让我拿给您看。”经过了 45 分钟对双重加热控制、热感应以及所有暖气运作时所涉及到的因素（包括 12 种型号的暖气中每一种的特点和优点）的讲解后，他转向老妇人说：“现在，您还有什么问题吗？”老妇人回答道："有的，只有一个。这些暖气中，哪一种能让一个老太太暖和？"

在没有必要的情况下，应该避免过于复杂和技术性过强的展示。使用能让购买者很容易就明白的词语和材料。熟练的推销员能够巧妙地采用简单明了的语言，让潜在顾客对新产品和复杂的技术感到满意。

二、沟通风格的类型

俗话说，知己知彼，百战不殆。推销人员要想通过有效沟通，提升销售业绩，就必须弄清楚对方的沟通风格，从而有针对性地进行洽谈。

（一）沟通风格的决定因素：交际倾向和控制倾向

交际倾向和控制倾向是决定个人的沟通风格的最重要的两个因素，其中，交际倾向是指个人情感外露以及开展对外交往的主动程度；控制倾向则是指个人期望向他人或事物施加影响的迫切程度。

根据人们在交际倾向与控制倾向方面的不同特征，划分出四种典型的沟通风格：分析型、主观型、情感型、随和型，见图 9-1。虽然对大多数人而言，这四种类型的特征都兼而有之，但其中必有一种类型占主导地位。销售人员最终能否与顾客形成良性沟通，在很大程度上取决于在洽谈中是否注意到了对方的沟通风格。

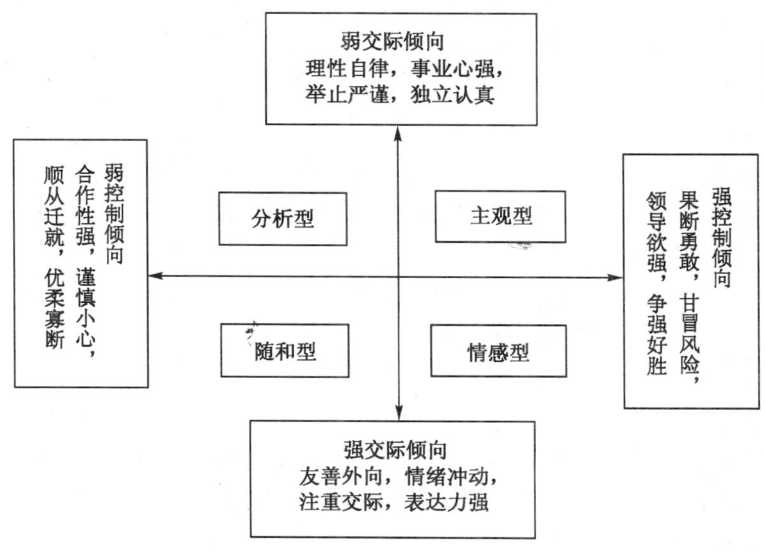

图 9-1 四种典型的沟通风格类型

（二）各种沟通类型的特征

1．分析型　具有这种沟通风格的人思维严谨，擅长逻辑推理，具有完美主义的倾向；严于律己，对人挑剔，做事按部就班，循序渐进；注重细节，对数据与情报的要求特别高；喜欢以书面协议或承诺的方式将各种交易细节确定下来，并希望有足够的时间仔细权衡其购买决策；他们不愿意抛头露面，喜欢独立工作。由于分析型消费者全神贯注于自己的采购任务，因而往往会被认为是沉默寡言、感情冷淡的消费者群体。

与这种类型的人沟通时，推销人员必须以专业水准与其交流，要做到表达准确、内容突出、资料齐全、逻辑性强，最好用数字或数据来说明问题。当他们就推销中的某些问题提出疑问时，销售人员应根据事实情况做出答复和解释，避免空谈和流于肤浅。

2．主观型　具有这种沟通风格的人惜时如金，办事效率高，目标明确；在与人沟通时，他们精力旺盛，节奏迅速，说话直截了当，动作非常有力，表情严肃，很难对他人表现出热情或关切的态度，对旁人的思想情感也常常视而不见；他们独立性强，总是力图支配周围的人和事，因而那些能帮助他们加强对下属控制力的产品设备，往往对其独具吸引力。主观型消费者还有很强的升职愿望，如果某些产品能够帮助他们改善其业绩表现，肯定会备受其青睐。

与这种类型的人进行沟通，首先要了解其需求，为其提供一个简明扼要而且条理清晰的购买方案，并在此基础上提供各种备选方案，以便让他们自己做出抉择。要避免直接反驳他们的观点或使用结论性的语言，因为这样很容易冒犯其自尊心。在与主观型消费者开展业务时，销售人员的言辞务必言简意赅、切中要点，若为了加强感情联络而与他们闲聊，只能是事倍功半。

3．情感型　具有这类沟通风格的人性格坦荡直率、朝气蓬勃，喜好与人打交道，行为举止不拘小节，具有合作精神；具有丰富的想像力，对未来充满憧憬与幻想，也常常将自己的热情感染给他人；富有情趣，面部表情丰富，动作多，节奏快，幅度大，善用肢体语言传情达意。但是此类顾客往往情绪波动大，容易陷入情感的旋涡，以至妨碍其做出理性的决定。

与情感型的人沟通时，销售人员要以轻松愉快的方式对其开展推销，避免使用冗长乏味的产品的技术性介绍，尽量以图形、影像和商业宣传等较为直观的形式向其展示推销品。为了拉近与这些顾客的距离，要充分利用非正式的交流形式与场所，坦诚相见，满足他们寻求认同与交友的心理，从而达成交易。另外，向他们列举一些已经选购该产品的客户名单，或是提供权威人士的良好评价，往往能够引起他强烈的需求欲望。

4. 随和型 这种类型的人温和亲切，具有合作精神，极易与之相处；他们富有同情心，擅长外交，对人真诚，注重人际关系，总是尽可能地避免与人发生冲突。这种类型的人做事情非常有耐心，肢体语言比较克制，面部表情单纯，但是往往愿意扮演和事佬的角色，对于涉及到推销中敏感的问题，如违约责任、付款事项等，往往会采取回避的态度。

为了与随和型的顾客有效沟通，推销人员需要加强对他们个人的关注，适度放慢交易的速度，为他们实现购买目标提出具体而实在的建议与支持。考虑到随和型消费者的购买决策较为迟缓而且害怕承担风险，销售人员必须耐心说服，并应尽可能降低产品风险给消费者造成的心理压力。

三、推销沟通的表达方式

沟通是将信息从一个人或者一个小组传递到另一个人或者另一个小组的过程。这个信息可能包括事实、情感、信念、欲望和大量其他的信息。完美的沟通，如果存在的话，应是经过传递之后，接受者所感知的信息与发送者发出的信息完全一致。

为了向另一个人传递某种信息，沟通者必须将这个信息编码成他人能理解的象征符号并表达出来。表达方式可以分为三类：语言表达、身体语言和物品语言。沟通过程一般是这些表达方式的有机结合。

（一）语言表达

1. 词语和语调 语言表达包括两个方面：词语和语调。词语是交流思想的基本手段。词语通过以下几个方面提高了我们进行沟通的能力：词语可以使人们谈论不在场的某事物；词语可以用来交流一些抽象的无法观察的概念；词语有助于记忆；词语有助于学习和推理；等等。运用词语可以比单独运用非语言方式进行沟通更加准确。

推销窗口 9-2 推销词汇的心理效果

顾客购买产品的目的是为了满足自己的需要，而人类的需要是可以激发出来的。推销员在适当的背景下使用某些适宜的词汇，有助于激发人的需要，诱导人产生拥有某种产品的强烈欲望，打动顾客的心。对推销具有推动力的词语应该具有这样几个特点：生动性、提示性、较强的穿透力和感染力。用推销行话讲，就是“能够卖得出去的词语”。假如词语本身没有“使购买”的敦促力量，推销的对象是不会闻“言”而动的。

美国推销专家汤姆发现，有 24 个词汇具有销售的力量，妨碍销售的词汇也有 24 个。

对推销具有推动力的 24 个词是：第一个词是你顾客的姓名，你要用最亲密的声音读出，在整个推销过程中你要经常提到。其他 23 个词是：了解、证实、健康、从容、保证、钱币、安全、节约、新的、亲爱、发现、正确、结果、真诚、价值、玩笑、真理、安慰、骄傲、利益、应得、快乐、重要。

妨碍销售的 24 个词是：应付、花费、付款、契约、签字、尝试、困扰、亏损、丧失、损害、购买、死亡、低劣、售出、出卖、代价、决心、费劲、困难、义务、责任、失败、不利、不履行。

语调指的是对词汇或短语的强调，同词语一样，也能传达意思。假设推销人员问顾客一个问题，顾客反问道："你这是什么意思?"反问的声调不同，推销人员的反应不同。声调是轻柔平稳还是刺耳尖利、重音放在哪个词上所产生的意义完全不同。大多数人会觉得第一种语调表明某人在寻求更清楚的解释；而第二种语调则表明了此人的攻击性或防卫性。显然，语调会加强或改变词语的意思。

2. 趋同行为　研究表明，与他人建立融洽关系的一个最强有力的方法，是首先与对方保持趋同行为。趋同行为是指尽可能使自己与对方在情绪、态度、语言和非语言行为方面保持协调，努力向他人展示自己与对方相像的那些方面。趋同行为有点像拿着一面镜子走近他人，让对方看到的、听到的和感觉到的与他们自己的经验和认识相一致，在相同的行为方式中很容易建立信任和赞同的关系。因此，销售人员应当首先与客户趋同，然后再引导对方。

趋同行为要求销售人员同客户的言语行为相一致。销售人员将客户的用词、短语、语调融入自己的讲话之中是很有意义的，顾客因此会想到："我喜欢这个人——他在用我的语言。"一个表情丰富的销售人员在同一个慢条斯理的买主打交道时，就应放慢谈话节奏以确保和谐关系的建立，而当他遇到的是一个性格急躁的买主时，就要加快谈话节奏以和对方合拍。

语言表达的优点在于快速和反馈及时，语言信息的发出和反馈几乎同时发生。如果接受者存在疑问，发出者能及时接到反馈并迅速予以更正。语言表达的缺点在于：信息传递经过的人越多，被曲解的可能性就越大。每个人都按自己的方式理解、解释、传递信息，当信息的最终接受者收到时，信息的内容有可能已经面目全非了。当推销人员向顾客传递信息时，要小心信息被曲解。

（二）身体语言

任何口头沟通都包括了非语言信息，一名研究者发现，在口头交流中，信息的55%来自于面部表情和身体姿态；38%来自于语调；而仅有7%来自于真正的词汇。这说明非语言要素有可能造成极大的影响。身体语言是非语言沟通中最重要的因素。身体语言的基本要素包括眼睛、脸（尤其是嘴唇）、手、手臂、体态和步伐，这些要素可以像语词一样用来进行沟通。销售人员必须认清客户身体语言所传达的信息，因为这些信息揭示了他的内心真实想法。同时，销售人员应当提高自己用身体语言来有效沟通的能力，通过积极的身体语言可以降低紧张度，增加信任感。趋同行为也延伸到非语言领域，销售人员同客户分享的身体动作或姿态越多，彼此的接受度、归属感及和谐程度就越大。

推销人员与顾客的交流中，保持一定时间的眼神接触是非常重要的。一项有关非语言行为作用的研究表明，在社会交往中，那些稳定注视（不是盯着）对方的人被认为更加诚实。尽管倾听过程中销售人员要同顾客保持眼神接触，但销售人员最好偶尔将目光从对方脸上移开。如果一个销售人员把眼光盯在一个潜在客户身上，眼睛直盯着对方的眼睛，从不眨一下，也不把目光移开，那么这个顾客便会觉得很不舒服。

推销人员经常会遇到顾客采取防御性姿态的情况。顾客的身体僵硬，手臂紧紧交叉，抱于胸前。这种双臂交叉的姿势在日常生活中很普通，在全球范围内都用来表示防御心理。销售人员面对顾客的防御姿态，可以有几种反应方式。在作了简要的趋同行为之后，他可以通过身体语言向顾客传递自己的真诚与开放。摊开双手，更接近客户，解开纽扣脱去大衣，或坐在椅子的边沿，也可以递给顾客一本销售小册子，或走上前去展示一下产品的特征和利益，这些都可以减少顾客的防御心理。

当潜在客户通过触摸或者揉鼻子、交叉双臂和双腿、清嗓子、擦手或用力捏一捏耳朵、或环顾左右等方式传达明显的抵制情绪时，以上解除防御的策略同样适用。此时，销售人员通过提出问题来了解顾客的真实想法是极其重要的：“我想一定让您不舒服的东西存在，您能告诉我是什么吗?”

潜在客户直率的接受，是通过身体前倾（如果坐在椅子里）、松弛的体态、松开的双手、不交叉的两腿、生动悦耳的声音等表示的。如果碰到这种情况，销售人员应该停止说明产品，抓紧时机，促成交易。如果顾客已经准备购买了，销售人员仍唠叨不休，很可能讨人烦，最终反而做不成买卖。

当销售人员忙于观察潜在客户时，客户也在观察销售人员的非语言行为。一张没有表情的脸，没有趣味的气氛，伴随着很少的身体动作，显然难以激发起客户的热情。微笑、点头是明显的友善行为。那些不使用非语言沟通技巧的人，沟通信息必定有困难。在推销窗口 9-3 中列出了重要的身体语言的含义。

推销窗口 9-3　不同身体语言的含义

含　义	身　体　语　言
开放／真诚	摊开双手，更靠近，解开大衣纽扣并脱掉大衣，坐在椅子边上
评价	抬着头，手碰到脸颊，身体前倾，手托下巴
冷淡	无精打采，很少的眼神接触，嘴唇松弛，视若无睹，眼神不集中
拒绝	两臂两腿交叉，身体后缩，环顾左右，触摸式揉鼻子
挫折	紧握双手，揉颈背，在空中挥拳
紧张	眯着眼睛，嘴唇抽动，嘴巴微微张开，来回踱步，抖动手指，摆弄东西
防御	身体僵硬，双臂交叉，很少或没有眼神接触，拳头握紧、嘴唇收拢
自信	自豪、挺直的身姿，持续的眼神接触，手伸直，下巴抬起，含蓄地微笑

值得注意的是，我们在理解身体语言时一定要谨慎，因为身体语言是一门不精确的科学。有时，一个姿态确实有某种含义；而有时，这个姿态可能仅仅是对一个人来说更舒适的姿势而已。另外，在日益国际化的市场条件下，沟通因参与者各自有不同的文化背景而变得困难。比如，美国人表示“OK”的手势在巴西却被认为是一个不雅的动作；美国人用白色婚纱以示纯洁，而在东亚，白色却表示悼念。因此，当面临来自不同文化背景的顾客时，销售人员必须了解对方的风俗习惯，并对自己的沟通方式做些适当的调整。

（三）物品语言

物品语言也经常用来表达某种意义。国王的权杖象征着权威，而农夫的衣服意味着贫穷。汽车本来是一种更为有效的交通工具，但通常也代表着身份。商人们读那些怎样着装的书，因为他们认识到服饰在表明身份中的作用。由于人们倾向于将自己置身于能表明其身份的环境中，因此通过观察一个人办公室中的饰物，就可以了解这个人很多性格特征或是个人经历。因此推销人员在洽谈时要仔细收集顾客身边的物品传递的信息，以便对顾客的个性、喜好等做出判断。

在销售沟通中，如果信息传递得当，就会增强说服对方的力量；如果传递消息的方法不合适，就会影响到它的接收效果。可以用来进行沟通的物品工具是多种多样的，一般有下列类型：

1. 印刷品　如成本、技术、统计表格和文本等各类参考资料。

2. 可视媒介物　如示范表演、电影、图片、幻灯和灯光效果等。

3. 模型及样品　如实际物体模型和可随身携带的各种样品。

4. 宣传交流工具　电话、会议资料、录音带、网络媒介等。

5. 证明　获奖证明、实验证明、权威结论、顾客评论。

上述每种物品都有向对方传递信息的作用，关键在于恰当地使用。一本书上的话要比一张便条更有说服力，严肃的报纸要比一般化发行物有说服力，领导者或专家的话要比普通人更有说服力。同时，推销人员在与顾客洽谈时，应选择能为顾客喜欢的装束，随身携带的公文包、名片、样品、订购单、报价单等物品应该整洁美观、有条不紊，给人以精明干练的印象。在网络科技时代，推销人员要熟练运用电子邮件与顾客沟通，甚至建立销售网站，利用网络科技来与顾客进行互动沟通。

四、推销沟通的技巧

推销沟通包括以下四个基本技巧：倾听、观察、提问、陈述。

（一）倾听技巧

最流行的销售人员形象是伶牙利齿、能说会道。努力完成推销任务的内驱力，会促使销售人员大谈其产品与公司。但是，为了更加有效地推销，营销人员必须获得有关各种具体条件下的客户信息。顾客对一个产品或某项服务是否有需求？如果有，是否一定要作些变更？他买得起吗？要了解这些事实，最简单的办法就是仔细地听顾客所说的话。如果沟通是一个双向的过程，那么积极地倾听应当算作其中的一个重要的组成部分。

尽管倾听是如此重要，但大多数人，包括推销人员，都是无效的倾听者。测试表明，在听完一段 10 分钟的口头表述之后，普通听众能够理解和记住的内容，大约仅仅只有一半。在 48 小时之内，又忘记这一半的 50%，只剩下整个倾听内容的 25%。也就是说，我们所理解和保存的仅仅是对方所说的 1/4。而实际上，相对于说、读和写而言，听是沟通技能中用得最多的一种。

为什么人们没能做到更好的倾听？主要原因是存在偏见，认为听是被动的，要说服别人就需要用力去说。当我们谈到某人应该干销售这一行时，我们就说他很有“口才”。事实上，听的才能更有力量，因为听的人不仅了解自己，也能了解说的人。而且，听的人向说的人传递了一种强有力的信息：“我对你说的话和你本人感兴趣。我认为你值得听。我并不总是同意你，但我尊重你表达自己观点的权利。”

那么，一个人如何才能成为一个积极的倾听者呢？要像训练其他销售技能一样，进行细心的训练。为了成为一个积极的倾听者，推销人员要做到以下六点：

（1）不要只听言语本身，还要对说话人的真实意图明察秋毫。客户可能说：“不!”但如果他在笑，坐姿松弛，手也呈摊开状，或者他还是盯着样品在研究，那么作相反理解就可能是对的。

（2）请客户多说话。像“继续”、“还有什么”、“你对此感觉怎么样”、“还发生了什么”这类话能鼓励客户说得更多，并同你继续分享思想和信息。

（3）同顾客迅速建立眼神交流。维持眼神接触，在买主的脸部表情或身体动作中觉察出细微变化。

（4）要求顾客澄清问题，以便弄清他是否真正理解了。譬如，你可以问：“是不是你想说……”“好像你在说……”“似乎你觉得……”。这样的提问不仅仅是要弄清问题，也显示了对他人的关心。

（5）顾客说话时，你就抿着嘴注意听，不要打断他们的话语。但也要避免完全沉默，要适当作出声音上的反应，如“嗯”“是的”“我懂”等，以鼓励说话者。

（6）通过非言语方式表现出你在积极倾听。例如，身体前倾；直接面对说话人，而不是侧身；采取一种放松而又警觉的姿态，精神抖擞地站或坐，但也不显得紧张；采用一种不设防的体态；同意时点头并微笑等等。

推销窗口 9-4　　你有这样的倾听习惯吗？

人无完人。当我们同家人或朋友谈话时，都会有这样或那样不好的听讲习惯，而我们却随它们放任自流。然而，在生意场合，就要抛掉这些坏习惯，积极地倾听。请看下列常见的不受人欢迎的听讲习惯，对照检查自己，并着手消除这些坏习惯。

1. 你一人独揽谈话。

2. 当人们说话时，你从中打断。

3. 你从来不看说话的人，或是表示出你在倾听。

4. 不给对方把话讲完的机会，你就开始辩论。

5. 所谈到的每件事都让你想起你所经历过的事情，你禁不住要离开话题讲你的故事。

6. 如果别人的停顿太长，你替他们结束一句话。

7. 你不耐烦地等别人结束讲话，好插上点什么。

8. 你在保持目光接触时，过于努力，让人们感到不舒服。

9. 你看上去像是在评价正在同你说话的人，把他当做塑像一般上下打量。

10. 在给予反馈时，你做得过了头——点头和“嗯、啊”过多。

（二）观察技巧

前面已经说过，我们所获得的关于其他人的信息大部分来自非语言。一个人的办公环境和他的穿着会提供有关这个人及其公司的信息。有些是非常清楚的，如他的毕业证书、名片；有些信息则还须推销人员进行分析，如办公桌的布置方式、桌面摆设、办公室摆放的艺术品的类型等。不管这些信息清晰与否，它们都是推销人员所要观察的非语言信息。通过把销售环境划分为外围空间、接近空间和个人空间，我们可以更好地把握观察的过程。

外围空间包括推销人员所看到的公司外围环境，如公司的建筑物的年限和风格、旗帜和标志物、工人的精神风貌以及生产车间和设备。销售人员应观察这类事物，从中寻找出有关公司文化、组织建设甚至是财务状况的线索。例如，如果销售人员发现某工厂仅以一半的生产能力在运作，这可能标志着该工厂的产品滞销或者可能正面临着财务困难。

接近空间包括一般的办公环境。在这一空间内，如办公室的布局方式、所用装饰品以及具有某种意义的标志等，都是要考虑的重要因素。例如，挂在墙上的学位证书，在办公室中摆放的大学时代的纪念物，都是说明顾客身份的重要证明。如果墙上挂有一些异国风情的照片，则意味着这个人有摄影的业余爱好或者喜欢旅游。

个人空间包括顾客本人。销售人员要留意各种有关顾客的线索，包括穿着打扮、特殊习惯、个人喜好以及行为举止等。如果客户看起来很生气，这也许意味着她遇到了生活上或是工作上的烦人事，她没有时间去看推销人员提供的最新产品。一位特殊的顾客也许在他与推销人员的接触中，总是穿着笔挺的西装，打着漂亮的领带，并力图显得很正式，这也许意味着他很想显得职业化，并试图给人留下这样的印象。

观察作为一种收集信息的重要技巧，应该以系统的方法来加以运用。当一个人从外围空间穿过接近空间进入个人空间时，信息的本质发生了变化，变得越来越特定化，即不但与个人有关，同时也与销售洽谈时周围的环境有关。因此，推销人员要把通过观察收集到的信息作为一种参考证据，在过一段时间后通过其他方式，如提问、交谈等予以确认。

（三）提问技巧

在推销洽谈中常常需要运用提问技巧来引起对方的注意，同时获得信息和资料，传达自己的感受，控制洽谈的方向。提问的关键不在于数量多少，而在于是否善于提出高质量的问题。推销人员应根据洽谈对象、内容和目的的不同而采用各种不同的提问方式和技巧。

1. 提问方式　推销洽谈中的提问主要分为封闭式提问和开放式提问两大类型。

（1）封闭式提问是指提出的问题具有特定的答复，一般可以用“是”或“否”作为回答。例如：“早几天打电话到公司没找到您，您是否出差了？”这类问句，可以使发问者得到特定的资料或信息，而答复这类问题也不必花时间思考。这类问句分为以下几种情况：

1）选择式问句。即给对方提出几种情况让他从中选择的问句，如“您需要的颜色是银白色还是浅灰色？”您明天上午有时间还是下午有时间？”等等。

2）澄清式问句。即让对方对其所说的话进一步确认的一种问句，如：“您是说这类设备要订购 100 台吗？”

3）暗示式问句。这种问句本身已强烈地暗示出预期答案，目的是敦促对方表态。如：“这种款式现在市场供不应求，价格还会上涨，您说是吗？”

（2）开放式提问是指提出的问题具有广泛的答复，不能简单地用“是”或“否”来回答。这类问句因为不限定答复的范围，所以能使对方畅所欲言，获得更多的信息，方便推销人员了解顾客的感觉、态度和喜好。此外，这种提问方式使得销售访问更具有交谈的性质，能提高顾客参与洽谈的积极性。封闭式的提问使洽谈听起来像质问，并常常导致目标顾客提早结束会谈。表 9-1 中列出了封闭式问题和开放式问题对比的例子。

表 9-1　封闭式问题和开放式问题的对比举例表

封闭式问题	开放式问题
你的秘书是否在目前的文字处理系统方面遇到了困难	你的秘书在目前的文字处理系统方面遇到的问题是什么
你感到处理会计账目方便吗	对于提高会计账目处理效率，你作了什么计划
你公司的安全系统是否需要更新	你在安全系统方面作了哪些变动以确保它适应当前状态

在洽谈过程中，发问者要多听少说，多运用开放式问句，谨慎采用封闭式问句。发问者应事先了解对方情况，打好腹稿，注意发问的时机，取得对方同意后再进一步提问，由广泛的问题逐步缩小到特定的问题，避免含糊不清的措辞，避免使用威胁性、教训性、讽刺性的问句，避免盘问式或审问式的问句。

2. 提问技巧 提问的技巧有很多种，在销售过程中一般需要综合运用，以发掘需求、融洽关系。SPIN 提问法和灯笼式提问法是两种重要的综合提问技巧。

（1）SPIN 是英文单词背景（Situation）、问题（Problem）、暗示（Implication）和需求—效益（Need-Payoff）的缩写。SPIN 提问法由于具有连贯性和逻辑性，在销售实践中获得了广泛的运用。它包括了以下 4 类问题：背景型问题、问题型问题、暗示型问题和需求—效益型问题。

1）背景型问题的目的在于收集资料和客户当前状况的背景信息。这些问题可以使推销人员获得推销陈述中要用到的重要信息。考虑到客户也许对这些问题比较敏感和厌烦，所以推销人员应该谨慎提问，不要引起顾客反感。

问题形式例如："您现在使用的是什么样的处理设备?""您现有的设备已经使用多长时间了?"提问可以与客户代表个人相关，如"您希望实现什么目标?"；也可以与商务活动有关，如"贵公司的年销售额是多少?"；还可以与经营情况有关，如"贵公司现在使用的是什么设备?"这类问题的共同点是为了收集有关目标顾客当前情况的信息。

2）问题型问题的目的是为了发现目标顾客面临的问题、困难和不满。经验丰富的推销人员会问许多这样的问题，以寻找到其产品和服务的用武之地。

问题形式例如："您现在的机器修起来很难吗?"或"您是否在担心老设备所生产的产品质量 ?"

3）暗示型问题的目的是引导目标顾客考虑问题可能造成的后果或影响。推销人员必须是通过问题型问题找出一些存在的问题之后，才会问暗示型问题。这类的提问使客户重视原先以为无关紧要的问题，认识到有必要对这类问题采取行动。

问题形式例如"这个问题对贵公司未来的盈利有什么影响?"或"这个问题对贵公司的产量有什么影响? 对贵公司的扩展有什么影响?"如果客户面临的问题是现有的机器有时会出现故障，推销人员可以提出以下问题："操作人员是否满意?""是不是有产品质量问题?""是不是废品率太高?"。

4）需求—效益型问题是让目标顾客相信某一解决方案是有价值的。这类问题将目标顾客的注意力集中到解决问题的方案上，使客户自己认识到自身利益所在。问题型问题与需求—效益型问题之间最明显的差别在于：前者注重问题本身（提问的设计是让顾客认识到问题的严重性），从而让客户感到焦虑；后者是关注问题的解决办法，从而让客户感到宽慰。

引导顾客关注解决办法的提问，例如："如果我给您展示一种可以不让您的操作员加班并因而减少成本的方法，您感兴趣吗?""您想了解到减少次品数量的方法吗?”又例如，为了引导顾客说出其利益所在，推销人员可以问“转速更高的机器对您有什么帮助?”对于这一提问，客户可能很快地回答:“这当然能解决生产上的瓶颈问题，并能更充分地利用熟练技工的时间。”

如果目标顾客消极地回答了需求—效益问题，其原因可能是推销人员还没找出严重得使其采取行动的问题。推销人员应该进一步询问更多的问题型问题和暗示型问题和一个新的需求—效益问题来做出调查。

SPIN 提问法的重要优势是在提问过程中推销人员不用过多谈及自己的产品，而是鼓励顾客自己定义需求，主动发现产品所能带来的利益，一般不会引起顾客的反感。这样潜在顾客会把推销人员当作一位提供帮助的咨询专家，而不是一位推销产品的人，有利于推销人员与顾客之间建立良好的人际关系。

推销窗口 9-5　使用 SPIN 技巧来推销桌面印刷系统

推销人员：你曾经把文件拿出去排字打印吗?【背景型问题】

潜在客户：是的，大约每月一次吧，因为我们太忙了。

推销人员：把文件拿出去打印的成本很大吗?【问题型问题】

潜在客户：没有。它只增加了 5% 的成本，我们把这加到客户的费用上。

推销人员：那你们周转周期很快吗?【问题型问题】

潜在客户：既然你提到了，有时周转是挺慢的，你看，印刷商并没有最优先地去做我们的业务，因为我们不是他的大客户。你知道，我们只是需要时才去印刷。

推销人员：因为周转慢而错过了你客户的最后期限时怎么办呢?【暗示型问题】

潜在客户：那只发生过一次，但是真的很糟。王先生，那位客户，真的大骂了我一顿，我们失去了许多信赖感。虽然这只发生过一次，但我真的不想对任何客户再发生那样的事情!

推销人员：如果我给你演示一种减少到外面印刷而又不增加你员工人数的方法，你会感兴趣吗?【需求—效益问题】

潜在客户：当然有兴趣，说来听听吧。

(2) 灯笼式提问法是将提问的过程想像成一只灯笼，如图 9-2 所示。灯笼的狭窄部分表示需要封闭式问题，宽大的中央部分表示需要开放式问题，销售人员从狭窄部开始，用封闭式问题收集事实，通常是用一些答案是肯定的问题使潜在顾客放松。接下来是宽阔的部分，推销人员使用开放式问题，以便确定潜在顾客的感觉和需要。当销售人员抓住了顾客的潜在需要和问题后，封闭式问题将再次出现，用来最终全面确认顾客需求。推销窗口 9-6 列举了一个灯笼式提问法的例子。

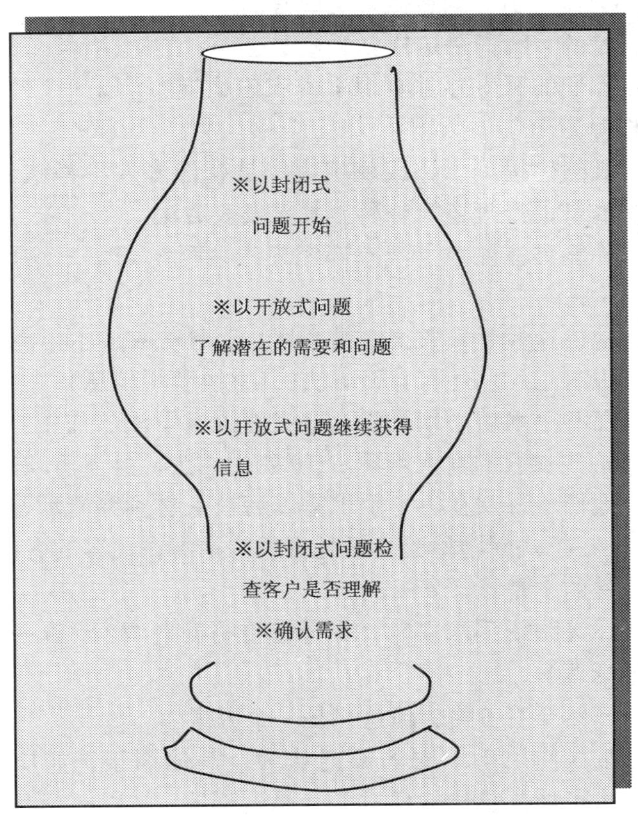

图 9-2　灯笼式提问法

推销窗口 9-6　用灯笼式提问法出售医疗手术衣

请看医疗手术衣推销员罗先生与医院采购员刘女士之间的对话。

罗先生：刘女士，我今天拜访你，是想看一看你们医院是否可以从新型的混纺手术衣中得到好处。（目的声明）

刘女士：好的。

罗先生：我不知道我可否问你几个关于你们现在的手术衣方面的问题？（提出请求）

刘女士：可以，请吧！

罗先生：目前你们是否在外科手术室中使用全棉手术衣？（以封闭式问题开始信息交流，引导顾客做肯定回答。）

刘女士：是的，我们是这样。

罗先生：你们的医生感觉全棉手术衣怎么样？（以一个开放式问题揭示不满意的根源）

刘女士：既然你提到了，我就坦言，是有许多人不喜欢全棉手术衣。就在昨天，洗衣部的经理还对外科手术衣发表看法。

罗先生：你能具体说一下洗衣部经理的话吗？（以一个开放式问题继续交流信息）

刘女士：他说这些手术衣很容易穿坏，而且洗衣成本很高。

罗先生：很有意思。还有什么看法？（继续获得信息）

刘女士：那些手术衣必须熨烫，这当然提高了洗衣成本。而且，护士和医生都抱怨这些衣服的样式难看。（罗先生点头，身体前倾）

罗先生：他们不喜欢在出了手术室以后被人看到穿着那些难看的手术衣吗？（以一个封闭式问题检验自己是否理解了潜在顾客的讲话）

刘女士：是的，是这样。

罗先生：在订购新手术衣时，你考虑价格问题吗？（以一个封闭式问题改变谈论的话题）

刘女士：当然要看价格，但这只是一个因素。

罗先生：那么使用手术衣的部门认为，其他因素，如质量、使用成本、服务等，也可能与价格一样重要，是这样吗？（以一个封闭式问题检验理解的程度）

刘女士：当然了。

罗先生：看一看我能否这样概括你所说的话。你们现在所使用的全棉手术衣没使洗衣部经理和外科全体人员满意。同时，你作为采购代理人关心手术衣的价格，但这并不是决定性的因素。你认为我所说的是不是事实？（明确了一个问题，同时准备进行介绍）

刘女士：是的，是这样。对于这件事你有什么新办法？

罗先生：是的，我有……（现在他开始对自己产品的特性和优点进行介绍）

（四）陈述技巧

能够以有说服力的方式陈述信息也是成功推销的关键因素。要做到这一点，在会谈前需要思考和准备。推销人员应该事先知道什么信息对购买者是重要的，确定表述的最有效次序，设计一个与购买者接触的方法，注意自己的身体语言和语音语调，将要表达的意思清晰地陈述出来。为了增加陈述的有效性，推销人员应该做到以下几点：

1. 陈述时使用积极、生动的语言　销售人员在陈述推销信息时要尽量使用正面、积极的描述，避免使用负面词汇。试比较下面两句话："这是台好机器，可是比较贵。""这是顶好的机器，而且物有所值。"显然后一句更能打动人心。推销人员要使用生动的语言，多用些比喻来激发顾客的联想，例如，一个推销新型玻璃窗的销售人员应该对顾客说："冬天使用我们的新型窗户，就像用了个暖气炉一样，外面的冷空气完全被隔开了。"而不要说："冬天使用我们的新型窗户很暖和。"

2. 用创新的方式陈述信息　由于购买者每天都被销售和促销信息包围着，而且购买者面对的是来自不同推销人员的相同故事："我们公司是最好的；我们的产品是最佳的；我们的价格是最低的；我们最能使您节约成本。"显然，对推销人员而言，要考虑怎样从其他人中间脱颖而出，同时仍能将正确的信息传递给目标顾客。推销人员应认识到为了说明同一件事，存在许多种不同方式，并且应该以一种有趣和新鲜的方式来描述信息。推销人员应避免陷入销售信息的陈旧模式，不断更新信息。

> 推销窗口 9-7　　　　新颖的陈述方式
>
> 新颖性指新鲜的、不同的、不寻常的东西。如果一名销售人员想向顾客说明投资购买一台新型计算机的回报，为了将表达方式戏剧化，他会请顾客从钱包里拿出 1 元人民币交给他，然后递给顾客 2 元人民币，并说："你用来购买这台机器的每 1 元钱，都能在第一年内得到 2 元的回报。

3. 陈述时积极运用身体语言　我们的眼睛常被别人的动作所吸引。认识到这一点之后，许多销售人员会在演示中翻动图表，指向有关的实物，递给观众一件模型，从口袋里掏出一件东西，或从公文包中拿出一件东西，这些动作的目的是吸引注意力。推销人员在陈述时要特别注意自己的手势动作，一般要求做到以下几点：

（1）手臂要保持在腰部以上。

（2）根据观众的人数决定张开手臂的幅度大小。

（3）不用时，将手放在身体两侧。

（4）不要突然做动作。

（5）要注意适当变换手势。

（6）手掌张开，手指并拢。

4．陈述时与顾客积极互动　“我听到然后忘记，我看到并记住，我做了才能理解。”这一真理无疑也适用于推销，当一个人从听过渡到看再到做，他就能够真正理解并记忆所接收的信息。为了提高销售陈述的有效性，推销人员以在陈述销售信息的同时，要充分使用销售辅助手段，例如产品的图片、书面证书、描述产品优点或与公司事务有关的图表，并在陈述时力图引导顾客参与互动。

第三节　推销洽谈中的演示

推销演示是指推销人员用可听的或者可见的方式来展示推销品，并劝说顾客采取购买行为的方法。在推销洽谈中，通过专业性介绍与演示，可以帮助顾客更深刻地了解推销品，激发顾客的购买欲望。

推销窗口 9-8　　　　柴油机也拔河

郑州柴油机厂为在内蒙古打开该厂“金牛”牌柴油机的市场，举行了一场别开生面的“拔河赛”。一台装有“金牛”牌柴油机的拖拉机，与十几台装有相同马力、不同牌号柴油机的拖拉机轮番较量，无不取胜。该厂通过这种方式向顾客展示了“金牛”牌柴油机马力强大的特点。示范的作用有两个方面：一是形象地介绍商品，有助于弥补语言对某些商品、特别是技术复杂的商品不能完全讲解清楚的缺陷，使顾客从视觉、嗅觉、味觉、听觉、触觉等感觉途径形象地接受商品，起到口头语言介绍所难以达到的作用；二是起证实作用。耳听为虚，眼见为实，直观了解，胜于雄辩。

一、推销演示的步骤

推销人员在进行销售演示时，要通过描述产品的特性、优势和利益，强化顾客的购买欲望，并通过专业化的销售计划和建议坚定顾客的购买决心。销售演示过程应该循序渐进，一般要经历三个基本步骤，如图 9-3 所示。

（一）描述整体产品

在这个阶段，推销人员需要详细描述整体产品，即从产品的特性、优势到利益层次逐步展开。销售人员要全面掌握产品知识与销售技巧，遵循“懂得多一点，说得少一点”的法则，灵活运用提问技巧，引导顾客了解产品的

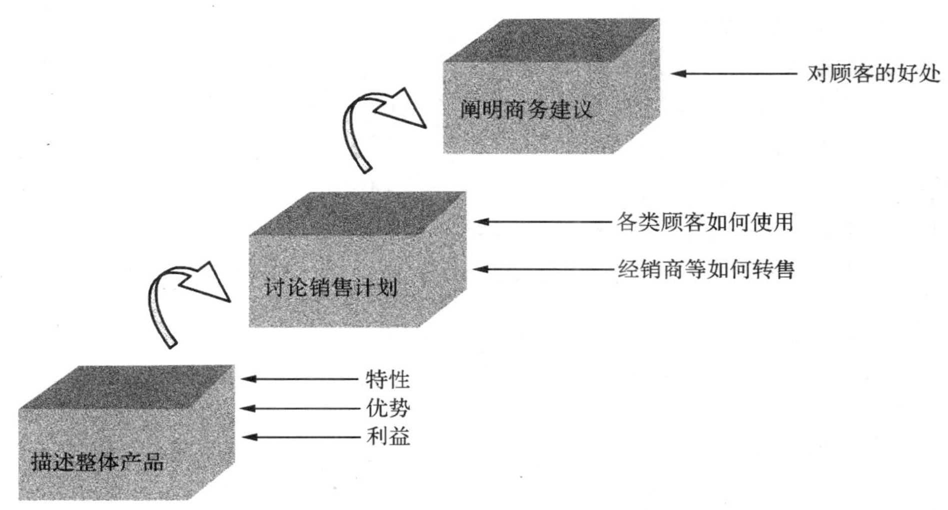

图 9-3 现场演示的三部曲

独特利益。面对不同的顾客，描述的方式应有所不同。如果销售人员面对的是一个普通的顾客，那么就需要像专家一样为其提供顾问式的销售，但是切忌用太深奥的专业术语，以免引起反感和不耐烦的情绪；但若会晤的对象本身就是此领域的专家，销售人员则需要提供专业化的服务，进行专家式的探讨。

（二）讨论销售计划

在这个阶段，推销人员需要根据不同的对象开展工作。如果面对的是最终顾客，推销人员需要对其如何合理而方便地使用产品提供建议；如果面对的是经销商、零售商等，推销人员需要对其转售工作提出建议，如目标顾客、产品定位、分销渠道、广告策划等方面的建议。

（三）阐明商务建议

在这个阶段，推销人员需要进一步与顾客讨论产品价值与成本的关系，这可能会涉及到双方都感到敏感的价格问题。如果在第一步和第二步中，顾客已经接受了推销人员所提供的产品利益和销售计划，那么一般也会接受合理的价格。推销人员在演示中要淡化产品的价格，强化产品的价值，尤其是产品给顾客带来的附加价值。

二、推销演示的方法

在众多的专业性介绍与演示中，按照它们所演示的内容和方式的不同，有以下三种最常用的方法：

（一）产品演示法

产品演示法是指推销人员通过直接演示推销品来劝说顾客购买推销产品的方法。现场演示法是一种十分有效的推销面谈方法。因为推销品本身就是一个无声的推销员，它能够提供最准确、最可靠的购买信息；推销品本身也是一种有效的刺激物，它能生动形象地直接刺激顾客的感觉器官，可以制造出真实可信的推销情景；从推销心理学上讲，顾客总是愿意购买自己所熟悉的推销品，或者自己使用过、听说过，或者看见别人使用过的推销产品。

> 推销窗口 9-9　　生动真实的产品演示
>
> 一位推销酱油瓶的推销员是这样对他的顾客讲解他要推销的产品的：
>
> “我们打开它的盖子，有个舌状的倒出口，出口上刻有 7 厘米的槽沟，可以防止瓶内液体外漏；而注入口可倒入多种液体：油、酱油、醋等。”
>
> “这个瓶子有着光洁的圆锥型外表，圆顶状的盖子，摸起来舒服，看起来别致。”
>
> “它的最大优点是：倒完瓶内酱油后，瓶口不会有残余液体，非常卫生。本厂曾选择 100 个用户进行实验，经过一年的试用，反映很好。”
>
> “据我们所知，目前在市场上尚未有同类产品。相信我们产品的销售前景是相当可观的。定能给您带来很大的收益。”

在运用产品演示法时，推销人员要坚持产品实体的展示，并且要求演示的产品具有优良的质量，演示时要重点突出推销品的特殊功能与主要的差别优势，以取得良好的演示效果。值得注意的是，产品演示法的运用有一定的局限性，对于过重、过大、过长、过厚的产品以及服务性产品等，不适合采用这一方法。

（二）文字演示法

文字演示法是指推销人员通过直接演示与推销品的有关文字资料来劝说顾客购买的方法。在不能或不便直接演示推销产品的情况下，推销人员可演示各种文字资料，以准确地传递推销信息，直观、真实地向顾客介绍推销产品。为了更好地运用文字演示法，推销人员要做到：

1. 积极搜集有关文字资料　推销人员平时就应广泛地搜集能够说明推销品性能、特点和利益的有关文字资料。搜集的文字资料应尽量具有系统性、完整性和权威性，不要使用毫无说服力的文字资料。同时，资料或数据要准确可靠，不要使用错误或虚假的文字资料。

2. 做好文字资料的整理工作　在有关文字资料搜集起来之后，推销人员应进行必要的整理工作，例如，分类编号、剪贴、装订等。整理后的文字资料，要有利于演示推销产品的特点及优势。收集的数据资料，应该绘制成图表，以便更加直观有效。图 9-4 是一张曲线图，该曲线显示了一张终生寿险保单的保险费与一张从 31 岁开始的有限期限保单的保险费大不相同，图表能够使复杂的问题变得生动易懂。为了便于推销人员使用及顾客阅读，必要时还要对重点文字进行画杠、放大和特写处理等。

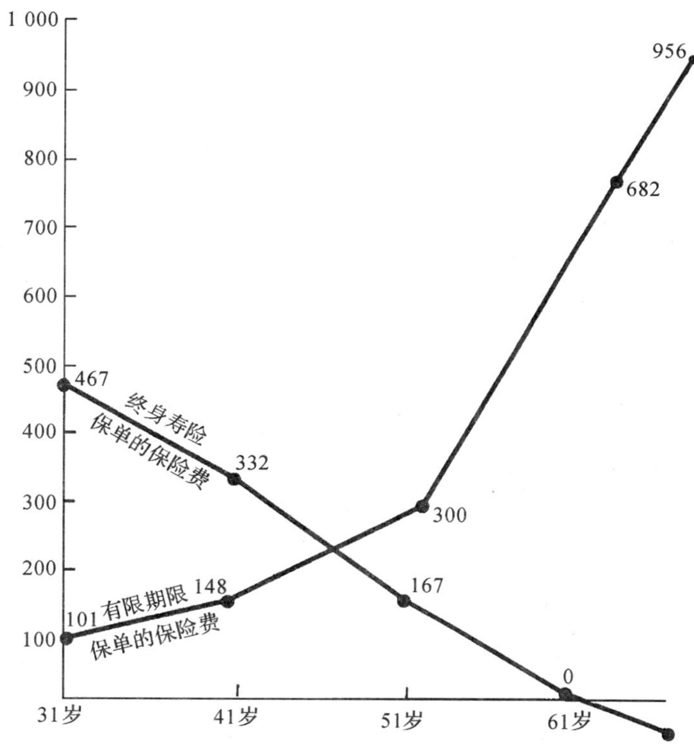

图 9-4　图表对保险销售人员的帮助

（资料来源：罗纳德·B·马克斯（Ronald B. Marks）著，郭毅等译：《人员推销》，第 6 版，北京，中国人民大学出版社，2001。）

3. 结合有关图片，做到图文并茂　在使用文字演示法时，推销人员应尽量把文字演示与图片演示结合起来，既有实物的文字说明，又有实物的图片，以便于顾客接受有关推销信息。例如，某土畜产进出口公司的销售人员，对该公司的养鸡场进行了实地拍照，将不同品种的鸡的照片拿到交易会上展示，顾客见到了这些照片，宛如置身于饲养场中。

（三）证明演示法

证明演示法是指推销人员通过演示有关证明资料来劝说顾客购买推销产

品的方法。推销面谈成功的关键在于取信于顾客，为了有效地说服顾客，推销人员必须拿出具有说服力的有关推销证明，例如权威测试机构的认可印章或者报告、获奖证书、质量检测证明、老顾客的评价等。在运用证明演示法时，推销人员应该做到：

1. 证明资料要有针对性　推销人员要针对顾客的常见疑问或推销重点，注意搜集整理有关证明资料，从而增强推销面谈的说服力。

推销窗口 9-10　　针对性的推销演示

一名为某时尚杂志推销广告的推销人员非常勤于动脑。当一位制鞋商嫌鞋子样式在该杂志中没有得到足够的重视而准备终止广告合同时，这名销售人员决定使用一种新颖的、有针对性的策略。他将该制造商自开始刊登广告以来杂志上出现过的有关鞋子式样的文章和广告图片全部剪下来，并一张一张贴在一个折叠式的小册子上，展开后，足有 6 米长。带着这个"证据"，他前去拜访那位制造商。一进办公室，他就让制造商手持剪报的一端，他自己则向室外走去，直到折叠式小册子全部展开。结果，制造商同意继续做广告。

2. 演示的推销证明资料必须是真实可靠的　为了赢得顾客的信任，促使顾客采取购买行动，推销人员必须向顾客演示真实可靠的推销证明资料。无论在什么情况下，都不得向顾客演示虚假的或无效的推销证明资料。

3. 演示推销证明资料要自然　推销人员应讲究演示艺术，使演示做得自然得体，让顾客在不知不觉中了解推销证据，并令顾客心服口服。如果推销人员过分炫耀推销证据，就会引起顾客的反感或妒嫉。即使推销人员掌握了很具说服力的推销证明资料，也应注意演示的时机和方法。

三、销售演示时推销人员应注意的有关问题

（一）事先准备演示计划

销售人员在进行销售演示之前，需要作出详尽的计划，同时检查各种演示设备，以防出现尴尬场面。根据不同顾客的需要，结合不同行业的竞争特点，将自己的产品特性和利益排序，优先提出那些对顾客最具有吸引力的利益。详细准备，多加练习，确保演示时能够一气呵成。

（二）边演示边讲解

只讲不演或者只演不讲，均不利于推销信息的传递。推销人员在进行产品演示时，应注意演示与讲解的有机配合，讲究演示艺术和讲解艺术的结合。例如，演示油污清洗剂的传统办法是将一块专用脏布洗净，若推销人员一改

传统办法，往自己的白衬衣上抹油污，然后用油污清洗剂当场洗净，边演示边讲解，其效果就会明显增强。

（三）让顾客参与演示

如果有可能的话，推销人员应尽可能地让顾客亲自作演示。例如，打字机推销人员可以请顾客试打一下；汽车推销人员可以请顾客试开一下；食品推销人员可以请顾客品尝一下等等。若有些推销品不能让顾客亲自操作，也应尽量让顾客参与推销人员的演示活动，例如，请顾客当助手等。让顾客把产品拿在手中或者亲自操作是产品演示的一项重要原则，一旦顾客在短时间内学会了操作，他们就会获得成就感。

（四）合理使用视听辅助设备

如果无法将产品本身带到演示或演讲现场辅助演示，销售人员可以利用视听辅助材料，如录像、VCD、幻灯或录音带、多媒体计算机演示等。视听销售辅助材料的重要优势在于能抓住听众的注意力并激发其兴趣。视听辅助材料曾被看作仅仅是销售拜访或演示的附属物，而现在随着便携式计算机的普及和多媒体演示软件的丰富多彩，已经成为不可缺少的推销手段。

□ 本章小结

推销洽谈是推销人员运用各种方式、方法和技巧去说服顾客购买的过程，是推销人员向顾客传递推销信息的过程。推销洽谈应遵循针对性、诚实性、鼓动性、参与性等原则，完成四项具体任务：发现和引导顾客需求、介绍和演示推销品、保持顾客的注意力和兴趣、处理顾客异议。洽谈过程一般分为准备、开局、磋商和成交等四个步骤。

人员推销是一个双向沟通的过程。推销人员要掌握分析型、主观型、情感型和随和型等不同类型的顾客的沟通风格特点，从而有针对性地进行洽谈。推销人员要灵活运用语言表达、身体语言和物品语言等沟通表达方式，掌握倾听、观察、提问、陈述等沟通技巧。

推销演示是指推销人员用可听的或者可见的方式来展示推销品，一般要经历三个基本步骤：描述整体产品、讨论销售计划、阐明商务建议。推销演示的方法主要有产品演示法、文字演示法和证明演示法。

□ 案例分析

案例 9-1

超网科技公司是专业的互联网技术提供商，曾经为不少知名企业提供互联网技术服务。假设你是超网科技公司的销售代表，准备在明天去拜访乔木设计所。乔木设计所是本市一家著名的建筑设计所，所长乔木是国内著名的视觉设计大师，有许多作品获奖。你的目标有两个，一是希望帮乔木设计所建立内部局域网，二是希望帮助乔木设计所制作对外公开网页，并为其提供全部的相关技术服务。

案例问题讨论：

1. 在你拜访乔木先生时，你准备说些什么？

2. 你通过询问发现，乔木先生只想为自己的设计所架设内部网，认为公开网页华而不实。但实际上，作为设计这一行最需要公开网页服务，特别是具有互动性功能的网页，只是乔木先生没有察觉到罢了。你将如何让乔木先生意识到这一点？

3. 对于内部网需要达到的功能，由于不清楚互联网技术，乔木先生不能给你明确答案，那么，你准备通过什么方式准确了解乔木先生的需要？

案例 9-2

销售人员小李正在向小张销售新车。小张刚走进展示厅，参观了几分钟。下面是他们的对话。

小李：我是小李。请到我办公室喝杯茶吧，我们聊聊好吗？

小张：谢谢。

小李：我可以问你一些问题吗？

小张：当然，你可以叫我小张。

小李：谢谢，小张。能否告诉我你想要什么样的车吗？

小张：我想要一种小型车，一种……

小李：太好了。让我向你介绍我们新推出的“康拓”，这种车前轮驱动，还有可以横向发动的发动机、齿条齿轮式的方向盘，以及盘式制动器。你觉得如何？

小张：听上去很好。我有家庭，我常外出旅游。

小李：“康拓”可以舒舒服服地坐 4 个人。最近的评级显示这款车每升汽油可行驶 50 公里，这应该很适合你。你现在开什么车？

小张：（犹豫了一会儿）我现在开桑塔纳，这种车车厢很大，行李箱也很大。

小李：你知道现在以旧换新用桑塔纳买别克要花多少钱吗？

小张：我想我应当再看看，货比三家，我还不能确定……

小李：让我告诉你吧，在我们车行，你会得到最好的交易。在整个地区，我们因为诚信和服务而享有最好的声誉，没有人比我们更出色。我打算在滞销价的基础上再去掉5 000元卖给你，但不知经理会不会同意。如果他知道今天能与你达成交易的话，他或许会同意的。

小张：（打算离开）我不想今天做出决定，买车之前我想再看看。

小李：请不要走，或许我能让经理同意再给你点折扣。

小张：（走出小李的办公室）不，如果我有时间的话，我会再和你联系的。

小李：好的，但是你会后悔的。今天我本可以给你一笔好交易。

案例问题讨论：

1. 小李违反了推销洽谈的什么原理？
2. 重新设计洽谈过程，并分角色进行对话模拟。

案例 9-3

小李是一家生产冲压机企业的销售人员，现在正与一位潜在客户进行交谈，该潜在客户的自动冲压机因技术落后而给他带来了问题。他们之间的对话如下：

小李：您在生产中是否正在使用天天公司的机器？

客户：是的，我们有4台。

小李：这些机器是否给您带来了问题？

客户：确切地说，您是指什么？

小李：在使用这些机器时有什么困难？

客户：使用起来有些问题，特别是控制软件，但我们通过操作培训已经掌握了调整的方法。

小李：我们公司的软冲压系统能解决您所有的问题。

客户：这个系统的价格是多少？

小李：其基本系统是100万元，还有……

客户：100万元？相当于我们以前一台机器的价格！您开玩笑吧？

案例问题讨论：

1. 小李犯了什么错误？
2. 运用SPIN提问技巧重新设计提问。

□ 实训题

实训 9-1

在下列每个销售情景下，确定：

A. 买方正在传递什么非语言信号？

B. 你将如何做出非语言反应？

C. 你将说些什么？

1. 顾客看上去很高兴见到你。因为你在过去几年中一直在访问他，你们两个已经成为生意上的朋友。在你的展示进行到一半时，你注意到买方慢慢地向后靠在椅子上。当你继续讲话时，他的脸上出现了一种迷惑的表情。

2. 当你开始展示主要部分时，顾客拿起电话并说：“请继续，我要告诉秘书点儿事情。”

3. 作为一个只有六个月经验的推销员，你将访问一位已经做了近 20 年采购员的重要购买者。你感到有些紧张。在你的展示开始三分钟后，他把胳臂伸向空中，慢慢地将双手放到脑后握起来。他在椅子中一个劲地后仰，同时，架起两腿，与你拉开距离，并慢慢地闭上眼睛。你继续讲着。买主慢慢张开眼睛，放下跷起的腿，在椅子中坐直身子。他身体前倾过来，将胳膊放到桌面上，用手支着头。他看上去很放松，说道：“让我来看看你有些什么。”他伸出手来，向你索取你进行展示所使用的资料。

4. 在你的展示结束时，买主探过身来，两臂摊开，微笑着说：“你并不希望我买那件废物，是不是？”

实训 9-2

把你们班分成 3 人一组，一位学员扮演销售人员，另一位扮演购买者，最后一位扮演观察者，评价销售人员的表现。假设购买者将购买一个或多个下列产品：汽车、电视机、CD 播放机、公寓、衣服。推销人员要对顾客提出问题以确认需要，同时要对顾客的身体语言做出恰当反应。观察者应该对销售人员的沟通技巧运用恰当与否进行评价。由每一组的每位同学轮流扮演销售人员。

第十章　推销异议处理

□　**引导案例**

小黄是民生银行的一名客户经理，银行最近推出了一种外汇理财计划，要求每位客户经理必须推广此项业务，完成一定数量的存款额。为此，小黄想到了他的一位高中同学张军，于是他拨通了这位同学的电话："喂，张军，我是黄鹏，你最近有没有存外币？我们银行最近推出了几种外币存款业务，储蓄利率非常高，比其他银行同期利率高出近二十倍，而且免收利息税，对储户来说相当划算，不知你感兴趣吗?"张军说："噢，这的确很吸引人，不过我刚刚把外币存掉，而且你们银行离我住处挺远的，存、取款很不方便。"小黄说："可是，你比较一下我们银行确实利息很高，我明天发一份传真给你，你再认真考虑一下，好吗?"张军说："好吧。"

在推销的过程中，推销人员常常会碰到顾客的行为反应有三种：第一种是赞成推销人员的推销建议，并且采取购买行动，但事实上这么快作出决定的顾客是很少的；第二种是面对推销人员的建议保持沉默，不愿交流的顾客，这表明顾客对推销的产品没有兴趣；第三种人就是把他们的看法、反对意见和顾虑讲出来，这就是推销洽谈中常说的顾客异议，有异议表明顾客对产品感兴趣，有异议意味着有成交的希望。推销人员通过对顾客异议的分析可以了解对方的心理，知道他为何不买，从而按病施方，对症下药，而对顾客异议的满意答复，则有助于交易的成功。日本一位推销专家说得好："从事推销活动的人可以说是与拒绝打交道的人。战胜拒绝的人，才是推销成功的人。"

学习目标 ▶▶

学完本章后，你应该能够：

1. 了解顾客异议的含义。

2. 熟悉顾客异议的类型。

3. 掌握处理顾客异议的基本原则。

4. 掌握处理顾客异议的技巧。

第一节 顾客异议的含义与类型

一、顾客异议的含义

顾客异议是推销过程中顾客对推销人员、推销活动、推销品交易条件等所提出的疑问或反对意见。在推销洽谈时，买卖双方一拍即合的情况是少有的，顾客经常会做出这样或那样的不利于成交甚至拒绝成交的反应。只要销售牵涉到人们的态度与看法的交流，就会产生异议，它是销售过程中的一个重要环节。

顾客在接受推销的过程中，不提任何反对意见就着手购买的情况是不多见的。顾客在购买某一推销品时，首先要考虑的是推销品的使用价值，即推销品能否满足他某方面的需要。否则，顾客不会对推销品发生兴趣。此外，顾客在权衡推销品时还会受到经济条件、心理因素、环境条件等诸多方面因素的影响，因而自然会对价格、质量、售后服务等提出一系列反对意见。不提丝毫反对意见的顾客往往是没有购买欲望的顾客。因此，顾客异议是推销过程中的一种正常现象，是难以避免的，正确对待异议的态度是应当欢迎它。

顾客异议具有两面性：其一，它可能是成交的障碍。如果异议未得到圆满解决，顾客就不会采取购买行动。其二，顾客异议也为交易成功提供了机会。关于这一点，齐格勒曾举例说："假使你到我处推销潜水用品，我大概决不会对那个用品提出异议。如果你想按近 10 美元的价格，把保修 50 年的一套潜水用具卖给我，我也决不会进行反驳的，因为我对这些东西没有兴趣。但假使你要把高尔夫球的球棒卖给我，我就一定要提出'球棒的球杆过硬或过软'的异议。我提出这样的异议。你自然会暗自欢喜。这是因为你可以说'我们的新产品石墨棒杆对你是合适的'了。如果有人对你推销的制品表示有兴趣时，他大概就会提出某些异议。所以，如果顾客进行反驳，你就应该高兴。"图 10-1 说明了异议有助于销售的成功。

推销窗口 10-1　　真假难辨

有一天，某高级公寓销售公司的推销员来问我："你能把资金投到高级公寓来吗?"

我这个人向来都是这样，不管哪一位推销员来，我都会洗耳恭听他们的讲话。于是，和往常一样，我一边翻看广告小册子，一边评论说："是啊，装上这种细长的空气调节器，加上厨房的四周也很讲究，实在是很壮观啊！”那位推销员听了很高兴，他原想一定会吃闭门羹的，不料我还会夸奖备至，并说这幢房子的“价钱很公道”，他竟流露出一副很满意的样子。

然而，在我和那位推销员开始攀谈起来以后，我说：“××先生，人们都说，人不可貌相，实际上，我家也是这种情况，虽然过的是普通生活，可是被借贷所逼，明天也许连饭都吃不上，当然更谈不上买高级公寓了。”

我原想，从推销员嘴里会说出“请不要开玩笑”的应酬话来，他却用深切理解的表情说：“啊！原来是那样！”拿着我退给他的名片和小册子就走了。

但是，不到两个月，我又通过别的推销员，买到了类似的高级公寓。作为一名推销员，应该知道，顾客既说假话，又说真话，在吐露真心话当中，往往也带有虚情假意。

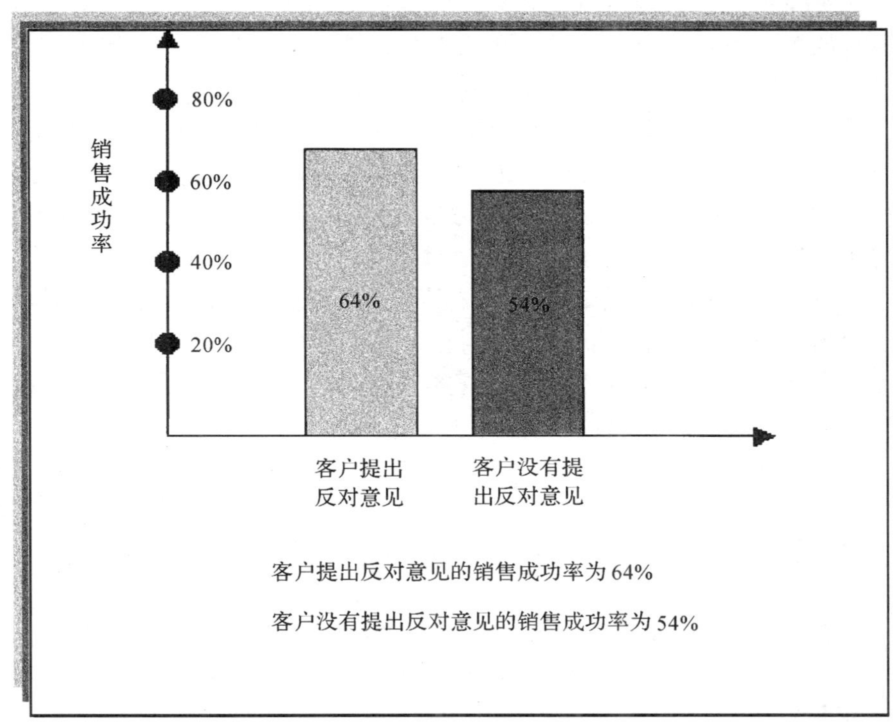

图 10-1 异议有助于销售

二、顾客异议的成因

推销活动的最终目的是交易的达成，无论产品能够给顾客带来多少利益，顾客都必须付出与推销品市场价值均等的代价。对于这种代价，顾客理所当然地站在自身利益的基础上对这种“等价”的付出做出评价，并考虑由此而将承受的风险和后果。从这个意义上来讲，顾客是天生的异议持有者。顾客为了保护自己避免被迫交易，只有在与推销人员建立起协调的、可以信赖的关系，并感到推销员及其所代表的企业能真正给他带来利益时，顾客才不会拒绝推销。

顾客异议产生的根源是多种多样的。这些根源既有必然因素，又有偶然因素，既有主观的因素又有客观的因素。为了科学地预测、控制和处理各种顾客异议。推销人员应该了解产生顾客异议的主要根源，在异议出现之前做好准备。本书在这里介绍几种产生顾客异议的主要原因。

（一）来自顾客方面的因素

1. 顾客存在对产品的认知障碍　顾客固守陈规，没有意识到需要改变自己原有的购买内容、购买方式及购买对象，缺乏对新产品、新服务、新供应商的认知，因而产生疑问。随着现代科技的发展，产品的生命周期日趋缩短，新产品层出不穷。有些新产品和新服务，特别是高科技产品的特点与优势短期内不能为人们所了解和接受，因此，容易使顾客产生疑问。推销员应当以各种有效的展示与深入浅出的演讲方式使顾客了解推销产品，消除顾客疑虑，化解顾客异议。

2. 顾客已有固定的供销渠道　许多企业在其生产经营过程中，早已形成了比较固定的采购关系，双方相互合作、相互了解、相互信任。当新的企业及推销员不能使顾客确信可以得到更多的利益时，顾客对陌生的企业及推销员怀有排斥心理，产生顾客异议。

3. 顾客的自我表现　人都有自我表现的欲望。当顾客认为他掌握了较多的有关推销品的知识时，他就会借反驳推销人员来表现自己高深的知识和独到的见解。对于此类顾客，推销人员不必对其表示怀疑或反抗，反而要认真倾听，求得沟通。

4. 顾客存在客观困难　有时顾客存在客观困难而对推销的产品没有需求。比如说，由于顾客的经济或发展状况的客观制约，产生购买时间、财务或决定权等方面的异议。

5. 顾客的购买经验与成见　由于推销对象是个独立的主体，他有自己的经验和见解，这些经验和见解方面的认识往往带有片面性而且又难以用讲解、说服的办法来消除。客户对某些产品或品牌抱有成见、嗜好、习惯，造成对某一产品的“情有独钟”，其他的同类产品就很难被其接受。所谓成见来自于顾客认知中的错误知觉，如果顾客有过关于某产品的不愉快的经验，以后他对该产品及推销人员无论好坏都将产生抗拒。推销人员面对这类顾客，必须针对顾客的认知观念做耐心细致的解释，逐渐转变顾客的态度，只有这样才能展开对产品的推销和介绍。因此，推销首先是推销自己和推销观念，然后才是推销产品。

6. 顾客的偶然因素　在推销过程中，会遇到一些来自顾客的因无法预知的偶然原因造成的顾客异议。如顾客一时心境不佳、因人际关系变化而导致问题复杂、因顾客的偏好与推销人员发生对立情绪等等，都会导致异议。推销人员在推销过程中应该细心观察、及时判断，尽量避开可能产生的异议，必要时立即中断推销，选择适当时候再从头开始。

（二）来自推销人员方面的因素

1. 缺乏推销信息　推销人员没有掌握足够的产品知识，将给顾客造成非专业的印象，从而失去购买信心。例如，当顾客询问数码相机应该如何选择时，销售人员应该将有关像素、变焦镜头、储存卡容量等相关知识做简要介绍，而不是简单地说“清楚就好”。

2. 推销人员礼仪不周　推销人员出去与客户面谈，代表的是公司整体形象。如果外貌或者言谈举止有失礼仪，将会引起顾客的反感，从而有损公司和产品形象。推销人员在与顾客交往中，应该仪容端正，服装整洁，言谈有度，大方得体，从而使顾客产生亲切感，并爱屋及乌地转移到产品上。

3. 缺乏诚信　诚信为营商之本。如果销售人员曾经欺骗顾客，或片面夸大产品的优点和利益，就会严重影响企业和品牌的形象。比如，没有很好地履行合同、货不对版、不守承诺、缺乏信用等，引起顾客异议。

4. 营销组合不恰当　推销只是整体营销活动的一部分。要成功地将产品推销出去，需要有正确的目标市场定位，要有针对目标顾客的合理的产品、定价、渠道、促销等方面的营销组合策略，任何一方面的偏差都会导致顾客的异议。

5. 产品质量不能满足顾客需求　任何产品都不是十全十美的，不能满足所有人的需求，因此会产生种种异议。推销员应尽量强调产品的实用性及给顾客带来的利益，诚恳地承认产品存在的不足之处，适当地提供售后服务保证，但一定要避免夸大产品的质量，避免与顾客讨论有关质量标准问题。

6. 产品价格使顾客产生异议　你听到顾客说：“价格太贵了”吗？肯定听到过，甚至听到过许多次。这是顾客对价格的一般异议，也是经常提出的异议。处理这种异议所采取的常规方法是“理解价值法”，即设法使顾客理解你产品的价值，让他们相信产品的价格与价值是相符的；如果你的产品价格比竞争者的产品价格高，那么你就需要设法使顾客理解你的产品在质量、性能及服务等方面优越于竞争者，使顾客理解优越部分的价值与价格差是相符的。

> 推销窗口 10-2　　　　推销小幽默
>
> 推销员向一位女士推销牙刷："你只要接上电源，把这个牙刷伸进嘴里，完全不用动手。价钱稍贵些，但方便极了。"推销员说得天花乱坠，女士有点动心了，但还是嫌贵。
>
> 推销员毫不犹豫地取出了另外一只牙刷，它与前一把牙刷完全一样，他又对女士说："这把牙刷也是自动的，它不但便宜，而且不需要用电。刷牙时，你只要把牙刷用手拿着伸进嘴里，不停地摆动就行了！"

三、顾客异议的类型

从顾客提出的异议，可以让销售人员获得更多的信息，从而判断客户是否有需要。为了使推销人员能从积极的角度体会异议，揭露出异议的真实涵义，有必要对顾客异议进行分类。

（一）按异议的性质划分

1. 真实异议　又称有效异议，它反映了顾客的真正看法。例如，顾客曾从朋友处了解到你的产品容易出故障，或者从市场上了解到同类产品的价格更低，等等。面对真实异议，推销人员可采取立即处理或延后处理的策略，认真答复顾客的疑问。如果顾客提出的异议是他所关心的重要事项，或者必须处理该异议才能进行进一步的推销说明，推销人员最好立即处理该异议。但在下列两种情况下也可以延后处理：一是由于推销人员权限所限制或者确实还不能确定答案，可如实承认无法立即回答，但应承诺会迅速找到答案并告诉顾客；二是当顾客在还没有完全了解产品的优点和利益时，提出价格问题时，则可以将此异议延后处理。

2. 虚假异议　又称无效异议，它是指顾客用各种借口来敷衍销售人员，目的是不想诚意地和销售人员会谈，不愿意真正介入销售活动。在这种情况下，顾客会提出很多异议，但这些异议并不是他们真正在乎的。例如"这款产品是去年款式，已经过时"等，虽然听起来是一项异议，但即使推销人员努力去消除和处理它，也不会使顾客真正产生购买欲望。

（二）按异议的内容划分

推销员遇到的异议有很多种，如表 10-1 所示。这里我们介绍八种典型的异议类型，以及它们的特征。推销员在异议出现之前应该知道如何去处理每种不同的情况。事先考虑好如何处理这些异议的方案，会树立你作为解决问题能手的形象，从而有助于使你成为优秀的推销员。

表 10-1　顾客经常使用的 10 种典型的借口

1）拒绝 我不需要这件新产品 我不想以旧换新 没理由现在就买新的 2）托词 我没钱买 我无权决定 3）抱怨 我老板不喜欢这种产品 我妻子（丈夫）不喜欢这种产品 4）弱化产品 花这笔钱不值得 我不认为它有多大价值 这一产品对我们没有多大好处	5）辩解 企业不景气付不起这笔钱 我很想买，但我没有钱 6）诋毁 听说这种产品很容易坏 这一产品售后服务不好 7）拖延 是的，但是我们很想买但不是现在 8）无能为力 我无权决定 9）别无选择 我尽力了，但是我不得不服从多数 10）捏造事实 我们的采购系统很好，我们只是在缩减供应商的数量

1．需求异议　需求异议是指顾客不需要或暂时不需要推销的产品产生的异议。常表现为："我不需要买这件产品。"或"我早已经买了。""听起来不错。我确实喜欢你说的话，我也知道你的产品很好，可我现在不感兴趣。我们现有的产品（供货或商品）运行良好，我们仍要保留它。"这种异议会把任何一个没有防备的推销人员打得丢盔卸甲。推销人员应该仔细分析需求异议的根源，了解顾客是真的不需要还是顾客对产品的偏见，或许是出于某种借口。如果顾客是真的不需要，那么应该停止介绍；如果是后者，那么推销员就应该运用有效的异议化解技巧消除顾客的这些障碍。

2．价格异议　在推销活动中，价格异议是最常见的一类异议。价格异议是精明老练的顾客希望保证最优和绝对最低价格而使用的讨价还价工具。但是，除了精明的讨价还价之外，通常还有别的因素。如果顾客只是想验证一下，以保证公布的价格是最好的价格，这是明显的购买信号。但也许潜在顾客真的认为价格太高了。为什么有的顾客已经信服产品不错、价格公道，但又想确认一下这是最好的价格，而别的买主可能真的认为要价高于货物所值呢？

顾客可能只不过是想试探着看看还会不会有额外的折扣。而另一个则可能是：顾客不看产品或服务的任何利益，看的就是价格。如果是这种情况，"太贵了"是一个能够克服的合理异议，方法是把产品特点转化成对买主的优势和利益。

从市场的供求关系情况看，顾客一般对产品的价格最为敏感，这与顾客的切身利益有着直接关系，因此顾客在产生购买欲望的同时，首先会对价格提出异议，以求得买到更便宜的产品。这就是我们常常看到的顾客抱怨产品的价格太高，是否有折扣等。价格异议来自外部环境因素、顾客的消费习惯、购买经验、广告宣传、社会公众的舆论倾向、同类产品的价格竞争等。

3. 权力异议　在推销过程中，顾客向推销人员表示自己受权力限制，因而不能作出购买决定。比如说："我不是领导，做不了主。"或者说："购买产品的事情不归我们管"等等。这种异议同样也有真实异议与虚假异议。

4. 产品异议　顾客对推销品的质量、规格、大小、款式、包装以及功能等方面提出的异议称为产品异议。顾客之所以提出产品异议有可能是不想购买推销的产品，认为没有竞争对手的产品好；还一种可能是想借此异议来压低产品的价格。推销人员应视具体情况给予处理。

5. 财力异议　财力异议是指顾客表示没有足够的经济能力来支付产品所需要的款项。

6. 利益异议　利益异议是指顾客怀疑推销品是否真正可以为他带来他所需要的好处。例如："这种新型环保冰箱是否真的能够除掉有害气体?"

7. 购买时间异议　购买时间异议是指顾客表示暂时不想购买推销品而提出异议，例如"现在还不是购买的时机，明年再说吧"。

8. 服务异议　服务异议是指顾客对购买产品后是否能得到运输、售后服务、安装调试、产品保修等售前、售中或售后的服务项目而提出的异议。

第二节　处理顾客异议的原则和态度

一、处理顾客异议应掌握的基本原则

对推销而言，可怕的不是异议而是没有异议，不提任何意见的顾客通常是最令人头疼的顾客。因为顾客的异议具有两面性：既是成交障碍，也是成交信号。我国有一句经商格言"褒贬是买主、无声是闲人"，说的就是这个道理。对于处理顾客的异议我们应遵循以下几个原则：

（一）做好准备工作

"不打无准备之仗""凡事预则立，不预则废"，这是推销员面对顾客拒绝时应遵循的一个基本原则。推销前，推销员要充分估计顾客可能提出的异议，做到心中有数。尽管不可能预料到每一种异议，但推销员可以把他曾经所遇到的所有异议及解决办法记录下来，当有了新主意立刻写下来；有了新产品、新用法，设想一下可能发生的异议，预计到每一位顾客可能提出的异议，准

备好有效的回答。这样，即使遇到难题，到时候也能从容应对。事前无准备，就可能不知所措，顾客得不到满意答复，自然无法成交。可以说，良好的准备工作有助于消除顾客异议的负面性。有许多成功企业专门组织专家收集客户异议，并制订出标准应答语，要求销售人员记住并熟练运用。推销窗口10-3和10-4中列举了常见的推销异议的应答语。

编制标准应答语是一种比较好的方法。具体程序是：

步骤1：把大家每天遇到的客户异议写下来。

步骤2：进行分类统计，依照每一种异议出现的次数多少排列出顺序，出现频率最高的异议排在前面。

步骤3：以集体讨论方式编写整理适当的应答语。

步骤4：销售人员熟记应答语。

步骤5：由老销售人员扮演客户，大家轮流练习标准应答语。

步骤6：对练习过程中发现的不足，通过讨论进行修改和提高。

步骤7：对修改过的应答语进行再练习，并最后定稿备用。最好是印成小册子发给大家，以供随时翻阅，以达到运用自如、脱口而出的程度。

推销窗口10-3　　常用的推销异议应答语举例（一）

需求异议

○我不感兴趣。

1. 我可以问为什么吗？

2. 你是现在不感兴趣还是永远不感兴趣？

3. 如果我是你，我也不会感兴趣。但是，当你听了……我知道你会感兴趣的。太激动人心了！（如果潜在顾客仍说不）什么时间再谈更好呢？

4. 我的一些最好的顾客刚开始也是那么说的，直到他们发现……（陈述利益）

○我们现有的……仍很好。

1. 与什么相比很好？

2. 我理解你的感觉。我的许多顾客在转过来买我的产品之前也是那样说的。但是，他们发现这个产品能够……（讨论现在产品或服务与你推销的产品或利益）

3. 那就是你应该购买的原因——现在是获得好交易的时候。

○我们对现在拥有的感到很满意。

1. 在哪方面感到满意呢？

2. 你对现有的产品最喜欢的是什么？（然后与你的产品做一比较）

3. 我的许多顾客在见到我们产品之前对他们已有的产品都很满意。他们转变的原因有以下三个……（阐述产品的三个好处）

〇我必须好好想一想。

1. 趁着这个问题在你头脑中刚刚形成，让我们现在想一想。你想多了解哪些情况？

2. 你需要时间考虑，这我理解。我有兴趣现在听一下你对赞成购买和反对购买的原因的有关想法。

3. 自从我们第一次见面以来，你和我都在思考这个问题。你知道这是个绝妙的机会，你喜欢这个产品，你又知道它能给你省钱。不是吗？（如果潜在顾客回答是）我们往下进行吧！

〇我太忙，请与××先谈。

1. 我知道你很忙。什么时候我们可以拜访几分钟？（停止，或者加上一个见到你的好处。）

2. 他（她）有权力批准购货吗？（如果潜在顾客说是）谢谢，我会告诉他（她）是你让我来的。（如果潜在顾客说不是）那么，我为什么还应该跟他（她）谈呢？

〇我计划等到今年秋天。

1. 我的一些最好顾客也曾那么说。可当他们买了之后，就对当初的等待感到后悔。

2. 你真的决定今年秋天购买吗？好，让我们今天订好货，9月1日我将把货送到。

3. 如果我现在安排把货运给你，而你等到秋天再付款，怎么样？

推销窗口 10-4　　　　常用的推销异议应答语举例（二）

价格异议

〇你的价格太高。

1. 请问你认为它应该值多少钱？

2. 我们可以马上降低价格，不过我们需要砍掉一些服务项目。你真要那么做吗？

3. 我们的价格是比竞争产品高，可我们是物有所值（解释产品优点）。

〇给我10%的折扣，我今天就给你下订单。

1. 我报的已经是最优惠的价格。

2. 如果你给我一张订购10件产品的订单，我就给你10%的折扣。你想订购10件吗?

3.(潜在顾客的名字),我们给你生产的产品达到了一定的质量和服务标准。我们可以生产价格低一些的产品,但我们的经验表明不值得那样做。这个经过验证的产品提供的是百分之百的满意——不是90%。

产品异议

○你的竞争者的产品更好。

1.我想听听你对这两种产品不偏不倚的看法。(让潜在顾客列出那种产品中他喜欢的特点,然后指出你产品具有相同的甚至更好的特点。)

2.你有机会看了他们的产品。给你留下较深印象的是什么?

3.你指的是质量、服务、产品特点还是使用五年后产品的价值?

○我们现用的机器仍然不错。

1.我理解你的想法。我的许多顾客在买我的机器之前也是那么说的。但是,他们发现新机器的生产效率和生产能力是旧机器所远远不及的。

2.那就是你现在应该购货的原因。因为你的机器仍很不错,所以折价还很高。如果它出现了故障,折价也就下降了。

○我想买一个旧的。

1.你若买个旧货,你冒的风险很大。你买的可能是别人用过的,有可能是使用不当的。你想为别人的错误付出代价吗?

2.可能每月节省几十元的分期付款费用,但你将必须支付额外服务费、修理费以及停工期的损失。哪种方法更划算?

○对不起,我们不想从你那里购买。

1.你有这种想法一定有原因。我可以问问是什么原因吗?

2.我尊重你这一次不打算从我们这购货的做法。不过我们已经是朋友了,以后我将定期来访向你,为你介绍我们的新产品动向,你看可以吗?

3.我理解你对现有的交易伙伴的尊重。但我注意到你对我们的产品也很感兴趣,多一个选择渠道有助于你降低成本。

(二)选择恰当的时机

一般来说,如果能将顾客异议圆满解决,就应该尽早解决。如果不能尽早圆满解决,就应该向顾客保证尽快解决。根据美国对几千名推销人员的研究,优秀推销员所遇到的顾客严重反对的机会只是其他人的十分之一,原因就在于优秀推销员往往能选择恰当的时机对顾客的异议提供满意的答复。这类时机主要有:

1.在顾客异议尚未提出之前作解答　这就是所谓的“先发制人”,化被动为主动，是消除顾客异议的最好方法。推销人员觉察到顾客会提出某种异议，最好在顾客提出之前，就主动提出来并给予解释，这样可使推销人员争取主动，防患于未然，从而避免因纠正顾客看法，或反驳顾客的意见而引起的不快。

推销人员完全有可能预先揣摩到顾客异议并抢先处理，因为顾客异议的发生有一定的规律性，如推销人员谈论产品的优点时，顾客很可能会从最差的方面去琢磨问题。有时顾客没有提出异议，但他们的表情、动作以及谈话的用词和声调却可能有所流露，推销人员觉察到这种变化，就可以抢先解答。

2. 异议提出后立即解答　这种做法既能促使顾客购买，又是对顾客的尊重。

3. 暂时保持沉默，过一段时间再回答　以下异议需要销售人员暂时保持沉默：异议显得模棱两可、含糊其词、让人费解；异议显然站不住脚、不攻自破；异议不是三言两语可以辩解得了的；异议超过了推销人员的能力水平；异议涉及到较深的专业知识，其解释不易被顾客马上理解等等。急于回答顾客此类异议是不明智的。经验表明：与其仓促地答错十题，不如从容地答对一题。

4. 不回答　许多异议不需要回答，如：无法回答的奇谈怪论；容易造成争论的话题；废话；可一笑置之的戏言；异议具有不可辩驳的正确性；明知故问的发难等等。推销人员不回答时可采取以下技巧：沉默；装作没听见，按自己的思路说下去；答非所问，悄悄扭转对方的话题；插科打诨幽默一番，最后不了了之。

在恰当时机回答顾客异议，便是在消除异议负面性的基础上发挥了其积极的一面。懂得在何时回答顾客异议的推销人员会取得更大的成绩。

（三）避免与顾客争论

不论顾客如何批评，推销员永远不要与顾客争辩，一句推销行话说得好：“占争论的便宜越多，吃销售的亏越大”。与顾客争辩，失败的永远是推销员。避免争论可以从以下两点入手：

（1）换位思考，替顾客着想。推销员在推销过程中最容易犯的毛病是强调自我，强调自我利益，从而忽略顾客利益。沃尔玛的创始人萨姆·沃尔顿先生认为经营企业必须秉承的两条原则：第一条原则就是顾客永远是对的；第二条原则就是如果顾客错了，请看第一条。事实上推销的目的并不是需要辩明是非，争个高低，其目的只是在于能够促成交易，提供服务，满足需求。顾客的意见直接会影响销售的成功与否。当然，认为顾客是对的，并不等于推销员就是错的。对于有些顾客的无理取闹，偏激的异议也确实会包含许多不合理的成分，推销人员可以克制和回避。

（2）要把顾客当作朋友，保持友好关系和良好的情绪，使顾客经过思考自愿作出购买决定，而不是违心购买。比如，某推销员向顾客推销化妆品，顾客已经决定购买，但在接受产品的同时，想起来自己原来已经有了这种化妆品，于是反悔想不买。作为推销员在这时候应该很热情地说："没关系，可能这几种化妆品不适合你，以后我再带更多的品种给你选择。"这时推销员将责任全部都揽到自己身上，反而会让顾客感到过意不去，于是很欣然买下该化妆品。

（四）给顾客留"面子"

顾客的意见无论是对是错、是深刻还是幼稚，推销员都不能给对方留下轻视的感觉。推销员要尊重顾客的意见，讲话时面带微笑、正视顾客，听对方讲话时要全神贯注，回答顾客问话时语气不能生硬。"你错了""连这你也不懂""你没明白我说的意思，我是说……"这样的表达方式抬高了自己，贬低了顾客，挫伤了顾客的自尊心。

（五）强调顾客利益

反对意见经常是一种拖延手段，是顾客推迟作出决定的一种安全的办法。当一个顾客说他想与公司的其他人商量一下或公司现在买不起时，有可能是顾客搪塞推销员的一个无效理由。这常常表明顾客正在犹豫，难以作出购买决定。这时推销员应该讲述产品的优点、特征，强调顾客所获得的利益，帮助顾客作出购买决定。

（六）彻底消除顾客异议

推销过程是一个双赢的过程，因此推销员必须说服顾客，完全打消顾客异议，让他完全信赖推销产品能够满足他的需要，能够给他带来利益，才能使他采取购买行动，任何的一点顾客异议都将阻碍交易的达成。

推销窗口 10-5　　推销小幽默

一位房产经纪人为了推销房子，喋喋不休地向客户夸耀这栋楼房和这个居民区。

"这是一片多么美好的地方啊，阳光明媚，空气洁净，鲜花和绿草遍地都是，这儿的居民从来不知道什么是疾病与死亡。"

正在这时，一队送葬的人从远处走来，一路上哭声震天，这位经纪人马上说："你们看，这位可怜的人……他是这儿的医生，被活活饿死的。"

二、处理顾客异议的态度

异议不能限制或阻止，而只能设法去加以控制，而在处理异议时应注意以下几点：

（一）情绪轻松、不可紧张

推销员要认识到异议是必然存在的，在心理上不可有反常的反应，听到顾客提出异议后，应保持冷静，不可动怒，也不可采取敌对行为，而必须继续以笑脸相迎，并了解反对意见的内容或要点及重点，一般多用下列语句作为开场白："我很高兴能听到你提出意见""你的意见非常合理""你的观察很敏锐"等。

当然，为了要轻松地应付异议，你必须对商品、公司政策、市场及竞争者都要有深刻的认识，这些是处理异议的必备条件。

（二）认真倾听，真诚欢迎

推销员听到顾客所提出异议后，应表示对顾客的意见真诚地欢迎，并聚精会神地倾听，千万不可加以干扰。另外，推销员必须承认顾客的意见，以示对其尊重，当你提出相反意见时，顾客自然也较易接纳你的提议。

（三）重述问题，证明了解

推销员向顾客重述其所提出的反对意见，表示已了解。必要时可询问准顾客，其重述是否正确，并选择反对意见中的若干部分予以诚恳的赞同。

（四）谨慎回答，保持友善

推销员对顾客所提出的异议，必须谨慎回答。一般而言，应以沉着、坦白及直爽的态度，将有关事实、数据、资料、确定或证明，以口述或书面方式送交顾客。措词须恰当，语调须温和，并在和谐友好的气氛下进行洽商，以解决问题。假如不能解答，就只可承认，不可乱吹。

（五）尊重顾客，圆滑应付

推销员切记不可忽略或轻视顾客的异议，以避免引起顾客的不满或怀疑，使交易谈判无法继续下去。推销员也不可赤裸裸地直接反驳准顾客，如果粗鲁地反对其意见，甚至指其愚昧无知，则你与顾客之间的关系将永远无法弥补。

推销窗口 10-6　　把帽子戴到顾客头上

有一名推销员，代表斯通公司经销高质量的复印机。一天，他走进张先生的办公室，交谈中才知道张先生是斯通公司的老主顾。一开始推销员就陷入了困境，张先生说："两年前，我们买了一台斯通复印机，它的速度太慢了，我们只得扔出去。用你们的复印机，我们浪费了不少宝贵的工作时间。"

在这种情况下，一般的推销员通常会进行争辩，说斯通复印机速度同其他复印机一样快。这样的争辩很少能有结果，常常会得到这样的回答：

“好啦，我听到了，但是我们不再想要斯通复印机。谢谢光临，再见。”然而，这位推销员却没有这么做，而是把斯通公司董事长的帽子戴到了张先生的头上，说：“张先生，假定您是斯通公司的董事长，已经发现复印机速度慢的问题，您会怎么办呢？”张说：“我会叫我的工程技术部门采取措施，促使他们尽快解决这个问题。”接着推销员笑着说：“这正是斯通公司董事长所做的事情。”异议被突破了！张先生继续听完推销员的介绍后，又订购了一台斯通高质量、高速度的复印机。

（六）准备撤退，保留后路

我们应该明白顾客的异议不是能够轻而易举地解决的。不过，你与他面谈时所采取的方法，对于你与他将来的关系有很大的影响。如果根据洽淡的结果，认为一时不能与他成交，那就应设法使日后重新洽淡的大门敞开，以期望再有机会去讨论这些分歧。因此，要时时做好遭遇挫折的准备。如果你最后还想得到胜利的话，那么在这个时候便应作“光荣地撤退”，不可稍露不快的神色。

推销窗口 10-7　　未雨绸缪

齐格勒曾经推销过一种切菜机，对这种机器他本人使用得非常熟练，每次推销时他都先进行一番示范表演，几乎所有的围观者都对他的技艺赞叹不已。但是，围观者中总是会传出这样的声音：“看样子他会使用那个机器，可是你若是把它买下来，你未必就会使用。”

就此一问题，齐格勒去向另一位经验丰富的推销员请教，那人教给他的方法就是预防法。齐格勒再次进行示范表演时就说：“怎么样？各位。参加这次示范表演的各位来宾，在看到我使用这种机器时，大概都会问我：‘齐格勒先生，如果我把那个机器买下来，我能不能像你一样使用它？’坦率地说，开始时做不到，你还没有掌握这种机器的使用方法。但我们还是先看一个比赛吧。”

于是，齐格勒挑选了一位站在最前面的年轻妇女，让她看了五分钟的说明书，然后再使用机器。同时，他把新买的三把最锋利的菜刀交给另外三位女士，让她们进行切菜比赛。比赛的结果不用说，肯定是用机器的那位年轻妇女取胜。

第三节 处理顾客异议的主要方法

一、转化处理法

（一）转化处理法的内涵

转化处理法也称利用处理法，是指推销员不直接反驳顾客的异议，要利用其积极因素去抵消其消极因素，利用顾客的反对意见本身来处理顾客异议的方法。推销人员可以改变顾客异议的性质和作用，把顾客拒绝购买的理由转化为说服顾客购买的理由，把顾客异议转化为推销提示，把成交的障碍转化为成交的动力，不仅有针对性地转变了顾客在关键问题上的看法，而且使之不再提出新的异议。

比如，你推销的产品是办公自动化用品。当你敲开顾客办公室的门时，他对你说："对不起，我很忙，没有时间和你交谈。"这时候，你不妨说："正因为你忙，你一定要想方设法节省时间吧？我们的产品一定会帮你的忙，为你提供闲暇。"这样，顾客就会对你的产品产生兴趣。

又比如，顾客对你的产品价格上涨提出异议，你可以利用价格上涨的事实，利用顾客害怕价格上涨的心理进行异议转化。你可以对中间商说："是的，价格是涨了，而且以后还要涨，现在不进货机会就会失掉了。"如果对最终消费顾客就应该说："再不买，吃亏就更大了。"

这种方法直接利用顾客的反对意见转化反对意见，推销员一定要记住在应用这种技巧时讲究礼仪，决不能伤害顾客的感情。一般不适用于与成交有关的或敏感性强的反对意见。

（二）转化处理法的优点

转化处理法是一种有效的处理顾客异议的方法。其优点是：推销员在肯定顾客异议的基础上加以转化，以顾客异议积极的一面，去克服消极的一面，从而把推销的阻力转化为动力。例如，顾客说"我的身体很好，不需要保险。"而推销人员则说："我可以理解您的心情，正因为您身体很好，您更应该马上投保。因为只有身体状况好的人才可以投保，等到身体衰弱，想投保也来不及了。请问您是每天存五元好还是十元好？"这样，不但化解了异议，还使顾客觉得推销人员是设身处地为其着想，有利于双方良好关系的建立。

（三）转化处理法的局限性

推销人员利用转化处理法处理顾客异议，处理得不好会使顾客觉得销售人员在耍嘴皮子，甚至引起顾客的恼怒，迫使顾客产生抵触情绪，从而提出更多的难以解决的异议。因此，在使用时推销人员态度应该十分诚恳，从尊重和爱护顾客的角度提出异议的解决方法。

（四）利用转化处理法应注意的问题

1. 要肯定顾客异议中正确的部分　推销人员必须认真分析顾客异议，肯定与赞美顾客异议中正确部分和积极因素。例如，当顾客提出身体好而无需购买保险时，推销人员可以对顾客的外貌加以肯定和赞赏，由衷地欣赏顾客是得到顾客信任的良方。在与顾客建立了信任关系之后，再进行异议的化解。

2. 区别对待不同的顾客异议　不同的顾客可能会提出相同的异议。但是不同的顾客有着不同的需求和购买动机，因而销售人员应该针对不同的顾客，结合其需求特点，提出不同的解决方法。

例如，同样是面对房价太高的异议，针对不同的消费人群，房地产推销人员可以有不同的回答。针对年轻白领，可以说："房价的确较高，不过您采取月供的方式，分摊到每月也就一千多元，而你马上就可以享受到这么高级的房产了"；针对富有阶层，则可以说："房价的确较高，这是黄金地段，小区环境也非常好，正好适合您的身份地位，您不买就可惜了。"

为了做到能够对不同的顾客异议加以区别对待，推销人员应该认真分析推销对象的消费行为和消费心理，认真倾听他们的谈话，善于发现其真实的购买动机，以便在进行异议转化时抓住关键、提高效率。

3. 要以诚信为本　推销人员向顾客传递的信息应该是真实准确的，要做到有理有据，千万不能为了达成交易而信口开河，或者做出无法实现的承诺，一时拿到了订单，却失去了长久的客户。

（五）转化处理法的适用范围

转化处理法只适用于顾客提出的异议内容是有效、真实的，不适于那些带有成见、虚假性的顾客异议；主要用于不能控制因素所造成的异议，如宏观环境因素或市场行情变化等。

推销窗口 10-8　　转化法处理异议

王先生利用银行的信用贷款在郊外买了一栋房子，最初他对于A房产公司推销员所提供有关售屋、租屋的资料，及该推销员的草率解说都深表不满，所以次日又请B房产公司的推销员为他介绍理想的住屋；令他惊讶的是，这二家房屋中介公司所销售的房屋竟一模一样，因此他对B公司推销员提出与昨天对A公司销售员相同的质疑，然而B公司推销员却回答说："王先生您说的没错，这里离车站是稍远了点，但是如果您骑自行车不过是七八分钟的时间，而且每天骑自行车可以锻炼体力，对身体健康有莫大好处。”

“是的，这是住宅区，法律上规定不准在此建工厂，您看看这里的空气多么新鲜！我认为新鲜的空气才能确保家人的健康。”

“您说得不错，这里尚未成‘市’，不够繁荣热闹，但是您想想现在有几人能拥有这种绿叶扶疏的住家环境，而且您可利用假日与家人团聚，这样不是很好吗?”

王先生听了这番话后，觉得房子还不错，于是与B公司签订购屋契约。

二、转折处理法

（一）转折处理法的内涵

转折处理法是首先不直接反驳顾客的意见，承认顾客的看法有一定的道理，向顾客作出一定的让步，对顾客的异议表示同情和理解，然后才讲出自己看法的方法。推销人员一开始就明确表示赞同顾客的看法，从而避免、减少顾客的抵触情绪。比如，顾客提出你推销的服装颜色过时，你可以这样回答：“小姐，您的记忆力的确很好，这颜色几年前已流行过了，我想您是知道的，服装潮流是轮回的，如今又有了这种颜色回潮的迹象。”

又比如，当顾客说：“这东西太贵了！”推销员可以说：“是啊，不少顾客也是这么认为的。”随后话题一转，接着又说：“不过，当他们仔细比较后，最后还是认为买它是比较划算的。”

这种方法是先退后进，用的是“明修栈道，暗渡陈仓”的策略。对于顾客提出的某些异议，我们可以表示承认，但是自己无能为力帮助顾客解决问题，如果直接向顾客提出无能为力解决问题，会让顾客对推销人员的诚信和能力表示怀疑。虽然是顺承了顾客的意见，推销人员在重复顾客意见过程中，巧妙地转移话题，阐明己方所持观点。

例如，某高尔夫球杆的推销员向一位顾客推销高尔夫球杆，顾客对他指责道：“你卖的那个破玩意儿太贵了，只有傻瓜才会买。”该推销员微笑地回答道：“是啊，我也觉得这东西太贵了，但是您是有身份、有地位的人，像您这样的人所选择的产品自然要与别人不同。您业务上的合作伙伴杨先生选用的正是这种球杆。”推销员此话一出，这位顾客欣然地购买了。

这个例子的推销员并没有立即反驳顾客，而是承认球杆确实很贵，然后给顾客一个贵的理由：因为它象征着地位与身份，最后不失时机地利用顾客的从众心理将产品推销了出去。请比较下面的A、B两种说法，感觉是否有天壤之别。

A：“您根本没了解我的意见，因为状况是这样的……”

B：“平心而论，在一般的状况下，您说的都非常正确，如果状况变成这样，您看我们是不是应该……”

A：“您的想法不正确，因为……”

B：“您有这样的想法，一点也没错，当我第一次听到时，我的想法和您完全一样，可是如果我们做进一步的了解后……”

显然，采用B的方式表达不同的意见，肯定了顾客存在思想顾虑的合理性，更容易为顾客所接受。

（二）转折处理法的优点

1. 有利于融洽气氛　由于顾客的心理得到安慰，感到自己被尊重、被理解、被承认，因此转折处理法一般不会冒犯顾客，处理上能够缩短推销人员与顾客之间的距离，营造良好的洽谈气氛。

2. 容易被顾客接受　转折处理法有时仅仅是对顾客异议的一个重复，对顾客异议表示理解与同情，却能够使顾客心理得到平衡，在处理顾客异议方面，顾客较易接受。

3. 处理效果较好　使用转折处理法在重复顾客意见，表示赞成的同时，推销人员有时间进行思考、分析对策，可以在推销活动中获得较大的活动余地，由于处理过程有进有退能够表现出推销人员的诚恳与幽默。因此，推销成功率较高。

（三）转折处理法的局限性

（1）转折处理法首先是对顾客的异议表示赞同和理解，这样有可能带来的问题是：顾客可能会在心理上增加了坚持异议的信心，由此会使顾客产生更多的异议，丧失购买产品的信心，从而削弱了推销介绍的说服力，增加了推销的难度等。

（2）由于采取的是迂回、委婉的处理方法，推销人员要注意用词和说话的方式、角度和语气，掌握得不好，会使顾客认为推销人员回避矛盾，玩弄文字游戏，会使推销人员的形象受到影响，可信度降低，导致推销洽谈的失败。

（四）利用转折处理法应注意的问题

（1）转折词“但是”不要使用过急。如果使用过急，很可能给顾客一种狡辩的感觉。要适当肯定顾客的想法，让顾客感受到你很愿意接受他的反对意见，很喜欢听他说话、容易沟通。此法成功关键在于肯定了顾客的想法之后，能够找到一个新的角度和切入点来重新说服顾客。这就要求销售人员有充足的产品知识、良好的应变能力，善于抓住产品的特点和优势进行重点推销。

在转换推销角度后，围绕新的推销重点、新的信息，让顾客获得新的购买标准和新的思维方法，作出购买决策。

（2）转折词不要使用过多。因为过多使用转折词，会使人听起来显得很生硬，因而在使用时要注意转换词的搭配。例如，在说了："您的看法有一定的道理"后，可以说："我还可以补充的是……"或"其实您还可以……"，词语搭配得好，做到转折自然，语气委婉，让顾客听起来较容易接受，可以更好地消除顾客的不满情绪。

（五）转折处理法的适用范围

转折处理法适用于顾客因偏见、成见或信息不足而产生的异议，适用于因为个性较强而自信的顾客所产生的异议。

推销窗口 10-9 转折法处理异议

一位家具推销员向顾客推销木制家具时，顾客提出："我对木制家具没兴趣，它们很容易变形。"这位推销员马上解释道："您说得完全正确，如果与钢铁制品相比，木制家具的确容易发生扭曲变形现象。但是，我们制作家具的木板经过特殊处理，扭曲变形系数只有用精密仪器才能测得出。"这样一来，不仅给顾客留住了"面子"，而且也以幽默的方式消除了顾客的疑虑。

三、以优补劣法

（一）以优补劣法的含义

如果顾客的反对意见切中了你的产品或公司所提供服务中的短处，千万不要回避或直接否定，明智的做法是肯定有关缺点并努力挽回影响，通过解释，使顾客既能看到产品的短处，又能看到产品的长处，利用产品的优点来补偿甚至抵消这些缺点，使顾客相信产品的优点大于缺点。这样有利于使顾客心理达到一定程度的平衡，有利于使顾客作出购买决定，见图 10-2。

例如，顾客提出你推销的产品质量有些问题，你可以从容地告诉他："这种产品质量确实有问题，所以削价处理，价格比较便宜，而公司可以确保这种产品的质量不会影响到你的使用效果。"这样一来既打消了顾客的疑虑，又以价格优惠激励顾客购买。又如，我们常常听到推销员向顾客这样推销："虽然包装外观差一点，可是质量还是好的，正因为包装不太好，才低价出售的。如果不是送礼，自己用还是很划算的。"

再例如，顾客如果认为某件商品的价格太高，那么这时就应针对客户的这一异议向顾客强调：导致价格高的原因是由于通过正规的进货渠道进货。

所进的产品都是著名厂家生产的质量最优的名牌真货，该产品以其优异的性能确保能长期地为客户提供最优质的服务而不出任何质量问题。这不仅使客户彻底免除了质量问题的困扰，相应地节省了不少修理费用，而且还能间接地为客户带来更大的经济效益。诸如此类的答复使客户在很多情况下是会乐于接受的。

以优补劣法的理论基础是："十全十美的东西是不存在的"。所有的产品都有它的缺点和短处，面对顾客提出的异议，推销员一味设法回避和否定的话，效果往往不好，最明智的方法是用产品可以补偿的优点去战胜列举的缺点。美国著名推销专家约翰·温克勒尔指出："如果顾客在价格上要挟你，你就和他们谈质量；如果对方在质量上苛求你，就和他们谈服务；如果他们在服务上提出挑剔，你就和他们谈条件；如果对方在条件上逼近你，你就和他们谈价格。"

图 10-2 以优补劣法

（二）以优补劣法的优点

（1）具有唯物辩证特点，承认事物的二重性，表现了推销人员诚恳的工作态度及为顾客着想的服务精神。因此，能够创造出良好的推销洽谈气氛和人际关系。通过以优补劣法，进一步突出产品的优点，使顾客认识到购买的利益，在理智与情感上都得到平衡，产生购买的欲望。

（2）以优补劣法使顾客认识到推销产品的优点和购买得到的实际利益，又使顾客得到了一定的补偿，起到了相辅相成，加强效果的作用。

（三）以优补劣法的局限性

（1）由于以优补劣法肯定顾客异议的客观存在性，承认产品的不足，但又不能及时解决，因此可能会产生负面效应，可能会使顾客失去购买信心，助长顾客对异议的坚持。

（2）以优补劣法处理不当，不加分析地肯定顾客的异议，会使本来对产品认识不足的顾客产生误会，增加处理顾客异议的困难。

（3）如果以优补劣法运用不当，可能会影响顾客对企业的形象，降低企业与推销产品的市场定位。

（四）以优补劣法应注意的问题

（1）正视顾客异议。对顾客的有效异议决不能反对与否认；只要顾客指出了推销的产品存在的不足之处，推销员要以诚恳的态度接受客观事实，并且给予一定的补偿。在运用以优补劣法时，对顾客的异议加以分析，判断其真实性、有效性，才可使用以优补劣法。

（2）充分展示产品的优势，有效地进行补偿。在推销过程中，推销产品的有关优点都可以有效地补偿顾客异议，尤其在肯定顾客异议后，推销人员一定要使顾客认识到的一点就是：任何事物都不可能完美无缺的。要让顾客感觉到产品的缺点与它的优点相比是微不足道的。

（3）尽量利用主观补偿减少客观补偿。推销人员应对顾客进行引导，让他们认识到不能在理想品牌与现实品牌之间进行选择，只能在得与失之间进行选择，使顾客转换角度，认识产品的优点，并接受产品的推销。例如，推销人员通过了解，掌握顾客的购买动机、知道顾客对产品的价值取向，从产品的诸多优点和利益中，挑选产品的主要优点，结合顾客的购买动机，重点强化产品的优点，淡化产品的缺点，更重要的是强化与推销产品优点一致的异议，淡化与顾客主要需求不一致的产品缺点。

（五）以优补劣法的适用范围

以优补劣法适用于：顾客已明确提出的客观异议；推销产品存在明显缺陷的异议；真实有效的异议；顾客只有单一的异议，如果解决了就可以导致顾客购买。

推销窗口 10-10　　推销小幽默——卖帽子

帽子店的店员对一位先生说：“这样的游泳帽最适合您，买一顶吧。”

> 先生谢绝道："不必了，我头上的这几根头发数都能数出来。"
> 店员马上说："可您一戴上这顶帽子，别人就不会再数您的头发了。"

四、直接反驳法

（一）直接反驳法的含义

直接反驳法是指推销人员依据有关部门的事实与证据对顾客的异议正面地、直接地否定的一种方法。直接反驳法以新的信息去反驳顾客的过时信息，以真实的信息去反驳顾客的虚假信息，以科学的知识去反驳顾客的无知，使顾客了解情况、了解产品、了解推销人员，并消除误会、增进知识、增强购买信心。例如，在顾客提出异议时，推销人员可以对顾客说："事实并非如此，您的意见似乎有些出入。"或"您说得不对，不信您可以到处去比较一下，我们这儿是价格最低的。"等等。

（二）直接反驳法的优点

运用此法直接将顾客的错误认识、成见加以否定，优点在于大大节省了推销时间，提高了推销效率，增加了可信度。一针见血地否定对方的错误看法比拐弯抹角地解释说明更有说服力。

（三）直接反驳法的局限性

直接反驳法的局限性在于容易引起顾客与推销人员之间的冲突。由于正面否定了顾客的意见，容易让顾客产生心理压力和抵触情绪，造成推销洽谈的紧张气氛。如果顾客自尊心特别强或心理承受能力比较弱，就非常容易激怒顾客。如果顾客自尊心受到伤害，即使产品再好，顾客也会拒绝购买，这样就容易令推销洽谈陷于僵局。

（四）利用直接反驳法应注意的问题

1. 使用直接反驳法必须有理有据　在直接反驳顾客异议的过程中，推销人员必须注意讲话的措词，用科学的事实和令人信服的理由来说服顾客，做到有据可查，经得起实践的检验。

2. 注意保持良好的推销气氛　推销人员在反驳顾客异议的时候，应当保持十分友好的态度，坚持微笑推销，注意推销洽谈的整体气氛。推销人员首先应该明确，即使顾客是因为成见、误解和无知而提出对产品的异议，推销人员反驳的时候也只能是针对顾客的看法和意见，而决不能针对顾客的人格。所以，推销人员不但要关心推销的结果，更应该关心顾客的情绪与心理承受力，做到虽然反驳了顾客的异议，但又不冒犯顾客。在讲话时，应面带微笑，用词委婉、态度诚恳，留意顾客的反应，揣测顾客的心理活动及变化，使顾客既消除了异议，同时又感到推销人员时时为顾客着想的基本态度。

（五）直接反驳法的适用范围

直接反驳法的运用要同时满足两个条件：一是顾客的异议应是有效异议，如果是无效异议则可以不予理会；二是顾客的异议是出于他的错误认识、误解或偏见。在运用时一定要注意技巧，态度要诚恳，要对事不对人。千万不要伤害顾客的自尊心，要让顾客感到你是很专业和很敬业的。

五、冷处理法

（一）冷处理法的含义

冷处理法也称为“不理睬处理法”，对于顾客的一些不利于成交的反对意见，最好不要反驳，采取不予理睬的方法较佳。千万不要顾客一有反对意见，作为推销人员的你就马上反驳，这样会使顾客产生你总是在挑他毛病的印象。

顾客异议是多种多样的。不少有经验的推销人员认为，大多数的顾客异议是属于无效、无关异议，甚至是虚假的异议。尽管顾客提出异议的原因难以捉摸，但对于无效、无关与虚假的异议，推销人员完全可以不予理会。

（二）冷处理法的优点

冷处理法使推销人员避免了在一些无关、无效异议上浪费时间精力，而集中精力去处理有关、有效的异议。它尤其避免了与顾客在一些与成交关系不大的问题上发生争执与冲突。“冷”处理可以使推销人员回避一些无用的话题，因而可以大事化小，小事化了，避免引起不必要的争执和冲突，有利于维持良好的推销洽谈关系，缓和紧张的气氛。运用此法，推销人员能够不受干扰，坚持原来的推销计划与推销策略，从而提高推销效率。

（三）冷处理法的局限性

冷处理法可能会使顾客因为自己的异议没有受到应有的重视而不满，因推销人员答非所问与故意的“冷落”而反感，甚至会产生疑心。另外，如果应用不当也容易忽视顾客的有效异议。一般情况下顾客提出异议，总是希望得到答复，而且异议也是顾客对推销的初步反应，对顾客提出的异议采取不理睬态度，于情于理都欠妥当。更重要的是，可能使推销人员忽略了顾客的有效异议，那些在推销人员看来是无关、无效与微不足道的、甚至是莫名奇妙的异议，有时可能是顾客购买的主要障碍。因此，冷处理法不可滥用。

（四）利用冷处理法应注意的问题

（1）冷处理法只适用于处理确实与推销无关的、无效的、虚假的顾客异议，在使用时，推销人员必须对顾客的异议加以分析，不能对所有的顾客异议不加区分地一概用之。

（2）为了使顾客在感情上得到安慰，无论顾客提出什么内容的异议，不管推销人员是否已经打算采取冷处理法，对于顾客的异议都要认真聆听，密切注意顾客的表情变化，从中了解顾客没有表达的和没有说清楚的异议及其产生异议的根源，以便在必要时对顾客的异议作出反应。

（3）无论顾客提出的异议是什么内容，如何不合理或不近人意，推销人员都应该保持清醒的头脑，用宽容的态度对待顾客的异议，不要与顾客斤斤计较，要善于控制自己的情绪，才能维持良好的气氛。

（五）冷处理法的适用范围

冷处理法适用于：顾客因误解、成见、认识错误等原因所产生的异议；与推销洽谈无关的异议；顾客的其他无效异议。

六、预防处理法

（一）预防处理法的含义

预防处理法是指推销员为了防止顾客提出异议，预先做好准备，把顾客可能提出的异议内容，抢先进行处理的方法。

例如，推销人员认为顾客可能会对产品的色彩提出异议，于是推销人员可以在顾客没开口之前说："可能有人认为这个产品的颜色不太鲜艳，其实这种颜色看上去耐旧，同时也比较耐脏，您看是吗？"

顾客异议是推销洽谈中经常会遇到的，推销人员应该在推销准备阶段，预测到可能出现的各种不同类型的异议，作好应对措施，在问题出现时能够解决自如，不会措手不及。一般地说，只有那些最常见的异议应被预先提出。

（二）预防处理法的优点

预防处理法的优点主要有三方面：一是能够提高推销效率。长期从事某种商品的推销活动就会发现，顾客肯定会对商品提出某些特定异议。推销人员如果事先预测到顾客的异议，抢先在顾客开口前进行处理与解释，就缩短推销洽谈时间，提高效率；二是能够增加推销信心。它可以使推销人员由被动变主动，预先克服已知的反对意见；三是可以预防顾客不公开的隐蔽异议。一般来说，顾客不愿说出来的、隐藏的购买异议，往往是其购买的主要障碍，如果推销人员道破这些隐蔽的异议，就可以解除顾客的顾虑，为顺利成交创造良好的条件。

（三）预防处理法的局限性

预防处理法在实际应用中有一定的难度，推销人员如果在事先难以掌握顾客异议的内容及类型，就很难一语道破。如果推销人员进行预先处理，即自己提出异议，然后给予解释与反驳，万一语气与用词不当就会使推销人员的推销具有咄咄逼人之势。这样，顾客就会感到心理压力加大，造成顾客的不愉快。如果顾客因此而在心理上筑起抵触的防线，成交将变得没有希望。其次，推销人员抢先提出的一些顾客异议中，可能有顾客并没有意识到的一些异议，这将动摇顾客的购买信心，对成交形成不利影响，抢先处理反倒变成了弄巧成拙、授人以柄。在推销过程中往往有这样的情况：有些问题顾客根本没有想到，推销人员的假设反而提醒了顾客，使他产生了异议；还有一种情况是顾客原来有想法，但没有把握提出来，推销人员的抢先解释使顾客更加坚持异议。

（四）利用预防处理法应注意的问题

1. 充分准备　在使用预防处理法时，推销人员必须在事先做好充分的准备工作，做好市场调查，根据自己的推销经验，科学地预测顾客可能提出的异议，并有针对性地制定出相关的处理方案，做到有备无患。

2. 谨慎选择　在推销过程中应该尽量淡化自己提出的异议，只选择那些顾客很可能会提出的异议进行处理，决不能在数量上、内容上以及范围上强化所处理的异议，防止顾客提出新的异议。

3. 言辞委婉　在讲话时要注意语气、语调和用词，不要让顾客觉得是在批评他。只能说："有人可能认为……"而不能直接说："你可能会……"，只有这样才能预先消除顾客的异议，又不会引起顾客反感。

4. 加强演示　推销人员应该对抢先提出的异议进行全面解释，将预先提出的异议变成推销的靶子，而不是推销的障碍。因此，在提出异议的前后，应该针对异议进行很好的产品推销介绍和展示，使异议成为推销的突破口。

（五）预防处理法的适用范围

预防处理法适用于沉着冷静、友好社交型的理性顾客。在此类顾客提出异议之前，对一些已知的异议加以澄清和处理，往往可以避开枝节问题、提高效率。但是对于爱讨价还价、自以为是的、吹毛求疵的顾客，则不适宜盲目使用预防处理法，否则容易引起争论不休。

七、询问处理法

（一）询问处理法的含义

询问处理法是指推销人员通过对顾客异议提出疑问，待真正了解其内容和原因后，再作处理的一种方法。通过询问，推销人员可以引导顾客的谈话，同时取得更确切的信息，以便支持推销产品的销售。

在推销过程中，有些顾客异议只是顾客用来拒绝购买的一个借口，有的异议与顾客的真实想法不完全一致，连顾客本人也无法说得清楚关于异议的真实原因。对于顾客异议的这种不确定性，推销人员一定要通过询问处理法去了解顾客异议的类型，分析判断其产生的真正原因。

顾客："我希望您价格再降百分之十！"推销人员："××总经理，我相信您一定希望我们给您百分之百的服务，难道您希望我们给的服务也打折吗?"顾客："我希望您能提供更多的颜色让客户选择。"推销人员："××经理，我们已选择了五种最容易被顾客接受的颜色了，难道您希望有更多颜色的产品，增加您库存的负担吗?"

透过询问，把握住顾客真正的异议点。推销人员在没有确认顾客反对意见重点及程度前，直接回答顾客的反对意见，往往可能会引出更多的异议，让推销人员自困愁城。例如：潜在顾客："这台复印机的功能，好像比别家要差。"推销人员："这台复印机是我们最新推出的产品，它具有放大缩小的功能、纸张尺寸从B5到A3；有三个按键用来调整浓淡；每分钟能印20张，复印品质非常清晰……"潜在顾客："每分钟20张实在不快，别家复印速度每分钟可达25张，有六个刻度能高速浓淡，操作起来好像也没那么困难，副本品质比您的要清楚得多了……"

这个例子告诉我们，推销人员若是稍加留意，不要急着去处理顾客的反对意见，而能提出这样的询问，如"请问您是觉得哪个功能比哪一家的复印机要差?"顾客的回答也许只是他曾经碰到某某牌的复印机，具有六个刻度调整复印的浓淡度，因而觉得您的复印机的功能好像较差。若是推销人员能多问一句，他所需要处理的异议仅是一项，可以很容易地处理，如"贵企业的复印机非由专人操作，任何员工都会去复印，因此调整浓淡的过多，往往员工不知如何选择，常常造成误印，本企业的复印浓度调整按键设计有三个，一个适合一般的原稿，一个专印颜色较淡的原稿，另一个专印颜色较深的原稿。"经由这样地说明，顾客的异议可获得化解。推销人员的字典中，有一个非常珍贵、价值无穷的字眼"为什么?"不要轻易地放弃了这个利器，也不要过于自信，认为自己已能猜出顾客为什么会这样或为什么会那样，要让顾客自己说出来。

当你问为什么的时候，顾客必然会做出以下反应：

他必须回答自己提出反对意见的理由，说出自己内心的想法。

他必须再次地正视他提出的反对意见是否妥当。

此时，推销人员能听到顾客真实的反对的原因及明确地把握住反对的项目，他也能有较多的时间思考如何处理顾客的反对意见，透过询问，直接化解客户的反对意见。

（二）询问处理法的优点

通过询问，可以进一步了解顾客，获得更多的顾客信息，掌握顾客的心理活动，为进一步进行洽谈打下基础。询问法运用得好，带有请教的含义，从被动地等待顾客申诉异议转为主动地与顾客探讨问题，既可以使顾客提供信息，又能够建立良好的推销洽谈气氛，更好地体现了顾客第一的推销理念，同时还赢得了思考及制定下一步推销策略的时间。因而，询问处理法是一个被广泛应用的顾客异议处理方法。

（三）询问处理法的局限性

1. 容易引发抵触情绪　通常，当顾客提出异议时都希望得到推销人员的直接答复与帮助，如果推销人员没有理解顾客的心情、给予顾客明确的答复，反而滥用询问法向顾客提问，可能使顾客产生反感，甚至产生抵触情绪。

2. 容易引发新的异议　推销人员在运用询问处理法时，提问的方式或内容不当，又可能引发顾客新的异议，不利于推销活动的进行。

3. 容易错过时机　在顾客提出异议的情况下，推销人员不作处理，反而一再追问，会造成推销时间浪费，错过推销的有利时机。

（四）利用询问处理法应注意的问题

1. 询问要及时恰当　推销人员只有及时询问顾客，了解顾客的真实想法，才能引导顾客把产生购买障碍的真正原因讲出来。对于那些对推销或成交无关的异议、次要的或者是无效的顾客异议，是不应该进行询问的。而只应对那些不处理就不能成交的顾客异议进行询问及了解，应该尊重顾客，对于顾客不愿意讲的，或讲不清楚的异议根源，不要打破砂锅问到底，应察言观色，适可而止。

2. 询问要讲究推销礼仪　推销人员要避免向顾客提出过多问题，免得让顾客觉得是在接受审讯；采取请教的方式，谨慎选择提问的语气和措辞，认真倾听顾客的回答。

（五）询问处理法的适用范围

询问处理法主要适用于虚假异议。顾客提出的虚假异议只是用来避免卷入销售活动的一个借口，销售人员还无法确定他的真实想法，使用询问处理法就可以发现顾客的真实需求和购买动机。

推销窗口 10-11　　询问法处理顾客异议

推销大王齐格勒曾经推销过厨房成套设备，其中最主要的制品就是锅。当齐格勒推销时，顾客常常表示异议：“价钱太贵了。”

“先生，您认为贵多少呢？”对方也许回答说：“贵200美元吧。”这时，齐格勒就在随身携带的记录本写下“200 元”。然后就又问：“先生，您认为这锅能使用多少年呢?”“大概是永久性的吧。”“那您确实想用 10 年、20 年、30 年吗?”“这口锅经久耐用是没有问题的。”

“那么，以最短的 10 年为例，作为顾客来看，这种锅每年贵 20 美元，是这样的吗?”“是这样的。”

“假定每年是 20 美元，那每个月是多少钱呢?”齐格勒边说边在纸上写下了算式。

“如果那样的话，每月就是 1 美元 75 美分。”

“是的。可您的夫人一天要做几顿饭呢?”“一天要做二、三回吧。”

“好，一天只按二回计算，那您家中一个月就要做 60 回饭！如果这样，即使这套极好的锅每月平均贵上 1 美元 75 美分，和市场上卖的质量最好的成套锅相比，做一次饭也贵不了三美分，这样算就不算太贵了。”

齐格勒总是一边说一边把数字写在纸上，并让顾客参与计算。

八、推迟处理法

（一）推迟处理法的含义

推迟处理法是指推销人员对于顾客所提出的异议，不适于马上回答的，可以拖延到适当时间再进行处理。在推销洽谈中，顾客对原有的购买习惯、价值观念持有固执的态度，对推销人员提供的新信息、新产品不能马上接受，因此产生异议。推销人员不要操之过急，企图在短期改变顾客的异议是不可能的。在这种情况下，推销人员可以在推销演示后，留下一部分时间给顾客，使顾客自我消化，以便更好地接受推销人员的推销建议。

例如，顾客还未充分了解产品时就提出了价格异议，推销人员可以对顾客说：“先生，您的意见很重要，如要您不介意的话，我们稍后再讨论价格的问题，到时候您就会发现更有意义的答案。”等到充分介绍了产品的优点和利益后，再回到价格问题上，就可以让顾客收回成见了。

（二）推迟处理法的优点

(1) 使推销人员赢得了处理异议的时间。推销人员可以仔细考虑顾客的异议，辨别其真实意图，避免仓促回答异议可能导致的冲突和不满；也可以让顾客有时间对产品和服务做进一步的了解。

(2) 推迟处理法可以增加推销力量，表现了推销人员的自信心。销售人员不立即反驳顾客的异议，而是和顾客一起进行讨论，通过恰当的引导使顾客认识到异议的不合理性，让顾客感觉到销售人员是非常专业和有信心的。

（三）推迟处理法的局限性

推迟处理法可能降低推销的效率，令顾客感到被推销人员“冷落”，可能会觉得自己的意见未得到应有的重视，从而产生不满情绪，给竞争对手以可乘之机。

（四）利用推迟处理法应注意的问题

（1）推迟处理顾客的反对意见并不是对顾客置之不理。在顾客提出异议后，推销人员应该向顾客表示，等进一步了解更多情况后一定会解答他的问题。态度上应该诚恳、尊重，不能让顾客觉得销售人员故意推诿责任或是逃避敏感性问题。

（2）为了帮助顾客更好地做出购买决策，推销人员应该向顾客提供真实可信的证据和资料，用容易理解的语言向顾客介绍产品和服务。因为顾客的疑问尚未得到解决，销售人员要特别留意自己的语言和神态，避免让顾客觉得是销售人员在故弄玄虚，从而失去对推销品的兴趣。

（3）推销人员在运用推迟处理法时，一定要善于倾听顾客的需求。如果一方面推迟回答顾客的疑问，一方面又喋喋不休，抓不住要领，就会陷入被动。赢得了时间就应该集中精力发现顾客的需求和购买动机，有针对性地让顾客掌握与推销品有关的信息，积极吸引顾客的注意力。

（五）推迟处理法的适用范围

推迟处理法适用于下列情形：对于涉及金额较大的消费品或大宗生产资料的推销；对理性的、专家型的购买行为的推销；顾客的异议不适合立即回答的时候。这种方法不适用于对小额零星的、情感型的、非理性的购买行为的推销。

九、定制式处理法

（一）定制式处理法的含义

定制式处理法是指推销人员按照顾客异议的具体要求，为顾客量身定做与其要求相符合的产品，从而解决顾客异议。

顾客的需求与异议各不相同，不能指望用一种产品的功能来满足所有顾客的需求，当顾客提出有效的且不可更改的购买异议时，本着从顾客利益的角度出发，详细了解顾客需求，及时向企业反映顾客的需求，争取通过改进产品，满足顾客的要求，消除顾客异议。

（二）定制式处理法的优点

使用定制式处理法处理顾客异议，符合推销学的基本原理，它能够使企业按照顾客的需求和要求改进产品、改进服务、改进推销，从而带动企业生产和经营活动的进步，可以促使企业对产品进行开发，开拓新市场。顾客异议成为企业决策的依据，使企业在力所能及的范围内满足顾客需要，因此定制法是推销活动中被广泛应用的方法。

（三）定制式处理法的局限性

定制式处理法的应用是一个复杂的过程，如果运用不当，会导致不良的后果。如果企业的生产与销售环节出现失误，会使推销人员对顾客的承诺不能兑现，使顾客对推销人员产生疑虑；另外，完全按照顾客要求进行异议处理，企业可能打破原有的生产计划和销售计划，有可能造成资源浪费、产品质量下降以及投资的增加和产品成本的上升，从而影响企业的效益，使企业蒙受损失。

（四）利用定制式处理法应注意的问题

1. 应在企业内部贯彻现代推销观念　要使企业的所有部门都认识到满足顾客需要是企业生产、经营的最终目的，是解决企业内部矛盾、处理内部关系的准则，在企业内部形成上下一条心、各部门协调配合的整体营销体系，为推销人员兑现承诺打下基础。

2. 积极与顾客沟通　利用定制式处理法处理顾客异议时，推销人员应该认真分析顾客异议，明确其性质，与顾客进行协商并达成一致。

3. 实事求是地解决问题　着眼于为顾客解决问题，推销人员要认真了解顾客异议的真实内容和购买动机，并且要掌握产品生产流程和成本控制，这些问题有时需要一个包括技术人员、财务人员的销售团队来完成。要切实分清哪些顾客异议可以得到及时解决，哪些目前企业还难以满足，避免空许诺言的情况出现，在与顾客签订合同或契约后，一定要履行合同。

□ 本章小结

在推销实践中，顾客可能会对推销人员、推销活动、推销品等提出疑问或反对意见，这是推销过程中的正常现象，正确对待顾客异议，恰到好处地处理好顾客异议，使顾客采取购买行为是推销人员必须具备的基本功。

顾客异议可归纳成八个基本类型，即需求异议、价格异议、权利异议、产品异议、财力异议、利益异议、购买时间异议和服务异议。产生顾客异议的原因有很多，有的来自于顾客方面的原因，有的来自于推销人员方面的原因。

认真分析顾客异议的类型和产生的根源，有利于有效地化解顾客异议，以便达成交易。处理顾客异议常见的几种方法包括转化处理法、转折处理法、以优补劣法、直接反驳法、冷处理法、预防处理法、询问处理法、推迟处理法和定制式处理法。处理顾客异议时一定要结合具体情况，具体分析，灵活运用，不要生搬硬套。

□ **案例分析**

案例 10-1

小梁是某零售商店的推销员。一个星期五的早晨，发烧友林先生走进店里，告诉小梁说他正在寻找新式音响，希望要购买一部价格在 5 000 至 8 000 元之间的音响，并且看上展示架上那一部标价 6 750 元的音响。

在小梁把这一部音响的优点详细向林先生说明之后，林先生问到："这种型号的音响最优惠的价格是多少钱呢？"

小梁立刻回答："算您 6 500 元吧！"林先生决定要购买了，并立刻在订单上签名并付款。他在感谢林先生的惠顾之后，随即走进仓库里去取货。

大约过了 1 分钟，小梁回到柜台，以下是他们两个人的谈话。

小梁："林先生，非常抱歉，您所要的那种型号已经没货了，本公司设在武昌的零售商店可能还有货，该店距此只不过是 15 公里，您愿意到那里去买？"

林先生："我没有时间到那里去，可以请商店的人送过来吗？"

小梁："今天恐怕没有人可以送过来，下星期一我们会补足您所要的货品，到时您就可以在这里买到了。"

林先生："真不巧！我今天一定要买到，因为明天晚上我要举办一个晚会，希望有一部崭新的音响，为何您们偏偏缺少了我所看上的那一部音响呢？"

小梁："非常抱歉，我没有注意到我们店里已经没有那种型号的音响了。"

林先生："这不是您的错，但是却让我感到很遗憾，我可以到其他地方买到功能类似的音响。真扫兴，请您把订单取消，把钱退还给我。"

案例问题讨论：

1．小梁在推销中犯了什么错误？

2．想一想如果你是推销人员，你会怎么做？

案例 10-2

阅读下面对话，并对推销人员的推销方法提出改进意见。

推销员：早上好，王先生，很高兴见到您

顾客：你好，有什么事吗？

推销员：王先生，我今天来拜访您的主要目的是给您带来了我们最新研究出来的高智能A100型号的设备，我知道您一定很希望您的企业生产成本降低，收益提升。

顾客：是啊，但你们公司的产品能管用？

推销员：那当然，王先生，这项设备是引进的德国SA技术，它的制造效率是普通设备的2倍，而且比一般设备的单位能量消耗要低20%。另外，这款产品的操作平台非常人性化，操控性能很稳定，安全性能非常好。还有就是安装了自检系统，这样，就不需要经常耗费大量人工来检查，节省大量的人力成本。您觉得怎么样？

顾客：不错，那这款产品已经应用在哪些行业呢？

推销员：主要是挖掘机制造、油田开发等领域。

顾客：一套系统大概需要多少钱？

推销员：仅需要20万人民币。

顾客：是吗？我知道了。这样吧，你把资料放下，我先了解一下，回头给你电话。

推销员：王先生，我们的设备荣获了国家设备制造金奖，每年销售量达到5 000万元呢。

顾客：我知道了。我们领导班子需要研究一下才能给你电话嘛。再见。

推销员：唔？……

案例10-3

阅读下面对话，分析为什么顾客最终没兴趣继续话题。

准顾客：你们的售后服务怎么样？

销售员：您放心，我们的售后服务绝对一流。我们公司多次被评为“消费者信得过”企业，我们的售后服务体系通过了ISO9000的认证，我们公司的服务宗旨是顾客至上。

准顾客：是吗？我的意思是说假如它出现质量问题等情况怎么办……

销售员：我知道了，您是担心万一出了问题怎么办？您尽管放心，我们的服务承诺是一天之内无条件退货，一周之内无条件换货，一月之内无偿保修。

准顾客：是吗？

销售员：那当然，我们可是中国名牌，你放心吧。

准顾客：那好吧。我知道了，我考虑考虑再说吧。谢谢你。再见。

销售员：唔？……

案例 10-4

阅读下列情景对话，指出推销人员所运用的处理异议的技巧，谈谈你还能运用什么不同的技巧？

1. 推销人员给一个办公室经理打电话。该经理是一个文字处理打字机的买主：

顾客：我真的要同其他人谈一谈。

推销员：其他人？

2. 推销人员打电话给一个大的纸业公司的采购经理：

顾客：你是知道的，我过去和你们公司做生意，但你们违背了我们签订的协议，拖延了交货期，使我们不能按时提货，影响了我们公司的正常运作。如果不是另外一个供应商帮忙，我真的会陷入麻烦。

推销员：我能理解你的感受，任何买主都会这样。不幸的是，所有的化学公司都偶尔会遇到提货的麻烦，我们也一样。我想，如果你与我们现在的顾客谈谈，你一定会了解到我们现在的服务已经改进了许多，快捷的服务使我们赢得了许多的客户。

3. 推销人员打电话给一个食品交易人：

顾客：我听说你给某些人比其他人更优惠的价格。

推销员：那完全是一种误解。我们公司在食品工业中以诚实著称。我们对所有的顾客都采用相同的价格。

4. 房地产推销经理打电话给一个买主：

顾客：这套房子的厨房较小，价格也偏高了些。

推销经理：是的。这套房子价格是高了些，但是这里靠近市中心，交通比较方便，而且又是教育名区，你们的孩子读书可以去一个好学校，你们因此还可以省去一笔跨地区的赞助费用。

5. 保险代理人打电话给一个买主：

顾客：我们负担不起这一险种，而且看病我们单位还可以报销部分药费。

推销员：你知道现在看一次病很贵，如果你购买了保险，在单位报销的基础上，我们保险公司同样可以给予赔付，这样你几乎是不用花钱看病。

6. 推销人员打电话给一个准备购买洗衣机的买主：

顾客：我不知道你们这个牌子的洗衣机那些额外的功能是否值 100 元。

推销员：可以这样看，这种牌子的洗衣机整机包修 3 年，而其他牌子的洗衣机整机包修 1 年，这样你可以放心使用，不用担心维修费用。

□ 实训题

以下是销售产品时的一些常见的异议，列出你对每个异议的回答：

（1）在你推销后，顾客说："产品很好，谢谢你向我们介绍，如果我们决定要买，就跟你电话联系。"

（2）在你推销后，顾客说："你的机器样本质量不如你的竞争对手。"

（3）在你推销后，顾客说："你的产品的确不错，但我们现在暂不需要。"

（4）在你推销后，顾客说："很遗憾我们现在买不起，六个月以后再说吧。"

（5）在你推销后，顾客说："我需要和我妻子商量商量。"

（6）在你推销后，顾客说："我现在很健康，没有必要购买保险。"

第十一章 推销成交

□ **引导案例**

小李刚刚应聘于一家经营印刷和包装业务的公司，通过一个月的业务培训，基本了解关于印刷及产品包装方面的知识。随后，他带着一些产品资料跑遍了许多相关的公司和企业，可是数月下来，客户见了许多，达成交易的寥寥无几。小李不解地说："我对顾客的推销介绍说得头头是道，尤其列举了很多关于顾客应该接受的理由。在听完我的介绍后，顾客也常常表示有愿意考虑的意向，可是，最后还是不能成交，不知道为什么？"

在推销活动中，促成交易是推销人员所追求的工作目标。从寻找顾客，到接近顾客、面议洽谈、处理顾客的异议，推销活动便进入了收获时节。为了使顾客作出有利于卖方的最后决定，使推销工作得以圆满成功，卖方决不能坐等事态的演变，而应该采取积极的推销策略与措施，敦促顾客作出抉择，促成交易的成功实现。

学习目标 ▶▶

学完本章后，你应该能够：

1. 了解成交的含义。
2. 把握成交时机。
3. 熟悉顾客的购买信号。
4. 掌握促成交易的方法。
5. 了解成交后续工作。

第一节 推销成交概述

一、推销成交的含义

推销成交（Close）是顾客对推销人员和推销的产品的一种肯定性的表态，是推销人员帮助顾客作出购买决策的活动过程。它是整个推销过程中最关键的阶段，它决定着从寻找顾客到处理异议的一系列活动最终是否取得预期的成果。在成交阶段，推销人员的主要任务就是促使顾客采取购买行动。

无论对企业还是对推销人员，成交都是非常重要的。交易的达成是对推销人员的推销活动的总结，是推销过程中最具有挑战性的环节。成交过程有以下几点内涵：

1. 成交是推销过程的延续　在推销过程中，推销人员向顾客进行推销介绍和示范操作后，顾客的反应有两种：一种是积极的，那么就有最终达成交易的可能；如果顾客的反应是消极的，则达成交易的希望就十分渺茫了，需要推销人员消除顾客异议，并审视自己的推销洽谈设计是否合理，在此基础上重新展开推销说明。因而，成交是顾客对推销活动的积极反应，是对推销人员的推销建议的认同与肯定。如果没有达成交易，推销活动就没有结束。

2. 成交是渐进的过程　推销人员向顾客做需求分析，帮助顾客作出购买决策的同时，顾客的心理也发生变化，由消极态度发展到引起注意，再到发生兴趣直至作出购买决策，整个过程是一个循序渐进的过程。这就要求推销人员密切注意顾客的言行举止，洞察顾客的心理活动，抓住时机促成交易。

3. 成交是顾客接受推销建议的行为　成交是顾客对推销人员的推销建议产生的积极反应。但并不是所有的推销建议都能够被顾客接受，从而导致成交的。一旦成交时机成熟，推销人员决不能坐失良机，等待顾客向推销人员主动要求交易，推销人员应积极地发挥主导作用，主动请求签订买卖合同，一举促成交易。

二、推销成交的主要障碍

成交的障碍来自于顾客和推销人员两个方面。来自于顾客方面的成交障碍主要是顾客对购买决策的修正、推迟、避免等行为；来自于推销人员方面的成交障碍主要是心理和技巧两方面的不足。

（一）顾客的修正、推迟、避免行为

在成交阶段，顾客常受到风险意识的影响从而修正、推迟已作出的购买决策，或者避免作出购买决策，使推销人员的努力付诸东流。在顾客的潜在意识里，任何购买行为都有一定的风险，因为他们无法确定购买行为的后果如何。为了降低风险或回避风险，顾客自然要修正、推迟、避免购买决策，使交易难以达成。要降低顾客的风险意识，就要求推销人员具有极大的耐心，并谙熟顾客的心理和促进成交的方法。

（二）推销人员的心理和技巧

1. 推销人员的畏难心理　推销人员对成交的困难估计过高，越想成交，越害怕提出成交的要求。这种不自信的态度往往影响其正常的工作能力，从而导致错误的推销行为，造成成交失败。

2. 推销人员的急于求成心理　在推销过程中，成交时机未成熟，推销人

员过早地要求顾客采取购买决策也是导致交易失败的原因之一。这种操之过急的行为常常会使顾客对推销人员产生反感，对推销品产生质疑。

3. 推销人员沟通技巧不足　推销人员在推销洽谈时，喋喋不休，没有试探性地询问问题、没有倾听顾客的意见、没有注意购买信号，与顾客之间缺乏交流，自然难以成交。

4. 推销计划不周密　成交是推销过程的一个环节。因此，促成力量的大小，将依据推销人员所拟定的推销计划的周密程度。如果计划欠周到，就难以成交。推销展示是否充分，是否令顾客满意，也是促成交易的关键。

5. 推销人员缺少训练　促成交易，要求推销人员既需要掌握丰富的成交知识，也需要通过实践。盲目、仓促上阵，难免会出问题。促成交易需要掌握一定的策略和方法，只有经过实践，才能把握成交工作的各个环节。

推销窗口 11-1　　一次成功的推销

一位矿泉水推销员上门推销，下面是他与一位家住七楼的家庭主妇的对话。

推销员："夏天到了，自来水供应正常吗？水质如何？"

家庭主妇："供应不正常，水质也不好。"

推销员："如果有一种既纯净又有保健功能的饮用水，你的家庭愿意接受吗？"

家庭主妇："可以考虑。"

推销员："如果我们每周两次送水上门，既经济，又很方便，这样的服务方式你会满意吗？"

家庭主妇："非常好。那我就订三个月的用量吧。"

三、推销成交时机的掌握

许多时候顾客不会主动请求购买，而是推销人员在恰当的时机主动请求顾客采取购买决策的。那么，什么时候才是成交的时机呢？成交的时机是顾客流露出购买意图的时候。为了在恰当的时机说服顾客采取购买行动，推销人员必须掌握顾客何时会流露出购买意图以及怎样流露他们的购买意图。

大多数顾客只有在了解产品，认同推销人员的推销建议后才会产生购买的想法。对于某些顾客来说，推销人员第一次推销解说就可以使他产生购买想法；而对另一种顾客来说，要经过多次洽谈，等所有的问题都得到圆满解决后，才会采取购买决策。

不是每次推销只有一次最佳的成交机会。事实上，在整个推销过程中，推销人员应该反复尝试，不断试探成交的可能性。通常在下列情况下，推销人员应该试着要求顾客采取购买决策：

（1）当推销员对顾客的问题做了解释说明后。

（2）当顾客表示对推销产品非常有兴趣后。

（3）在介绍了产品的主要优点后。

（4）顾客对某一推销要点表示赞许后。

（5）克服顾客异议之后。

（6）顾客仔细研究产品的使用说明、报价单等资料时。

四、识别成交信号

成交信号是指通过顾客的言行等所表示出来的决定采取购买决策的信息。成交信号暗示顾客正处于顾客购买心理的确信阶段，表明顾客可能采取购买行动的信息。在推销过程中，如果顾客已经产生购买意图，那么这种意图会通过语言、表情、行动流露出来。虽然成交信号未必导致成交，但我们可以把这些信号当成促成交易的有利时机。成交信号是多种多样的，一般分为三类：语言信号、动作信号和表情信号。

1. 语言信号　当顾客有采取购买行动的意图时，推销人员可以从顾客的语言中发现。如顾客提出并开始讨论以下问题，则表示顾客已经对成交很有兴趣：

（1）询问交货时间。如："我最早什么时候能收到？"

（2）询问付款条件和交易方式。如："付款方面我方能够使用银行承兑汇票吗"

（3）询问产品的使用与维修保养方面的问题。如："免费维修期有多长？"

（4）询问价格的优惠期限。如："我在下个月订货还有特价吗？"

（5）关心价格问题。如："能够打折吗？"

（6）对涉及产品的具体问题提出修改意见，如改变产品的尺寸、包装、颜色等，或者在运输、安装方面提出具体要求。

（7）用试探性的口吻谈及购买。如："如果购买你的产品，你们有什么售后服务吗？"

（8）介绍有关购买决策过程的其他人员。如："你能来我们公司跟我们经理谈谈吗？"

2. 动作信号　推销人员也可以通过观察顾客的动作识别顾客是否有成交意向。如顾客出现下列动作：

(1) 对你的产品介绍和说明频频点头表示满意。

(2) 改变紧张的身体姿态，双手由交叉、紧握变为放松、张开。

(3) 耸起的双肩放松下来。

(4) 向你侧身靠拢；轻拍你的肩膀。

(5) 仔细查看样品或是亲自动手操作产品。

(6) 反复认真阅读产品资料。

(7) 拿起订货单开始阅读。

(8) 向你展示自己有关这种产品的情报和资料。

3. 表情信号　人的面部表情可以反映一个人的内心世界，推销员可以通过顾客表情，察言观色，发现成交信号：

(1) 面部肌肉由绷紧转为放松。

(2) 紧皱的眉头松开，眼角舒展。

(3) 嘴角上扬，面露微笑。

(4) 眼神变得和蔼亲切，流露出兴趣。

(5) 有更多的眼神交流。

推销窗口 11-2　　如愿以偿地拿到订单

一位专门从事推销 M 型复印机的林先生，一天内访问同一顾客十三次，终于达成了交易。

有一次，他向某公司的总务处长推销复印机，这位处长同往常应付其他推销员一样地回答：“我考虑一下。”林先生听他这么说就回答：“谢谢您，那就请您想想看。”然后便离开了。当那位处长正松了一口气时，林先生又来了，处长以为他忘了什么东西，但林却说：“您想好了吗？”然而，他看到那位处长满脸吃惊的表情，于是他说：“那我再来。”大约过了半个小时，“您大概已经——”，处长仍然一脸的困惑，林又说道：“我迟点再来。”

林又来了，处长心想：“我该以何种表情面对他呢？”虽然他以自己及林都承认的可怕眼神瞪了林，但他的心里却越来越不安，“那个家伙会不会再来呢？”当处长正如此想时，林又出现了，“您已经考虑——，对不起，我再来。”

到了黄昏，林已经是第 13 次来访了，处长终于疲惫不堪地告诉他：“我买吧。”

林问：“处长先生，您为什么决定要买呢？”“遇到你这种工作热心和坚持不懈的人，我只好认了。”

五、推销成交的条件

1. 顾客有内在需求　顾客必须确实是需要某种商品，需要对方所推销的某类服务。在买卖交往过程中，推销一方只能在顾客存在需求的基础上，激发顾客的购买欲望，而不能凭空使顾客产生购买动机，采取购买行为。

2. 顾客必须信赖推销员　如果没有这种信任关系，不管所推销的产品多么吸引人，不管推销演说和示范多么精彩，顾客也只能是犹豫不决。

3. 顾客必须有一定的购买能力　顾客具备稳定的收入，资金充裕，经济状况良好，也是达成交易必不可少的前提条件。

4. 推销员应该把握较好的成交时机　许多推销员担心错过成交机会，常常产生不必要的紧张情绪，在不恰当的时间与不适宜的场合催促顾客作出购买决定；还有的推销员在顾客犹豫不决的时候，不是主动采取措施，而是消极等待对方的反应，往往错失大好时机。

5. 推销品和服务能够达到顾客要求　推销品在品种、规格、式样、价格及售后服务等方面基本符合顾客的要求，质量比较可靠，数量比较充裕，产品的运输、储存、使用规程、保养维修、交货期限诸方面也符合顾客提出的要求。

第二节　推销成交的策略与方法

一、推销成交的策略

1. 保持自信的态度　推销员对成交所持的自信态度可以传染给顾客，诚然，推销员对成交所表示的任何缺乏信心的态度同样会对顾客的购买信心产生影响。事实证明，绝大部分顾客之所以采取购买行动是对推销员的推销建议、对产品产生了信心。因此，自信的态度是推销人员有效地运用各种成交技巧的必要条件。没有自信心，再好的技巧运用起来都不会产生应有的效果。

在推销洽谈过程中，推销人员必须相信自己能够取得成功，应该关注的问题是顾客什么时候买、买多少，而不应该是顾客是否会买。这种态度必须体现在推销的语言和行动中，以此影响顾客。

事实上，推销洽谈的成功率并非百分之百，并不是每一位顾客都会采取购买决策。但作为推销人员一定要假想拜访的每一位顾客都会采取购买行动，这样才能竭尽全力地做好推销工作，不失时机地把握住每一个可能成交的机会。

2. 掌握洽谈的主动权　推销员应该有效地运用成交技巧，掌握洽谈的主动权，捕捉各种可能成交的机会。掌握洽谈的主动权要求推销人员事先要有周密的洽谈计划，运用各种有效的方法引导洽谈进行，但决不能操纵和控制顾客，应该鼓励顾客表达其观点和要求，通过对顾客的观点和要求作出反应来掌握推销洽谈的主动权。

有经验的推销员常常用恰当的提问让顾客参与洽谈，使双方通过洽谈达到共识，最后使成交出现机会。

3. 保持良好的成交态度　推销活动进入成交阶段，一些推销员便会感到心情紧张，在客户面前容易出现举止失态、词不达意的现象。这种情况的出现会对顾客产生不良影响，如不加克服和控制，就会使推销难以达到圆满成交的目的。即便在推销行将成功，顾客已同意达成购买协议时，推销一方也不可喜形于色，忘乎所以，以免最后给顾客留下轻薄不稳重的感觉。对顾客的态度关键是要把握好说话的分寸，言词恰当，以适宜为准并时刻想着如何促成交易，在洽谈中及时捕捉买方的成交信号，只要时机成熟，立即提出成交要求。对于顾客心中的疑虑和误解，不要漠然处之，推销人员应当摆事实、讲道理，力争早日化解，切不能过于害怕交易失败而不予纠正。

4. 考虑顾客的自身特点　要使成交方法发挥最大的作用，在使用时一定要因人而异，要与顾客的个人特点、需求状况相适应。

有些顾客直接请求其购买也许是最有效的方法；而对另一些顾客直接请求意味着给他施加压力，会使其产生反感。对于一个专职采购人员，推销员只需要简明扼要地说明，就能够确定企业是否购买；而对于一位对推销产品没有任何认识的顾客，就必须详细说明产品的各种特点，顾客才有可能决定是否购买。如果推销员不考虑顾客的各种特点，一视同仁地对待，就难以取得预期的效果。

5. 保留成交余地　推销即使暂时没有成功，卖方也要尽可能地给顾客留下良好的印象，以期日后再有接触的机会。经验表明“断然拒绝”和“欣然接受”的情况毕竟少见，大多数顾客往往处于这两者之间，礼貌和教养使得他们在回绝购买建议时很为难，尤其是面对满腔热忱的推销人员，顾客总不想使他们过于失望。有时碰到一些顾客沉默不语，对方确有当场难以解决的困难，比如需要上级批准，需要一定的支付实力，技术上或手续上尚不成熟完备。遇到这类问题卖方不能强人所难。

留有余地的目的是争取下一次推销成交的可能性，就本次销售行为来说，留有余地还指推销员对产品的某些特殊优惠措施应先保留不谈，非到万不得已的地步是绝不拿出来的，这是推销成交的最后一招。如向顾客介绍“负责培养使用人员"、"提供500公里之内的免费运输"、"还有一年的保修保退规定"、"如果购买本公司产品我们还会提供终身保养"等，这些保留余地的说法，若推销员运用得当，确能产生妙手回春的功效。在成交过程中，留有余地作为最后突破的手段，是推销人员时常采用的。

6. 诱导顾客主动成交 想方设法诱导顾客主动采取购买行动是成交过程中的一项基本策略。一般地说，顾客主动提出购买，说明推销工作达到成效，顾客对产品以及交易条件表示满意，成交就会顺利进行。这种情况可以减少成交的阻力，因此，在推销过程中，推销人员应该尽力诱导顾客，使其主动采取购买行动。

这种顾客主动达成的交易，会让顾客觉得是按自己的意愿行事，没有被人强迫的排斥心理，在成交时自然会心情舒畅。

推销窗口 11-3 及时促成交易

某办公用品推销人员到某办公室去推销碎纸机。办公室主任在听完产品介绍后摆弄起样机，自言自语道："东西倒是挺合适，只是办公室这些小年轻毛手毛脚，只怕没用两天就坏了。"推销人员一听，马上接着说："这样好了，明天我把货运来的时候，顺便把碎纸机的使用方法和注意事项给大家讲讲，这是我的名片，如果使用中出现故障，请随时与我联系，我们负责维修。主任，如果没有其他问题，我们就这么定了！"

资料来源：刘敏兴编著，《销售人员专业技能训练》，北京：中国社会科学出版社 2003

二、推销成交的具体方法

（一）请求成交法

请求成交法也称直接成交法。它是指推销员主动提出成交要求，要求顾客购买产品的成交方法。这种方法适用于顾客已有明显的购买意向但仍在拖延时间的情况。

1. 请求成交法的优点

（1）能够迅速完成交易，毕竟成交是推销洽谈成功与否的基本标准。

（2）能够节约成交成本，达成交易所需要的时间越长，所需要的成本越高。

（3）减少成交风险，成交时间拖得越长，风险也就越大。

（4）节省成交所需要的时间。

2. 请求成交法的缺点 如果成交时机没有成熟，成交请求往往会破坏和谐、友好的气氛，会给仍没有最后下决心购买的顾客增加心理压力，或使顾客认为推销员有求于他，使推销员处于被动的局面。

3．运用请求成交法的注意事项

（1）运用于推销员与老顾客之间。由于老顾客曾经购买推销员的产品，对于推销员提出的购买请求一般不会产生反感。

（2）推销人员应该在顾客有明显购买信号时才能提出请求。当顾客对产品有好感，流露出很强的购买意向，但又犹豫不决，拿不定主意时，推销人员的推销请求往往能促使顾客下定决心。

（3）推销人员在提出成交请求时，应该态度上不卑不亢，神态上泰然自若。推销员的任何一种紧张表情都会引起顾客疑虑。

（二）假定成交法

假定成交法是指推销员假定顾客已经接受推销建议，直接谈及购买细节而促成交易的方法。

例如在推销某款汽车时，推销员认为某顾客有较强购买意向时，就不必再问他是否决定购买，而可以不失时机地问："您要哪种颜色的？明天就可以提货。"

1．假定成交法的优点　假定成交法有利于节约推销时间，提高推销效率。在整个推销过程中，顾客随时有可能流露出成交意向，如果推销人员能够及时觉察并使用假定成交法，就可以将成交信号转化为购买行动。

2．假定成交法的缺点

（1）可能产生过高的成交压力，破坏成交气氛。在使用假定成交法时，如果推销员没有看准成交时机，盲目地假定顾客已经决定购买产品，这样会给顾客带来较高的成交压力，从而破坏成交气氛。

（2）不利于进一步处理有关的顾客异议。假定成交法是以假定顾客没有任何异议的前提下，作出成交的决定，但事实上，顾客仍存在一些没有解决的问题，这样很可能导致顾客反感，提出更多的购买异议，不利于成交。

（3）可能使推销人员丧失成交的主动权。在使用假定成交法时，推销员并不能完全确定顾客是否已经接受购买建议，采取购买行动，而只是主观地假设。这样就可能使顾客感到成交压力，从而拒绝成交，使推销员丧失成交的主动权。

3．运用假定成交法的注意事项

（1）推销员要密切注意各种成交信号。顾客的成交信号是顾客意向的外在表象，是成交的暗示。假定成交法就是把这种成交信号假设为成交行为，因而，在使用假定成交法时，推销员应该准确判断顾客的成交信号，确信购买意图时才能使用这一方法，以免引起顾客反感。

（2）推销员要创造良好的成交气氛。为使顾客达到一定程度的心理平衡，减轻购买压力，有效地促成交易，推销人员应该营造融洽的成交气氛，使用委婉、温和、商量的语气。

（三）选择成交法

选择成交法是指通过向顾客提出若干购买方案，要求顾客选择其中一种购买方案的购买方法。在吃饭礼仪中，一般不要问客人喝点什么？如果客人要喝人头马或其他饮料，而饭店又没有，是最大的失礼。因此经常可以问："先生，您是喝可乐还是喝七喜?"这样能将主动权控制在自己手上，而且又不会失礼。

在推销过程中，采用选择成交法是利用顾客购买心理的一种技巧，不管顾客选择哪一个方案，往往都能够取得较大的成功。

1. 选择成交法的优点

（1）既可以减轻顾客的心理压力，又使推销员有回旋的余地。在表面上看，使用选择成交法时成交主动权在顾客手中，而事实上却只是把成交的选择权交给了顾客，让顾客在成交的范围内作出自己的选择，主动参与成交。这样既调动顾客决策的积极性，又减轻了顾客成交的心理压力，创造了良好的成交气氛；同时，推销员掌握了成交的主动权，使顾客很难拒绝成交选择方案，给推销员留有一定的成交余地。

（2）成功运用了提示的基本方法。请顾客在成交范围内进行选择是一种有效的推销手段，推销员可以把顾客的购买决策限定在目标范围内，无论顾客怎样选择，都能达到成交的目的。

2. 选择成交法的缺点　使用选择成交法不当会对顾客造成成交压力，使顾客丧失购买信心，增加新的成交心理障碍，使推销失去成交的机会；如果顾客在几个方案中挑来选去拿不定主意时，会延长成交过程，浪费了推销时间，降低推销效率，不利于推销活动的展开。

3. 运用选择成交法的注意事项

（1）给顾客的选择不要太多，太多的方案会让顾客思路分散，无从选择。最佳的选择成交方案是二项选择法。

（2）不要给顾客拒绝的机会。推想员向顾客提出的方案中，应该包括所有可选方案中大部分内容，使顾客在提供的方案中作出选择。

（3）如果遇到顾客拒绝，推销员只应该适当暗示一下他所提供的选择方案是最好的，而不要与顾客争执什么是最优方案。同时如果确实无法提供顾客指明需要的产品，推销员应尽可能向顾客提供他所知道的产品信息，这样能够赢得顾客的信任。

> 推销窗口 11-4　　推销小幽默——
>
> 一位风湿病患者问推销员："这里的泉水是否对身体有好处？洗过温泉浴我的病会减轻吗？"
>
> "我举个例子，"推销员说："去年夏天来了个老头，身体僵硬得要坐轮椅，他在这里住了1个月，没付钱就骑自行车溜了！"

（四）从众成交法

从众成交法是指推销员利用从众心理来促成顾客采取购买决策的成交方法。从众有二重性：一方面它束缚思维，抑制个性发展，使人变得没有主见；另一方面它有助于扩大视野，学习他人经验，克服固执己见和盲目自信，不断地修正自己的思维方式。

从众成交法要求推销员在推销的过程中，充分发挥旁人的作用，这样往往能够取得较好的效果。通过展示产品的独特卖点来吸引众多顾客的关注，能够造成一种销售很好的假象。这一过程我们就叫做造势。只要势头形成了，产品就容易销售。

在日常生活中，人们或多或少都有一定的从众心理。从众心理必然导致趋同的从众行为。作为人们的购买行为，虽然受到自身性格、兴趣爱好和价值观念等因素的影响，但同时也受到家庭、参考群体和社会环境的影响，因而顾客在购买产品时，不仅要依据自身的需求、爱好和价值观念选购商品，而且也要考虑全社会的行为规范和审美观念，有时不得不屈从于社会的压力而放弃自身的爱好，以符合大多数人的消费行为。

1. 从众成交法的优点　利用人们的从众心理促成交易，有利于增强顾客的安全感，减轻他们做出购买决定时所承受的心理压力，从而提高推销的效率。由于推销品已经取得了一些顾客的认同，推销人员的推销说明就更加可信，有利于顾客增强购买信心。

2. 从众成交法的缺点　运用从众成交法时，太注重强调已购买该产品的人数，有可能忽视顾客本身的个性化需求，从而导致顾客盲目购买而引发不良后果。另外，有些顾客喜欢标榜个性，与众不同，若推销人员也对这样的顾客使用从众成交法，就会引发抗拒心理。

3. 运用从众成交法的注意事项

（1）寻找具有影响力的核心顾客，把推销重点放在说服核心顾客上，在取得核心顾客合作的基础上，利用他们的影响力和声望，带动大量具有从众心理的顾客购买。

(2) 使用从众推销法推销产品，应该利用名人发动广告攻势，造成从众的声势。

(五) 小点成交法

小点成交法又叫做次要问题成交法，或者叫做避重就轻成交法，是推销人员通过解决次要问题，减少顾客对主要问题的关注来促成交易的方法。

在推销过程中，顾客肯定会提出较多的问题来询问推销人员。在这些问题当中，有三类问题应该请推销员注意：一类是推销品本身的缺陷问题；一类是推销员本身不能解决的问题；还有一类是推销品本身的性能问题。这三类问题均为重要问题。产品本身的缺陷是指产品无法满足顾客的需求；推销员不能解决的问题是指推销员知识水平有限，很难给顾客一个满意的回答；产品的性能问题是指顾客要求产品在安全和质量方面有保证。在这三类问题上，推销员最好不要和顾客进行长时间的谈论，应该避重就轻地通过言语来掩盖重要问题。

所谓小点问题是指在顾客的购买决策中比较次要的、不重要的枝节问题，例如推销品的包装、运输、付款方式、售后服务等。当人们面临重大决定时都会因巨大的心理压力而举步维艰，但决定一些次要的小问题就显得比较容易，这个方法就是利用了顾客这种心理活动规律促成交易的。为了减轻顾客的成交压力，推销人员可以采取化整为零的方法，将整体的大决定分散为局部的小决定，先争取到对方的部分同意，最后再综合到整体促成交易。

例如，某顾客在选择住宅时因价格较高而犹豫再三，下不了决心。推销人员可以采取小点成交法来促成交易。

推销人员："这套房离您上班的地方很近，您对地段还满意吧？"

顾客："还行。"

推销人员："这房子带有较好装修的，这样您就可以直接搬来住了。"

顾客："装修倒不错。"

推销员："您看这房地段、装修、物业管理都好，您要的不就是这样的吗？"

上例中推销人员循序渐进地引导顾客，让他认识到这正是自己所需要的商品房而下定决心购买。采用这种方法时，推销人员先把有争议的问题搁置一旁，利用双方的共同之处引导顾客，避免直接提示重大的成交问题。

1. 小点成交法的优点

(1) 可以减轻顾客心理压力。推销员先在顾客认为次要的问题上达成协议，引开了顾客讨论重要问题的注意力。对于大型、复杂的交易，销售人员应先就局部的、次要的问题与顾客达成一致，以促成交易。

(2) 有利于推销人员掌握主动权。先用一些次要问题进行交易的尝试，富于灵活性，即使顾客拒绝成交，推销人员也可以继续提示其他成交小点，从而保留了交易的余地，有利于推销人员掌握交易的主动权。

2. 小点成交法的缺点

(1) 可能引起顾客的误会。由于推销员对重大问题避而不谈，顾客可能会认为推销员在重大问题上已经默认了他的想法，造成误会。

(2) 拖延了交易时间。交易双方在次要问题上多次磋商，耽误时间。

3. 运用小点成交法的注意事项

(1) 要精心设计能够促成交易的小点问题，既能引起双方共鸣，又要满足顾客的需要。

(2) 对待顾客的异议态度要诚恳，不要让顾客觉得推销员在逃避问题。

(六) 优惠成交法

优惠成交法又称为让步成交法，是指推销人员通过向顾客提供优惠的条件而促使顾客下决心购买的一种成交方法。求利是顾客的基本购买动机，优惠成交法的出发点就在于给予顾客一定的优惠，来满足顾客的经济要求和心理要求。对顾客的优惠主要表现在以下几方面：

(1) 价格优惠。价格上的优惠是最基本的优惠条件，顾客谈得较多的也是价格上的优惠。一般顾客要求物超所值。

(2) 付款方式的优惠。如果顾客经济上确实有困难，而推销员本身又承受得起，就可以采取分期付款的方式来实现产品的销售。

(3) 售后服务上的优惠。越来越多的顾客购买商品时开始关注售后服务，通过提供超值的售后服务来实现产品的销售是迎合顾客心理的行为。其实对于很多强调售后服务的顾客来说，他们从来没有使用过售后服务，他们强调售后服务只是求得心理上的满足。

(4) 其他产品购买上的优惠。推销员在推销某一产品时，同时可以向顾客保证能以优惠的条件购买其他产品。

例如，在销售某些季节性强、市场竞争激烈的产品时，在临近签约的阶段，销售人员可以说："先生，如果您现在就购买我们的产品，我可以给您特别的优惠，再降价5%，并免费保修三年。"销售行业目前普遍采取的赠送促销、免费服务、送货上门等，都是优惠成交法的运用。

1. 优惠成交法的优点　正确地使用优惠成交法，利用顾客的求利心理，可以吸引顾客，有利于创造良好的成交氛围。利用批量成交的优惠条件，多买多送，可以促成大批量的交易，促进滞销品的销售，减轻库存积压，增加存货周转，提高企业效益。

2．优惠成交法的缺点　通过优惠成交法促成交易，对顾客有不同程度的让利，必将造成推销企业的销售成本上升，或是降低销售收入，从而影响经济效益；容易让顾客觉得推销品是次品或积压产品，从而在心理上产生排斥，影响产品的市场定位和企业的整体形象；容易让顾客产生还有降价或优惠空间的心理期望，不利于推销工作的进行。

3．运用优惠成交法的注意事项

(1) 要服从企业的整体营销计划，与企业的整体形象和产品的市场定位相结合，提出合理的优惠条件。

(2) 谨慎使用价格优惠，可以用更积极正面的方法来替代降价，如增加附加的服务，延长保修期等。

(3) 灵活运用谈判技巧。向对方提出优惠条件时，也可以向对方提出要求，如介绍新客户、增加购买数量、改善付款方式等。

(七) 机会成交法

机会成交法也叫做无选择成交法、惟一成交法、现在成交法、最后机会成交法。这种成交法是通过缩小人们选择的时空来达成交易的。

机不可失，时不再来。再想不通的顾客也会适时地把握机会，获取最大的利益。机会成交法可以用经济学中的供求理论来解释。当推销员提出某个产品供给不多了，如果顾客有购买意向，就应该抓住时机赶快购买。

1．机会成交法的优点　机会成交法利用顾客害怕失去某种利益机会的心理来促成交易，将购买的压力转换为成交的动力，如果运用得好，往往具有较强的说服力，能够产生立竿见影的效果，从而节省推销时间，提高推销效率。

2．机会成交法的缺点　机会成交法是利用各种销售限制来产生购买机会，其实是向顾客发出最后通牒，可能使推销员失支最后的推销机会；如果某些推销人员采用欺骗手法，将积压货品也称为“货源紧缺，机不可失”，一旦被顾客识破就会永久性地失去信誉。

3．运用机会成交法的注意事项

(1) 要实事求是地向顾客介绍商品的特点和利益，强调有限的库存，让顾客抓紧购买。

(2) 要把握顾客的心理。如果顾客本身对推销产品兴趣不大，采用机会成交法对他来说，影响也是微乎其微的。因此，使用此方法必须是在顾客确实对推销产品产生了浓厚兴趣，志在必得时。

(3) 当购买的客户较多时，可以请客户排队购买，造成抢购声势。

(4) 不要采取逼进、要挟的手段劝人购买，这样会降低商品在消费者心目中的地位，使人心理压力加大，担心产品质量低劣，反而冲淡了购买欲望。

(5) 在使用时应该注意用词，不能用言语恐吓顾客。如：“再不买就没了……”等，这类话不是不可以说，但不能频繁地说，否则会造成顾客反感并产生抵触情绪，从而失去成交的机会。

推销窗口 11-5　　　　欲擒故纵

夏季秋末，美国西雅图的一家百货商店积压了一批衬衫。这一天老板在散步时，看见一家水果摊前写着“每人限购一公斤”，过路的人争先购买。商店老板由此受到启发，回到店里，让店员在门前的广告牌上写上“本店售时尚衬衫，每人限购一件”，并交待店员，凡购两件以上的，必须经理批准。第二天，过路人纷纷进店抢购，上办公室找经理特批超购的大有人在，于是店里积压的衬衫销售一空。

（八）试用成交法

试用成交法是指推销员让顾客对产品进行试用或品尝，使其充分了解产品的利益，从而促使顾客购买的成交方法。例如，某位顾客前来购车，推销员让顾客试驾，让他亲自感受舒适的座椅、平稳的车身、灵活自如的速度控制，就很容易达成购买协议。这种方法一般适合于汽车、吸尘器、家用电器等耐用消费品。

1. 试用成交法的优点　这种方法令顾客无需付出任何代价就能试用产品，使顾客对产品产生直接的感性认识，最大限度地降低了顾客的购买风险，并对推销企业和人员产生好感和信任，因此受到顾客广泛欢迎。

2. 试用成交法的缺点　试用成交法有时会因顾客反复试用产品而延长了推销时间，降低了推销工作的效率；而且并非所有的推销产品都可以适用此法，有些价值高、易损耗的商品就不适宜此法。

3. 运用试用成交法的注意事项　在产品试用期间，销售人员可以结合产品的使用情况，有针对性地向顾客强调某些销售要点，询问顾客使用时的感受，及时地帮助顾客解决使用中可能出现的问题，与顾客形成良性互动。

推销窗口 11-6　　　　先尝甜头

吉拉德有一位做电视机买卖的朋友，他不仅卖电视机，还兼做修理电视机的生意。

当顾客打电话叫他修理电视机时，他就问，出了什么问题？等顾客作出回答后，他接着问，是什么牌子的电视机，已经用了多少年？随后他马上赶到顾客家里，同时还带去一台新的电视机，这样在旧电视机被送去修理时，顾客就可以有电视机看。

等到旧电视机修好的时候，购买新彩电的交易也已经达成。因为，那位顾客早已迷上了这台“借来的”彩电，根本不舍得把它退回去，这样，这台彩电名正言顺地成为了顾客自己的财产。

（九）保证成交法

保证成交法又叫承诺成交法，是指推销人员直接向顾客提出保证，允诺担负交易后的某种行为，促使顾客立即成交的方法。例如，“您放心，这个机器我们3月4号给您送到，全程的安装由我亲自来监督。等没有问题以后，我再向总经理报告。”“您放心，您这个服务完全是由我负责，我在公司已经工作5年了。我们有很多客户，他们都是接受我的服务。”让顾客感觉你是重承诺、守信用的，这就是保证成交法。

从根本上来说，推销员向顾客推销一种产品，就是在作出一项承诺，顾客接受推销产品就是对推销员的承诺表示信任。

保证成交法的使用必须掌握时机，一般来说，产品的单价过高，购买所需的金额比较大，风险较高，顾客对此种产品并不是十分了解，对其特性质量也没有把握，产生心理障碍成交犹豫不决时，销售人员应该向顾客提出保证，以增强信心。相反，如果推销员不敢对推销产品作出任何承诺，就会使顾客丧失购买信心。

1. 保证成交法的优点　保证成交法的最大优点是在于能够增强推销的说服力，尤其是当推销员对顾客作出承诺时，能诱发顾客的购买动机，使交易迅速达成，从而提高推销工作的效率。有利于推销人员可以妥善处理有关的成交异议。

2. 保证成交法的缺点　保证成交法的缺点是如果推销人员的承诺不能兑现，会使顾客产生疑虑，从而使推销工作失去信誉。

3. 运用保证成交法的注意事项　使用保证成交法时，应该看准顾客的成交心理障碍，针对顾客所担心的几个主要问题直接提示有效的成交保证条件，以解除客户的后顾之忧，增强成交的信心，促使进一步成交。

（十）异议成交法

异议成交法也称为处理异议成交法或大点成交法，是指推销人员利用处理顾客的异议的机会直接要求客户成交的方法。异议成交法是请求成交法的一种应用和发展。顾客提出的异议往往是购买的主要障碍，当顾客的异议被解决后，推销人员就可以趁热打铁地向顾客提出成交的要求。比如，顾客说："产品还不错，只是贵了点。"推销员立即说："您的意思我理解，我立刻找主管领导商量，给您打个折，您看您要多少？要得多，价钱我们还可以谈，我们立即办手续吧！"

1. 异议成交法的优点　异议成交法要求推销员一旦发现顾客有明显的要求和具体的异议，处理后立即提出成交建议，能够节省推销洽谈的时间，提高推销效率；同时这种方法总是针对顾客的需求并且承诺给予解决后才提出成交的要求，使顾客消除异议，令其感到满意，因此成交的机会比较大。

异议成交法体现了推销人员为顾客着想的原则，使顾客对推销员产生较好的声誉和信任，并且会认为物有所值，购买以后后悔比较少。

2. 异议成交法的缺点　在推销洽谈过程中，顾客的异议类型较多，如果推销员判断失误，处理的是顾客无效异议、次要异议和非成交异议，而顾客的主要异议没能处理，就会失去成交的机会。

3. 运用异议成交法的注意事项　运用异议成交法，推销员一定要认真分析顾客异议的类型，确定主要异议后再进行处理，在处理顾客异议后，及时请求顾客成交；在使用时，要注意推销气氛与推销员的态度，不能给顾客造成过大的心理压力；选准有影响的顾客和有利时机，尽量扩大推销的影响。

（十一）T 形成交法

T 形成交法也称为平衡表法或优缺点对比成交法，是指通过对推销产品的优点和缺点进行归纳、分析，促使顾客购买的一种成交的方法。使用 T 形成交法时，推销员需要准备一张白纸，在纸上画出 T 形表，将推销产品的优点和缺点、购买的理由和不购买的理由罗列出来，进行对比、分析。表 11-1 是一份电脑推销员运用 T 形成交法促使顾客作出购买决定而制作的一张 T 形对比表。

表 11-1　T 形对比表

购买的理由	不购买的理由
1. 可以降低资产管理成本 2. 可以运行 Windows2000 3. 能够更快地处理工资单且差错极少 4. 仅须进行简单的操作培训 5. 可以很容易地外接打印机、软盘驱动器、光盘驱动器，可以使用多年 6. 众多的外接端口可以与您的老式机器相连	1. 比 NEC 机器贵 2. 需要投资购买最新的软件

三、成交后续工作

建立和发展良好的客户关系必须从成交后立即开始。只有做好成交后续工作，与顾客的关系才可能建立起来、发展下去。成交以达成交易协定为特征，但销售的完成却以实现产品和货币的交换为特征。一般消费品的推销，达成交易协定和实现产品与货币的交换可以说是同时进行的，但工业品和特殊消费品的推销则往往把这两项工作分开。现代市场营销更将销售完成的时间表推至购买者把所购产品完全消费或使用到弃置后，因为在此之前他们都不会再购买同一产品。因此，在成交达成之后，并不意味着推销工作的结束，推销人员还有许多成交后续工作需要完成，主要有：销售合同的订立、顾客抱怨的处理、回访顾客以及售后服务的跟进等。

（一）销售合同的订立

销售合同是卖方转移标的物的所有权于买方，买方支付价款的合同。有偿转移标的物的所有权是买卖合同最基本的法律特征，这是与租赁合同、赠与合同的最主要的区别。推销洽谈成功，顾客有成交意愿后，应及时把这种成交的意愿以书面合同形式固定下来，防止谈判结果“付之东流”。

有些情况下，交易协定是以口头达成的，如电话订货，只要购买者的信用状况可被接受，即可为顾客送货。但有些情况下，交易必须以书面的购销合同来确认。为此，口头达成交易后，必须将交易协定书面化，作为双方责任和义务的法律认可，避免日后出现拒绝收货、拖欠货款或不承认成交条件的纠纷时无所依据。

1. 订立合同的程序　订立销售合同一般要经过两个法定程序，一个是要约，一个是承诺，即一个是提出订立合同的建议，另一个是接受订立合同的建议。在日常生活中，销售合同的订立，当事人之间往往要讨价还价，经过多次磋商才能达成协议，也就是经过要约—反要约—再要约，直至承诺，最后才能达成双方均可接受的合同。

2. 签定合同的注意事项　签订正式成交合同，除了法律方面的问题外，还要注意一些技术性的问题。有的企业备有印刷精美的销售合同书，一旦成交即由双方代表在其上签字确认预定的购销条款以及某些附加条款。在使用这种合同书时，推销员必须让顾客充分了解合同的各项条文，并指出重要条款或措辞，必要时还要详细加以说明。只有买卖双方确实了解彼此的期望，事后才会减少许多问题的发生。冗长的合同常常会令人感到繁琐，甚至产生畏惧，顾客可能因之感到害怕。为此，推销员在签署合同前尽量将文字简化，令购买者容易理解。

销售合同应尽量根据不同的购买者而定，这样可满足顾客的差异要求，也可消除顾客被强加接受的心理阴影。同时，这样做还能特别体现出推销员的个性，反映买方市场以客为主的销售方式。因双方共同讨论、制订和签署合同的所有条款，既可加深双方对合同内容的认识和理解，也为以后顺利履行合同打下良好的合作基础。销售合同范例见附录。

（二）处理顾客的抱怨

抱怨是不满意的表露，顾客对购买产品的抱怨，常常产生于需求与满足的矛盾中。顾客的目的没有达到，愿望没有实现，因而在行为上表示不满，对推销人员和企业进行责怪。推销人员应该正确对待和处理顾客的抱怨。

1. 重视顾客抱怨　一个投诉可能代表着许多顾客的抱怨。没有任何产品是完美无缺的，或质量问题、或性能问题等，存在着不近人意的地方，使顾客产生抱怨，而这种抱怨是可以扩散的。顾客的不满，在某种意义上来说对厂商确实是一种灾祸。因为产品质量或服务毕竟存在缺陷，顾客有意见不向你诉苦也会向别人诉苦，与其让顾客向别人诉苦，扩大公众对本公司的不利影响，倒不如让顾客向你诉苦，好让你做出正确的处理，消除顾客的抱怨，使之成为转祸为福的机会。

如果产品和服务中确实存在缺陷，使顾客产生不满，引起抱怨，无疑是为你所推销的产品和服务提供了克服缺点、提高服务质量的线索，是不花钱而得来的最佳销售情报。有许多顾客每逢买到次品或碰到不良服务时，因害怕麻烦或不好意思而不来投诉，但由此产生的坏印象和坏名声永远留在他们心中。因此，对顾客的抱怨，我们应该表示欢迎，要以礼相待，耐心听取对方的意见，及时处理使对方满意而归。即使碰到爱挑剔的顾客，也要婉转忍让，至少在心理上给顾客如愿以偿的感觉，如有可能，推销员尽量在少受损失的前提下满足他们提出的一些要求。

2. 认真查找顾客抱怨的原因　顾客的抱怨不是全部合理的，有些顾客喜欢鸡蛋里面挑骨头，但不论是何种情况，推销员都必须认真了解问题的原因，仔细检查产品，及早解决问题，尽快减轻顾客的不良印象。顾客对产品或服务不满，有时是因误解而引起的。遇到这种情况，推销员要耐心地向他进行解释，加以澄清。

3. 站在顾客的立场考虑问题　顾客的抱怨对推销工作危害很大，它会使顾客产生消极心理，使顾客在认识上和感情上与推销一方产生抵触。一位顾客的抱怨和批评比广告宣传更具有权威性，它直接影响到公众对推销产品和企业的印象，威胁着推销人员的声誉，阻碍着推销工作的深入和消费市场的进一步拓展，因此不能掉以轻心。

在推销过程中，抱怨与异议不尽相同，它们之间有着明显的区别。异议通常由当事人以一定的实证为背景材料，经过思考并用论理的方式表达出来，而大多数顾客的抱怨往往以某种情绪为背景，而对推销人员发泄出来。因此，对待抱怨不能完全采用处理异议的方法，必须另择良策。正确对待和有效处理顾客抱怨的最基本方法就是：站在顾客立场，设身处地地为顾客着想。

下面介绍几种处理顾客抱怨的技巧：

（1）为了能够正确判断顾客的抱怨，推销人员必须站在顾客的立场看待问题，这样才能让顾客感觉到推销员真正地关心他的利益，这样才能使问题容易解决。

（2）耐心倾听顾客意见，让顾客畅所欲言，不打断、不插嘴、不争辩。

（3）不管对方的抱怨是否有理，推销员都要保持诚恳、热忱的态度。

（4）在一定场合，顾客的抱怨是难以避免的，因而推销员对此不必敏感，不要把顾客的抱怨看作是对自己的指责，要把它当做正常工作中的问题去处理。

（5）如果你拒绝接受赔偿要求，应婉转地说明理由。

（6）如果判断顾客的抱怨是合理的，推销员一定要在职权范围内尽快解决，使顾客感到满意，并且还有机会赢得再次购买产品的机会。处理时，不要超出自己的权限，违反公司规定擅自主张，不要向顾客提出一些不能兑现的保证和许愿。

（7）要向顾客提供各种方便，尽量做到只要顾客有意见，就让他当面倾诉出来，并且善于发现顾客一时还没有提出来的意见和不便提出的问题。

（8）不论顾客是否有理、态度是否过激，推销人员都要使自己保持冷静，平息对方的怒气。

（9）经过调查证实顾客的意见后，必须先向顾客道歉并承担相应的责任，采取补偿措施，尽量使顾客接受补偿。只有这样，才能继续维系客户关系。

（10）把顾客的意见整理成资料，加以分析、总结，从中吸取经验、教训，做到有则改正，无则加勉。

推销窗口 11-7　　竭尽全力挽回印象

日本三洋电器公司曾经发生一起轰起全日本的顾客不满意事件。该公司生产的充电电池因质量不佳，受到社会普遍指责，被报纸以庞大的篇幅报道为不良产品，使该公司的声誉为之大受伤害。

面对如此严峻的考验，该公司认真吸取教训，努力改善品质，公司董事长发动公司和每个营业单位人员携带优质产品并加礼品，挨家挨户为顾客替换不良品，诚恳向顾客道歉。公司这种勇于承担责任，关心消费者利益，决心改善产品质量的作风迅速扭转了原已深入人心的恶劣形象，博得许多顾客的谅解和信赖。

（三）回访顾客

交易达成以后继续与顾客保持联系，对于开拓多次性重复销售有着重大意义。试想一下，当你完成购买行为后，推销人员就不知踪影，你会有怎样的感觉？成交后继续向顾客传递问候的信息是个很好的办法，如果没有其他消极因素的影响，推销员的回访极少会受到顾客的抵制。回访的目的是尽可能地确保产品和服务让顾客满意。除了对顾客表示关心之外，还有一些重要的事情需要推销人员通过回访进行处理的。如：

1. 核对交易事项　有时可能出现能否按约交货的问题。例如由于产品库存不足，不得不延迟交货，这时候，推销员必须及时与顾客进行沟通。

2. 调整交易量　顾客可能决定需要更多的数量，推销员应考虑扩大交易的可能性。

3. 核对票据和文书工作　为了避免因票据制作有误而使顾客产生误解，带来不必要的麻烦，从而影响双方关系，推销人员应该确保票据和文件准确无误。推销员还应注意检查支付事项，若存在延期支付的可能，就应在延付通知发出时采取适当的措施。

推销窗口 11-8　　保持联系

吉拉德将顾客当作是长期的投资，绝不卖一部车子后即置顾客于不顾。他本着来日方长、后会有期的意念，希望他日顾客为他辗转介绍亲朋好友来车行买车。卖车之后，总希望让顾客感到买到一部好车子，而且能永志不忘。这就是他销售的最终目标。

车子卖给顾客后，若顾客没有任何联系的话，他就试着不断地与那位顾客接触。打电话给老顾客时，开门见山便问："以前买的车子情况如何?"通常白天打电话到顾客家里，来接电话的多半是顾客的太太，她大多数会说："车子情况很好"。他再问："有任何问题没有?"顺便向对方示意，在保修期内该将车子仔细检查一遍，并提醒她在这期间送到这里检修是免费的。

（四）售后服务

售后服务是指产品在销售后所提供的各种服务活动。从推销工作来看，售后服务本身也是一种促销手段。在追踪跟进阶段，推销人员要采取各种形式的配合步骤，通过售后服务来提高企业信誉，扩大产品的市场占有率，提高推销工作的效率与效益。可以说，售后服务是产品终身的服务。

1. 售后服务的意义　在竞争日益激烈的市场中，产品最大的区别就是消费的增值，售后服务已成为众多增值服务中的重要因素。要使自己的产品有较高的市场占有率，不但要让自己推销的产品质优价廉，而且更重要的是要有优质的售后服务。

(1) 售后服务是企业开拓市场，提高竞争能力的有力武器。在市场经济条件下，服务因素已成为企业取得竞争优势的重要手段，服务竞争也已成为企业竞争的主要内容，谁的服务好，顾客评价满意，谁的信誉就高，谁就能占领市场，争取顾客，赢得市场，在竞争中才能够立于不败之地。

(2) 售后服务是实现企业经济效益的保证。企业能否为顾客提供令人放心和满意的售后服务，是推销成败的关键。售后服务做得好，使顾客的需求得到更好地满足，就能为企业带来更多的顾客、广阔的市场和可观的利润，从而提高企业的经济效益，为企业的发展奠定基础。

(3) 售后服务可以密切企业与顾客的关系、扩大产品销路，从而实现企业销售目标。推销的目标是获得更多的忠实顾客，其主要途径就是提高售后服务的质量，优质的售后服务可以获得更多的“回头客”，使生意越做越兴隆。因此，在卖产品的同时，也要卖服务。

推销窗口 11-9　　国美电器公司的销售服务

国美电器有限公司是一家以经营各类家用电器为主的全国性家电零售连锁企业。本着“创新务实、精益求精”的企业理念，依靠准确的市场定位和薄利多销的经营策略，得以蓬勃发展。

目前，国美电器已成为中国驰名商标，并已经发展成为中国最大的家电零售连锁企业，多次蝉联中国商业连锁三甲。成为国内外众多知名家电厂家在中国最大的经销商。在长期经营实践中，国美电器形成了独特的商品、价格、服务、环境等四大核心竞争力。完善的售后服务体系、高素质的售后服务队伍和一整套完善的售后服务制度体系是国美电器的规模化经营的基础。

1999 年，国美加大服务力度．推出 80 公里免费送货、免费服务、开通 800 免费咨询电话、建立顾客档案、实施电话回访、厂商联保等服务措施。这不但突出了国美家电专营业态的专业化服务特色，同时也极大地方便了顾客，国美由此被北京市消费者协会评为“售后服务信的过单位”。

2001年11月，国美在全国各分部推出大型服务活动——“国美服务工程”。在这次活动中，国美推出一系列有创新意义的服务措施，“不满意就退换”“神秘顾客在行动”“投诉有奖”“异地购物”等措施的推出，率先在家电零售领域打响了服务战的第一枪，也是国美决心打造中国商业优秀品牌、营建“百年国美”所走出的坚实一步。

2. 售后服务的内容　售后服务的内容主要包括送货上门、安装、调试、“三包”服务、技术指导、跟踪服务、网点维修服务等。向顾客提供优质的售后服务，能使顾客买得放心、用得安心，从而增强对企业和商品的满意度和信任感。

（1）送货上门服务。对购买较为笨重、体积庞大的产品或一次购买量很多，自行携带不便或有其他特殊困难（如残疾人）的顾客，均有必要提供送货上门服务，以方便顾客。如果不提供送货上门服务，有可能会令顾客打消购买的念头，从而影响推销工作的绩效。以家电市场为例，部分品种（如电视机、洗衣机、冰箱等）商家都提供送货上门服务，如承诺市区几小时内送货到家；一些不具备送货条件的商家，则推出补贴运费的促销方法。

（2）负责安装、调试服务。对大型、结构复杂的工业品、精密设备以及安装技术要求较高的高档产品，推销员应提供安装、调试服务，以保证顾客购买的商品能够及时投入正常使用，发挥其效益，以满足顾客的需求。安装、调试服务是消除顾客疑虑的有力工具之一，通过为顾客安装、调试，可以避免顾客由于安装使用不当而造成的商品损失，增强了顾客在购买商品时的安全感和信任感。对于家电消费品，如空调、电脑、洗衣机等，安装、调试已成为售后服务中不可缺少的内容。

（3）“三包”服务。“三包”服务是指对售出的产品实行包修、包换、包退的做法。“包修”是指对顾客购买本企业产品在保修期内实行免费维修，超出保修期限则收取一定的维修费用的服务项目。“包换”是指顾客购买后发现产品不适合自己，或者产品存在某种缺陷，可以在一个短暂的期限（国家规定 15 天）内调换同种类的产品。如果存在价格差异，则实行多退少补的办法。“包退”是指顾客对购买的产品感到不满意或者质量有问题，而又不接受调换处理时，允许其退货。国家规定“包退”的期限是 7 天之内。

推销窗口 11-10　　海尔的星级三包服务

海尔自 1998 年以中国最大的家电厂商的实力率先打入 PC 产业以来，凭借其在家电领域赢得服务美誉及丰富经验深入研究了 PC 行业的服务特点，秉着“先用户忧而忧，后用户乐而乐”的宗旨，为品质卓越的海尔电脑制定了超越国家标准“基本三包”的“星级三包服务”。

众所周知，国家规定的“三包”服务标准主要包括七日内包退、十五日内包换、整机免费保修一年、主要部件免费保修三年等关键内容，这些规定如果从消费者层面去理解，只能属于被动服务的范畴，“补救性”的色彩浓了点。海尔电脑正是看见了这种服务模式缺乏“前瞻性”的缺憾，提出了全新的服务观念——星级三包服务，力求在消费者选购阶段就及早介入，提前对消费加以引导，了解不同客户的实际需求，从售前、售中、售后全方位多角度来体贴和关怀用户。

随着海尔晶采电脑的上市，为了让用户在以后的日子里能时刻享受到海尔的优质服务，海尔电脑再次走在前沿推出服务新概念——海尔护照，他们的服务口号是：让每个用户拥有自己的“个人电脑顾问”，向用户提供最直接的交流和服务。在用户购买电脑后，就将确认一位服务工程师为该电脑的专职服务人员，从购机的安装到位，到该电脑今后的任何问题可直接找到此工程师咨询或解决。服务工程师“一对一”服务，他最清楚的掌握用户的电脑情况和应用能力，快速及时地针对性解决用户的问题特地为用户制作了属于个人的“专属护照”，由指定的服务工程师为用户提供“一对一”的专属服务，可见海尔电脑的经营理念，他们不仅卖产品，更重要的是让用户体验“海尔”这个品牌优越性是触手可及的。

（4）技术服务。技术服务包括技术咨询服务和技术培训服务，主要目的是帮助顾客解决使用产品时所遇到的各种技术难题。技术咨询服务是推销员主动向顾客提供必要的技术数据、产品的性能、特点、检测标准以及使用说明。技术培训服务是为顾客培训合格的操作使用和维修管理人员，以帮助顾客提高使用产品的技术力量。科学技术发展的今天，新产品层出不穷、日益丰富，产品的结构和技术含量越来越复杂。而顾客大多数缺乏产品知识，因此要求推销人员在产品出售后，提供消费教育服务。

（5）跟踪服务。跟踪服务是指对购买本公司商品的顾客，尤其是购买机器设备等工业消费品的顾客，推销人员或公司的其他方面的技术人员，定期或不定期地通过上门、电话、信件去了解使用情况以及顾客对产品的反映；帮助顾客进行维护保养，更换易损部件等。在访问顾客的时候，推销人员应该注意宣传本公司的最新产品，以激发老顾客更新产品的欲望，并且注意产品的销售区域，争取以点带面，扩大产品的销售范围。

（6）网点维修服务。通过设立维修网点或采取随叫随到的上门维修方式向顾客提供维修服务，是售后服务的一项重要内容。同时，网点维修还包括零配件供应。有很多产品结构复杂，零配件很多，用户在使用过程中更换某些部件是很正常的，但由于产品更新换代迅速，常常因厂家转产而使顾客购买不到所需的零配件。因此，从维护企业信誉出发，推销方即使在转产之后，也应该向顾客提供原先所购买产品零配件的供应服务，以解决顾客的急需。

□ **本章小结**

成交是一切推销活动的最终目的。推销人员要想取得推销的成功，必须善于识别顾客的购买信号，把握有利时机，采用合适的促成交易的方法，促成顾客做出购买决定。常用的促成交易的方法有：直接请求法、假定成交法、选择成交法、从众成交法、小点成交法、机会成交法、试用成交法、保证成交法、异议成交法和T形成交法。推销人员可根据实际情况灵活运用。

在成交达成之后，并不意味着推销工作的结束，推销人员还有许多成交后续工作需要完成：销售合同的订立、顾客抱怨的处理、回访顾客以及售后服务的跟进等。

售后服务是推销的延伸，是无声的推销员。售后服务的主要内容包括送货上门、安装、调试、“三包”服务、技术指导、跟踪服务、网点维修服务等。

□ **案例讨论**

案例 11-1

分析下面的对话，谈谈推销人员使用了什么样的促成交易的方法？如果你是推销员，你会怎样促成这项交易？

推销员：这钢琴是杭州出的，国内名牌，款式新颖、音质清晰，您看这里还有几种款式可供选购。

顾客：看上去的确不错。

推销员：您喜欢哪种款式的？

顾客：我比较喜欢那架古色古香的款式。

推销员：您的眼光的确不错，这架钢琴不仅款式好，而且它的键盘也与众不同，是采用磨砂材料制成，手感非常好。我们现在去办理付款，24小时之内我们就帮您送到家里。

顾客：这架钢琴是很好，可是价钱挺贵的。

推销员：是的，它里面的材料都是实木做成的，物有所值。

顾客：让我再考虑一下吧。晚些时候我再与你联系，给我一张你的名片好吗？

推销员：好的，有需要时请与我联系。

案例 11-2

阅读下面案例，并讨论案例下面的问题。

李丽是一名玫琳凯化妆品公司的推销员。这天她继续对孟女士的拜访。

李丽：我们的所有产品销路都很好，我愿意向您展示它们真正的美容功效。

孟女士：我已经说过，我们现在存货的品牌也够多了，不需要再进其他牌子的美容品。

李丽：可是我们这个牌子的产品不用靠广告效应而是靠它的口碑，因此它拥有许多的回头客。

孟女士：每一个推销员都是“王婆卖瓜自卖自夸”的，有些产品买了以后，发现效果并不理想。

李丽：孟女士，您能帮个忙吗？收下这些样品，请您试用，我相信您会接受它们的。

一个月后，李丽打电话给孟女士。

李丽：孟女士，我是李丽，玫琳凯化妆品公司的推销员，您觉得我们的产品怎样？

孟女士：的确不错，用完以后皮肤确实细腻了许多。

李丽：我可以约个时间与您再谈谈吗？

孟女士：明天上午吧。

李丽：非常感谢，到时见。

案例问题讨论：

1. 李丽该如何完成她的交易？
2. 你认为她使用哪种成交方法比较合适？

案例 11-3

阅读下面案例，谈谈你对推销员的做法有何评价，他是怎样赢得顾客的心？

一天，当一位专业推销员外出推销时，拜访了一名拥有三部“电豪”牌机器的妇女。“我是‘电豪’的使用者，”妇女说：“我在楼上、楼下各放了一台你们公司的吸尘器，我还有一台打光机也是你们的产品。”妇女接着对推销员说：“但你们公司的销售代表卖给我这些机器之后，就不再出现了。”

这正和这位专业推销员的推销哲学相违，因为他信奉不悖的原则是，随时和客户们保持联系。当他到客户家拜访时，他一定会做四件事：一是介绍新推出的产品；二是在机器上贴上留有他姓名、电话的标签，同时在客户个人的电话簿上写下他的姓名、电话；三是要求客户介绍三个人给他；最后是每四个月联络该客户一次。

“只要我在这里，情况就会改观，”专业推销员说：“先让我看看你的机器。”妇女请他进去，他马上将吸尘器的管嘴拆开，开始清理。然后将标签贴在机器上说：“如果你有任何问题或需要任何必须品，请你一定要打电话给我。”妇女十分满意地接受了。出于习惯他接着说：“既然我来到这里，就让我展示一下我们公司新的地毯清洁剂以及新的吸尘器。”虽然他不期望卖给妇女任何东西，他还是详尽地为妇女解说新产品的每一个特性（他相信人有行为惯例）。

“喔，我喜欢，”妇女说，“我可以拿我的旧吸尘器折价贴换吗?”

这位专业推销员最后以折价贴换的方式卖给她两部机器，妇女则为推销员提供了 3 名邻居与 3 名亲戚的名字，之后这 6 个人都向推销员买了东西。妇女在教会里也十分活跃，因此她也提供给推销员一长串的教友名字。结果在接下来的 6 个月里，推销员卖出了额外的 50 部机器。

□ 实训题

小涂是平安保险公司的一名保险推销员，确认某公司经理是一位潜在的顾客，为此小涂为这位经理设计了一份养老保险和附加医疗险，如果你是小涂，你将怎样运用你学过的成交方法签成这份保单。

第十二章　推 销 管 理

□　**引导案例**

张君德是一家著名医药公司的顶尖推销员，刚被提升为地区销售经理，有12名销售人员直接向他汇报工作。一上任，他就发现这个分区有将要出现严重问题的迹象：销售额正在急剧下降。当他前去视察各个销售地点时，他看到大家的工作态度已经由热情高涨变为低迷不前，更为糟糕的是，他所负责的地区的缺席率高得惊人。整个工作效率已经下降，这将影响到整个地区完成销售定额的能力。另外，这个区域里已经有几个销售人员提出调动或请长假。

张君德觉得非常困惑。为了更好地了解作为销售管理人员应该做好的工作，他去请教了已升职的前任管理者老王。老王说，推销管理其实说起来很简单，就是既要管理好你的推销队伍，又要管理好你的客户资源。回家后，张君德好好地回顾了一下与老王的对话，并参阅了一些推销方面的书籍，逐渐对自己的工作有了更多的了解。

你同意老王的话吗？你认为作为管理者，张君德应该着手做哪些工作？

学习目标▶▶

学完本章后，你应该能够：

1. 掌握推销人员招聘、培训和激励的要领。
2. 对顾客关系管理有充分的了解。
3. 掌握客户日常管理的相关内容。
4. 了解推销绩效评估的内容和方法。

成功的推销，首先要靠推销人员的推销策略和推销技巧，但推销人员的任何活动都只是企业的整体营销战略和策略的一个组成部分，接受公司管理部门正确的指导与安排，也是成功的推销所不可缺少的。正如一支乐队必须有个好指挥一样，公司也必须注重推销管理工作，以求各项推销工作能够按计划得以协调进行。推销管理的内容包括推销人员的组织与管理、顾客关系管理、客户日常管理以及推销绩效评估等内容。

第一节 推销人员管理

企业要使其产品成功打开市场，必须选择优秀的推销人员来组建自己的推销队伍。经验证明，好的推销人员管理是企业推销致胜的关键。推销人员管理的内容包括规划推销队伍的组织结构、确定推销队伍的规模、进行工作分析、招聘和选拔、培训、激励等内容。

一、推销队伍的组织结构

推销队伍的组织结构有四种形式，分别是区域型、产品型、顾客型和复合型。

（一）区域型

区域型推销组织结构是指将企业的目标市场划分为若干地区，每个推销人员被分配到一个单独的地区，负责该地区内企业产品的销售。它是最简单的组织结构形式。

这种推销组织结构有若干优点：第一，推销人员的责任明确，有利于调动推销人员的积极性。因为该地区只有一个推销人员，该地区的销售工作的完成好坏与其推销人员的推销努力是直接相关的，因此推销人员会更主动地承担责任、努力工作。第二，地区责任制加强了对推销人员的刺激，使其更积极地发展长远的客户关系。推销人员对区域内客户的分布、特征、个性、需求等将更为了解，甚至成为某一地区的专家。第三，由于各推销人员只在一小块地区内活动，所以差旅费、交通费用可相对减少。

这种推销组织结构的缺点在于：①如果公司的产品线较宽的话，销售人员很难做到详细了解所有的产品，因而会对推销服务的质量产生影响。②如果客户之间存在较大的差异，单个销售人员由于知识、能力、经验等方面的局限性，难以为每一个客户提供满意的服务。

企业在按地理区域划分推销队伍时，必须注意以下原则：①这些地区应便于管理；②这些地区的销售潜力应该易于估计；③推销人员的出差时间可以减至最少限度；④在相应推销区域内应拥有相同的工作量和销售潜量，以便为各推销人员提供创造同样销售收入的机会。当然，在销售实践中，由于顾客数量和地域大小的差异，很难实现这样的最佳划分，这就需要根据区域的不同来调整酬金。例如，一个面积很大、销售潜力有限的区域，应给予销售人员较高的报酬方案，以补偿其在同等努力条件下较少的收入。

（二）产品型

产品型推销组织结构是指若干个推销人员为一组，负责销售企业的一种或几种产品。当企业经营的产品种类较多且功能差异很大、产品技术比较复杂的情况下，不同产品线的推销人员应该具有相应的专门知识，相关联的产品应该由同一个或同一组推销人员负责，以便于更好地为顾客服务和销售。但是如果企业的产品种类繁多，相互间并无关联的产品被相同的顾客所购买，企业就不适合用这种方法来划分推销队伍结构。

以成功采用这种组织结构的柯达公司为例。该公司将推销队伍分为两类：胶卷产品推销人员和工业用产品推销人员。胶卷产品属简单产品，其推销人员不需要懂得太多技术；而工业用产品则属于复杂产品，其推销人员需要对技术了如指掌。

不适合这种组织结构的例子：某医疗用品供应公司有几个产品部，每个部都配备各自的推销人员。这样，该公司的几位推销人员有可能在同一天去拜访同一所医院。这意味着推销人员重复了相同的线路，造成不必要的额外费用的增加，在这种情况下，运用这种推销队伍的划分方法就是不恰当的。

这种推销组织结构的优点在于：①能够使销售人员成为某一产品或者产品线的专家。②销售人员能够更好地满足客户日益专门化和复杂化的需求。③便于对某一产品的营销状况进行控制和监督。

这种推销组织结构的缺点表现在：①在某一区域可能有几个销售人员重复地付出劳动，造成成本的上升。②客户可能难以确定他们要找哪个销售人员，增加了沟通的难度。③在不同的产品线之间可能产生狭隘的本位主义思想，难于管理。

（三）顾客型

企业的目标市场按顾客的属性往往可以划分出不同的类型。顾客型推销组织结构是指不同的推销人员负责向不同类型的顾客进行推销。

这种形式最明显优点是推销人员对顾客的需要了解得更为透彻，能更好地服务顾客和满足顾客要求，有利于建立与顾客的紧密联系。缺点是在同一类型的顾客分布得比较分散的情况下，负责这一类型顾客的推销人员就要到范围很广的地区去推销，这样会增加企业的推销费用，影响推销绩效。因此这种组织结构通常适用于同类顾客比较集中的产品推销。

> 推销窗口 12-1　　施乐公司的推销队伍重组
>
> 施乐公司下设几个推销人员组织。主要的一个部门负责销售影印和复印机设备；而其他部门则推销打字机、印刷设备、办公室设备等。随着办公室设备不断实现电子化，施乐公司决定把这些不同的推销人员组织解散。

这样，公司的各个销售部门便不会为推销各种办公用品与设备而访问相同的顾客，并试图说服顾客购买他们分别推销的产品而使顾客无所适从。施乐公司把这种新的推销组织分为 4 个组：

第一，全国性客户经理。全国性客户经理以分散在多个地点的机构为该地较大的企业服务。

第二，主要客户经理。主要客户经理在该地区为主要的客户和其他一二个客户服务。

第三，客户代表。客户代表为具 5 000～10 000 美元销售潜量的标准商业客户服务。

第四，市场营销代表。市场营销代表为其他客户服务。

每个组都面临一个不同的推销周期，并按不同的薪酬制度得到报酬。因为，每个推销人员需要学会如何向顾客介绍、推荐施乐公司的全部产品线。所以，在采取这一步骤时，施乐公司的推销人员都须接受深入、长期的再培训。

（四）复合型

复合型的推销组织结构是指当一家企业在一个广阔的地域内向多种类型顾客推销多种产品时，需要把以上几种推销队伍结构的理论结合起来运用。推销人员可按地区——产品、地区——顾客，产品——顾客等方式来分工。复合型的推销队伍，一名推销人员的直线上级可能有几个，他要向数个产品经理或部门经理报告工作。这种复合式推销组织机构有利于节约费用、提高工作效率，可以更有效地利用和管理客户资源。

图 12-1 所示的是一家拥有生产、市场营销和工程职能专家的美国公司其销售队伍的组织结构设计，设计考虑因素有地理区域、顾客和产品，推销队伍的组织结构属于复合型。

二、确定推销队伍规模

每个企业的推销队伍规模都是不一样的，一家小企业可能只雇用一名室外推销员，而一些大企业，如 IBM、海尔，每家都拥有数千名推销员。推销队伍规模过大会增加企业的销售成本，过小又不利于充分开拓市场，因此决定推销队伍规模对于企业来说是一个很重要的决策。企业决定推销队伍规模的方法主要有三种：

（一）工作量法

工作量法是指企业根据不同顾客的需要，确定出总的工作量，从而确定

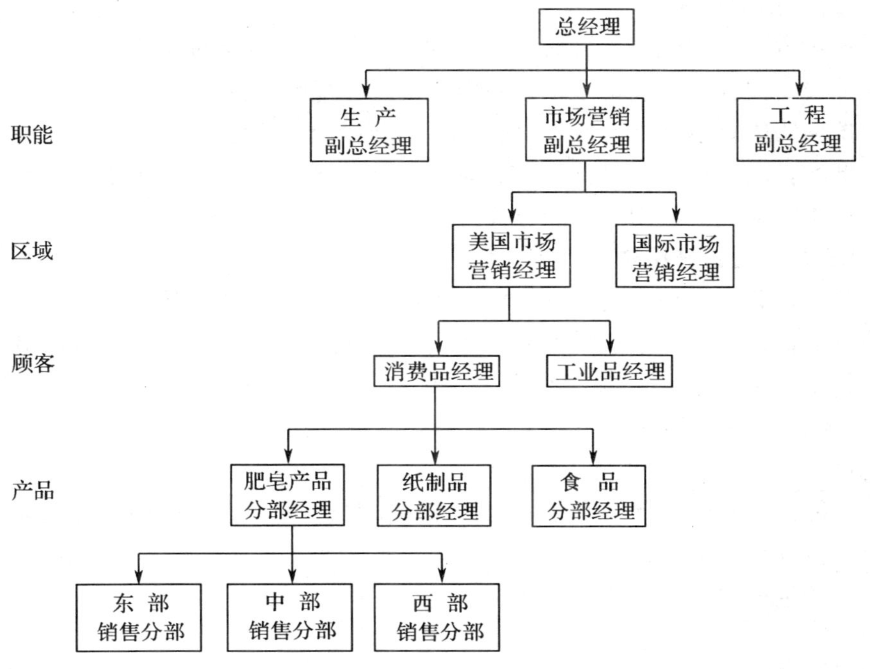

图 12-1 多种因素决定销售队伍的设计

（资料来源：（美）富特雷尔（Futrell，C.M.）著，苏丽文主译：《销售学基础：顾客就是生命》，第 6 版，大连，东北财经大学出版社，2000.8）

推销人员的规模。

工作量法的具体操作步骤如下：

（1）根据年度销售量，将客户分为若干等级。

（2）根据过去的销售经验和销售量，确定每一级别客户的数量和相应的访问频率（每年对该级别中一个客户进行销售访问的次数）。

（3）每个级别的客户数量乘以相应的访问频率再相加，得出推销的总工作量，即企业每年的推销访问总次数。

（4）确定一个推销人员平均每年可进行的访问次数。

（5）将所需年总访问数除以每个推销人员的平均年访问次数即得到所需的推销人员数。

例如：假设某企业估计全国有 1 000 个 A 类客户和 2 000 个 B 类客户。A 类客户一年需访问 36 次，B 类客户需访问 12 次，这就意味着企业需要每年能够进行 6 万次访问的推销队伍；假设每个推销人员平均每年可作 1 500 次访问，那么企业便需要 40 个专职推销人员。

（二）销售额法

这种方法非常简单，根据公司预测的销售额和要求推销人员完成的推销额，通过公式计算就能得出所需的推销人员的精确数目。

销售队伍规模 = 企业预测的销售额/平均每名推销员的销售额

例如：假设一家公司所预测的销售额为 1 800 万元，每个推销员预计可以实现 100 万元。利用上面的公式可得出需要 18 个推销员。

（三）销售百分比法

销售百分比法是指企业根据历史资料计算出销售队伍的各种耗费占销售额的百分比，然后对未来销售额进行预测，从而确定推销人员的合理规模。

例如，某公司去年销售额为 1 000 万元，60 名销售人员的耗费成本为 200 万元，今年预计销售额为 1 500 万元，估计的人员耗费成本为 300 万元，因此销售人员应为 90 人。

这种方法简单易行，但存在一定的局限性。因为这个销售百分比是根据历史资料计算出来的，随着市场情况的变化，这个比率可能会与以前不一样，因此会产生一些偏差。

三、进行工作分析

决定需要招聘的推销人员的数量仅仅是招聘和选拔的第一步，在招聘过程中企业还应重视对应聘者的素质选择。在正式招聘前，销售经理应该进行工作分析，确定特定的推销工作的任务和性质是什么，哪些类型的人适合从事这项工作。

工作分析包括两个部分的内容，一是工作说明，二是工作规范。工作说明是一份提供关于工作任务、职责信息的文本说明。工作规范则包含了完成某项工作所必备的基本素质和条件。所有的这些信息，都可以通过工作分析的结果——职位说明书来进行描述。

（一）工作说明

工作说明是对特定的推销职位做出定义的过程，它包括推销人员所要从事的工作内容、工作环境以及从事这份工作的人员应该承担的任务和责任。

要做出恰当的工作说明，必须对推销工作的本质要求进行详尽的调研。调研的内容主要包括：①推销人员的工作条件和工作环境，如工作地点的温度、噪音、安全条件、地理位置等；②推销工作的内容和程序，包括所要完成的工作任务、工作责任、工作流程、与其他人的正式工作关系等。

（二）工作规范

工作规范指的是某个职位上的特定人员所必需具备的任职资格（如知识、

技能、能力、经验等)。如某药品公司诚征销售人员时要求：接受过大学教育，有2年的药品销售经验，熟悉药品生产和购买过程，具有较高的计算机水平，书面和口头表达流利，有一定沟通和谈判技能，善于解决问题，具有较高的在多种事务中进行分析和概括的能力。

不同的工作对应不同的要求，因此有不同的任职资格条件；同样地，对同一公司指定的销售工作在不同的推销环境下对任职资格要求也是有所不同的，例如，多国公司的销售人员在不同国家销售同种产品时应具备的能力就有所不同。

(三) 职位说明书

因为口头描述容易被误解，所以在完成职位分析和确定任职条件之后，必须对职位进行一个书面的描述。职位说明书至少应包括以下内容：

(1) 工作职位名称（如高级销售代表、销售经理)。

(2) 销售人员的职责、任务。

(3) 所售产品的类型和顾客的类型。

(4) 直接监管人员的头衔。

(5) 组织上的呈报关系。

(6) 非常情况下的责任（不论巨细)。

(7) 本工作岗位与其他岗位的工作关系。

职位说明书应对细节进行必要的阐述，例如在描述销售人员的职责时，应尽可能采取可量化评估的形式，如每天的电话联系次数、用户拜访次数、销售金额或销售数量、销售展示次数、发展新客户的数量等。

四、招聘和选拔推销人员

实际的招聘和选拔程序是在招聘过程中寻找一批有潜力的候选人，然后按照职位能力要求选拔出最优的人选担任本公司的推销人员。

(一) 招聘

为了挑选可能的最佳人选，最好的办法是从多个渠道挑选应聘者。招聘新推销人员的途径，包括公司内部、教育机构、职业介绍所、各种媒体广告和因特网。

1. 公司内部职员　本公司的生产、科研等其他部门是新推销人员的一个很好的来源。这些部门的人员具备许多的优势：他们熟悉公司的生产及政策；知道怎样去满足客户的需求；工作职位提升后能振奋整个公司职员的精神。

2. 教育机构　每年全国各大专院校都会为企业招收推销人员提供大量机会。企业可以到各有关学校召开现场招聘会招收应届毕业生，也可以用招聘暑期实习生的方式，将某些在校学生招入企业进行推销实习，这样既可以考察学生的能力，也可以使学生增加对企业的了解，以鼓励其毕业后来本企业工作。

3. 职业介绍所　有很多专门的职业介绍所为公司提供专业的招聘服务，如果销售经理没有足够的时间进行招聘，他们可以考虑委托专门的职业介绍所代为招聘。

4. 各种媒体广告　最普遍采用的媒体是报纸媒体，因为这种渠道费用低，发行量大，可以在短时间内召集大批的应聘者。不足之处是报纸吸引的合格者所占比例一般较低。而刊登在各类专门杂志上的广告一般能取得较好的效果，能招聘到高素质的销售人员。在撰写招聘广告时，除了对职务要求做出描述外，还应列举出该职位能给应聘者提供怎样的机会。广告中提供的所有信息必须是真实而可靠的，不能夸大给应聘者带来的利益。

5. 因特网　随着网络的应用和发展，很多公司开始利用网络资源来招聘推销人员。目前国内有许多专门从事招聘工作的网站，如 www.zhaopin.com。也有许多企业在自己公司的主页上开辟“职业机会”模块，将大量的信息链接在主页上供应聘者查询，这对于那些知名度较高、主页访问量较大的企业，也是一种很好的选择。

（二）选拔

人员选拔就是从应聘者中选出企业需要的人的过程。由于这一步将直接决定企业最后所雇佣的人，因而这是招聘过程中最关键的一步；同时，也是技术性最强的一步。以下是选拔推销人员时经常采用的几个方法：

1. 筛选简历和申请表　通常，找工作的人在接受面试前都要填写简历或申请表。这些申请表既可以为公司提供应聘者的必要的信息，还可以作为公司面试时的参考。

一个销售岗位可能会吸引大量的求职者，因此销售经理首先要做的是拟定筛选标准，对申请表进行大幅度的筛选。筛选标准首先是应聘者是否满足任职条件（如受教育程度和要求的相关工作经验），其次是应聘者是否在以往的教育、工作和生活中取得某些成就。

此外，许多公司还采用查找“出局因素”的办法来筛选申请表。所谓“出局因素”即降低工作成功可能性的因素，一个应聘者如果具备这些因素，则表示其不适合这份工作，应该淘汰出局。公司要想采用这种方法，首先必须科学地界定对本公司业绩有影响的“出局因素”。这些因素主要包括：应聘者是否频繁跳槽；个人债务是否过多；近期业务的失败原因；前一项工作的薪水是否太高；是否曾经有无法解释的就业间断；是否高资历应聘低岗位等等。

2. 面试　面试是企业最常用的、也是必不可少的选拔手段。通过面试，推销管理人员能直接考察到应聘者的才能、谈吐、仪表、性格，为招聘决策提供重要依据。

在面试中，推销管理人员和应聘者会进行面对面的谈话。推销管理人员在交谈中应该处于听众的角色，尽量提一些开放式的问题，让应聘者自由发表自己的意见或看法。通过提问内容的设计，推销管理人员能对应聘者的学习能力、价值取向、认知接受能力等有一个比较全面的认识。

推销窗口 12-2　　面试指南

面试的形式因公司或者主持人的不同而不同，下面是一些推销职位面试时的常见问题：

1. 请自我介绍。
2. 按你的理解描述销售过程。
3. 你最近所读的有关销售或个人发展方面的书是什么？
4. 谈谈过去一年中你成交的最大一次销售。你是如何做成的？
5. 你最大的优势是什么？你最大的缺点是什么？
6. 你曾在工作中碰到的最棘手的问题是什么？你是怎样处理的？
7. 你认为目前（以前）的雇主怎么样？
8. 你对你最后一个雇主的最大贡献是什么？
9. 向我推销这只铅笔（烟灰缸、掌上电脑或灯炮）。
10. 我为什么要雇用你？
11. 为什么你离开目前的职位？
12. 你对销售这个职业有什么看法？
13. 你生活中发生的最重要的一件事是什么？还有没有其他的也很重要的事？

3. 业务测验　通过测验来判定应聘者是否胜任推销员工作，是推销管理部门常用的方法。业务测验主要包括文化测验、性格测验及能力测验。如果测试进行得当并且合法，比起其他方式，有更好的成功预测性，其选拔出来的人员往往合格率也更高。

（1）文化测验。用来检查应聘者的文化基础知识和专业基础知识，主要了解应聘者对该项工作“应知”“应会”掌握的水平。例如：数学、会计学、统计学、商品学、管理学、经济法、市场营销学、推销与谈判销技巧等方面的基础知识。测验的具体科目应视工作需要而定。

（2）性格测验。主要是帮助了解应聘者的个性、心理倾向和职业兴趣，了解应聘者有无不正常的性格、癖好等。推销人员的性格特点对于成功的推销影响极大。成功的推销人员一般有一些独特的性格特点，如高度自信、有竞争心，这些性格特点可以作为招聘时的参考。

（3）能力测验。用来检查应聘者能否担负起某项专业推销工作。例如：检查其运用专业知识的能力、观察能力、语言表达能力等。通常采用的方法是假设一个销售问题或销售情景，看应聘者如何回答或处理。

五、推销人员的培训

不管一个公司成功与否，规模大小，都应该重视对于推销人员的培训。公司既要对新推销人员进行全面的培训，也要持续地为有经验的推销人员提供培训，而且即使是那些最成功的推销人员也必须参加公司的培训计划。

（一）培训目的

培训的目的有很多。对于公司来说，首先是培训可以提高公司的销售额、工作效率和利润，其次培训可以帮助推销人员了解企业的全面情况，增进推销人员对于产品、公司、竞争对手或是销售技巧等方面的了解，使推销人员懂得如何作有效的推销介绍，发掘推销人员的潜能。而对于受训人员来说，培训的目的在于获得较多的工作满足感、较强的业务知识与技能、较多的晋升机会和工资收入。

（二）培训内容

对推销人员的培训，要根据培训目标、参加培训人员的原有水平和企业的营销策略等来确定培训的具体内容。培训的内容一般包括：

1. 企业的一般情况　主要包括：企业的发展历史、组织结构、经营方法、财务制度、营销目标和策略，主要产品的销售情况、价格及渠道策略，运输、安装和服务的有关政策与程序。这些内容的培训能使新招聘的推销人员尽快地了解企业情况，提高他们的销售信心。

2. 产品知识　推销人员只有对本企业的产品有彻底的认识，才能在向顾客推荐、介绍产品时取得顾客的信任。因此产品知识的培训是推销训练的基础。主要包括：产品的用途、结构、品质与质量、制造工艺、包装、价格，产品损坏的普遍原因及其简易维护、修理方法。

3. 顾客知识　包括顾客需求、购买动机、购买过程以及个性特征等有关的信息。

4. 竞争知识　竞争知识包括竞争产品的特点、性能、成本、利润、使用方法及与本企业产品的比较分析，竞争对手的推销战略及方法，新产品开发情况等。

5. 推销技巧 主要包括：推销人员应具备的仪表、态度和服务精神；访问准备、初访和再访；推销语言技巧；推销演示；解除客户异议等。

6. 交易知识 介绍记账、使用支票、提款、汇款、计算利息等一般银行业务知识，有关分期付款、寄售等办法的知识等。

（三）培训时间

对于新进入公司的推销人员来说，他们报到就职的第一天，培训就开始了。一般由直接上司或专职的培训人员对新推销人员进行若干天的入职指导，介绍有关公司、产品和顾客的信息。但是培训并不会随着入职指导的结束而结束，而是要伴随着这名职业推销员的工作始终。正如宝洁公司的招聘手册上写着："对你的培训始于你加入我们的这一天并将贯穿你的职业生涯始终，不论你负有何种职责，或者处于何种职务级别。"

新雇推销人员的培训通常需要1～2周时间。老推销人员的培训时间的长短涉及培训费用和培训效果，必须根据培训目标和内容来确定。确定培训时间应考虑下列因素：①产品性质。产品性质越复杂，训练时间应越长。②市场状况。市场竞争越激烈，训练时间应越长。③人员素质。人员素质越低，培训时间应越长。④要求的销售技巧。要求的销售技巧越高，需要的培训时间应越长。

（四）培训师资

一般来说，销售培训师由两种人担当：公司内部人员和外界的培训专家。

通常大公司会较多地依靠它们自己的人员进行培训，这些人员包括高级销售代表、区域销售经理、营销部门总监等。这些人拥有多年的销售经验，能够引导受训者很快与他们建立良好的关系并熟悉学习材料。在较大的公司，一般会从这些高级销售管理人员中聘用专职培训师，负责建立、管理和协调公司的销售管理部门以及销售队伍的培训和发展计划。而小公司会更多地依赖于外界培训师。这样他们不需建立专门的培训部门就能展开培训工作。培训课程可以是标准化的，也可以是请培训师为公司量身订制的。

也有不少公司把这两种培训师资结合起来运用。例如，一家公司可能让公司内部富有推销经验的高级销售管理人员来做大部分培训工作，同时公司还经常聘请顾问，比如大学教授，针对诸如消费者购买心理或是推销谈判技巧等主题，举办讲座或研讨会。

推销窗口 12-3 丰田汽车销售公司的人才培训

丰田汽车销售公司进修中心的授课教师，全部由从汽车销售公司和丰田销售店挑选出来的具有销售经验的人员担任。为使进课内容适应知识的更新，授课教师实行两年轮换制。

在丰田的人才培训中心，讲授人员应具有以下条件：

○对讲授内容熟悉，并有一定的实践经验。

○对讲授工作高度负责，并有一定的兴趣。

○有一定的讲授技巧。

○熟悉所用的培训教材，并能随时补充和修正。

○口齿清楚，语言表达能力较强。

○具有敢于、勤于督导的精神。

（五）培训方法

常用的培训方法有讲授培训法、模拟培训法和实地培训法。

1. 讲授培训法　这是采用培训班、研讨会等形式集中对销售人员进行课堂讲授的培训方法，是目前应用最广的一种培训方法。这种方法的最大优点是成本低、节省人力。其缺点在于它是一种单向沟通，受训人获得参与讨论的机会较少，而讲授人也无法顾及到每个受训人的个别差异。

2. 模拟培训法　这是由受训的推销人员亲自参加的、具有一定真实感的训练方法，正在被越来越多的企业所采用。具体做法又可分为实例研究法、角色扮演法、业务模拟法等。实例研究法是一种由受训人分析所给的推销实例材料，并说明如何处理实例中遇到的问题的模拟培训法。角色扮演法是一种由受训人扮演销售人员，由有经验的销售人员扮演顾客，受训人向“顾客”进行推销的模拟培训法。业务模拟法是一种模仿多种业务情况，让受训人在一定时间内做出一系列决定，观察受训人如何适应新情况的模拟培训法。演示结束后，各参加者、观察者还要对演示者的行为进行评价。通过模拟培训，能够增强受训人员的现场感，使受训人在实际销售过程中获得敏锐的观察能力和快速的反应能力。这是一种十分有效的推销培训方法。

推销窗口 12-4　　角色扮演的程序

（1）确定推销问题。告知受训人公司新出一款香水。

（2）确定场景。要求受训人思考，然后描述出最大的潜在客户及其买主。

（3）分配角色。让培训师扮演买主，同时挑选一名受训者扮演推销员。

（4）简要提示参与者。把买主与推销员分隔开来，并让买主提出一些异议。

（5）演示买卖情景。推销员进行一次销售演示，买主加以配合。

(6) 讨论、分析和评论这次角色扮演。这对于学习过程来说是很重要的。如果有摄像，就将它演示播放给整个培训小组看。培训师通常先询问小组的意见，然后参与者讨论这个场景，下一步由培训师进行讲评。讲评结束后，可以要求受训者重复这个练习以巩固知识。

3. 实地培训法　这是一种在工作岗位上进行实地训练的方法。新来的推销人员接受一定的课堂培训后就可以安排在工作岗位上，由有经验的老推销人员当师傅进行传帮带。这种方法的优点在于：①新推销人员能深入到现场，可以增加感性认识；②边学边干，具有针对性；③在有丰富推销经验、有很强推销能力的推销人员的指导下，容易收到良好的效果。不足之处在于培训的时间较长，费用较高。

六、推销人员的激励

企业销售目标的实现有赖于推销人员积极努力的工作，如果推销人员的主动性、创造性得到充分的调动，就能创造良好的推销业绩。对于大多数推销人员来说，经常给予表彰和激励是非常必要的，因为推销工作的某些性质，如经常受到挫败、经常出差、工作环境不稳定、风险较大等，给推销人员造成很大的心理压力，如果没有额外的物质的或精神的激励，推销人员很难满腔热情地投入工作。

美国推销专家福特·沃克也曾经对推销人员的激励问题做了研究，并提出了激励的基本模式：

激励 …→ 努力 …→ 成绩 …→ 奖赏 …→ 满足
↑　　　　　　　　　　　　　　　　　　　↓
……………………………………………………

从上述模式可以看出，对推销人员的激励越大，他做出的努力也就越大，努力越大成绩也就越大，成绩越大得到的奖赏也就越多，奖赏越多推销人员得到的满足感也就越大，满足感越大将会进一步产生更大的激励效果。推销管理部门应该充分利用这种连锁反应，采取适当的方法激励推销人员。

(一) 薪酬方案

建立合理的薪酬制度，对于调动推销人员的积极性和主动性，促进公司产品的销售，保证推销目标的实现，有着重要意义。合理的薪酬方案能够吸引优秀的销售人员，并激励他们不断提高推销业绩。在推销领域，一般有3种最基本的薪酬方案：固定薪金制、佣金制和薪金加奖励制。

1. 固定薪金制　这种报酬形式是以工作时间为基础付给推销人员固定的

报酬，与推销工作业绩没有直接联系。

薪金制的优点是：①推销人员因为收入稳定而有安全感，不必担心没有推销业务时影响个人收入。正在受训的推销员和开辟新销售区域的推销员，一般都愿意接受薪金制。②管理者能对推销员进行最大限度的控制，在管理上有较大的灵活性。因为收入与推销工作效率不直接挂钩，所以当有必要在推销区域、顾客、推销品等方面进行某些灵活调整时，矛盾一般也比较少。

薪金制的主要弊端是：缺乏弹性，不能对推销人员产生激励作用，容易产生平均主义，形成吃“大锅饭”的局面。

薪金制适用的情况是：非销售性活动较多的情况，如安排展览、检查存货、提供促销援助等；某些推销管理人员，如企业的中高级推销管理人员，其付出的劳动与推销结果之间的关系不密切；需要集体努力才能完成的销售工作，难以对个人业绩情况进行单独考核。

2. 佣金制　佣金制是指企业按推销人员在一定时期内实现销售量或利润额的大小支付相应的报酬。这种形式下，推销人员的收入是他们完成的推销额或利润额乘以一个给定的百分比，这个百分比我们称为佣金率。

佣金制的优点是：①能够把收入与推销业绩结合起来，激励推销人员努力工作；②销售成本和销售额是成比例的，有利于控制成本；③简化了企业对推销人员的管理。为了增加收入，推销人员必须努力工作，不需要管理层花费太大的精力去进行日常的鼓励和监督。

佣金制的不足是：①收入不稳定，推销人员工作压力大，缺乏安全感；②这种制度不能保障企业对推销人员的有效控制，推销员为了获得较高的推销额或利润额，往往不愿推销新产品，不愿受推销区域的限制，也不愿意干推销业务以外的工作，还常常出现为追逐自身经济利益而忽视企业长远利益的现象。

为了减轻佣金制的弊端，管理部门必须奖励那些他们希望推销人员去做的销售活动。例如，对不同的产品设定不同的佣金率，对某些难销或是公司希望加大销售力度的推销品使用较高的佣金率。另外，加强公司文化的建设，增加对员工的吸引力，稳定销售队伍。

3. 薪金加奖励制　薪金加奖励制是上述两种形式的结合，即企业在给推销人员固定薪金的同时，还根据其销售业绩给予不定额的奖金。它兼有薪金制和佣金制的优点，既能保障管理部门对推销人员的有效控制，又能起到激励刺激的作用。由于这种制度比较有效，目前越来越多的企业趋向于采用这种方式。与固定薪金和佣金制相比，其缺点是：计算较复杂，执行时难度较大，增加了管理部门的工作难度。

（二）其他激励方法

激励推销人员的方法并不是只有发放酬金一种。在对推销工作的研究中发现推销人员情感波动很大，而且推销人员有对地位和认可的需求，因此为了避免推销人员的情感波动，并满足其对地位和认可的需求，现已形成了一些其他的激励方法，这些激励方法可以分为内部激励和外部激励。

1. 内部激励　内部激励是一种内心的自我奖励，当一项职责或任务完成后，就会产生内部激励。如果一个推销人员在为客户提供服务和解决问题的过程中得到了乐趣，这就是一种自我奖励的行为。内部激励包括成就感、个人成长机会等。

（1）成就感是由推销人员的内心发出的，要促使一个推销人员获得成就感需通过若干步骤。首先，保证推销人员理解他们在公司生产计划和其他主要活动中的关键性作用。第二，保证每个推销人员都能理解到努力与绩效之间、绩效与奖酬之间的联系。第三，在管理实践中应充分考虑目标设置的现实操作性。最后，在与推销人员的沟通中坚定他值得获得这一成功的感觉。

（2）推销人员会经常得到个人成长机会，例如，参加关于个人财务计划、身体保健的专题研讨会、专业相关知识的培训等。许多推销岗位的应聘者认为个人成长机会应该作为公司的主要奖励方式，尤其是那些想在大公司学习而不是挣钱的大学生。

2. 外部激励　外部激励是由他人采取的一种激励行为，包括奖赏和其他强化形式，目的是使员工为获得奖励而朝既定的方向努力。给完成销售任务的推销人员奖金奖励是外部激励的一种最常见的形式。除奖金奖励外，外部激励还有一些其他的方式，如额外津贴、推销竞赛奖、晋升制度、目标激励等。

（1）额外津贴一般是非现金形式的，其优点表现在它们是满足认可需求和激励性补偿的理想方式。目前越来越多的公司用这种方式激励推销人员。额外津贴有以下几种主要形式：额外带薪假日；对公司休闲设施的使用权；为家人提供公费旅游和疗养；子女教育补贴；无息或低息贷款；推销人员免费使用公车；对超过公司医疗费用的花费进行补偿；对有贡献的人，增加可供选择的人身保险；股票认购权；法律和经济上的律师服务等等。

（2）开展一些适合企业经营、市场和推销人员的具体状况的推销竞赛，也是目前公司较多采用的一种激励方式。竞赛获胜者会得到现金或一些诸如旅行、物品之类的奖励，以激励推销人员做出比平常更大的努力，创造良好业绩，促进销售任务的完成。

推销竞赛的激励作用不仅仅在于奖品本身的激励性，还在于它表现出了公司对推销人员的认可。精明的公司偏爱采用非现金性激励，如贵重的饰物或将获胜者的名字和照片登在公司的报刊上，这样获胜者将以有才能、肯吃苦的专业人员形象出现在公众面前，推销人员对于地位和认可的需求将会得到很好的满足。

同时，竞赛的有效性也是因为它能给推销人员平凡的工作提供刺激，使所有推销人员都愿意投入到这种游戏式的工作竞赛中。一项竞赛就是一种挑战，它能鼓舞推销人员的士气，并且有助于克服销售中一切按常规办事、缺乏创造性的缺点。

（3）晋升制度是当公司推销人员达到公司的某些标准或对公司做出突出贡献之后，晋升到公司管理阶层或其他较高阶层的激励制度。

有两种常见的晋升制度：一种是推销人员可以选择晋升到管理岗位；另一种是推销人员依旧留在销售领域，但承担更多的工作责任。

推销窗口 12-5　辛泰克斯（Syntex Laboratories）制药公司的晋升制度

以加利福尼亚为基地的制药公司辛泰克斯的销售人员，能通过五个等级晋升：①销售业务代表；②专业医药销售代表；③授权的医药销售代表；④区域销售经理；⑤高级区域销售经理。参与晋升计划是自愿的，进修有关课程也是很辛苦的。但如果升上了后三级，销售人员可以得到丰厚的回报，如夫妻俩结伴到拿骚（巴哈马群岛的首都）等地旅行，高达 750 美元的额外季度津贴，责任的增加（如协助培训新销售人员）等。但是晋升并不容易，为了达到第三级以上，销售人员必须通过“合格医药代理学院”的全部基础课程，大概要花两年半的时间。

（4）目标激励是将企业目标变成推销人员的自觉行动的过程。企业应建立一些重要的推销目标，如销售数量指标，规定推销员一定时期内访问顾客的次数，订货单位平均批量增加额等等，然后要求推销人员去达成这些目标。有了目标的指引会使推销人员感觉工作有奔头、有乐趣，也体会到自己的价值与责任，从而增加了他们努力上进的动力。此外，企业还应让推销人员明确目标与报酬的联系，目标一旦达到就应立即兑现报酬，否则其操作有效性就会受到影响。

第二节　顾客关系管理

客户是企业利润的源泉。在现代激烈的竞争环境下，建立良好的顾客关系，是竞争取胜的关键。当我们要追求企业的发展，尤其希望能建立永久经营的事业时，必须把眼光放远，不但要重视客户的眼前价值，更需要进一步来创造和提高客户终身价值，以取得顾客满意度和忠诚度，维系和巩固顾客关系。

> 推销窗口 12-6　　客户的“终身价值”
>
> 在一家著名的美国超市，一位年轻妇女询问营业员，在哪里买得到针线，营业员对此很不屑，并且在态度上很明显地表现出来，结果导致年轻妇女愤然走出这家超市，并发誓再也不踏进这家超市半步。后来有位经济学家按照这个案例估算了一下，假如这位女性一生都在这家超市购物，将会带来多少销售收入。结果令人大吃一惊，居然高达 40 万美元。

所谓顾客关系管理是通过对顾客行为长期地施加影响，强化公司与顾客之间的合作关系，从顾客利益和公司利润两方面实现顾客关系价值的最大化。为了建立长期、信任、互惠的关系，公司必须向顾客承诺并提供优质的产品、良好的服务以及适当的价格，从而与顾客建立并保持一种长期的经济、技术和社会的纽带关系。顾客关系管理能获得什么收益呢？最大的好处是增加顾客忠诚度，减少顾客的流失率。有一项研究估计：若顾客流失率降低 5%，就将能够使利润增加 25%～95%。

销售人员要转变观念，将买方与卖方视为合作者，而不是对立者，改变过去以企业为主导、以产品为中心的传统顾客管理观念，建立以客户为中心的顾客关系管理观念，把买卖双方长时期地紧密联系在一起。可参考传统顾客管理观念和顾客关系管理观念的对照表（表 12-1）。

表 12-1　传统顾客管理观念和顾客关系管理观念的对照

传统顾客管理观念	顾客关系管理观念
以产品为中心，销售公司想卖的产品	以客户为中心，销售客户需要的产品
着眼于价格竞争	着眼于满足客户需求
尽力争取更多的客户数量	发现能使客户满意的产品
尽力争取让客户多买	竭力找出哪些客户对公司最有价值
根据既定方针或计划安排行动	根据实时反馈信息行动
从每笔销售中获取收入和销售数据	从每笔销售中获取收入和客户数据
有限的客户联系	高度的客户联系
有限的客户承诺	高度的客户承诺

一、认识客户价值

要建立顾客关系管理观念，有必要重新认识客户的价值。一个客户对企业的价值通常表现在如下 5 个方面：

1．累计销售额　如果一个客户购买企业的产品越多，对企业的市场价值的实现就越大。

2．终身潜在销售预期　企业在发展挖掘客户的价值时，不仅要考虑客户当前的价值，还应该考虑客户的未来价值。如图12-2所示，为有些客户目前还是一个小客户，将来他们有可能发展成为一个大客户。因此，必须放长眼光，对客户的终身潜在销售预期进行考察和评价。

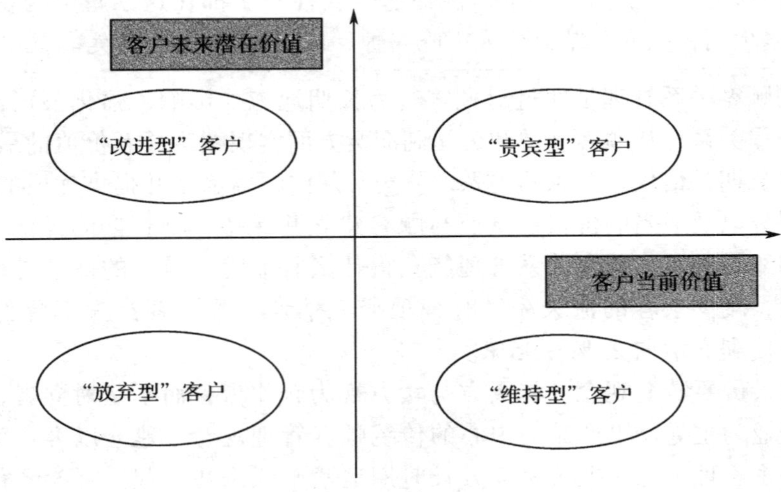

图12-2　客户价值的变化

3．需求贡献　传统的营销模式中，客户价值等于销售额，而在今天，客户的价值不仅包括销售额，也包括其对需求的贡献，那些常常对企业提出比别人更多要求的客户也许与出手豪爽的客户一样富有价值。因为他们苛刻的要求以及易变的态度为企业研究客户需求和行为提供了更多的数据。通过对个别客户的喜好进行深入的研究，最后综合相似客户的喜好，建立一个源于客户的全新需求组合，以此进行产品或服务的改进，并开展营销服务，是提高客户满意度的重要前提。

4．等级信用　反映客户在付款状况上的等级信用，如果一个客户能及时付款，其信用就好，等级就高，对企业的贡献就不言而愈。

5．利润贡献　显然，对企业的利润贡献大的客户就是有价值的客户。

对企业来说，一个客户在上述5个方面所表现出来的价值是不同的，为了综合地反映客户价值，企业就应该建立客户价值模型，对客户进行动态的价值分析与管理。客户价值模型用数字计量方式将客户对企业的价值清楚地反映出来：

$$V = f(X_1, X_2, X_3, X_4, X_5)$$

式中 V——顾客价值；

X_1——累计销售额；

X_2——终身潜在销售预期；

X_3——需求贡献；

X_4——信用等级；

X_5——利润贡献。

依据此模型，可以将对企业价值最大的客户组称为“最具价值客户”（MVCs），对企业价值次于（MVCs）的客户组称为“最具成长性客户”（MGCs），这一组客户也有可能成为最具价值客户。还有一类客户组被称为“低于零点的客户”（BZs），是因为企业为支持和服务于这一客户组的边际成本可能会超出边际收益，因此对于企业意味着负面的价值。在（MGCs）与（BZs）之间有其他客户组，他们有的没有明显的长期价值，但仍然会给企业带来利润。

企业对于最具价值客户、最具成长性客户与低于零点客户必然要区别对待。企业应对最具价值客户实施“一对一营销”，让他们能清楚地感觉到企业是按他们的需要为其提供新产品和服务的。所谓“一对一营销”，就是企业愿意并能够根据客户的特殊要求来调整自己的经营行为，这些特殊的需求可能是客户主动提供的，也可能是企业从各种渠道搜集得到的。“一对一营销”的核心思想是，与每一个客户建立“学习型关系”，尤其是那些对企业最有价值的客户（MVCs）。所谓“学习型关系”，就是每当与客户打一次交道，企业就多一分见识，长一分头脑。客户提出需求，企业就改进产品或服务，这样周而复始的过程自然就提高了企业的产品或服务，提高了令客户满意的能力。

二、5种不同水平的顾客关系

根据每个公司营销战略的差异以及顾客的满意度和忠诚度的不同，一般与顾客的关系可以分为5种不同的水平。

1. 基本关系　这种关系是指销售人员只是简单地销售产品，在产品销售后，不再与顾客接触。

2. 被动式关系　销售人员在销售产品或服务的同时，还积极鼓励顾客在购买后或使用推销品时，如果发现产品有问题或不满时及时向公司反映，如通过打电话、发电子邮件等。

3. 负责式关系　销售人员在产品售后不久，就应通过各种方式了解产品是否能达到顾客的预期要求，收集顾客有关改进产品的建议，以及对产品的特殊要求，把得到的信息及时反馈给公司，以便不断地改进产品。

4. 主动式关系　销售人员经常与顾客沟通，不时打电话与顾客联系，向他们提出改进产品使用的建议，提供有关新产品的信息，促进新产品的销售。

5. 伙伴式关系　销售人员与顾客持续地合作，使顾客能更有效地使用其资金，或帮助顾客更好地使用产品，按照顾客的要求来设计新的产品。

在实践中，公司因产品和市场的不同，可以分别建立不同水平的营销关系。一般来讲，如果公司的产品有众多的顾客，且单位产品的边际利润很低，则宜采用最基本的关系，以节省营销成本。如经营日常用品的公司一般都采用最基本的关系，公司所要做的只是建立售后服务部，搞好产品的售后服务工作，对顾客在使用产品中提出的问题进行解答并帮助解决。另一方面，如果公司的顾客很少，且边际利润很高，则宜采用伙伴式的营销关系。例如顾客是大型生产企业或经营特殊产品，则要与顾客加强联系，按照用户的需要进行产品的研发和生产，以保证能满足用户的要求，从而建立长期的合作关系。

基本关系和伙伴关系是公司营销关系的两个极端，销售人员可以根据顾客数量的不同、产品边际利润的不同，采用不同水平的关系营销。表 12-2 反映了公司与顾客的 9 种不同的营销关系，各个公司应根据本公司的实际情况，选择建立不同的关系。

表 12-2　不同水平的顾客关系

边际利润 / 顾客关系 / 顾客数量	边际利润高	边际利润中等	边际利润低
顾客数量众多	负责式关系	被动式关系	基本/被动式关系
顾客数量一般	主动式关系	负责式关系	被动式关系
顾客数量较少	伙伴式关系	主动式关系	负责式关系

三、建立、维系、发展顾客关系网络

（一）建立顾客关系网络的途径

公司建立顾客关系网络主要有以下 3 种途径：向顾客提供附加的经济利益、社会利益，建立公司和顾客之间的结构性联系。

1. 向顾客提供附加的经济利益　这是最低层次的关系营销途径，它维持客户关系的主要手段是利用价格刺激增加目标市场客户的财务利益。随着企业对发展客户关系的重视，一些促使客户重复购买并保持客户忠诚的战略计划应运而生。如香港汇丰银行、花旗银行等通过它们的信用证服务与航空公司开发“里程项目”计划，当累积的飞行里程达到一定标准之后，共同奖励那些经常乘坐飞机的客户。又如，由新加坡发展银行有限公司、VISA和高岛屋公司联合发起的忠诚营销也是希望与客户建立长期的关系，智能卡（Smart-Card）的持有者能享受免费停车、送货服务、抽奖活动等一系列优惠，具体的优惠形式则取决于客户用智能卡购买商品的累积金额。另一种常用形式是对不满意的客户承诺给予合理的财务补偿。例如，新加坡奥迪公司承诺如果客户购买汽车一年后不满意，可以按原价退款。这种方法有利于使公司与顾客之间建立起某种关系，然而这种方法通常也很容易被竞争者所模仿，难以形成永久的差异。

2. 向顾客提供附加的社会利益　建立顾客关系网络的第二种方法是向顾客提供附加的社会利益。即在增加目标客户的财务利益的同时，也增加他们的社会利益。这种途径在建立关系方面的效果优于价格刺激，公司人员可以通过了解单个客户的需要和愿望，并使服务个性化和人格化，来增加公司与客户的社会联系。

在这种方式下，公司把客户看做是贵宾。“客户”与“贵宾”两者的区别在于：对于一个机构来讲，客户也许是不知名的，而贵宾则不可能不知名；客户是针对于一群人或一个大的细分市场的一部分而言的，而贵宾则是针对个体而言的；客户是由任何可能的人来提供服务的，而贵宾是被那些指派给他们的专职人员服务和处理的。

这种途径的主要表现形式是：建立客户组织，以某种方式将客户纳入到企业的特定组织中，使企业与客户保持更为紧密的联系，实现对客户的有效控制。

3. 建立公司与顾客之间的结构性联系　建立顾客关系网络的最高层次是增加结构性联系，与此同时附加财务利益和社会利益。结构性联系要求提供这样的服务：它对关系客户有价值，但这种价值不能通过其他来源得到。这些服务通常以技术为基础，并被设计成一个传送系统，从而为客户提高效率和产出。

良好的结构性关系将提高客户转向竞争者的机会成本，同时也将增加客户脱离竞争者而转向本企业的利益。特别是当面临激烈的价格竞争时，结构性联系能为稳定和扩大现在的社会联系提供一个非价格动力，因为无论是财务性联系还是社会性联系都只能支撑价格变动的较小差额。当竞争者提供较大的价格优惠时，原来的交易双方就难以维持低层次的销售关系，在这种情况下，只有通过提供买方需要的技术服务和援助等深层次联系才能吸引客户。

产业市场上的服务通常是技术性组合，成本高、困难大，很难由客户自己解决，这些特点有利于建立关系双方的结构性合作。公司可以通过向顾客提供更多的服务来建立结构性的关系，如帮助关系网络中的成员特别是一些较小的成员提高其管理水平，合理地确定其进货时间和存货水平，向网络中的成员提供有关市场的研究报告，帮助培训工作人员等。

（二）维系顾客关系网络

公司的营销网络一旦建立，为了保持良好的营销关系和保证这种关系不断地发展，公司主要应加强三方面的工作，即强化品质、服务与价格策略。

1. 保证产品的质量　产品的质量是建立营销关系的基础。如果不能保证产品的质量，产品的质量不能满足顾客的要求或是产品的质量随时间推移有所下降，即使建立起了某种营销关系，这种关系也是脆弱的，很难维持下去。因为它损害了顾客的利益，损害了网络中各成员的利益，从而损害了网络的整体利益和效益。所以公司要建立良好的营销关系，就应保证产品的质量，不断地提高产品质量，使营销关系建立在坚实的基础之上。

2. 加强产品的服务工作　加强服务可以说是营销关系的强化剂，公司应建立和完善自己的服务队伍，及时了解和帮助顾客解决在产品使用过程中遇到的问题，赢得顾客对产品的满意和对公司的信任。

3. 制定合理的价格水平　公司不能见利忘“义”，在保证公司盈利的条件下，要兼顾顾客的利益，兼顾网络中各成员的利益，使得在公司营销关系网络中的每一个成员都能互惠互利，取得共同的发展。“互惠互利”可以说是公司进行关系营销的核心，只有这样顾客的利益才能得到保证，顾客才能成为公司的“忠实”顾客，公司的关系营销网络才能真正发挥作用。

（三）发展顾客关系网络

1. 使顾客长久地保持满意　在购买以后许多顾客会有一种不协调感：“这项购买好像不是最明智、最合理的选择。销售人员不应忽视顾客需要再次消除疑虑的需求，而是应再次让顾客感到他们所作出的是一项很好的购买决策。销售人员应该通过积极的顾客关系管理来引导并强化顾客认识购买决策所带来的回报。销售人员应主要做好下列4项工作：努力使顾客在购买后持续感到满意；尽一切可能使顾客在将来再次购买本公司的产品；提高顾客购买本公司的补充产品的可能性；重复检测顾客的满意程度。

2. 建立顾客数据库　顾客关系管理最重要的工具是顾客数据库，数据库是公司及其顾客关系所有信息的中央储存库。若要建立顾客数据库，就必须详细记录与顾客有关的各类信息。许多公司已经认识到建立顾客资料和向销售人员提供顾客信息的重要性。如果公司没有建立顾客数据库，销售人员可以运用个人计算机和管理软件来建立顾客数据库。

客户关系管理系统 CRM（Customer relationship management）一种解决方案，同时也是一套人—机交互系统。它能帮助企业更好地吸引客户和留住客户，特别是在与客户交流频繁、客户支持要求高的行业，如银行、保险、房地产、电信、家电、民航、运输、证券、医疗保健等行业，采用了 CRM 后，都会在效率和效益方面获得显著的回报；一个企业级的 CRM 系统通常包括市场管理、销售管理、客户服务和技术支持四部分。推销窗口 12-7 给出了 CRM 软件各业务功能子系统较为详细的描述。

推销窗口 12-7 客户关系管理系统 CRM（Customer relationship management）软件简介

市 场	销 售	服 务
宣传管理，直接营销 • 选择依据的确立 • 定义接触渠道 • 设计、计划、展开一项宣传或活动 • 反馈处理 • 生成进度计划	访问准备 • 获得信息，需求分析 • 制作演示和样本 • 客户接触计划（如根据进度计划） • 提取客户信息 • 投资建议，样本组合或行情信息	关系管理 • 附加服务的识别和了解 • 识别和了解进一步的潜在客户需求 • 知道客户考虑新的产品或服务
客户评价 • 打分 • 客户评价 • 客户潜力分析 • ABC 分析 • 措施计划	问题处理及方案提供 • 客户数据控制 • 咨询系统 • 针对特定客房提供产品方案 • 进度计划的理解与形成	客户支持与服务 • 问题处理（支付路径） • 答复 • 客户状态控制 • 投拆管理 • 掌握客户愿望 • 整体的费用结算
进一步的市场营销功能 • 广泛收集有关投资策略、市场研究结果、市场分析、竞争及外部数据来源的信息 • 客户及市场细分 • 市场机会的早期识别	订单设定 • 订单的识别掌握 • （Checklist 控制） • 客户联系方式 • 客户反应 • 形成报告	进一步的服务功能 • 外部行动 • 宣传册/广告文章的订购方式 • 产品和销售培训 • 客房帮助台（直接接触客户） • 问题及解决方案的数据库

<table>
<tr><td colspan="3">客户数据库系统</td></tr>
<tr><td>客户历史
• 潜在的客户管理
• 客户评价</td><td>客户的关系范围
• 个人情况
• 感兴趣者，客户数据的理解</td><td>产品使用
• 报告管理
• 客户合同关系</td></tr>
<tr><td colspan="3">过程转换功能</td></tr>
<tr><td>产品管理
• 产品设计、模拟及生产
• 产品组成管理</td><td>进度及日程管理
• 进度管理
• 人员及项目转换日程安排
• 销售计划管理</td><td>销售支持
• 销售指导（目标、推销渠道、产品过程）
• 预测计划、销售计划、销售分析
• 客户预测
• 投入计划</td></tr>
</table>

3．发展与顾客的感情联络　为了发展与顾客的关系，推销人员应该定期或不定期地和顾客进行感情联络，通常可以采取下列方法：

（1）在完成一项重大业务后，销售人员应给顾客写封感谢信。

（2）亲临现场安装和培训。

（3）经常查看通信名录，给一些较长时间未谋面的顾客寄张贺卡表示问候。

（4）每天阅读报纸和商业杂志，向可能对有关新闻感兴趣的顾客寄送简报。

（5）如果某位顾客得到了提升或获得了奖励，给他寄一份祝贺。

（6）在顾客生日或某些特定时候向顾客寄份贺信或贺卡。

（7）向顾客提供一些自己的想法，如推销产品的新渠道，节约资金的方法，提高生产效率的途径和对顾客有特殊价值的新公司的产品等。

（8）组织顾客团体来分享有价值的创意。

4．积极处理顾客的抱怨　妥善地处理好顾客的抱怨，能创造出巩固和发展顾客关系的重大机遇。如果顾客的问题能够得到圆满解决，他往往记忆深刻并对公司好感倍增。销售人员应做好下述几件事：

（1）认真地听取顾客的抱怨。这对于促使顾客完整地诉说问题至关重要。

销售服务人员不应过早地表达处理意见，即便他们认为早已了解到问题的真相也应耐心地听完申诉。另一项需要注意的关键是要表现出已认识到抱怨的重要性，而不管抱怨问题的本身实际上有多荒谬。

（2）以真诚的关心的态度提问。提问时应向顾客传达这样的信息：销售人员已经认识到顾客所关注的问题很重要。例如："您看我们怎样才能把这个问题处理得更好？"

（3）明确界定顾客不满意之处和准确理解所发生的事件，向顾客复述以求认同。这既是听取顾客意见的过程，也是处理问题的过程。

（4）提出解决方案并取得顾客同意。这时不但要问顾客是否同意，还要问顾客是否满意。否则的话问题仍未得到满意解决。如果问题的解决需要一定的时间，则应确立相应的跟踪机制来保证问题得到解决。

（5）真诚地向顾客道歉并恳求继续与顾客保持良好的关系。

（6）过几天后（不迟于一周）与顾客进行联系，以确认问题是否得到解决和顾客是否满意。

（7）若有可能与顾客安排一项更优惠的交易，如以相同的价格供应更昂贵的产品或延长支付期限。

第三节　日常客户管理

一、日常客户管理的原则

客户是企业销售体系的重要组成部分，是企业的重要资源之一。在进行日常客户管理的过程中，需要遵循以下三个基本原则：

（一）动态管理

客户的情况是随市场环境而不断变化的，如果客户档案建立以后置之不理，就会失去它存在的意义。因此，客户档案建立后，应当及时维护和更新，删除过时的或已经变化了的资料，同时补充新的资料，保持客户管理的动态性。

（二）突出重点

按照80/20法则，企业80%的销售业绩是由20%的重点客户贡献的。对于不同类型的众多客户资料，必须加以认真分析，从中找出重点客户，并对这些重点客户进行有目的的开发。重点客户不仅要包括现有客户，而且还应包括未来客户或潜在客户，以便同时为企业选择新客户、开拓新市场提供资料。

（三）专人负责

客户资料一般都是企业的商业机密，只能在企业内部使用。所以企业应找专人负责管理客户情报资料，并对客户资料的利用权限进行设置。

二、日常客户管理的内容

面对复杂多样的客户，客户管理的内容应尽量完整。主要应该包括以下几项：

1. 基础资料　基础资料是客户管理的起点和基础，它们的主要来源是销售人员对于客户的销售访问，在报纸、杂志、年报等上面也可以查阅到部分信息。当客户是个人时，这些资料应包括客户的姓名、性格、兴趣、爱好、家庭、学历、年龄、能力、地址、联系电话等信息；当客户是企业时，应包括企业的所有者、经营管理者、法人代表、企业组织形式、业务范围等信息。

2. 客户特征　主要包括经营理念、经营方向、服务区域、发展潜力、销售能力、经营政策、企业规模、经营特点等。

3. 业务状况　主要包括销售实绩、经营管理者和业务人员的素质、与其他竞争者的关系、与本公司的业务关系及合作态度等。

4. 交易现状　主要包括客户的产品销售情况、存在的问题、保持的优势、未来的对策、企业形象、声誉、信用状况、交易条件以及出现的信用问题等方面。

三、日常客户管理流程

日常客户管理一般包括两个步骤：制作客户资料卡或建立客户数据库、进行客户评估。

（一）制作客户资料卡或建立客户数据库

推销人员都是在对市场态势作出充分判断之后才开展推销活动的。这些判断的依据不是直觉或猜想，而是对客户需求和客户的销售动态的详细了解。这种了解的来源就在于客户资料卡或客户数据库，它是推销人员了解市场的重要工具之一。

制作详尽的客户资料需要客户尽可能多的情报，客户情报的搜集有来源于内部的（如推销员记录、市场调查报告、服务报告等）和外部的（如客户来函、客户宣传资料和竞争对手宣传资料、统计年鉴等）。

资料收集好后，推销员就应立即制作客户资料卡，客户资料卡的具体格式可以根据实际需要设计。表 12-3 和表 12-4 是两种较常见的客户资料卡。

表 12-3 个人或家庭客户资料卡

客户姓名		性　别		住　址	
学　历		年　龄		婚　否	
性格特征		工作单位及职业		年均收入	
购买商品			购买日期		
付款方式					
联系方式					

表12-4 公司客户资料卡

公司名称		营业地址	
企业性质			
联系电话		经营规模	
销售金额			
订购商品			
交易日期			
付款方式			
收款日期			
营业状况			
信用等级			
备　注			

填卡人：　　　　　　　　　　　　　　填卡日期：

传统的客户资料卡都是纸质的，管理相当复杂困难。在计算机日益普及的今天，大中型企业一般不再用纸质的客户资料卡，而是把千百万客户的资料储存在数据库中，使得客户管理更快捷、更有效率。这种数据库尽管其存在形式及运行方式与客户资料卡有很大区别，但是本质与客户资料卡是一样的。数据库仅仅是一个工具，没有丰富的数据输入，要想在数据库中找到高质量的资料是不可能的。所以在数据库的使用中同样要注意信息的丰富、真实和及时更新。

推销窗口 12-8　客户资料卡或客户数据库的运用价值

当一位业务遍及全球的经理刚从纽约飞往伦敦，并下榻于与他在纽约入住的同一家连锁酒店时，他在卫生间发现了他最喜欢的牌子的洗发水，而这个信息是他离开酒店上飞机前不经意告诉酒店的。你能想像他今后一定会乐意继续入住这家连锁酒店。这就是酒店快速将客户资料进行整理、分类并进行运用的结果。

（二）进行客户评估

经过一段时间与客户合作后，要对客户进行综合评估，以便及时调整客户政策。利用表12-5可以对客户进行评估，首先填好客户的编号、名称和时间，然后从销售业绩、合作态度、信用评估、信息提供情况等方面进行评估。

表12-5 客户评估表

<table>
<tr><td>客户编号：08</td><td colspan="4">客户名称：×××</td><td>时间：2004年12月</td></tr>
<tr><td rowspan="2">业绩评估</td><td>销售目标</td><td>实际销量</td><td>完成率</td><td>满分</td><td>得分</td></tr>
<tr><td>500</td><td>400</td><td>80%</td><td>50</td><td>40</td></tr>
<tr><td>合作态度</td><td colspan="3">□优 ■良 □中 □差</td><td>20</td><td>15</td></tr>
<tr><td>信用评估</td><td colspan="2">期限内未还款次数：3</td><td>标准次数：1</td><td>20</td><td>10</td></tr>
<tr><td>信息提供</td><td colspan="3">■优 □良 □中 □差</td><td>10</td><td>10</td></tr>
<tr><td>达标分数</td><td colspan="3">80</td><td colspan="2">75</td></tr>
<tr><td>综合评估</td><td colspan="5">□优 ■良 □中 □差</td></tr>
<tr><td>奖励方案</td><td colspan="5">□不奖励 □奖金 ■培训 □提供设备 □提高信用额度</td></tr>
</table>

从上表可以看出，该客户实际完成了80%的销售目标，合作态度良好，有3次未按时还款的记录，能够热情地提供有价值的销售信息，各方面综合评估的得分为75分，因此公司决定对该客户进行专业培训以促进销售。

根据计算出来的综合分值，可以对客户进行分类管理，例如：

A类：重点客户（80～100分）

B类：有发展前途的客户（60～79分）

C类：一般客户（59分以下）

对于重点客户，应该提供优质服务，提高推销效率；对有发展前途的客户，要加强沟通，提高销售额；对于一般客户，销售人员只需要花费一般数量的时间和精力。

> 推销窗口12-9　　重点客户管理十策
>
> 1．优先保证大客户的货源充足。
>
> 2．充分调动大客户中的一切与销售相关的因素，包括最基层的营业员与推销员，提高大客户的销售能力。
>
> 3．新产品的试销应首先在大客户之间进行。
>
> 4．充分关注大客户的一切公关及促销活动、商业动态，并及时给予支援或协助。
>
> 5．安排企业高层主管对大客户的拜访工作。

6. 根据大客户不同的情况，和每个大客户一起设计促销方案。

7. 经常性地征求大客户对营销人员的意见，及时调整营销人员，保证沟通畅顺。

8. 对大客户制定适当的奖励政策，如各种折扣、促销让利、销售竞赛、返利等，有效地刺激客户的销售积极性和主动性。

9. 保证与大客户之间信息传递的及时、准确，把握市场脉搏。

10. 组织每年一度的大客户与企业之间的座谈会。

第四节　推销绩效评估

推销绩效的评估是指企业或推销人员对一定时期内推销工作进行检查、衡量和评价。企业是一个由多种要素组成的有机整体，推销绩效综合反映了这个有机整体中各环节、各部门的经营活动总体效果。其目的在于总结经验和教训，进一步制定新的推销计划，改进推销工作，取得更好的推销业绩。

一、推销绩效评估指标

企业是一个由多种要素组成的有机整体，推销成果则是这个有机整体运动的表现。推销绩效综合反映了这个有机整体中各环节、各部门的经营活动效果。因此，对推销工作绩效的评估需要抓住能够综合反映推销成果的指标，才能进行全面地、科学地评价。推销绩效评估指标包括销售量、销售收入、推销费用、销售利润和劳动效率等。

（一）销售量

销售量是指企业或推销人员在一定时期内实际推销出去的产品数量。要正确评估销售量，首先要运用统一的统计口径，对销售量的范围进行准确地界定。销售量的统计方法是：

（1）采用送货制（包括到港交货与出港交货）的产品，在与运输部门办好托运手续后就计算销售量，统计时以承运单位的日戳为准。

（2）采用提货制的产品，在与采购方办妥货款结算手续并开出提货单后即算销售量，统计时以提货单上的日期为准。

（3）交货后退回的本年度合格产品并再次入库的，应扣减销售量。

（4）交货后退回修理的产品，如修复后不交原用户而另待销售的，应冲减销售量。

（5）各主要产品的销售量可用实物量或价值量表示。全部产品的销售量必须用价值量（即产品销售额）表示。

在实际销售管理工作中，往往将客户按地区或行业分类，分别统计其销售量。通过销售量核算，可以分析产品推销计划完成、超额完成或未完成的原因、销售量的升降趋势、市场占有率变化趋势，还可从销售量的构成上分析销售品种的变化、新老用户的变化、销售地区的变化等，从而为制定新的推销策略及计划提供依据。

（二）推销额

推销额是销售量的货币表现，它以价值形式反映产品销售情况。在评估销售额时，应先根据各推销产品的不同价格和销售量计算出区域或推销人员、各种产品、不同消费者群或推销对象的销售额，累加求出总的销售收入，再依据一定的方法进行比较分析。

推销窗口 12-10　　销售额评估分析方法举例

1．总销售额评估　用于全面分析公司业绩（见表 12-6）。

表 12-6　销售额增长状况分析表

年　份	公司销售额（百万元）	行业销售额（百万元）	市场占有率
1999 年	18	120	15%
1998 年	16	120	13.33%
1997 年	15	115	13.04%

2．区域销售额评估　用于分析区域销售情况（见表 12-7）。

表 12-7　区域销售额分析表

区　域	市场指数	销售目标（百万元）	实际销售（百万元）	实际/目标（%）	偏差（万元）
1	27.8%	4.8	5.0	104.2	+0.2
2	33.3%	5.9	6.0	101.7	+0.1
3	38.9%	7.3	7.0	95.9	-0.3
总计	100.0%	18.0	18.0	100	0.0

从上表可以看出区域 3 业绩最差，区域 1 业绩最好。区域分析法也可用评估销售人员。但评估后应进一步分析区域或销售人员未达成目标的原因，是因为潜在的消费者少，区域设计不合理，还是因为竞争对手太强，或是销售人员素质差，进而提出改进的措施，改善销售业绩。

3．按产品销售评估　用于分析各产品销售情况（见表 12-8）。

表 12-8 产品销售分析表

产　　品	目标销售额（百万元）	实际销售额（百万元）	实际/配额	偏　　差
A	3.5	4.0	14.3%	+0.5
B	7.8	6.5	83.3%	−1.3
C	6.7	7.5	111.9%	+0.8
总计	18.0	18.0	100%	0.0

4. 按消费者类型销售额评估：用于分析对不同消费者类型的销售情况（见表 12-9）。

表 12-9 消费者群销售额分析表

消费者类型	目　标（百万元）	销　售　额（百万元）	实际值/目标值	偏　　差
1	3.0	3.4	113.3%	+0.4
2	7.0	6.7	95.7%	−0.3
3	2.7	3.2	118.5%	+0.5
4	5.3	4.7	88.7%	−0.6
总计	18.0	18.0	100%	0.0

（三）推销费用

销售费用是在推销产品过程中所发生的各种开支。在销售额既定的情况下，它的高低直接决定着企业的销售利润，因而是考核推销绩效的重要指标。推销费用的常用分析指标有：

1. 推销费用率 $=\dfrac{\text{推销费用}}{\text{推销额}}\times 100\%$

2. 每次拜访的平均费用 $=\dfrac{\text{总推销费用}}{\text{拜访次数}}$

另外，还可以计算出每类顾客花费的推销费用比率，或者每种产品花费的推销费用比率，从而对推销费用进行有针对性的控制。

（四）销售利润

销售利润是推销活动的结果。将销售收入减去销售成本和费用，就可以得出推销人员为企业创造的利润。在分析销售利润时，不仅要分析销售利润的计划完成情况，而且要进一步分析其变化的原因，分析不同因素如销售量、产品价格、销售成本和销售结构等对销售利润的影响，以便于及时发现问题，提出改进的措施。常用的与销售利润有关的指标有：

1. 销售利润 = 销售收入 − 销售成本 − 销售税金

2. 毛利目标达成率 $=\dfrac{\text{实际毛利额}}{\text{毛利额目标}}\times 100\%$

（五）推销劳效指标

推销劳效是指推销人员从事商品推销劳动的效率。为了全面准确地评价各个推销人员的工作努力程度和效果，奖勤罚懒，促进推销工作效率的提高，需要对推销劳效指标进行核算与评估。评估推销效率的指标主要有：

1. 推销配额完成率　反映推销人员对计划或定额推销任务的实际完成情况。公式为

$$推销配额完成率 = \frac{实际完成推销额}{计划或配额推销额} \times 100\%$$

2. 推销人员人均推销额　这是衡量销售部门平均工作成绩的指标。推销员了解人均推销额，就可以将自己的推销成果与之对照分析，找出差距，更好地激励自己努力推销。

$$推销人员人均推销额 = \frac{一定时期内销售总额}{推销人员总人数} \times 100\%$$

3. 用户访问完成率　这是指一定时期内推销人员访问顾客的实际次数与计划规定的次数的比例，主要用来衡量推销人员的工作努力程度。公式为

$$用户访问完成率 = \frac{实际访问用户数}{计划访问用户数} \times 100\%$$

4. 订单平均订货量　即一定时期内获得的订单或合同订货金额与订单或合同总数的比值。该指标可以衡量推销人员所获取的订单的数量与质量。公式为

$$订单平均订货量(额) = \frac{订单订货总量(额)}{订单总份数}$$

5. 订货合同完成率　又称为履约率，它主要是通过对订货合同完成率的高低来评价推销员的工作质量。公式为

$$订货合同完成率 = \frac{合同期交货数}{合同期订货数} \times 100\%$$

此外，还有一些对推销人员绩效考核的内容，如每天的访问次数、平均每天的成交额、开发新客户数目、应收账款回收率、平均每户访问费用等。

二、推销绩效评估的方法

推销绩效评估的方法很多，常用的方法有三种：绝对分析法、相对分析法和横向对比分析法。

（一）绝对分析法

绝对分析法是指通过对推销指标绝对数值的对比，发现值得研究的问题，为进一步分析原因指明方向。依据分析的不同要求，主要可作三种比较分析，即将实际资料与计划资料对比，说明计划完成情况；与前期资料对比，考察

推销活动发展变化；与先进资料对比，找出差距和原因，挖掘潜力。

（二）相对分析法

相对分析法是通过计算、对比销售指标比率，确定相对数差异的一种分析方法。利用这一方法，可以把某些不同条件下不可比的指标，变为可比指标，进行对比分析。依据分析的不同目的要求，可计算出各种不同的比率进行对比。主要有：

1. 相关比率分析　即将两个性质不同而又相关的指标数值相比求出比率，从而进行研究分析。如将销售费用与销售额相比求出销售费用率、将销售费用与拜访次数相比得到每次拜访成本等。

2. 构成比率分析　即计算某项销售指标占总体的比重，分析其构成比率的变化，掌握该项销售指标的变化情况。如将某一种产品的销售额与企业总的销售额相比，求出它的构成比率，然后将它与前期构成比率或同期其他产品构成比率相对比，以发现它的变化情况和变化趋势。

3. 动态比率分析　即将某项销售指标不同时期的数值相比，求出比率，以观察其动态变化过程。例如，可以将同一推销人员现在和过去的工作实绩进行比较，包括对销售额、毛利、销售费用、新增顾客数、失去顾客数、每个顾客平均销售额、每个顾客平均毛利等数量指标的分析，用来衡量推销人员工作业绩变化状况。

动态比率可分为定基动态比率和环比动态比率。定基动态比率是指以某一时期的数值固定为基期数值计算的动态比率。环比动态比率是指以每一比较期的前期数值为基期数值计算的动态比率。它们的计算公式分别为

定基动态比率＝比较期数值/固定基期数值×100％

环比动态比率＝比较期数值/前期数值×100％

（三）横向对比分析

推销人员绩效的横向对比分析，就是企业对所有推销人员的工作业绩加以相互比较。具体方法可见表12-10。

表12-10　推销人员绩效的横向比较表

评价因素	推销员甲	推销员乙	推销员丙
因素一：销售收入			
（1）权数	0.50	0.50	0.50
（2）目标	200 000元	400 000元	300 000元
（3）完成	160 000	360 000元	300 000元
（4）效率［(3)÷(2)］	0.80	0.90	1.00
（5）绩效水平［(1)×(4)］	0.40	0.45	0.50

（续）

评价因素	推销员甲	推销员乙	推销员丙
因素二：订单平均订货额			
（1）权数	0.30	0.30	0.30
（2）目标	500 元	600 元	400 元
（3）完成	450 元	480 元	320 元
（4）效率［(3)÷(2)］	0.90	0.80	0.80
（5）绩效水平［(1)×(4)］	0.27	0.24	0.24
因素三：每周平均访问次数			
（1）权数	0.20	0.20	0.20
（2）目标	25	40	30
（3）完成	20	30	27
（4）效率［(3)÷(2)］	0.80	0.75	0.90
（5）绩效水平［(1)×(4)］	0.16	0.15	0.18
绩效水平合计	0.83	0.84	0.92
综合绩效	83%	84%	92%

表中，评价甲乙丙三个推销员的因素为销售收入、订单平均订货额和每周平均访问次数，由于这三个因素在考核推销绩效中的重要性不同，因此分别给予 0.5、0.3 和 0.2 的权数，同时，根据各自情况制定不同的目标。如乙所在地区潜在顾客较多，竞争对手力量不强，故其销售收入目标为 400 000 元，高于甲和丙。通过各个推销员各项目标的完成情况，可计算出各项相应的绩效水平，然后再累加得出各个推销员的综合绩效。推销员丙的综合绩效最高，为 92%。

正确运用横向比较分析法，必须在充分考虑到各地区市场潜量、工作量、竞争激烈程度、企业促销配合等因素的基础上制定出合理的目标。但在实际评估中，推销管理部门很难面面俱到地考虑所有的影响因素，在目标的制定上有一定的主观偏差。因此，配合纵向对比分析，能够更全面、准确地评估推销绩效。

□ 本章小结

一个公司要在激烈的市场竞争中站稳脚跟，就必须组建一支高素质、高水平、能成功运作的推销队伍。要合理安排推销队伍的组织结构和决定招聘数量，进行工作分析，根据职位说明书的要求来进行人员招聘。招聘人员的来源有很多，比如职业介绍所和报纸广告，公司评估应聘者的手段一般包括筛选简历、面试和测试。推销人员要接受公司的培训以保证其更好地完成公司的销售目标。鉴于推销的工作性质，公司必须采用合理的薪金制度，并辅之以各种激励手段来激发推销人员的工作积极性。

客户是企业利润的源泉。建立良好的顾客关系，是竞争取胜的关键。销售人员要将买方与卖方视为合作者，建立以客户为中心的顾客关系管理观念，深入认识客户的价值，建立客户价值模型，对客户进行动态的价值分析与管理。公司因产品和市场的不同，可以与客户建立不同水平的营销关系，采用多种途径建立、维系和发展顾客关系网络。客户管理的实质是企业对所拥有的客户资源进行开发、维护、运用并使其增值的管理过程。日常的客户管理要本着动态管理、突出重点、专人负责的原则，做好建立和维护客户数据库、划分客户等级、确定客户访问计划等工作。

推销绩效综合反映了企业运行各环节、各部门的经营活动效果。因此，对推销工作绩效的评估需要抓住能够综合反映推销成果的指标，进行全面地、科学地评价。推销绩效可以通过销售量、销售收入、推销费用、销售利润和劳动效率等几个方面来进行评估。推销绩效评估的常用方法有绝对分析法、相对分析法、横向对比分析法等。

□ **案例讨论**

案例 12-1

以下是某工业机械制造公司的销售经理老王在面试求职者小李时双方的对话，分析该对话并指出老王在会见小李时犯了哪些错误？请提出改进意见。

老王：早上好，小李，在我的办公室里请随便点。喝茶好吗？

小李：好的，谢谢。

老王：给你茶。(老王递过一杯茶）从你的申请表看，你很喜欢踢足球？

小李：是的，我踢后卫。

老王：噢，真的吗？我过去也是踢后卫的。事实上，我在大学的时候就在校队里，我大学的大部分时间都在踢球。

小李：那你真是很厉害，我只是爱好而已，水平还够不上进校队。

老王：(微笑）噢，我想我们应该开始应试了。我应该同你谈谈你的工作问题，而不是与你讨论足球。

小李：我想是的。(笑）

老王：你现在有工作吗？

小李：是的，在老张的食品店。他是食品销售代理，我为他推销食品。

老王：噢，那你已经有销售经历了。

小李：是的，我有两份工作，我曾经推销过家用电器。

老王：太好了。你什么时候能来上班？

小李：我下个月就要离开。

老王：然后怎样？

小李：我要结婚了，并且……

老王：并且你需要钱，对不对？我记起了我结婚的时候，只用了很少的钱。

小李：现在可比以前花费大多了。

老王：噢，我跟你说，关于工作，我会向你解释的，只要你愿意努力工作，我认为你的潜力是无限的。就这些。

小李：我会努力的。

老王：很好。可是，你要知道，你将在一天里进行6～8次的销售拜访，而其中的一些可能是要遭受冷落的。你有办法对付这些吗？

小李：我想我能对付的。

老王：很好。你还必须出门旅行，有时候，一周可能有几个晚上要出门拜访客户。对此，你感觉如何？

小李：我不介意出门旅行。而且，我知道我的未婚妻也不会介意。

老王：太好了。我跟你说，我马上要召开一次销售会议，需要看一些文件。我回头再跟你联系，告诉你有关工作的事。你像是我们需要的那种人。

小李：非常感谢。盼望收到你的来信。

案例 12-2

下面是某割草机制造公司的销售部经理小李与一位管理顾问小张的对话，阅读这段对话，并回答案例后面的问题。

小张：早上好，小李，我是新瑞企业管理咨询公司的小张，很高兴为您效劳。您需要我们为您做些什么？

小李：是这样的，我们对推销员的薪酬支付方式不太满意，我们感到现在的薪酬制度没有真正发挥作用。

小张：您能告诉我，你们希望销售人员能完成的任务是什么吗？

小李：嗯，首先，我们希望他们在自己负责的销售地区内能够保持和增加销售量……

小张：是吗？那是否意味着，他们将不得不为了新的零售客户而做大量拜访？

小李：不，拜访是不需要花大量时间的，不过我们确实希望我们的销售代表能够在新五金商店开张时去拜访他们。

小张：那么，你们是通过现有客户实现销售量的了？

小李：是的。

小张：在销售过程中，你们是怎样支持销售人员的？

小李：我们已在电视上和报纸上做了大量的广告宣传，这就能确保客户们知道我们进行的特殊销售。尤其是通过报纸广告，我想让人们参与合作广告计划。我们的推销员必须向商人们解释这一计划的有利之处。

小张：还有其他的吗？

小李：有。当我们开发出新产品时，我们依靠推销员将其售给顾客，并确保他们能有存货。当出现服务问题时，我们也依靠推销员处理这些问题。我们良好的顾客关系而深感自豪。噢，我们的推销员还要负责对客户的零售人员的培训工作，正因为如此，顾客也要依赖我们。

小张：那么，你们的销售人员在服务方面也起了很大作用？

小李：是的。不过，最重要的是还要有一些激励措施，使得他们愿意出门，做好我们希望他们做的事。

案例问题讨论：

1. 如果你是管理顾问小张，你推荐哪种报酬制度？
2. 如果你是管理顾问小张，你还能问哪些问题？

□ 实训题

实训 12-1 假如你是一个电子产品销售经理。你的业务量大增以至于你不得不招聘新的销售人员。你可运用哪些招聘渠道来招聘经验丰富的销售人员？在对人员进行选拔时你有哪些要求，请写出一份书面的工作职位描述。

实训 12-2 假设下述的职位都是全职工作的，指出你认为的每一个职位的最佳薪酬方案。请你对所提供的答案作出解释。

（1）一个国际制造商的区域性销售职位，这个职位要求销售人员为大量的客户提供服务，另外每个月还要开发一定数目的新客户。

（2）百货商城化妆品部门的一个零售职位。

（3）一个从事汽车出租和销售的汽车销售商，他出租和销售的汽车有新车也有二手车。

（4）一个从事居民房销售的房地产销售商。

附录　销售合同范例

销售合同

甲方：

地址：　　　　　　　　　　　联系电话：　　　　　　　　　传真：

税号：

银行账号：

邮编：

乙方：

地址：　　　　　　　　　　　联系电话：　　　　　　　　　传真：

开户银行：

账　　号：

邮编：

经甲乙双方充分协商，特订立本合同，以便共同遵守。

第一条：商品的名称、型号、规格、单价、数量

商品名称	商品型号	单　位	数　量	单价（元）	金额（元）
产品价格总计金额（大写）					

第二条：运输方式及费用

产品运输由乙方代为托运，运费由甲方承担，运输方式为________。

第三条：包装

所有乙方向甲方提供的产品包装均为厂家原包装。

第四条：产品总金额，付款方式及交货日期

总价款为________元。

付款方式：合同签字后一周内，甲方支付给乙方全部金额，即________元。

发货时间：货款到后________工作日内交货（此日期应为货物离开乙方

工厂的时间)。

第五条：保修

1. 交货一年内，若因产品质量问题引起产品的部分或全部失效，由乙方负责免费维修。因使用不当或人为损坏，不在保修之列，可由乙方维修，酌收材料及维修费、运输费。

2. 交货一年之后，乙方负责产品的终身维修，酌收取材料及维修费、运输费。

第六条：对产品提出异议的时间和方法

1. 甲方在收货后，如果发现产品质量不合规定，应在十天内向乙方提出书面异议及处理意见。如甲方未按规定期限提出书面异议，视为所交产品符合合同规定。

2. 甲方因保管、保养不善等造成产品质量下降的，不得对产品质量提出异议。

3. 乙方在接到甲方书面异议后，应在十天内负责处理，否则即视为默认甲方提出的异议和处理意见。

第七条：乙方的违约责任

1. 乙方所交产品质量或安装后的系统若不符合合同规定，应由乙方负责包换或包修，并承担修理、调换或退货而支付的实际费用。

2. 乙方逾期交货或未经甲方同意逾期安装，每天按延交货物金额的千分之三付违约金，违约金最高不超过未交货物价款的________%。

第八条：甲方的违约责任

1. 甲方所欠货款不能按期支付的，每日应按欠款金额的千分之三交付违约金给乙方，逾期30日以上，乙方有权停止向甲方供货（不限于本协议下之货物)，直至上述欠款及违约金付清为止。

2. 甲方违反合同规定拒绝接货的，应当承担由此造成的损失。

第九条：不可抗力

甲乙双方的任何一方由于不可抗力的原因不能履行合同时，应及时以书面方式向对方通报不能履行或不能完全履行合同的理由，双方以谅解的方式协商解决。

第十条：中止履行条件

甲乙双方有证据证明对方有下列情况之一的，可中止履行。

1. 经营状况严重恶化。

2. 转移财产、抽逃资金，以逃避债务。

3. 丧失商业信誉。

4. 有丧失或者可能丧失履行债务能力的其他情形。

甲乙双方根据上述情况决定中止履行，应当及时通知对方，对方提供担保的，另一方应恢复履行。

第十一条：其他

1. 本合同自双方签字盖章之日起生效。合同执行期内，甲乙双方均不得随意变更或解除合同。

2. 合同如有未尽事宜，需经双方共同协商，作出补充规定，补充规定与本合同具有同等效力。

3. 本合同正本一式两份，甲乙双方各执壹份。

4. 若执行本合同发生争议，由甲乙双方协商解决。协商不成，可向甲乙方所在地人民法院提起拆讼。

甲方（盖章）：	乙方（盖章）：
代表签字：	代表签字：
日期：	日期：

参 考 文 献

1 （美）杰勒德．I．尼尔伦伯格著．谈判的艺术．曹景行，陆延译．上海：上海翻译出版公司，1986

2 （美）约翰．温克勒著．讨价还价技巧．光积昌，胡庄君译．北京：机械工业出版社，1988

3 程赐胜主编．谈判与推销．北京：机械工业出版社，1999

4 万成林主编．营销商务谈判技巧．天津：天津大学出版社，1995

5 金波主编．商务谈判能力训练．北京：高等教育出版社，2004

6 马克态著．商务谈判．北京：中国国际广播出版社，2004

7 卢润德主编．商务谈判．重庆：重庆大学出版社，2003

8 张迺英主编．推销与谈判．上海：同济大学出版社，2003

9 刘文广，张晓明编著．商务谈判．北京：高等教育出版社，2001

10 李颖，李炎编著．谈判其实很容易．北京：中国纺织出版社，2002

11 马宗连主编．商务谈判与推销技巧．大连：东北财经大学出版社，1998

12 甘华鸣，许立东主编．谈判．北京：中国国际广播出版社，2001

13 张柱，张炜主编．知己知彼和谈判技巧．广州：广东经济出版社，2004

14 吴显英、董士波、陈伟主编．现代商务谈判．哈尔滨：哈尔滨工程大学出版社，2002

15 王德新主编．商务谈判．北京：中国商业出版社，2000

16 林胜强等著．谈判谋略．南宁：广西人民出版社，1992

17 孙兆臣，易吉林编著．谈判训练．武汉：武汉大学出版社，2003

18 吴之为主编．现代推销学—理论·实务·案例．北京：首都经济贸易大学出版社，1999

19 （美）富特雷尔（Futrell，C.M.）著．销售学基础：顾客就是生命．第6版．苏丽文主译．大连：东北财经大学出版社，2000

20 （美）罗纳德·B．马克斯（Ronald B．Marks）著．郭毅等译．人员推销．第6版．北京：中国人民大学出版社，2001

21 （美）曼宁（Manning，G.L.），里斯（Reece，B.L.）著，吴长顺等译．当代推销学：建立质量伙伴关系．第8版．北京：电子工业出版社，2002

22 陈企华主编．从推销员到销售主管．北京：中国纺织出版社，2003

23 欧阳小珍主编．销售管理．武汉：武汉大学出版社，2003

24 吴健安等编著．现代推销学．大连：东北财经大学出版社，2000

25 程刚编著．最伟大的推销员成功经验谈．北京：中国商业出版社，2003

26 （美）拉尔夫 W．杰克逊（Ralph W．Jackson），罗伯特 D．希里奇（Robert D．Hisrich）著．销售管理．李扣庆等译．北京：中国人民大学出版社，2000

27 （美）英格拉姆（Ingram，T.）等著．销售管理：分析与决策．第 4 版．李桂华主译．北京：电子工业出版社，2003
28 李桂荣编著．现代推销学．第 3 版．北京：中国人民大学出版社，2003
29 吴金法主编．现代推销理论与实务．大连：东北财经大学出版社，2002
30 郭奉元主编．现代推销技术．北京．高等教育出版社，2001
31 徐育斐主编．商品推销技巧．北京．中国商业出版社，2000
32 王士军编著．顶尖业务员电话行销速成手册．北京：中国商业出版社，2003
33 伍德主编．原一平行销谋略．北京：中国人事出版社，1997
34 魏星宇编著．世界上最伟大的推销员．北京：中国纺织出版社，2003
35 邵兵家等编著．客户关系管理：理论与实践．北京：清华大学出版社，2004
36 （美）菲利普·科特勒等著．市场营销导论．俞利军译．北京：华夏出版社，2000
37 应恩德等编著．人员推销．北京：电子工业出版社，2001
38 倪政兴著．如何成为推销高手．成都：西南财经大学出版社，2003
39 张永编著．人员推销教程—理论·技巧·案例．北京：机械工业出版社，2001
40 章瑞华编著．推销的艺术．上海：复旦大学出版社，1999
41 刘志超主编．现代推销学．广州：广东高等教育出版社，2004
42 夏年喜编著．世界上最成功的推销员．北京：工商出版社，1996
43 颜进编著．成交技巧．北京：北京工业大学出版社，2004